Então andarás confiante pelo teu caminho, e o teu pé não tropeçará.

Provérbios 3.23

A PREVIDÊNCIA SOCIAL NO ESTADO CONTEMPORÂNEO

Fundamentos, Financiamento e Regulação

Fábio Zambitte Ibrahim

A PREVIDÊNCIA SOCIAL NO ESTADO CONTEMPORÂNEO

Fundamentos, Financiamento e Regulação

Niterói, RJ
2011

 © 2011, Editora Impetus Ltda.

Editora Impetus Ltda.
Rua Alexandre Moura, 51 – Gragoatá – Niterói – RJ
CEP: 24210-200 – Telefax: (21) 2621-7007

Projeto Gráfico: Editora Impetus Ltda.
Editoração Eletrônica: Editora Impetus Ltda.
Capa: Editora Impetus Ltda.
Revisão de Português: C & C Criações e Textos Ltda.
Impressão e encadernação: Editora e Gráfica Vozes Ltda.

I21p

    Ibrahim, Fábio Zambite.
      A previdência social no estado contemporâneo : fundamentos, financiamento e regulação / Fábio Zambitte Ibrahim. – Niterói, RJ: Impetus, 2011.
    352p. ; 16cm x 23cm.

    ISBN 978-85-7626-549-8

    1. Previdência social – Política governamental - Brasil. 2. Previdência social – Legislação – Brasil. I. Título.

                                    CDD- 368.400981

TODOS OS DIREITOS RESERVADOS – É proibida a reprodução, salvo pequenos trechos, mencionando-se a fonte. A violação dos direitos autorais (Lei nº 9.610/1998) é crime (art. 184 do Código Penal). Depósito legal na Biblioteca Nacional, conforme Decreto nº 1.825, de 20/12/1907.

O autor é seu professor; respeite-o: não faça cópia ilegal.

A **Editora Impetus** informa que quaisquer vícios do produto concernentes aos conceitos doutrinários, às concepções ideológicas, às referências, à originalidade e à atualização da obra são de total responsabilidade do autor/atualizador.

www.impetus.com.br

Agradecimento

A obra que se inicia, com algumas alterações, corresponde à tese por mim apresentada à Universidade do Estado do Rio de Janeiro, UERJ, com a qual obtive o título de doutor em Direito Público por essa prestigiosa instituição.

Costumo dizer que o tema desenvolvido sempre fora um desejo pessoal; um objetivo de perquirir e aprofundar os problemas e desventuras da previdência social, no Brasil e no mundo. Devido à conhecida complexidade da questão, não só pelas variantes existentes, mas pelas pré-compreensões das mais variadas, optei por reservar minhas inquietações para um trabalho de doutoramento, que me permitiria mais tempo e liberdade necessários à pesquisa.

Por certo, como exponho no texto, a abertura do assunto deixa flancos inexplorados e tópicos por desenvolver, mas, acredito, a obra tenha alcançado grau de amadurecimento necessário para justificar as propostas apresentadas e, principalmente, fundamentar as críticas ao modelo vigente, tanto no plano de benefícios como em seu custeio.

Aproveito a oportunidade para agradecer à UERJ pela seleção de meu projeto, em fins de 2007, o que me permitiu elaborar o trabalho que ora se publica. Não possuía qualquer vínculo anterior com a instituição e, sem embargo, em procedimento transparente e republicano, tive a oportunidade de apresentar minhas ideias e lograr a aprovação no seleto grupo de pós-graduandos em Direito Público da Faculdade de Direito. Nominalmente, agradeço a Banca de seleção daquele ano, formada pelos Professores Doutores Ricardo Lobo Torres, Luís Roberto Barroso, Paulo Galvão e Daniel Sarmento.

Tive a felicidade de propor um tema que, pelo ineditismo que apresentava, permitiu meu convívio com mentes das mais brilhantes do Direito nacional, o que muito me ajudou diante das minhas limitadas habilidades. O agradecimento pela oportunidade é necessário e sincero, e aqui o externo publicamente.

Também ressalto a gratidão pela apurada e conscienciosa arguição de minha Banca de doutoramento, formada pelos Professores Doutores Wagner Balera, Daniel Sarmento, Ricardo Lodi, Gustavo Sampaio e, como meu competente orientador, Gustavo Binenbojm. As observações, comentários e incorreções apontadas foram importantes para a confecção final do texto.

Alguns professores, não obstante a distância, prontamente me ajudaram com orientações e sugestões bibliográficas, mesmo não tendo prévio contato e sem intermediações. Agradeço aos professores Julian Fulbrook, da London School of Economics and Political Science, Carmelo Mesa-Lago, da Universidade de Pittsburgh, Karl Hinrichs, da Universidade de Bremen e Silke Steinhilber, da New School University. Também agradeço à Professora Lena Lavinas, do Instituto de Economia da Universidade Federal do Rio de Janeiro, pela disponibilidade e ajuda apresentadas em algumas discussões sobre renda mínima.

Há igualmente aqueles que estão sempre prontos a nos ajudar, seja dentro ou fora da Academia, e por isso aqui nomeio alguns amigos que muito me apoiaram durante todo o doutorado. Entre eles, Humberto Marcelino Alves, Arlindo Costa e Silva, Ronald Sharp, Márcio Martins, Carlos Augusto Solar, Manuel Jorge Ferraz, Rodrigo Bandão, Antonio Cabral, Paulo Rogério de Albuquerque de Oliveira, Salvador Marciano Pinto e Cristiane Mussi. Um especial agradecimento ao mestre e amigo de sempre, Wladimir Novaes Martinez, por ter sido o primeiro a despertar o meu entusiasmo pela previdência social.

Fica aqui também minha homenagem aos confrades e amigos Ricardo Lodi Ribeiro, Ronaldo Campos e Silva, Mário Marinho, Daniel Sarmento, Cláudio Pereira de Sousa Neto, Gustavo Binenbojm, Leo Lobo, Alexandre Aragão, Maurício Faro, Carlos Edson e Pedro Raposo Lopes. Os momentos de júbilo e descontração são fundamentais para administrar os obstáculos do dia a dia.

Por fim, um agradecimento sempre necessário e especial à família, não somente pela sempre repetida – e verdadeira – perda das horas de convívio, mas também pela compreensão e suporte necessários a qualquer um que assuma os elevados encargos pessoais de uma pesquisa abrangente. Faço uma especial menção à minha esposa Cláudia Eyer, pela competência com a qual concilia os encargos de profissional liberal, mãe e esposa, e meus filhos Guilherme e Helena. Não só os venero, mas dedico essa obra que, para mim, foi o melhor que já escrevi sobre o tema da previdência social.

O Autor

O Autor

Fábio Zambitte Ibrahim

- Doutor em Direito Público – UERJ.
- Mestre em Direito Previdenciário – PUC/SP.
- Professor e Coordenador de Direito Previdenciário da Escola de Magistratura do Estado do Rio de Janeiro (EMERJ).
- Conselheiro Representante do Governo no Conselho de Recursos da Previdência Social – MPS.
- Auditor-fiscal da Receita Federal do Brasil.
- Professor de Direito Previdenciário do Centro de Estudos Jurídicos 11 de Agosto (CEJ) e do Curso Forum/RJ.

Obras Publicadas
- *Curso de Direito Previdenciário*, Ed. Impetus
- *Resumo de Direito Previdenciário*, Ed. Impetus
- *Comentários à Reforma da Previdência* (coautor), Ed. Impetus
- *A Retenção na Fonte como Obrigação Instrumental*, Ed. Impetus
- *A Retenção de 11% sobre a Mão de Obra*, Ed. LTr.
- *Direito Previdenciário – Questões Objetivas e Comentadas* (coautor), Ed. Impetus.

Apresentação

Discussões sobre previdência social, tanto no Brasil como no resto do mundo, não são propriamente uma novidade. As dificuldades em assegurar os meios adequados de vida durante a idade avançada e nos infortúnios da existência, aliadas às perspectivas políticas e econômicas do século XIX, motivaram a criação e evolução dos primeiros modelos protetivos, os quais foram copiados rapidamente em diversos países, em uma espécie de globalização da proteção social.

A partir de 1970, os modelos ingressam em crise, com aspectos demográficos, econômicos e sociais constrangedores, expondo necessidades de ajustes. O consenso sobre a necessidade de adequações não foi o mais difícil, mas as medidas a serem tomadas nunca produziram, especialmente no Brasil, um acordo razoável.

A discussão previdenciária raramente é desenvolvida em ambiente adequado, pois as paixões e interesses, quase sempre, permeiam as propostas e, em geral, impedem um contexto minimamente apropriado de diálogo. Sem embargo, ainda que as pessoas discordem e não aceitem os acordos, os problemas persistem, e tendem a agravar-se no futuro.

A previdência social brasileira, ainda que, feitos os ajustes devidos, seja hoje superavitária, demanda revisões urgentes, não somente pelas pressões demográficas, mas pela realidade nacional, que assegura, na prática, uma cobertura restritiva a segmentos particulares da sociedade, em modelo insuficiente de proteção social.

A justiça social deve, hoje, abandonar os palanques e, enfim, ingressar na construção dos modelos desejados de proteção social, que possam assegurar a dignidade inerente a cada pessoa humana, sem descurar das dificuldades do Estado contemporâneo e das restrições orçamentárias, que acompanham a sociedade desde sua gênese.

Em suma, a partir de fundamentos de um modelo protetivo abrangente, a presente tese irá, com algum desenvolvimento, fixar o arcabouço de um novo modelo de previdência social, simples e efetivo; duradouro e seguro; capaz de assegurar, na maior medida do possível, o objetivo desejado pela sociedade brasileira – a vida digna.

O Autor

SUMÁRIO

Capítulo 1 – Fundamentos da previdência social no estado contemporâneo 1

1.1. Uma Nova Realidade 1

1.2. A Imprevisibilidade Matemática na Sociedade de Riscos 2

1.3. A Solidariedade – Um Conceito em Evolução 9

    1.3.1. A Solidariedade Hoje – Da Afinidade Pessoal à Divisão de Riscos 11

    1.3.2. Solidariedade Compulsória – Contradição ou Necessidade? 15

    1.3.3. Solidariedade como Inclusão 18

    1.3.4. Solidariedade Social, Solidariedade de Grupo e Financiamento 21

    1.3.5. Solidariedade e *Free-Riders* 23

    1.3.6. Solidariedade e Justiça Social 27

1.4. A Justiça como Signo Plurissignificativo 27

1.5. Justiça Social – Evolução 28

    1.5.1. A Justiça Social na Pré-Modernidade 29

    1.5.2. A Justiça Distributiva na Modernidade 36

    1.5.3. Justiça Social como Capacidade 47

1.6. A Justiça Intergeracional 48

1.7. A Justiça Social e a Previdência 54

    1.7.1. Fundamentos Abstratos – Necessidade, Equidade e Mérito 55

    1.7.2. Fundamentos Concretos – Pobreza e Vulnerabilidade 66

1.8. O Estado Contemporâneo e a Previdência Social 69

Capítulo 2– A previdência social: modelos, crise do sistema, jusfundamentalidade e possibilidades de reforma 71

2.1. Introdução 71

2.2. A Previdência Social – Origens, Modelos e Realidade Nacional 72

2.3. Reflexões da Análise Histórica – O Embate entre os Modelos Bismarckiano e Beveridgiano de Proteção Social 77

2.4. Síntese da Evolução Histórica e Legislativa no Brasil 81

2.5. A Previdência Social Brasileira Hoje 90
    2.5.1. Quadro Atual – A Metamorfose Incompleta 90
    2.5.2. Previdência Complementar no Brasil 92
    2.5.3. Conceitos Elementares – Regime Aberto e Fechado de Previdência Complementar 94

2.6. Previdência Social, Direitos Humanos e Pactos Internacionais 98

2.7. A Previdência Social em Contexto de Crise 104

2.8. Direitos Fundamentais Sociais 108

2.9. *Interpositio Legislatoris* 115

2.10. Reserva do Possível 123

2.11. Reserva do Possível Atuarial 126

2.12. A Previdência Social como Garantia Institucional 128

2.13. A Constitucionalização do Direito Previdenciário 132
    2.13.1. A Constitucionalização Formal do Direito Previdenciário 134
        2.13.1.1. Evolução Histórica nas Constituições Brasileiras 134
        2.13.1.2. A Constituição de 1988 – O Dirigismo Previdenciário ... 136
        2.13.1.3. Motivações para a Constitucionalização Formal da Previdência Social 139
    2.13.2. A Constitucionalização Material da Previdência Social 140
    2.13.3. A Previdência Social na Constituição – Um Redimensionamento Necessário 143

2.14. Possibilidades de Mudança no Regime Previdenciário *versus* a Jusfundamentalidade do Modelo – Resolução de Conflitos 144
    2.14.1. Papel do Judiciário 149
    2.14.2. Clausulas Pétreas, Vedação do Retrocesso e Minimalismo Judicial 157
    2.14.3. Experiência Norte-Americana 160

2.14.4. Paradigmas de Atuação da Corte Europeia de Direitos Humanos em Matéria Previdenciária..................162

2.15. A Previdência Social como Direito Fundamental – Social ou Não..................164

Capítulo 3– A previdência social brasileira – propostas 167

3.1. Introdução..................167

3.2. Realidade Nacional – As *Meias-Verdades*..................168

3.3. Equilíbrio Financeiro e Atuarial – Visão Geral e Proposta de Modelo..................171

    3.3.1. Regimes de Financiamento – Capitalização *versus* Repartição..................172

        3.3.1.1. O Mito da Supremacia dos Modelos Capitalizados..................173

        3.3.1.2. Repartição Simples no Contexto de Envelhecimento Populacional e Redução de Natalidade..................178

        3.3.1.3. Uma Opção Intermediária – O Financiamento Misto..................179

    3.3.2. Planos de Benefícios – Benefício Definido *versus* Contribuição Definida..................181

3.4. O Modelo de Três Pilares Revisitado..................184

    3.4.1. Primeiro Pilar..................185

        3.4.1.1. Regime de Financiamento e Plano de Benefício..................189

    3.4.2. Segundo Pilar..................191

        3.4.2.1. Regime de Financiamento e Plano de Benefício..................193

    3.4.3. Terceiro Pilar – Previdência Complementar..................194

        3.4.3.1. Regime de Financiamento e Plano de Benefícios..................196

3.5. Gasto Previdenciário – Existe um Percentual Ideal?..................197

3.6. Inclusão de Servidores Públicos..................199

3.7. Informalidade e Inclusão Previdenciária..................201

3.8. Envelhecimento, Baixa Natalidade e Bônus Demográfico – Oportunidade de Mudanças..................202

    3.8.1. Natalidade – O Dilema Feminino..................206

3.9. Outros Aspectos a Serem Adequados em Novas Reformas Previdenciárias..................208

    3.9.1. Aposentadoria por Tempo de Contribuição..................209

    3.9.2. Atividades Insalubres..................212

    3.9.3. Distinção de Gênero na Previdência Social..................216

        3.9.3.1. Igualdade de Tratamento entre Homens e Mulheres..................216

        3.9.3.2. O Exemplo Norte-Americano..................217

        3.9.3.3. O Tema Na Europa...219
        3.9.3.4. América Latina 221
        3.9.3.5. Idades Diferenciadas – Uma Revisão Necessária 222
   3.9.4. Trabalhadores Rurais 224
   3.9.5. Aposentadoria Parcial, Abono de Permanência em Serviço e *Bridge Employment* 226
   3.9.6. Idade Mínima para Aposentadoria..229
   3.9.7. Novas Relações Sociais – Concubinato, Uniões Homoafetivas etc. 231
   3.9.8. Crianças e Adolescentes...239
   3.9.9. Taxação de Inativos Como Forma de Equilíbrio – Viabilidade 241
   3.9.10. Correção dos Benefícios 243

Capítulo 4 – Financiamento – ascensão e queda das contribuições sociais 247

4.1. A Parafiscalidade..247
4.2. Origens da Parafiscalidade 249
4.3. Síntese da Evolução do Tema no Brasil...252
4.4. Solidariedade de Grupo e Contribuições Sociais.......................................256
4.5. Natureza Específica das Contribuições Sociais – Um Tema Necessário........259
   4.5.1. Contribuições Sociais como Taxas 260
   4.5.2. Contribuições Sociais como Tributos Autônomos 263
   4.5.3. Contribuições Sociais como Impostos – O Futuro 268
4.6. Parafiscalidade *versus* Extrafiscalidade..270
4.7. Parafiscalidade, Orçamento e Sujeição Ativa..271
4.8. A Questão das Contribuições Previdenciárias...273
4.9. A Reforma Tributária em Andamento – PEC nº 233/2008 275
4.10. O Fim das Contribuições Sociais...277

CAPÍTULO 5 – A gestão da previdência social – ação e regulação estatal 279

5.1. Um Conceito Incômodo 279
5.2. Do Estado Interventor para o Estado Regulador 280
5.3. Por que Regular?..284
5.4. Regulação Previdenciária...288
   5.4.1. Compatibilidade com o Estado Democrático de Direito 288

5.4.2. Afinidade do Modelo Regulatório com o Sistema Previdenciário – Legitimação Democrática e Limites à Delegação Legislativa...............291
5.5. Falhas de Regulação – Efeitos no Controle Previdenciário...............297
5.6. Modelo de Regulação...............300
    5.6.1. Por que Entidades Autônomas?...............300
    5.6.2. Agências Reguladoras ou Órgãos Autônomos?...............302
5.7. A Regulação Previdenciária – Um Caminho Gradual...............304
5.8. Levando a Previdência Social a Sério...............306
5.9. CONCLUSÃO...............307

REFERÊNCIAS **313**

Capítulo 1
Fundamentos da previdência social no Estado contemporâneo

1.1. UMA NOVA REALIDADE

A presente obra tem proposta ousada – compor, em linhas gerais, novo modelo de previdência social, com base na experiência internacional mais recente e dentro das previsões constitucionais existentes, embora, como se verá, com algumas sugestões de simplificação e aprimoramento, incluindo o financiamento.

Como fundamento de um novo modelo de proteção social, faz-se necessária alguma fundamentação filosófica do tema, não com o intuito de restringir ou mesmo de anular a universalidade do debate, mas, dentro de uma proposta de trabalho acadêmico, expor os valores e princípios que subsidiam a matéria.

Este primeiro capítulo tem tal finalidade, expondo fundamentos filosóficos que permitirão construir sistema adequado, buscando a vida digna aos participantes, mas sem descurar das necessidades financeiras do regime e, especialmente, adequando-se à ambivalência e ambiguidade da sociedade de risco, com a reconstrução do sistema previdenciário existente.

Os temas tratados no presente capítulo são extremamente abrangentes e complexos, mas é intuito desta obra apresentá-los na estrita medida do necessário a fundamentar um modelo adequado e abrangente de previdência social, capaz de produzir bem-estar e justiça social.

Assim, a empreitada começa pela *sociedade de risco*, a qual, entre vários aspectos, traz novas relações de trabalho, que diminuem o quantitativo dos contratos de emprego típicos, expondo novas vulnerabilidades e incrementando a pobreza. A sociedade de risco, ao mesmo tempo que impõe algum tipo de mecanismo de segurança social, demanda revisão dos paradigmas existentes, especialmente do modelo bismarckiano de previdência social, o qual, como se verá, foi originário de uma sociedade industrial que não mais existe.

Igualmente, ainda dentro da nova realidade da sociedade de risco, o tema da solidariedade será adensado, em proposta mais avançada, garantidora de prestações mínimas em um contexto de ambivalências e incertezas, capaz de assegurar a justiça social, nos vetores da necessidade, igualdade e mérito individual.

1.2. A IMPREVISIBILIDADE MATEMÁTICA NA SOCIEDADE DE RISCOS

Os reflexos negativos da pós-modernidade, no aspecto específico da imprevisibilidade de riscos sociais ou, ao menos, da maior consciência de tal imprevisão, têm evidenciado, mais claramente, a sociedade humana como maior causadora dos riscos existentes, e não mais a natureza, assim como, paradoxalmente, a importância da ação articulada da sociedade visando criar mecanismos mínimos de controle. Daí surge o substrato da sociedade de risco.[1]

O tema tem sido muito desenvolvido dentre os chamados *novos riscos*, ou melhor, riscos que eram ignorados, não só pela insuficiência do desenvolvimento científico e tecnológico, mas até por aspectos culturais. A degradação ambiental é exemplo marcante e sempre lembrado. Assim como a globalização foi a ideia dominante nos debates do final do século XX, o risco é o tema do século XXI.[2]

Os riscos já não são os mesmos, ou melhor, já não são tão restritos. Se há algum consenso sobre a necessidade de cobertura dos novos eventos, em argumento *a fortiori*, mais importante torna-se a cobertura dos riscos sociais tradicionais, causadores de perda de rendimentos, seja por incapacidade para o trabalho, idade avançada, morte ou doença. Em resumo, essa é a linha de raciocínio pretendida.

---

1 Não se pretende aqui discorrer sobre todas as variantes e particulares da sociedade de risco, tema que, por si só, já comportaria uma tese. A ideia é, no estreito propósito de subsidiar novo modelo previdenciário, apresentar os novos riscos a que a sociedade é submetida e os limites da ação individual para sua própria proteção.
2 Cf. QUIGGIN, John. *The Risk Society – Social Democracy in an Uncertain World*. Disponível em <http://cpd.org.au/sites/cpd/files/u2/JohnQuiggin_The_Risk_Society_CPD_July07.pdf>. Acesso em 14/01/2010.

A definição do risco nunca foi algo consensual, especialmente na atualidade.³ De toda forma, pode-se, para os fins desta obra, definir risco como uma possível perda, que pode ocorrer em momento futuro, dependendo das decisões que venham a ser tomadas agora. O fundamental é que a perda pode ser evitada ou mitigada pela ação humana.⁴

Não é pretensão deste texto buscar mecanismos abrangentes de proteção dos novos riscos, mas, em proposta mais restrita, expor a necessidade de preservar um dos mecanismos mais tradicionais de proteção social, que é a previdência social. Em um contexto de risco crescente, os instrumentos existentes e validados pelo tempo ainda mostram seu valor na cobertura dos eventos mais elementares da necessidade humana, mesmo que carentes de reformulações estruturais.

A previdência social, ainda que seja produto da modernidade, fruto iluminista garantidor da vida digna, busca seu lugar na sociedade de risco, com as incertezas econômicas que lhe são inerentes e com o desencantamento da racionalidade humana. A preservação dos meios necessários à vida digna é relevantíssima mesmo dentro da *nova modernidade*,⁵ especialmente com a quebra do aparente equilíbrio da sociedade industrial.

No entanto, é certo reconhecer que os modelos tradicionais de seguro social foram fundados, em sua maioria, em uma sociedade industrial que começa a definhar, evoluindo para modelo diverso, ainda indefinido – talvez até indefinível – expondo algumas fragilidades da cobertura tradicional, especialmente nos modelos fundados em contribuições sobre folha de salários, custeados por empregados e empregadores, com clientela preferencial de assalariados.

É necessária a reconstrução dos modelos de previdência social existentes, especialmente no caso brasileiro, no qual ainda adota, com alguns temperamentos, o arcabouço do seguro social, com proteção restrita e financiado por contribuições sociais, protegendo uma gama de segurados privilegiados – assalariados e servidores públicos – em

---

3 Para uma exaustiva tratativa do tema, desde sua origem no comércio marítimo até os dias de hoje, inclusive com propostas de definição, ver LUHMANN, Niklas. *Risk – A Sociological Theory* (tradução de Rhodes Barrett). London: Aldine Transaction, 2008, p. 07 e seguintes.

4 Sobre o tema, ver LUHMANN, Niklas. *Risk...*, op. cit., p. 16. Para Ulrich Beck, riscos são os perigos e inseguranças produzidos pela modernidade (*Risk Society – Towards a New Modernity*, tradução de Mark Ritter. London: SAGE, 2008, p. 21). Para este autor, quanto mais evoluída e completa é a forma de industrialização e tecnologia, mais imprevisíveis são suas consequências (*op. cit.*, 22).

5 A expressão é de BECK, Ulrich, que resume a ideia nas seguintes palavras, em tradução livre: (...) *tanto quanto a modernização dissolve as estruturas da sociedade feudal no século XIX, a modernização hoje dissolve a sociedade industrial e outra modernidade vem à tona* (*Risk Society*, op. cit., p. 10).

detrimento dos trabalhadores autônomos e informais em geral, os quais arcam indiretamente com os custos do sistema de seguro social, inseridos nos preços de mercadorias e serviços, mas pouco usufruem.

O modelo a ser proposto deve ultrapassar as barreiras da relação de emprego, providenciando, igualmente, cobertura razoável a qualquer um, independente de sua situação no mercado de trabalho, *desmercantilizando* a pessoa humana, pois o melhor critério para aferir um sistema de proteção social ainda é sua autonomia frente às forças do mercado.[6]

As incompletudes dos mecanismos existentes se tornaram maiores com a sociedade de risco, pois os infortúnios em maior grau, seja na extensão dos perigos ou no alargamento dos danos provocados, acabam por ampliar as imperfeições dos modelos, em especial do seguro social, exigindo imediata ação, haja vista o agravamento das iniquidades.

Por outro lado, a realidade da sociedade de risco demanda atenção às forças do capital, especialmente pela preponderância contemporânea da economia de mercado. Intervenções exageradas e mal direcionadas podem gerar efeito reverso, com perda de competitividade, redução de atividade econômica e retração da taxa de ocupação geral.

A questão, em suma, é a seguinte: em um mundo globalizado, competitivo, com rápida evolução tecnológica e flagrante impossibilidade de previsão, com alguma certeza, de eventos futuros, haveria ainda espaço para a previdência social, ou seria um instrumento de intervenção indevida no mercado, capaz de produzir ônus operacionais elevados, perda de competitividade e, ao final, garantir somente proteção social para poucos privilegiados? A resposta, como se verá, é afirmativa.

Até a modernidade, a definição tradicional de risco envolvia, sem maiores questionamentos, os eventos tradicionalmente apontados como limitadores de renda ou capacidade para o trabalho, como fome, frio, doenças e guerras.[7] E, por isso, tanto a pré-modernidade como a modernidade criam técnicas que dominam (ou, ao menos, geram a expectativa de domínio) os riscos, como a ciência, magia, religião etc. Adicionalmente, cumpre lembrar que os riscos, de modo geral, eram assumidos individualmente, como o colonizador que desejava buscar riqueza. Os impactos de um sinistro eram, em regra, limitados.

---

6 Sobre a importância da autonomia do sistema de proteção social frente ao mercado, em processo denominado *desmercantilização* do Estado Social, ver ESPING-ANDERSEN, Gøsta. *The Three Worlds of Welfare Capitalism*. New Jersey: Princeton Press, 1998, p. 03. Como fundamenta o autor, não raramente, o sistema de proteção social, ao vincular a cobertura à participação no mercado de trabalho, acaba por perpetuar as iniquidades existentes (*op. cit., loc. cit.*).

7 Cf. LUPTON, Deborah. Risk. New York: Routledge, 2007, p. 03.

Na atualidade, além do alargamento dos riscos reconhecidamente existentes, há uma coletivização dos mesmos, especialmente em questões ambientais, nas quais as consequências atingem uma universalidade de pessoas, que, em regra, não têm qualquer relação com o ato deflagrador. Daí, em parte, a ideia de *modernidade líquida*,[8] a qual, dentro de suas várias dimensões, aponta a insuficiência de instrumentos de controle dos sinistros possíveis. Uma avaliação meramente quantitativa do risco, típica da modernidade, torna-se ainda mais incerta, haja vista a universalidade de pessoas e consequências envolvidas.

A quantificação do risco, por meio de análises matemáticas, foi uma das esperanças ingênuas da Modernidade, que certamente trouxe alguma previsibilidade, mas sempre apresentou algumas lacunas na antecipação dos sinistros em geral.[9] A plena compreensão do risco envolve, muito frequentemente, uma necessária troca entre o bem produzido e o mal gerado; algo que, em regra, não pode ser sopesado somente por meio de análises matemáticas, quantitativas, mas depende, muito vezes, de opções políticas e premissas sociais e culturais. É neste sentido que se pode afirmar inexistir especialistas em risco, pois dificilmente será possível cotejar todos os aspectos envolvidos.[10]

Também é conhecida a acepção de risco segregada da ideia de incerteza. A diferença seria a possibilidade de quantificação do primeiro, enquanto a incerteza estaria fora de alcance das avaliações matemáticas, inclusive atuariais. A previdência social, por atender a ambas as hipóteses, já não pode mais contar, unicamente, com o cálculo atuarial como instrumento de preservação do sistema.[11]

---

8 A expressão é de BAUMAN, Zygmunt. *Modernidade e Ambivalência*. Rio de Janeiro: J. Zahar, 1999. No presente texto, limita-se a noção de modernidade líquida ao interesse da presente obra, que é apontar as limitações humanas na gestão e previsão de riscos sociais.

9 Sobre a crença humana do domínio dos riscos por meio da matemática, da estatística e do cálculo probabilístico, ver BERNSTEIN, Peter L. *Desafio aos Deuses – Uma Fascinante História do Risco*. Rio de Janeiro: Campus, 1997.

10 Cf. BECK, Ulrich. *Risk...*, op. cit., p. 29. Como expõe, em seguida, em tradução livre, *Movimentos sociais levantam questões que não são respondidas pelos especialistas em riscos, os quais não alcançam o que é realmente relevante e o que produz ansiedade* (op. cit., p. 30). Mais adiante, em tradução livre, afirma que *racionalidade científica sem racionalidade social é vazia, enquanto a racionalidade social, sem a racionalidade científica, é cega* (op. cit., loc. cit.). Em verdade, é muito comum que os especialistas em determinada matéria apresentem pareceres contraditórios, de acordo com a base técnica de cada um. A sociedade de risco traz nova época na qual especialistas de uma área são desmentidos por outros expertos. Sobre o tema, ver BECK, Ulrich. *A Reinvenção da Política: Rumo a Uma Teoria da Modernização Reflexiva*. In: BECK, Ulrich, GIDDENS, Anthony & LASH, Scott. *Modernização Reflexiva – Política, tradição e estética na Ordem Social Moderna* (tradução de Magda Lopes). São Paulo: Unesp. 1997, p. 22.

11 Cf. BARR, Nicholas. *Reforming Pensions: Myths, Thuths, and Policy Choices*. IMF Working Paper, WP/00/139, agosto de 2000, p. 05.

A pós-modernidade, com as incertezas e ambivalências que lhe são inerentes, expõe a limitação da humanidade em dominar os riscos da existência. Uma primeira tomada de consciência de tal vulnerabilidade poderia produzir incremento e adensamento dos instrumentos científicos de mensuração e controle dos riscos identificáveis, mas fora o evidente problema das incertezas, a avaliação objetiva do risco, em parâmetros matemáticos, frequentemente ignora também o aspecto *fato social*; a avaliação subjetiva pelas pessoas, por miopia individual, qualificadora de acordo com parâmetros subjetivos, como a maior importância dada ao risco pelo simples aspecto de ser conhecido ou desconhecido.[12]

A discussão, quando limitada a aspectos meramente quantitativos, de ordem química, biológica ou mesmo tecnológica, acaba por *atrofiar* o tema, excluindo as pessoas e seus comportamentos como variáveis naturalmente relevantes.[13] Enfim, aspectos socioeconômicos influenciam na percepção do risco.[14]

Em verdade, a aceitação de avaliações puramente matemáticas do risco, no máximo, é admitida em situações nas quais, tomando lugar o infortúnio, não há total degradação da pessoa e de seus bens. A ideia é que em situações de possível perda reduzida, a limitada avaliação quantitativa seria aceitável, pois são poucos bens em risco. Já em contexto de possíveis perdas elevadas, a avaliação limitada do risco acaba por ser verdadeira *entrada para o desastre*,[15] haja vista a frágil situação das pessoas envolvidas. Em situações de risco mais elevado, fatores sociais são fundamentais na sua avaliação.

Além das limitações das avaliações matemáticas, em grave prejuízo daqueles que tem mais a perder, é interessante notar que os riscos da pós-modernidade, apesar de atacar os mais vulneráveis, também possuem um *efeito bumerangue*,[16] de modo a atingir, também, aqueles que o ocasionam, por mais fortes e desenvolvidos que sejam. Ninguém está a salvo; o que, ao menos, pode propiciar maior consciência sobre a necessidade de ação

---

[12] Cf. LUPTON, Deborah., *op. cit.*, pp. 22 e 23. Como afirma a autora, tal premissa é importante fundamento para a atividade regulatória do Estado (*op. cit.*, p. 10).

[13] Cf. BECK, Ulrich. *Risk...*, *op. cit.*, pp. 24-5.

[14] Cf. LUPTON, Deborah., *op. cit.*, pp. 23 e 24. Não sem razão afirma a autora que aspectos socioculturais foram tradicionalmente negligenciados na avaliação do risco dentro das técnicas tradicionais, mesmo com enfoque comportamental (*op. cit., loc. cit.*).

[15] A expressão é de LUHMANN, Niklas. *Risk...*, *op. cit.*, p. 02. Daí este mesmo autor ressaltar a importância maior dada ao risco por aquelas pessoas que, devido à sua fragilidade pessoal, teriam de enfrentar a desgraça completa (*op. cit.*, p. 03).

[16] A expressão é de BECK, Ulrich. *Risk...*, *op. cit.*, pp. 23 e 37.

efetiva frente a tais eventos. A consciência da vulnerabilidade global é importante instrumento de motivação à mudança.

No entanto, apesar da equalização dos riscos mundo afora, atingindo também os ricos e poderosos, não se pode esquecer as novas iniquidades geradas pela sociedade de risco, especialmente em desastres na indústria, as quais, ainda, de modo preponderante, atingem as camadas mais populares.[17] Os mecanismos de proteção social tradicionais, como a previdência social, tornam-se ainda mais relevantes, qualquer que seja o ponto de vista.

O receio da intervenção indevida no mercado é compreensível e necessário, especialmente se o custeio é exagerado, o que pode ocorrer em modelos inadequados à sociedade contemporânea. Uma falha que será apresentada, ao longo de toda a obra, é a preferência pelo modelo de seguro social, com forte componente atuarial no seu funcionamento.

Nos modelos de seguro social, a limitação da análise matemática se reflete na elevação das variáveis existentes, trazendo maior complexidade ao cálculo atuarial, que já atinge os limites de sua capacidade de antecipação, propiciando novos mecanismos de financiamento, o que demanda novas opções políticas importantes sobre os rumos do sistema.[18]

Muito frequentemente, há situações de calamidades e desastres que não permitem antecipação razoável, inviabilizando a gestão plena. Somente a divisão dos riscos por todo o corpo social poderá permitir proteção adequada e, por isso, repensar o financiamento da previdência social é conduta prioritária, como se verá.

No contexto da sociedade de risco, uma vez identificada a patente impossibilidade de a pessoa, por si só, gerir a sinistralidade vigente, o tema da *solidariedade*, muito difundido quando da gênese do *Welfare State*, volta à tona, fundamentando novos instrumentos de cooperação, voluntária ou não. A solidariedade deve ser repensada na sociedade de risco, visando a assegurar a vida digna a todos. A divisão de riscos por meio de grupos, como na sistemática dos antigos seguros sociais, é insubsistente.

Com o aumento da sinistralidade, a solidariedade social, ao invés da solidariedade de grupo, como se verá, é o único mecanismo capaz de

---

17 Cf. BECK, Ulrich. *Risk...*, *op. cit.*, p. 41. Como afirma, há uma atração sistêmica entre a extrema pobreza e os riscos extremos. A miséria abre a porta para a assunção de riscos extremos por parte das pessoas, e nada teriam a perder (*op. cit., loc. cit.*).

18 Sobre o tema, ver BARR, Nicholas. *Economics of the Welfare State*. 4ª ed. New York: Oxford, 2004, p. vii. Ver, também, CICHON, Michel *et al. Financing Social Protection – Quantitative Methods in Social Protection Series*. Oxford: OIT, 2010.

assegurar proteção mínima, mais abrigada frente às variações da economia e da natureza, devendo perdurar em qualquer modelo protetivo.

A solidariedade de todo o corpo social será o instrumento capaz de assegurar, com razoável certeza, condições mínimas de sobrevivência a qualquer pessoa, transmitindo o mínimo de segurança necessária para a vida em sociedade e, em última instância, propiciar o bem-estar social.

Embora haja vasta divergência frente aos temas da pós-modernidade e da sociedade de risco, o descrédito parcial da racionalidade humana para com sua capacidade de antecipação e, mais importante, a gestão de todas as necessidades humanas, impõe novo pacto social que possa, com algum grau de sucesso, assegurar a dignidade inerente a qualquer pessoa humana.

Admitir as limitações da sociedade não implica, como poderia parecer, conformar-se com as desgraças da humanidade; aceitar a degradação humana como algo inevitável e inadministrável.[19] Muito pelo contrário, é inconsistente, no mundo contemporâneo, tentar fundamentar a ação meramente subsidiária do Estado,[20] o qual, em verdade, torna-se protagonista relevante e necessário na garantia da jusfundamentalidade da pessoa humana, assegurada na maior parte das Constituições do mundo ocidental. A segurança das pessoas, na atualidade, é mais aviltada pela inércia estatal do que propriamente pela sua hipertrofia.[21]

Para atingir tal meta, a solidariedade será o fundamento necessário, impondo direitos e deveres aos participantes de qualquer modelo de sociedade, pois somente o esforço comum poderá, com alguma certeza, assegurar proteção a todos. A justiça social, instrumentalizada pela solidariedade, é o elo necessário entre um contexto de risco crescente e a busca do bem estar social.

A importância da solidariedade pode ser obtida com razoável consenso na atualidade. Todavia, não se pode dizer o mesmo sobre a necessidade de coerção ou estímulo estatal para sua realização. Para que se possa, com mais fundamento, apresentar o Estado como ator principal nesta

---

19 Como bem lembra BAUMAN, Zygmunt, ao defender sua preferência pela expressão modernidade líquida ao invés de pós-modernidade, o necessário estudo sobre o tema não implica aderir a teses do pós-modernismo. Em suas palavras, *procurei sempre enfatizar que, do mesmo modo que ser um ornitólogo não significa ser um pássaro, ser um sociólogo da pós-modernidade não significa ser um pós-modernista, o que definitivamente não sou*. A entrevista completa encontra-se em <http://www1.folha.uol.com.br/fsp/mais/fs1910200305.htm>. Acesso em 10 de maio de 2010.

20 Sobre os problemas da iniciativa exclusivamente privada no segmento previdenciário, ver a clássica lição de BEVERIDGE, Willian. *O Plano Beveridge* (tradução de Almir de Andrade). Rio de Janeiro: José Olympio, 1943. p. 57.

21 Cf. PÉREZ LUÑO, Antonio-Henrique. *La Seguridad Jurídica*. 2ª ed. Barcelona: Ariel, 1994, pp. 21-2.

empreitada, inclusive dimensionando o grau adequado de intervenção, faz-se necessário algum adensamento sobre o tema, sua relação com a justiça social e, por fim, o fundamento normativo que venha a justificar sua busca.

1.3. A SOLIDARIEDADE – UM CONCEITO EM EVOLUÇÃO

A expressão "solidariedade", embora amplamente utilizada, sempre careceu de desenvolvimento mais preciso; mais citada do que explicada, é uma incógnita dentro da sociologia e da filosofia, comportando usos diversos. Resumidamente, é apresentada em quatro situações distintas, seja designando uma grande sociedade moral que interliga todos os seres humanos, com os encargos oriundos de uma concepção organicista; como vínculo mais restrito, não com toda a humanidade, mas com determinada comunidade, que detenha a mesma identidade cultural ou histórica; mera reunião de pessoas objetivando garantir interesses comuns, e, por fim, como fundamento do Estado social, visando à redistribuição de bens.[22]

A solidariedade é um tema familiar à sociologia, sendo desenvolvida em obras clássicas, além de seu uso frequente na filosofia ética. No entanto, o uso extenso não propiciou delimitação do tema, permitindo, não raramente, definições inadequadas. O único consenso sobre a matéria é o seu pouco desenvolvimento.[23]

A origem da solidariedade, nas apresentações tradicionais, é encontrada no Direito Romano, visando ao pagamento de dívidas em comum, no interesse exclusivo do credor. A ideia de obrigações recíprocas entre o particular e a sociedade somente é razoavelmente desenvolvida no século XVIII[24]. Na evolução do conceito, há uma ampliação real, vivida pela sociedade daquela época, que propicia certo adensamento cognitivo

---

[22] Sobre tal divisão, em bem organizada apresentação do tema, ver BAYERTZ, Kurt. *Solidarity*. Dordrecht: Kluwer Academic Publishers, 1999, pp. 03 a 26.

[23] Cf. BAYERTZ, Kurt, *op. cit.*, p. 04. Como explica o autor, o eventual conceito de solidariedade é frequentemente esquecido em razão da função emotiva da solidariedade, que não estimula tal análise científica, além da excessiva importância da filosofia sobre os temas relativos à liberdade e instrumentos de coerção da vontade individual. Uma dificuldade elementar também é a compreensão ética da solidariedade ora limitada a determinados grupos ou famílias, ora voltada para uma acepção universal. Daí a preponderância do uso político do termo (*op. cit., loc. cit.*). De qualquer forma, reconhece que o uso mais comum do termo é referente a uma pretensa comunidade moral universal, com a participação de toda a humanidade (*op. cit.*, p. 05). Naturalmente, o pluralismo da sociedade contemporânea traz sérias dúvidas sobre a viabilidade de tal compreensão.

[24] Cf. BAYERTZ, Kurt, *op. cit.*, p. 03. No mesmo sentido, PENSKY, Max. *The Ends of Solidarity – Discourse in Ethics and Politics*. Albany: State University of New York Press, 2008, p. 06 e TINGA, Kees & VERBRAAK, Egon. *Solidarity: An Indispensable Concept in Social Security*. In: VAN VUGT, Joos P. A. & PEET, Jan M. (org.). *Social Security and Solidarity in the European Union – Facts, Evaluations and Perspectives*. New York: Physica Verl, 2000, p. 254.

do tema, sendo finalmente consagrada no século XIX, com a ideia de *fraternidade*,[25] ainda que com forte fundamentação religiosa.

O desenvolvimento inicial da solidariedade tem íntima ligação com a família, evoluindo com os grandes aglomerados urbanos e com a supremacia do catolicismo, no qual todos são irmãos sob um mesmo Deus, em um universalismo ético. A solidariedade, até então fundada na religião, somente encontra espaço real na filosofia moral no século XX.[26]

No século XVIII, por conta do Iluminismo, a ideia de solidariedade era, ainda, fundada na proteção entre iguais, pertencentes ao mesmo grupo ou cultura. Todavia, no ideário do século XIX, incluindo a dogmática socialista, a solidariedade começa a trazer a ideia de relação assimétrica entre os participantes, como figurante em polos opostos. Já com a modernidade, o antigo discurso de afinidade e pertencimento a determinado nicho ou cultura como fundamento da solidariedade, especialmente na religiosidade, perde aplicabilidade, pois a diferença passa a ser o fundamento do agir solidário.[27] Tal efeito é fundamental para a percepção da solidariedade no estágio atual.

A visão tradicional da solidariedade exaltava a ideia de necessário amparo ao próximo, mas não a qualquer um, e sim ao que lhe é conhecido; aquele que divide as mesmas necessidades e detém os mesmos sentimentos. Na atualidade, o atributo é a impessoalidade; a necessária ajuda entre estranhos, até como instrumento de preservação dos ideais da República.[28]

O sentimento de pertencimento, que era vívido e marcante no passado, perde-se na miríade de culturas existentes na atualidade, em constante evolução e transformação, demandando novas formas de fundamentar o agir solidário. No entanto, a ação cooperativa, quando a afinidade inexiste, nem sempre será fácil. Ainda haverá meios de impor ou, ao menos, estimular uma interação entre estranhos, na busca do bem comum? Para tanto, uma nova ideia de solidariedade deve surgir.

---

25 Até os dias de hoje, não são raras apresentações da fraternidade como mero sinônimo da solidariedade. Neste sentido, ver TORRES, Ricardo Lobo. *Existe um Princípio Estrutural da Solidariedade?* In: GRECO, Marco Aurélio & GODOI, Marciano Seabra de (org.). *Solidariedade Social e Tributação*. São Paulo: Dialética, 2005, p. 198. No entanto, como se verá, a solidariedade comporta algumas inovações, ao menos dentro da visão mais tradicional de fraternidade, que impõe algum tipo de afinidade pessoal para com o próximo, o que não necessariamente existe em um modelo solidarista.

26 Cf. BAYERTZ, Kurt, *op. cit.*, p. 06. A afirmativa é de fácil comprovação, pois antes do desenvolvimento das teorias contratualistas, as doutrinas que visavam a fundamentar o comportamento humano, em geral, eram dotadas de fundamento religioso ou no direito natural. Sobre o tema, ver GARGARELLA, Roberto. *As Teorias da Justiça de Rawls – Um Breve Manual de Filosofia Política* (tradução de Alonso Reis Freire). São Paulo: Martins Fontes, 2008, p. 14.

27 Cf. PENSKY, Max. *The Ends of Solidarity...* , *op. cit.*, pp. 03 e 04.

28 Cf. PENSKY, Max, *op. cit.*, p. 14.

1.3.1. A Solidariedade Hoje – Da Afinidade Pessoal à Divisão de Riscos

Como apresentado, a ideia de solidariedade que se formou, desde a modernidade, é aquela que impõe deveres para com os demais nacionais, com quem guardamos as mesmas referências de cultura, história etc. Tal visão encontra especial fundamento, também, no ideal de *fraternidade* da Revolução Francesa. Como preceitua a Declaração dos Direitos do Homem e do Cidadão, de 1793, no item XXI, *os auxílios públicos são uma dívida sagrada. A sociedade deve a subsistência aos cidadãos infelizes, quer seja procurando-lhes trabalho, quer seja assegurando os meios de existência àqueles que são impossibilitados de trabalhar.*[29]

A concepção tradicional do conceito seria, em tese, também encontrada no princípio da diferença de Rawls, muito embora, após alguma reflexão, seja mais fundada no interesse individualizado de cada participante do pacto inicial, haja vista o *véu da ignorância* impedir o prévio conhecimento da situação futura de cada um.[30] As conclusões de Rawls, em seus dois princípios, são derivadas de estratégias individualistas de pessoas que ignoram suas potencialidades e posições sociais. É uma *solidariedade em interesse próprio*, unicamente.[31]

A solidariedade, na visão tradicional, decorre do pertencimento a algum grupo, podendo variar de grau, de acordo com o senso de responsabilidade para com os demais.[32] Tal concepção é embasada nas diversas perspectivas da solidariedade, estabelecendo norma de conduta interna, de acordo com o grupo e em razão de objetivos comuns, tanto na visão descritiva como na normativa.[33]

---

29 De toda forma, cumpre observar que o tema da fraternidade só desempenhou papel mais relevante, na França, a partir de 1840. Sobre o tema, ver PENSKY, Max, *op. cit.*, p. 06.

30 Cf. BAYERTZ, Kurt, *op. cit.*, pp. 21 e seguintes.

31 De acordo com RAWLS, John, em sua visão da justiça como equidade, haveria dois princípios a conduzir a conduta humana. O primeiro princípio estipula que cada pessoa deve ter um direito igual ao mais abrangente sistema de liberdades básicas iguais que seja compatível com um sistema semelhante de liberdades para as outras. Já o segundo princípio, hierarquicamente inferior ao primeiro, prevê que as desigualdades econômicas e sociais devem ser ordenadas de tal modo que sejam ao mesmo tempo consideradas como vantajosas para todos dentro dos limites do razoável e vinculadas a posições e cargos acessíveis às pessoas em geral (*Teoria da Justiça*, pp. 45 e seguintes).

32 Cf. HECHTER, Michael, *Principles of Group Solidarity*. Berkeley: University of California Press, 1988, p. 08.

33 Cf. HECHTER, Michael, *op. cit.*, *loc. cit*. A concepção descritiva da solidariedade propõe expor a rede de relações existentes na sociedade, capaz de expor suas particularidades e nossas identidades. Já a perspectiva normativa prescreve nossas obrigações morais e políticas frente à rede de relações sociais existentes. Sobre o tema, ver CAPALDI, Nicholas. *What's Wrong with Solidarity?* In: BAYERTZ, Kurt (org.). *Solidarity*, *op. cit.*, p. 39. De maneira mais completa, a análise descritiva fornece as bases para a ação prescritiva da solidariedade, impondo ações aos indivíduos mesmo que contrárias aos seus interesses pessoais (KHUSHF, George. *Solidarity as a Moral and Political Concept: Beyond the Liberal/Communitarian Impasse*. In: BAYERTZ, Kurt (org.). *Solidarity*, *op. cit.*, p. 65). A distinção entre a acepção descritiva e a normativa tem

É certo que há preferência, dentro do corpo social, pelo auxílio a pessoas próximas, que dividem as mesmas crenças, cultura e história. Mas a evolução do conceito não implica o descarte de tais acepções, que podem sofrer variação de grau, como a mutação apontada por Durkheim, da solidariedade mecânica para a orgânica, em razão da divisão do trabalho.

Basicamente, a teoria de Durkheim envolve a solidariedade mecânica, mais tradicional, fundada em sociedades antigas, nas quais as semelhanças entre seus componentes geravam comportamentos harmônicos, exigidos reciprocamente por seus pares, havendo forte preponderância do direito repressivo, sendo a pena verdadeiro elemento de coesão social.[34]

A solidariedade mecânica, em tal concepção, seria verdadeira limitação à individualidade; um *trade-off* entre a primazia da pessoa e a preponderância do coletivo.[35] Tal modelo seria adequado a organizações primitivas de sociedade, fundadas na ordem familiar e com forte fundamento na religião.[36] Já a solidariedade orgânica traz, como fundamento, não uma semelhança entre as pessoas – algo já refutado por Durkheim antes mesmo das festejadas teorias pós-modernas do pluralismo da sociedade – mas sim suas diferenças. A modalidade orgânica, não obstante a denominação, preserva a individualidade.[37]

É certo que a semelhança entre cada membro da sociedade, com cultura e expectativas similares traz forte estímulo à cooperação, mas a solidariedade baseada exclusivamente na semelhança reflete vinculo frágil, com diversos exemplos de ruptura na história humana.[38] A solidariedade entre os povos não possui plena comprovação empírica, pois a história da humanidade, contraditoriamente, tem apresentado uma clara preferência

---

relevância, justamente, nas situações em que a solidariedade medeia o conflito concreto entre o interesse individual e o coletivo. Sem tal conflito, a distinção perde a importância (Cf. KHUSHF, George, *op. cit.*, *loc. cit.*). Argutamente, expõe o autor que o simples reconhecimento da existência da solidariedade já implica admitir as falhas do mercado, pois, do contrário, a ação solidária não faria sentido, já que a busca pelos interesses individuais sempre traduziria a melhor maneira de incremento dos mais pobres. Daí a possibilidade de, ao menos, relativizar a primazia do mercado, abrindo espaço para a solidariedade, especialmente quando a ação individual não produzir resultado coletivo aceitável (*op. cit., loc. cit.*).

34 Cf. DURKHEIM, Émile. *Da Divisão do Trabalho Social* (tradução de Eduardo Brandão). Martins Fontes: São Paulo, 2008, pp. 79 a 81. Em suas palavras, *resulta deste capítulo que existe uma solidariedade social proveniente do fato de que certo número de estados de consciência são comuns a todos os membros da mesma sociedade. É ela que o direito repressivo figura materialmente, pelo menos no que ela tem de essencial* (*op. cit.*, p. 83).

35 DURKHEIM, Émile. *Op. cit.*, p. 107. De acordo com Durkheim, a denominação mecânica deve-se à coesão inerente a esta solidariedade, análoga aos mecanismos sem vida, como um relógio. Traz uma ideia, como reconhece posteriormente, tipicamente comunista, na qual *o indivíduo não se pertence*; a personalidade individual absorvida pela personalidade coletiva (*op. cit.*, pp. 108 e 162).

36 DURKHEIM, Émile. *Op. cit.*, p. 162.

37 DURKHEIM, Émile. *Op. cit.*, p. 108. Novamente em suas palavras, afirma que *a unidade do organismo é tanto maior quanto mais acentuada essa individuação das partes* (*op. cit.*, *loc. cit.*).

38 Cf. DURKHEIM, Émile, *op. cit.*, pp. 129-30.

pelas guerras. Daí, para muitos, a dificuldade em admitir tal elo entre estranhos, pois a solidariedade é mais visível para pessoas próximas, chegando a indiferença para pessoas distantes.[39] No entanto, por outro lado, é flagrante, especialmente nos dias de hoje, ações solidárias para com pessoas totalmente estranhas, seja por calamidade ou mesmo visando à superação de condições de miserabilidade.[40]

Em tal contexto, a solidariedade produzida pela divisão do trabalho seria mais rígida, capaz de superar as diferenças, ao produzir dependências recíprocas de vários setores de produção.[41] A solidariedade, em concepção evoluída, envolveria um sentimento mais amplo de pertencimento, incluindo a consciência dos atributos e vulnerabilidades que nos unem.[42]

O exposto não demonstra um declínio da solidariedade, mas sim uma nova dimensão do conceito, adaptada às particularidades da nova época. Não por outro motivo a modernidade é vista, com frequência, como superação da solidariedade pelo pensamento comunitarista, o que poderia ser admitido, em uma acepção tradicional da solidariedade entre os afins. Todavia, a solidariedade em ambiente plural deve ser levada mais a sério, pois mudança no perfil da solidariedade não traz seu término, como no pensamento comunitarista.[43]

De toda forma, apesar dos embates entre as diversas correntes da sociologia, é certo que a chave para a compreensão da vida em sociedade demanda, necessariamente, o estudo de grupos de pessoas, e não um indivíduo isoladamente. As escolhas individuais não podem

---

39 Neste sentido, ver RORTY, Richard. *Contigency, Irony and Solidarity*. Cambridge: Cambridge Press, 1989, p. 191.

40 Como aponta BAYERTZ, Kurt, apesar de ser facilmente visível o elo mais efetivo entre pessoas mais próximas, isso não exclui a eventual ação desinteressada frente a estranhos. Em tradução livre: *uma ética realista não pode simplesmente ignorar os limites da simpatia entre seres humanos. Isto não é, entretanto, motivo para "jogar a criança fora com a água" e adotar um universalismo moral em favor da cultura do individualismo – uma ideia que parece ter se tornado pós-moderna, recentemente (op. cit., p. 09)*. De toda forma, admite que a ideia atual de solidariedade seja preponderantemente centrada em determinada sociedade, a qual possui em comum elementos de coesão, como história, ascendência, cultura e *way of live* (*op. cit., loc. cit*).

41 Cf. DURKHEIM, Émile, *op. cit.*, pp. 130-33. Não sem razão afirma que os vínculos sociais *que resultam da similitude se afrouxam progressivamente* (*op. cit.*, p. 155). Na defesa da solidariedade orgânica, expõe que *a solidariedade mecânica não vincula os homens com a mesma força da divisão do trabalho, que, aliás, ela deixa fora de sua ação a maior parte dos fenômenos sociais atuais, ficará ainda mais evidente que a solidariedade social tende a se tornar exclusivamente orgânica. É a divisão do trabalho que, cada vez mais, cumpre o papel exercido outrora pela consciência comum* (*op. cit.*, p. 156).

42 Cf. PENSKY, Max, *op. cit.*, p. 10.

43 Cf. BAYERTZ, Kurt, *op. cit.*, pp. 13 e 17. O tema é controvertido, não sendo incomuns teses que aproximam a solidariedade ao comunitarismo, especialmente no contexto político. Neste sentido, ver PENSKY, Max, *op. cit.*, pp. 01 e 02. A divergência também pode ser facilmente fundamentada pela falta de coesão das teses comunitaristas, como expõe GARGARELLA, Roberto, *op. cit.*, pp. 137 e seguintes.

ser fundamentadas em procedimentos puramente racionais, pois são frequentemente determinadas por processos de socialização.[44]

Tal premissa é relevante ao fundamentar a crítica da sociologia frente à economia, pois o excessivo enfoque no indivíduo, ao invés do coletivo, típico da análise econômica, dá pouca importância ao singelo fato de que ações individuais são sempre afetadas pelos grupos a que se pertence. Ademais, a maior ou menor afinidade e obediência aos preceitos do grupo dependem do grau de solidariedade do mesmo.[45]

Uma interessante tentativa de aproximação de um conceito é a distinção entre solidariedade e caridade, pois na primeira haveria, entre as partes, uma expectativa de reciprocidade. Ou seja, se porventura a situação inverter-se, o auxílio também seria prestado. Já a caridade não possui tal dimensão, pois não esperamos um possível retorno, como o exemplo da esmola.[46] A própria expressão *solidariedade* teria sido criada com esse intuito por Pierre Leroux.[47]

No entanto, com o pluralismo dominante e em sociedades com alta densidade demográfica, é, no mínimo, dúbia a pretensa expectativa de reciprocidade, sendo também ingênua a esperança da suficiência da ajuda voluntária prestada a terceiros. Ou seja, não se trata de substituir um enfoque pelo outro, mas sim de admitir sua complementaridade, pois a avaliação sociológica, adicionada ao componente econômico, especialmente quanto ao estudo das escolhas racionais, traz substrato mais sólido para o desenvolvimento de uma teoria da solidariedade.

Por outro lado, aliada à evolução observada por Durkheim, cumpre notar que a realidade social existente, em um contexto de constante mudança e incerteza, conjugada em uma denominação provisória de *sociedade de risco*, impõe laços de solidariedade que certamente vão além da mera divisão de trabalho, haja vista a complexidade e impossibilidade de previsão de muitos dos novos riscos.

Enfim, pelo exposto e dentro da evolução conceitual observada, pode-se apontar uma nova solidariedade na sociedade de risco, entre pessoas diferentes, como já apontara Durkheim, mas não somente oriunda da *divisão do trabalho*, e sim fundada na necessidade da *divisão dos riscos*,

---

44 Cf. HECHTER, Michael. *Principles of Group Solidarity*. Op. cit., pp. 02 e 07. Como bem resume o autor, a sociologia e as escolhas racionais se complementam, ao tentar compreender o comportamento humano (*op. cit.*, p. 08).
45 Cf. HECHTER, Michael, *op. cit.*, pp. 15 a 17. Quanto maior a solidariedade existente, maior será o grau de adimplemento voluntário das obrigações existentes (*op. cit.*, p. 18).
46 Cf. BAYERTZ, Kurt, *op. cit.*, p. 19.
47 Cf. BAYERTZ, Kurt, *op. cit.*, p. 23.

os quais são, muito frequentemente, inadministráveis, seja pelo indivíduo ou por um grupo restrito de pessoas que dividem afinidades sociais, econômicas ou culturais. Para tanto, a coerção parece ser a saída, impondo proteção recíproca no maior grau de cobertura.

1.3.2. Solidariedade Compulsória – Contradição ou Necessidade?

Apesar de a compulsoriedade, como instrumento de solidariedade, ter algum fundamento empírico e mesmo constitucional (especialmente no caso brasileiro), o tema ainda gera perplexidades, pois se o auxilio mútuo é obrigatório, não seria solidário, mas mandatório.

Com a intervenção típica do Estado Social, perde-se a concepção original de solidariedade, que implica obrigação moral para com o próximo; bem diferente da ação burocrática do Estado para com o necessitado e da cobrança forçada dos contribuintes, sob pena de execução fiscal. Solidariedade, em tal contexto, seria um verdadeiro eufemismo.[48]

Em tal visão, a preservação da individualidade é que seria necessária para o desenvolvimento voluntário da solidariedade, pois somente quem aprende e reconhece o valor intrínseco da vida humana seria capaz de compreender a importância da ação solidária.[49]

No entanto, especialmente em situações nas quais a pessoa não vislumbra qualquer vantagem minimamente adequada para sua ação, é provável que não haja auxílio suficiente ao próximo. Em situações nas quais os benefícios individuais são independentes dos ônus pessoais, não há estímulo para a solidariedade tomar lugar, sendo os encargos eleitorais, como o voto, exemplos clássicos.[50] Em tais circunstâncias, a coerção legal torna-se necessária ou, ao menos, defensável.[51]

---

48 Cf. BAYERTZ, Kurt, *op. cit.*, pp. 22 a 25. *It thus only consistent that, in political philosophy, the concept of justice is preferred to that of solidarity in order to justify the welfare state in ethical terms* (*op. cit.*, p. 25).

49 Cf. CAPALDI, Nicholas, *op. cit.*, p. 51. Entretanto, cumpre notar que este autor tem sérias reservas sobre a solidariedade imposta pelo Estado, coagindo particulares ao financiamento de um sistema macro de manutenção da vida digna. Primeiramente, o importante seria cada pessoa entender a importância de seu trabalho e suas ações para a preservação de sua existência. A individualidade plena seria meta necessária para superar a *cultura da pobreza*. Ademais, a assunção pelo Estado, dos encargos sociais, geraria desestímulo à solidariedade voluntária da sociedade frente aos necessitados. Sobre o pensamento de Nicholas Capaldi sobre o assunto, ver KHUSHF, George. *Solidarity as a Moral and Political Concept: Beyond the Liberal/Communitarian Impasse,*, *op. cit.*, p. 57 e seguintes.

50 Sobre o tema, ver BAURMANN, Michael. *Solidarity as a Social Norm and as a Constitutional Norm.* In: BAYERTZ, Kurt (org.). *Solidarity, op. cit.*, p. 244-5.

51 Cf. BAURMANN, Michael, *op. cit.*, p. 249. Em tradução livre, (...) uma pessoa não pode esperar que haverá sempre uma mão invisível que transformará o *vício* da maximização da utilidade racional em virtude da solidariedade *(op. cit., loc. cit.)*. Como se verá, a coerção pode ser dispensada dependendo do grau de participação em cada sociedade.

Certamente não se ignora a existência do auxílio desinteressado de terceiros, mas sua ocorrência é, ainda, muito aquém do minimamente necessário para assegurar a vida digna a todos. Como será melhor desenvolvido no estudo da justiça social, os exemplos históricos mostram que, ao contrário do defendido pelas visões libertarianas da sociedade, contar com a ajuda do *bom samaritano* não é digno nem eficiente. Para impor um resultado minimamente adequado, a coerção estatal, e não somente moral, se faz necessária.

Se a solidariedade já fosse fundada no coração das pessoas, a previsão normativa seria desnecessária; se a ação solidária fosse repudiada pelo corpo social, a norma seria ineficaz. Como a realidade não se situa nos extremos, cabe ao direito patrocinar o florescimento da solidariedade latente.[52] O papel transformador da Constituição também insere-se no contexto da solidariedade como instrumento de justiça social.

No entanto, a crítica frente à solidariedade forçada como algo contrário à liberdade individual merece maior desenvolvimento, até pela clássica conceituação do constitucionalismo como limitação ao poder estatal.[53] A coerção estatal visando a amparar os necessitados violaria, em tal visão, o liberalismo na vertente econômica e política. A solidariedade, em abordagens libertarianas, quando usada como fundamento para ações estatais, é vista como algo negativo, por gerar mais Estado, mais burocracia, enfim, mais tributos.

Em uma visão libertariana, a inclusão da solidariedade, como objetivo constitucional, como no caso brasileiro, poderia ser vista como possível caminho à servidão, abrindo margem à intervenção excessiva do Estado na esfera privada, sob pretexto de realização constitucional.[54] No entanto, o argumento, apesar de impressionar, não convence.

De início, cumpre notar que, mesmo no modelo liberal, o Estado moderno sempre foi fundado na solidariedade, no qual, por meio de impostos, toda a sociedade deveria arcar com gastos necessários a atividades típicas da organização política e funcionamento estatal. Mesmo um Estado mínimo é um Estado *solidarista*.[55]

---

52 Cf. BAURMANN, Michael, *op. cit.*, p. 264. Em tradução livre, *Uma constituição seria nada mais que um pedaço de papel se não existissem cidadãos predispostos a agir de forma solidária em favor da sociedade* (*op. cit., loc. cit.*).

53 Sobre o tema, ver a definição de constitucionalismo. In: BOBBIO, Norberto, MATTEUCCI, Nicola & PASQUINO, Gianfranco. *Dicionário de Política*, 5ª ed. São Paulo: UnB, 2004, pp. 246 e seguintes.

54 Sobre tal linha de raciocínio, é emblemática a obra de HAYEK, F. A.. *O Caminho da Servidão*. Rio: Instituto Liberal, 1990.

55 Neste sentido, ver SACCHETTO, Claudio. *O Dever de Solidariedade no Direito Tributário: O Ordenamento Italiano*. In: GRECO, Marco Aurélio & GODOI, Marciano Seabra de (org.). *Solidariedade*

Naturalmente, a demanda por ação estatal, mesmo na seara social, não justifica a intervenção arbitrária e em contrariedade à Constituição, pois, não raramente, certas medidas destinadas a conferir poderes especiais de legislar ao Executivo, visando a restabelecer a segurança em períodos de grande instabilidade, tendem a evoluir para um estado de exceção permanente.[56]

É certo que tal consequência nefasta possa ser derivada de uma pretensa busca de solidariedade, não sendo incomum ditaduras modernas justificarem suas ações como instrumento de justiça social. Mas se foi opção do povo estabelecer esta importante finalidade na existência nacional, cabe aos Poderes Instituídos a busca pela sua realização. É sabido que a distinção entre o remédio e o veneno, muito frequentemente, resume-se à questão da dosagem. O risco de envenenamento não impede a adoção de remédios; diga-se o mesmo para a solidariedade.

Em verdade, a ideia de solidariedade, como ação necessariamente voluntária, é fundada nas premissas do Estado liberal, mascarando o mesmo preconceito que ainda subordina os direitos sociais aos direitos clássicos de liberdade.[57] No modelo social, o Estado avoca a incumbência de realizar a justiça social, sendo a solidariedade ainda seu principal instrumento, mas agora dotada de compulsoriedade, uma vez internalizada no ordenamento, no caso brasileiro, pela Constituição de 1988.[58]

Há, ainda, aqueles que não admitem a solidariedade compulsória, mas fundados em motivo de ordem econômica, pois somente o mercado seria competente para atingir tal desiderato, nunca o Estado. Nesta visão, a sociedade, por si mesma, voluntariamente, iria alcançar o caminho

---

Social e Tributação. Op. cit., p. 23. Por tal motivo, pode-se afirmar que os tributos, desde a modernidade, nunca possuíram finalidade exclusivamente arrecadatória, mas sempre fundaram um projeto cooperativo de sociedade. S*e o Estado exige tributos em razão de um dever de solidariedade, isto significa igualmente que a função da exigência tributária não é meramente fiscal* (*op. cit.*, p. 26).

56 Cf. AGAMBEM, Giorgio. *Estado de Exceção* (Tradução de Iraci Poleti). São Paulo: Boitempo Editorial, 2004, p. 19. Sobre o Estado de Exceção no aspecto econômico, ver BERCOVICI, Gilberto. *Constituição e Estado de Exceção Permanente – A Atualidade de Weimar*. São Paulo: Azougue Editorial, 2004, p. 179.

57 Sobre o tema, ver HOLMES, Stephen & SUNSTEIN, Cass. *The Cost of Rights – Why Liberty Depends on Taxes*. New York: Norton, 2000.

58 Como afirma MAURER, Béatrice, *com efeito, os textos de direito positivo inseriram em suas disposições o conceito de dignidade. Este não é mais, portanto, apenas um princípio de filosofia moral fundador, mas também um princípio jurídico. A dignidade da pessoa humana deve ser assim respeitada tanto como princípio moral essencial como enquanto disposição de direito positivo. Respeitar a dignidade do homem exige obrigações positivas* (*Notas Sobre o Respeito da Dignidade da Pessoa Humana... Ou Pequena Fuga Incompleta em torno de um Tema Central.* In: SARLET, Ingo Wolfgang (org.). Dimensões da Dignidade – Ensaios de Filosofia do Direito e Direito Constitucional (tradução de Rita Dostal Zanini). Porto Alegre: Livraria do Advogado, 2005, p. 86).

adequado, sem intervenções desnecessárias na esfera de liberdade individual.[59]

Tal visão também padece do vício de estabelecer uma fé exagerada na racionalidade e sentimento humano para com o próximo. Embora ambos os atributos existam e sejam, eventualmente, até vistos como *naturais*[60] do ser humano, é improvável que venham, no grau necessário, a preponderar frente aos projetos individualistas de existência da pós-modernidade.[61]

Em verdade, a miopia individual, que é a dificuldade do agir, visando à própria proteção, ainda prepondera e, mais gravemente, evolui para uma *miopia social*, pois a ajuda ao próximo torna-se algo secundário nos projetos de vida da maioria das pessoas. Dentro de um argumento *a fortiori*, se a pessoa humana ainda encontra dificuldades em atuar, voluntariamente, pela sua própria proteção (o que fundamenta até hoje o ingresso coercitivo nos modelos tradicionais de previdência social), o que dirá a ação em prol de terceiros. A expectativa da ação solidária e voluntária é louvável, mas ingênua, ao menos na realidade atual, em que a regulação, inclusive em questões sociais, torna-se o pensamento dominante, com forte fundamentação empírica.

A própria ideia de respeito à dignidade humana impõe não somente um direito, mas um dever de respeitar sua dignidade e de outros,[62] ainda que isso imponha algum tipo de restrição ou encargo financeiro. A solidariedade social somente poderá ser alcançada em uma sociedade plural por meio da coerção.

1.3.3. Solidariedade como Inclusão

A solidariedade não busca a preservação do *status quo*, mas sim a melhoria contínua. O enfoque do Estado social, mesmo no contexto da sociedade de risco, na conformação *pós-social*,[63] não é somente a segurança,

---

59 Cf. KHUSHF, George., *op.cit.*, p. 72.

60 Estudos científicos demonstram que a equidade, especialmente na vertente da redução das desigualdades, não é movida somente por aspectos culturais, ou mesmo pela autoimagem e busca de reciprocidade, mas como conduta natural, demonstrada a partir da avaliação empírica da aversão do cérebro humano a situações de iniquidade (*Neural Evidence for Inequality-Averse Social Preferences*. Pesquisa realizada pelo Departamento de Psicologia da Universidade de Rutgers, Newark, New Jersey, publicada em fevereiro de 2010. Abstrato disponível em <http://www.nature.com/nature/journal/v463/n7284/full/nature08785.html>. Acesso em 25/02/2010). A ciência ainda traz sobrevida a fundamentos do direito natural à solidariedade humana.

61 A exagerada fé na racionalidade humana será melhor desenvolvida no capítulo referente à regulação na previdência social.

62 Cf. MAURER, Béatrice, *op. cit.*, p. 80.

63 A expressão "pós-social" é usada por alguns autores, não no sentido de superação do *welfare state* ou por preferências libertarianas, mas simplesmente para externar a necessidade de maior comprometimento com o equilíbrio financeiro do sistema protetivo estatal e priorização a determinadas minorias, como

mas o sim o bem-estar,⁶⁴ que demanda ações concretas visando à justiça social. Ou seja, o bem-estar é uma *mais-valia* frente à segurança, que é requisito minimamente necessário para a redução das desigualdades. A segurança, apesar de importante na sociedade de risco, não exaure as finalidades da proteção social.

A solidariedade, especialmente na sociedade de risco, deve possuir algum fundamento normativo, em contrariedade à premissa tradicional da solidariedade como algo voluntário, apesar de existir, como se disse, alguma ação desinteressada para com o próximo. Daí a proteção social, na sociedade de risco, ser melhor financiada por impostos, mais adequados ao pluralismo existente, sem identificação ou discriminação de grupos determinados.⁶⁵

A inserção da solidariedade, na Constituição, é capaz de gerar efeitos, pois, do contrário, não haveria motivos para a previsão normativa. Como todas as demais normas, há uma expectativa de efetividade, que pode ser explicitada na atuação das Cortes, na atividade do legislador ordinário, ou mesmo na Administração Pública.⁶⁶ A abstração e eventual indefinição não impedem alguns efeitos concretos.

A solidariedade, hoje, é assimétrica; há o necessário tratamento desigual, impondo até ônus mais pesado em parcelas da sociedade sem contraprestação específica. Há possível limitação da liberdade, tanto no aspecto formal e mesmo material, e por tal motivo, a solidariedade também deve encontrar fundamento na Constituição. A natureza particular da solidariedade, como auxílio entre estranhos, ao contrário do que frequentemente se apresenta, não impede sua previsão normativa, mas, ao revés, a impõe. A normatividade do conceito é necessária para produzir efeitos em uma sociedade plural fundada na liberdade humana.⁶⁷

A inclusão de aspectos morais e mesmo a previsão da solidariedade em textos constitucionais demanda alguma reflexão e comprometimento com

---

crianças. Neste sentido, ver ESPING-ANDERSEN, Gøsta. *The Incomplete Revolution – Adapting to Women's New Roles*. Cambridge: Polity Press, 2009, p. x. Há, ainda, quem aponte a sinonímia do Estado Pós-Social com o Estado Social Pós-Providência ou mesmo Estado Pós-Moderno. Neste sentido PEREIRA SILVA, Mário Ramos. *O Regime dos Direitos Sociais na Constituição Cabo-Verdiana de 1992*. Coimbra: Almedina, 2004, p. 35. Adotando também a terminologia "Pós-Social", ver SARMENTO, Daniel. *Direitos Fundamentais e Relações Privadas*. Rio de Janeiro: Lumen Juris, 2004, p. 51. Sobre maiores detalhes do Estado Pós-Moderno, refletindo as incertezas quanto a suas características e evolução, ver a clássica obra de CHEVALLIER, Jacques. *L'Etat Post-Moderne*. Paris: LGDJ, 2003, p. 48.

64 Cf. DENNINGER, Erhard. *Constitutional Law and Solidarity, in Solidarity* (org. Kurt Bayertz). Dordrecht: Kluwer Academic Publishers, 1999, p. 234.

65 O tema do custeio será melhor desenvolvido no capítulo 3.

66 Cf. BAURMANN, Michael, *op. cit.*, p. 260-1.

67 Cf. DENNINGER, Erhard. *Constitutional Law and Solidarity*. In: BAYERTZ, Kurt (org.). *Solidarity, op. cit.*, p. 236.

o decidido pelo Constituinte Originário. A solidariedade é a antítese do pensamento amigo *versus* inimigo, e o lugar mais relevante para expressar tal pensamento é, justamente, na Constituição.[68]

O principal atributo do *Welfare State* não é propriamente a solidariedade, por si só, mas a possibilidade do necessitado de esperar auxílio do Estado, com maior dignidade, e não dos demais componentes do corpo social. A solidariedade busca a justiça social, permitindo uma adequação do agir estatal frente a uma sociedade plural.

A preponderância da justiça social, somente alcançada por meio da solidariedade forçada, é mais adequada à manutenção de direitos sociais, especialmente quando qualificado como consequência lógica dos direitos civis e políticos, pois permite participação efetiva, a cidadania real, com a exclusão da miséria.

Em um contexto plural, a participação estatal é necessária para fixar tal cooperação entre a coletividade, pois o agir solidário, tradicionalmente voluntário, perde-se na mesma medida em que há o desmantelamento das identidades nacionais. A sociedade de risco não exclui a solidariedade ou mesmo a caridade, mas o agir voluntário é insuficiente para assegurar a justiça social.

Ademais, a intervenção estatal é, também, mecanismo de garantia da individualidade de cada membro do corpo social, pois, por mais paradoxal que possa parecer, tal conduta estatal, se adequadamente conduzida, é capaz de assegurar o mínimo existencial a cada pessoa.

Ainda que o Estado Social tenha mostrado, ao longo dos anos, suas fragilidades e mesmo insubsistências, isso por certo não implicará retorno ao modelo liberal ou o eufemístico *subsidiário*, haja vista a crescente demanda por segurança, a qual, ao revés, não se limita aos aspectos sociais, mas a todos os demais setores, incluindo meio ambiente.

A solidariedade, enfim, é, hoje, fundada na ideia de *inclusão*.[69] O contexto pós-social, da sociedade de risco, impõe novas visões, e por isso o ideal de inclusão não implica o trancamento da pessoa em determinada realidade, mas sim a possibilidade de interação com os diferentes; a abertura das fronteiras das diversas comunidades, entre os que são estranhos entre si e pretendem permanecer estranhos.[70] A integração social não toma lugar,

---

[68] Cf. DENNINGER, Erhard., *op. cit.*, p. 239.
[69] PENSKY, Max, *op. cit.*, p. xiii.
[70] Sobre o tema, ver HABERMAS, Jürgen. *The Inclusion of the Other – Studies in Political Theory* (tradução de Ciaran Cronin). Massachusetts: MIT Press, 1998, p. xxxvi; e Max Pensky, *op. cit.*, p. 11.

hoje, por crenças comuns, mas pela cooperação. A importância da ação comunicativa, no novo modelo de solidariedade, encontra plena aplicação.[71]

A solidariedade, em verdade, não se trata de mero conceito metafísico, alheio ao direito, especialmente no Brasil, pois a Constituição vigente expõe, entre seus objetivos, a construção de uma sociedade livre, justa e solidária (art. 3º, inc. I). Ou seja, no caso brasileiro, ao menos, pode-se afirmar, sem qualquer dúvida, que o princípio da solidariedade é de natureza ética e jurídica, servindo, no direito positivo, como justificativa ético-jurídica da capacidade contributiva,[72] dando nova fundamentação às relações tributárias, além de subsidiar modelos de proteção social, fundados na ideia de inclusão. *Afinal, a solidariedade social é que constitui os liames que mantêm os homens unidos.*[73]

1.3.4. Solidariedade Social, Solidariedade de Grupo e Financiamento

Um tema recorrente no estudo da solidariedade é a diferença entre a solidariedade de grupo, a qual restringe o agir solidário a determinadas pessoas, pertencentes a uma mesma comunidade ou grupo de pessoas identificável, ou a solidariedade social, a qual abarca todo o corpo social.

No primeiro caso, a preferência, em matéria de financiamento de ações estatais, seria o arcabouço das parafiscalidade, instrumentada pelas contribuições especiais, evitando encargo sobre toda a coletividade em matéria de interesse restrito a determinadas categorias. Já os temas fundados na solidariedade social, abrangente, como saúde pública, seriam financiados por toda a sociedade, preferencialmente por impostos.[74]

De modo sucinto, pode-se afirmar que, dentro do contexto atual, tendo a capacidade contributiva sido, novamente, alçada à Constituição brasileira de 1988, aliada à reaproximação da ética com o direito, o fundamento dos impostos é verdadeiramente encontrado na solidariedade social, por meio da qual todo o corpo social deve, respeitados alguns limites, como a vedação do confisco, compor financeiramente as reservas adequadas para concretizar

---

71 Cf. Max Pensky, *op. cit.*, p. 25.
72 Cf. TORRES, Ricardo Lobo. *Existe um Princípio Estrutural da Solidariedade?*, *op. cit.*, p. 198 a 200.
73 Cf. DUGUIT, Leon. *Fundamentos do Direito* (tradução de Márcio Pugliesi). São Paulo: Martin Claret, 2009, p. 40.
74 Neste sentido, afirma TORRES, Ricardo Lobo que *no regime da CF 88, a solidariedade do grupo é o princípio da justiça que fundamenta as contribuições sociais de natureza previdenciária incidentes sobre a folha de salários, embora não o seja relativamente às que recaem sobre o faturamento e o lucro* (Existe um Princípio Estrutural da Solidariedade?, *op. cit.*, p. 201). Sobre o tema ver, também, RIBEIRO, Ricardo Lodi. *A Segurança Jurídica do Contribuinte – Legalidade, Não-Surpresa e Proteção à Confiança*. Rio de Janeiro: Lumen Juris, 2008, p. 49 e seguintes. Tanto o tema da parafiscalidade como do financiamento do sistema será melhor desenvolvido no capítulo IV.

os objetivos constitucionais, democraticamente estabelecidos. A capacidade contributiva não é mais fundada em critérios contraprestacionais – o que poderia justificar até tributações regressivas – mas sim no ônus derivado do projeto cooperativo de uma sociedade que busca o bem comum.

A solidariedade de grupo seria mais fundada na ideia de fraternidade, que traz sentimento de pertencimento e afetividade para com o próximo, no sentido literal de proximidade, seja por vínculo de sangue, familiar ou mesmo de localidade. Pode ser interpretada como a *solidariedade dos antigos*, enquanto a *solidariedade dos modernos*, mais abrangente, é fundada em preceitos normativos, frente a pessoas que não são próximas, mas dividem o mesmo projeto cooperativo de um Estado social.[75]

A solidariedade social, como solidariedade dos modernos, impõe a ajuda necessária a terceiros mesmo sem qualquer expectativa de eventual contraprestação. Ainda que alguns modelos previdenciários, como o brasileiro, tenham a pretensão da universalidade de cobertura e atendimento, tal objetivo colide com um modelo bismarckiano de previdência social, pois a possibilidade de ingresso, demandando contribuição específica do segurado, na prática, exclui trabalhadores autônomos, especialmente aqueles com forte restrição financeira, e mesmo os mais abastados, que não sofrem, na prática, o efeito virtuoso do ingresso compulsório, pois suas contribuições, em regra, não são retidas na fonte.

A solidariedade de grupo, fundamento dos antigos sistemas de seguro social, perde espaço na sociedade de risco, especialmente em razão da ambivalência, já que o interesse de alguns é, em verdade, interesse de todos, especialmente pelos efeitos possíveis. Daí, o fundamento para um sistema tributário prioritariamente fundado em impostos, subjugando as atuais contribuições, de modo a socializar os encargos da manutenção de um sistema protetivo para todos.[76]

Com o pretexto de não diluir os encargos de um grupo por toda a sociedade, o que acaba por se formar é um sistema flagrantemente desigual, pois as contribuições exigidas do grupo protegido são, frequentemente, repassadas aos consumidores, de modo que todos, em uma sociedade de consumo, acabam por arcar com o financiamento de um seguro social para poucos.[77]

---

[75] Sobre o tema da solidariedade dos antigos e dos modernos, com seus efeitos na tributação, ver NABAIS, José Casalta. Solidariedade Social, Cidadania e Direito Fiscal. In: GRECO, Marco Aurélio & GODOI, Marciano Seabra de (org.). *Solidariedade Social e Tributação. Op. cit.*, p. 113 e seguintes.

[76] Sem embargo, deve-se reconhecer na doutrina quem veja essa realidade como justificadora de um sistema fundado em taxas. Neste sentido, ver TORRES, Ricardo Lobo. Legalidade Tributária e Riscos Sociais. In: *Revista Dialética de Direito Tributário* nº 59, São Paulo: Dialética, p. 95.

[77] O tema é melhor desenvolvido no Capítulo 4.

A própria Constituição de 1988 prevê, no art. 195, que a seguridade social será financiada, de forma direta e indireta, por toda a sociedade. A universalidade do custeio, com um modelo de seguro social, financiado por contribuições, é um anacronismo do Constituinte Originário que merece revisão, como se verá.

As poucas situações concretas, estritamente limitadas a alguns grupos, fora do interesse da coletividade, podem, a partir da ideia de solidariedade de grupo, subsidiar a criação de associações voluntárias, com cotizações privadas, como clubes e entidades de bairro, mas fora do escopo de ação estatal. A tentativa do Estado em gerir interesses restritos a determinados grupos, sem repercussão social – o que poderia fundamentar uma verdadeira contribuição especial – não tem amparo em um Estado Democrático de Direito.[78]

Caso haja interesse global em determinada ação estatal, o imposto terá função preponderantemente fiscal, buscando assegurar a solidariedade social necessária ao preceito legal ou constitucional. Caso haja matéria de interesse restrito a determinado grupo, mas com impacto global que justifique a regulação estatal, eventual tributação poderia, também, ser feita por impostos, ainda que a finalidade, no caso, seja preponderantemente extrafiscal. Não há motivo para criar-se nova figura exacional, como as contribuições especiais, subsidiada em uma pretensa solidariedade de grupo. A questão é melhor desenvolvida no Capítulo 4.

1.3.5. Solidariedade e *Free-Riders*

Um tema recorrente no estudo da solidariedade, tanto na vertente sociológica como, especialmente, na economia, é relacionado aos *free-riders*, isto é, pessoas que, em uma perspectiva puramente racional, egocentrada, optam por não contribuir para o bem coletivo, pois observam que, mesmo assim, irão usufruir das vantagens geradas pelo grupo.

Em uma proposta alargada de solidariedade, a qual independe de sentimentos de pertencimento e afinidade, em uma universalidade de pessoas desconhecidas, o tema ganha importância evidente, pois o controle recíproco entre integrantes do grupo perde força.

---

78 Como reconhece TORRES, Ricardo Lobo, o princípio estrutural da solidariedade, com fundamento na obra de J. J. Canotilho, pode vir a substituir a solidariedade de grupo, criando impostos afetados, com destinação especial, como a contribuição dos inativos (*Existe um Princípio Estrutural da Solidariedade?, op. cit.*, pp. 203-4). Sobre o princípio estruturante da solidariedade, ver CANOTILHO, José Joaquim Gomes. *Direito Constitucional e Teoria da Constituição*. Coimbra: Almedina, 2003, p. 1.173.

Usualmente, a solução tradicionalmente apontada envolve algum grau de coerção e controle,[79] de modo a evitar que poucos venham a locupletar-se em detrimento de muitos. Apesar da teoria dos jogos fundamentar a ação cooperativa voluntária em pequenos grupos, não há fundamento para amplas populações, sendo a coerção, em tese, um instrumento adequado.[80]

Todavia, a perspectiva normativista da solidariedade parte também da premissa que a conduta humana em sociedade não é individualista, egoísta, mas em prol do bem comum; não pela coerção somente, mas por algum sentimento para com o próximo. Do contrário, o aparato policial do Estado teria papel mais relevante que qualquer outra função. Sem embargo, mesmo aos adeptos da sociologia, no viés normativista, admitem algum tipo de sanção como necessário para desenvolver a solidariedade, não bastando a *internalização*.[81]

É correto afirmar que a solidariedade também possui viés utilitarista, especialmente quando há a união do grupo visando a vantagens recíprocas, pois, como já apontara Tocqueville, as pessoas se reúnem em grupos visando a obter um resultado comum.[82] Todavia, o utilitarismo, ainda que possa fundamentar alguma ação solidária, não tem liame necessário com a implantação da solidariedade, pois o melhor resultado possível para a ação individual, com frequência, é nada fazer, tirando proveito da ação alheia.[83] O *free-rider* é, acima de tudo, um utilitarista.

Estudos sociológicos demonstram que quanto mais *público* for um bem, isto é, quanto mais aberto for à utilização geral sem qualquer contraprestação, menor será o grau de ação solidária para sua preservação, pois o usufruto independe de avaliação da conduta pessoal.[84] Tal ideia é

---

79 Cf. HECHTER, Michael, *op. cit.*, p. 11. Em tradução livre, (...) *concordância individual e solidariedade de grupo podem ser obtidas somente por meio do efeito combinado de dependência e controle* (*op. cit.*, *loc. cit.*).

80 Cf. HECHTER, Michael, *op. cit.*, p. 12. Ao final de sua obra, em tradução livre, conclui *que apesar da teoria ser pessimista sobre as perspectivas de concretizar a solidariedade em grupos numerosos, ainda assim seria mais fácil estabelecer o elo na presença de arranjos institucionais que promovam algum controle da economia* (*op. cit.*, p. 178).

81 Sobre o tema, ver HECHTER, Michael, *op. cit.*, p. 15 e seguintes.

82 Cf. MALTETZ, Donald J. *Tocqueville on the Society of Liberties*. Disponível em <http://www.jstor.org/pss/1408879>. Acesso em 20/01/2009.

83 HECHTER, Michael, *op. cit.*, pp. 26-27. De toda forma, como aponta o autor, a solidariedade sempre sofrerá com o imponderável; variáveis sem possibilidade de mensuração, as quais podem refletir positivamente ou não sobre o grau de solidariedade de determinado Estado, como o carisma de um líder ou mesmo uma catástrofe natural. (*op. cit., loc. cit.*). Em suas palavras, *although the concept of group solidarity underlies much sociological analysis, neither normative, functional, nor structural explanations provide an adequate account of it* (*op. cit.*, p. 29).

84 Cf. HECHTER, Michael, *op. cit.*, p. 35. Naturalmente, não se pretende aqui desenvolver uma teoria de bens públicos, mas somente expor a relação direta entre ampla gratuidade e baixa motivação para o financiamento.

relevante para o financiamento de prestações universais de um primeiro pilar de proteção social, que, necessariamente, demandará exação compulsória da sociedade, visando ao financiamento coercitivo. No caso brasileiro, o melhor tributo para tal função são os impostos.

Com a cobrança universal do tributo necessário à preservação da rede de proteção, desde que respeitados limites mínimos de intributabilidade, é possível implantar alguma forma de solidariedade forçada e, ao mesmo tempo, excluir boa parte dos *free-riders*. Adicionalmente, como não existem bens totalmente inexauríveis, há algum critério de seleção (exclusão), por mais amplo que seja, que acaba por gerar desestímulo aos *free-riders*,[85] além da técnica de financiamento global e compulsória.

A coerção é também necessária mesmo em grupos com elevado grau de solidariedade, pois sempre haverá, eventualmente, conflitos entre o interesse do indivíduo, em determinada situação, e o coletivo.[86] Para tanto, a sanção faz-se necessária e, não raramente, a exclusão é defendida como pena.[87] No entanto, a exclusão não é viável em sistemas de seguridade social, especialmente no primeiro pilar de proteção, o qual, por definição, visa, ao menos, à proteção do mínimo existencial.

Admitida a necessidade de alguma coerção para gerar solidariedade entre estranhos, a adoção de controles formais de gestão na política social surge, sem muita dificuldade, como algo fundamental. Se a exclusão não é pena adequada a um sistema fundado na dignidade da pessoa humana, caberá ao legislador ordinário estabelecer encargos razoáveis, como a dificuldade maior para recebimento de prestações, pagamentos em intervalos menores, preenchimento repetido de formulários etc. A saída, em matéria de preservação do mínimo existencial, será sempre permitir o recebimento da prestação, mas criar, quando cabível, percalços que desestimulem o abuso, mediante incremento do ônus frente à vantagem percebida.

Embora o consenso sobre a necessidade de algum controle seja relativamente fácil de ser alcançado, isso não exclui problemas no seu estabelecimento, como a criação de uma avaliação adequada, identificando com razoável certeza os destinatários corretos da política pública, assim como a efetiva capacidade estatal de estabelecer sanções reais que gerem

---

85 HECHTER, Michael, *op. cit.*, pp. 36 e 37.
86 Cf. HECHTER, Michael, *op. cit.*, p. 41. Por outro lado, é certo afirmar que quanto mais dependente do grupo, mais solidária é a pessoa (*op. cit.*, p. 52).
87 Cf. HECHTER, Michael, *op. cit.*, *loc. cit.* A ideia central volta-se à sobrevivência do grupo como algo intimamente ligado à capacidade em controlar os seus integrantes (*op. cit.*, p. 51).

o desestímulo à conduta egoísta, com custo adequado frente às vantagens obtidas.[88]

A criação de mecanismos de controle deve, necessariamente, atender a determinada realidade, de acordo com a cultura e grau de socialização de certa comunidade, incentivando o aprendizado e reflexão. Em verdade, a socialização da pessoa tem um efeito virtuoso no controle dos *free-riders*, pois amplia os efeitos do controle social.[89] Ademais, em temas relacionados com a responsabilidade entre gerações, é fundamental algum tipo de regulação estatal,[90] haja vista o fraco estímulo para ações restritas da geração atual.

A solidariedade, enfim, expõe o desenvolvimento de um empreendimento cooperativo, não necessariamente voluntário, visando ao bem comum. Todavia, para obter tal desiderato, faz-se necessário um mínimo de coordenação, escolha e alocação de recursos escassos para melhor resultado.[91] A conclusão forçosa é que o *free-rider* se trata de um custo necessário, pois sempre existem pessoas que tentarão – e conseguirão – se locupletar às custas do sistema. É certo que devem ser combatidos, mas entre a proteção total do sistema frente ao risco de desamparo, deve-se privilegiar a vida digna.[92]

Estabelecida a solidariedade social como novo fundamento da previdência social brasileira, surge uma segunda dificuldade, que é a melhor estratégia para alcançar a justiça social. Fundamentar cotizações compulsórias visando ao bem comum é, especialmente no contexto brasileiro, algo de relativa facilidade, mas o grau de tal coerção dependerá do modelo de justiça social a ser alcançado, o que a Constituição de 1988, ao menos expressamente, não deixa claro. Portanto, um modelo adequado

---

[88] Cf. HECHTER, Michael, *op. cit.*, pp. 59 e 60. Apesar de admitir-se a implantação de controles formais, não se ignora a existência real e mesmo efetiva de controles informais, não estatais, baseados ainda na tradicional solidariedade voluntária para com o próximo, pois as pessoas não são sempre egoístas, como nos mostram exemplos diários de conduta desinteressada para com terceiros (*op., cit.*, pp. 60 e 61). Tal erro, de excluir a avaliação moral da conduta humana, é uma crítica elementar ao pensamento econômico, centrado exclusivamente no ideal do ser racional. Neste ponto a sociologia traz resultados importantes, ao demonstrar que o comportamento humano tem relação direta com o grau de socialização da pessoa, independente de coerção, por meio de normas que são *internalizadas*, expondo um certo exagero da visão hobbesiana (*op. cit.*, p. 62-3).

[89] Como expõe HECHTER, Michael, *far from being an alternative to formal controls, socialization is itself a product of these controls* (*op. cit.*, p. 69). Sobre o tema da regulação estatal na atividade previdenciária, ver capítulo 5.

[90] Cf. BECK, Ulrich. A Reinvenção da Política: Rumo a Uma Teoria da Modernização Reflexiva. In: BECK, Ulrich; GIDDENS, Anthony & LASH, Scott. *Modernização Reflexiva, op. cit.*, p. 55.

[91] Cf. HECHTER, Michael, *op. cit.*, pp. 33 e 34.

[92] Como conclui FELDSTEIN, Martin, em tradução livre, *não há como o governo distinguir entre pessoas que, genuinamente, não têm condições de assegurar seu sustento e aqueles que, racionalmente, jogam com o sistema, buscando vantagens* (*Rethinking Social Insurance*. American Economic Association, *The American Economic Review*, v. 95, nº 1, mar., 2005, p. 05).

de previdência social demanda, como premissa, a construção do modelo de justiça social a ser alcançado. Este é o ponto a ser dirimido na sequência.

1.3.6. Solidariedade e Justiça Social

O art. 193 da Constituição de 1988, em posição estratégica, abrindo o Título *Da Ordem Social*, expressa, como objetivos, o bem-estar e a justiça social. A busca pela justiça social é elevada à meta suprema da seguridade social brasileira, o que demanda, ao menos, alguma tentativa de densificação do conceito.

Já foi dito que a justiça social é o fim visado pelo sistema, instrumentalizada pela solidariedade social, mas além do instrumento, é necessário perquirir o real objetivo desejado. De acordo com a percepção do modelo de justiça social desejado, um menor ou maior grau de solidariedade social será imposto à sociedade.

Ademais, merece maior desenvolvimento o papel da previdência social nesta empreitada, pois as referências a ela, como instrumento de justiça social, com raras exceções, são alusões genéricas ou amontoados de palavras de ordem, muito comuns em textos superficiais ou mesmo descompromissados com a realidade dos fatos. Aliás, esta seria uma das grandes vantagens em desenvolver uma teoria da justiça – reduzir a incerteza e discordância inerente ao tema.[93]

De acordo com o mesmo dispositivo constitucional, tanto a justiça social como o bem-estar seriam alcançados por meio do trabalho. É inegável que o trabalho é o melhor instrumento para a vida digna, pois permite que a própria pessoa, por meio de seu esforço e mérito, consiga manter a si e à sua família, sem depender do auxílio de outrem. No entanto, como se verá, o trabalho não é o único instrumento para tal desiderato, cabendo importante função para a previdência social, que é o subsistema da seguridade social responsável pelo atendimento das demandas daqueles que se afastam do trabalho, voluntariamente ou por necessidade.

1.4. A JUSTIÇA COMO SIGNO PLURISSIGNIFICATIVO

A expressão *"justiça"* sempre contou com grande diversidade de significados, muito amiúde relativos a critérios ideais para presidir a boa conduta e o desenvolvimento ordenado da coisa pública ou, ainda,

---

[93] Cf. MILLER, David. *Principles of Social Justice*. Cambridge: Harvard Press, 2003, p. 21. A proposta do presente texto não é elaborar uma teoria da justiça, mas limitar-se ao aspecto de maior relevância para a tese defendida, que é a justiça social.

no sentido procedimental, apresentando alguma objetividade, como a imparcialidade, direito de defesa etc. No pensamento ocidental, é também pensada como forma de repartição – cada um a que é de direito – o que produz, não raro, definições de ordem tautológica.[94] Por isso, é comum afirmar-se ser conceito ainda recente e sem justificativa convincente.[95]

No que diz respeito à justiça social, em particular, há dois grandes problemas na busca de um significado adequado. Primeiramente, existe a flagrante mutação da própria ideia de justiça social ao longo do tempo, variação que é mais visível na transição da pré-modernidade para os dias atuais. Adicionalmente, mesmo na data presente, com a superação das concepções pré-modernas de justiça social, surgem dificuldades sobre seus objetivos reais e fundamentos.

Ou seja, no que diz respeito à justiça social, embora haja, na atualidade, razoável consenso sobre sua importância, inclusive com alguma ação estatal necessária, o dissenso surge já quando se busca o fundamento adequado; se baseada estritamente na solidariedade, ou, nas concepções mais completas, em critérios de equidade, necessidade ou mérito, e daí a razão da justiça social, ainda hoje, ser algo complexo e indeterminado, pois as pessoas em geral reconhecem e admitem a existência e necessidade do conceito, mas não conseguem precisá-lo.[96]

O desenvolvimento da teoria da justiça social partirá das diferentes concepções do instituto, especialmente na passagem da pré-modernidade para a modernidade, localizar o espaço para a solidariedade como fundamento, ao menos parcial, e fixar, em parâmetros adequados, critérios de justiça social a serem buscados em um modelo adequado de proteção social.

1.5. JUSTIÇA SOCIAL – EVOLUÇÃO

Ao buscar os fundamentos de um modelo previdenciário adequado, uma breve evolução da justiça social mostra-se necessária, pois o tema, ainda hoje, especialmente nos debates sobre a matéria protetiva, mescla concepções diversas do que seja a justiça social e, não raramente, são desprovidas de qualquer pré-compreensão razoável do que venha a ser a mesma.

---

94 Sobre o tema, ver RABENHORST, Eduardo Ramalho. Verbete sobre Justiça. In: *Dicionário de Filosofia de Direito*. BARRETO, Vicente de Paulo (Coord.) São Leopoldo: Unisinos, 2006, pp. 493-495.
95 Cf. HÖFFE, Otfried. *A Democracia no Mundo de Hoje* (tradução de Tito Lívio Cruz Romão). São Paulo: Martins Fontes, 2005, p. 80.
96 Sobre o tema, ver *Commission on Social Justice. The Justice Gap*. London: Institute for Public Policy Research. 1993, pp. 4 a 16.

1.5.1. A Justiça Social na Pré-Modernidade

A pré-modernidade tem como característica clássica a interferência entre aspectos legais, morais e religiosos, os quais, amiúde, eram condensados em um mesmo pretenso direito natural. Daí não ser surpresa a influência marcante de preceitos religiosos na evolução do ideal da justiça distributiva, que, neste quadrante da história, pouco dizia sobre aspectos redistributivos, como se verá.

As referências à justiça social ou justiça distributiva[97] não são novas, havendo menções que remontam à Grécia antiga, já nos textos de Homero, muito embora apresentada tanto como atributo dos estados como dos homens.[98] O conceito de justiça, tradicionalmente, sempre fora vinculado à divindade, de ordem metafísica, objeto de respeito necessário pelas pessoas, haja vista sua origem no sobrenatural.[99]

Tradicionalmente, mesmo no contexto mais restrito da justiça social, é citada a consolidação do conceito de justiça feita por Ulpiano, na multicitada codificação romana, ao expor a justiça como viver honradamente, não prejudicar ninguém e dar a cada um o que é seu.[100] Apesar da generalidade da expressão, somente com muito esforço poderia o intérprete extrair de tal conceito a justiça distributiva.

Ou seja, nos autores pré-modernos, desde a codificação do *Corpus Juris Civilis*, não há uma ideia de justiça social como hoje. Ainda que encontremos previsões diversas de uma garantia à sobrevivência, não há um direito de ser retirado da pobreza, mesmo em textos religiosos.[101] O enfoque tradicional era muito maior na ideia de justiça retributiva, dando a cada um o que lhe fosse de direito, ou mesmo na aplicação de

---

97 As expressões "justiça social" ou "justiça distributiva" são usadas como sinônimas, até por ser a praxe reconhecida pela maioria dos autores que tratam do tema. Sobre a similitude das expressões, ver comentários de MILLER, David. *Principles of Social Justice. Op. cit.*, p. 02. A fungibilidade entre os conceitos é também admitida pelas Nações Unidas, em texto próprio sobre o tema – *Social Justice in an Open World – The Role of the United Nations*. New York: UN, 2006, p. 13.
98 Cf. BRIGHOUSE, Harry. *Justice*. Cambridge: Polity Press, 2008, p. 01.
99 Cf. AGUIAR, Roberto Armando Ramos de. *O que é justiça: uma abordagem dialética*. 2ª ed. São Paulo: Alfa-Ômega, 1987.
100 *Honeste vivere, alterum non laedere, suum cuique tribuere*. Sobre o tema, ver CRETELLA JR., José. *Direito Romano Moderno*. Rio de Janeiro: Forense, 1996, p.10.
101 Cf. Nações Unidas. In: *Social Justice in an Open World – The Role of the United Nations*. New York: UM, 2006, p. 13. Ver, também, FLEISCHACKER, Samuel. *A Short History of a Distributive Justice*. London: Harvard, 2004, p. 41. Como expõe este autor, não há previsão no judaísmo, catolicismo ou mesmo em textos de Platão que prevejam a obrigação do Estado em erradicar a pobreza como meio de justiça, embora todos reconheçam a necessidade de cuidar dos pobres e os impactos negativos resultantes das desigualdades sociais, incluindo a possível apropriação do poder político pelo econômico (*op. cit.*, p. 42).

alguma sanção. A ideia de justiça distributiva, além de fonte de confusão[102], sofreu forte alteração significativa.

A visão pré-moderna da justiça distributiva é relevante para excluir a freqüente tendência dos especialistas em apontar uma pretensa evolução linear do conceito, como que um processo de maturação dos encargos da sociedade frente aos desvalidos e necessitados. Como se verá, autores tradicionais, desde a Antiguidade, detinham visão completamente diversa da justiça distributiva, fundada exclusivamente no mérito individual, impondo superação que atinge seu ápice com o *welfare state*.[103]

Para tanto, algumas ideias gerais do tema, a partir dos autores mais tradicionais, são relevantes para expor a forte diferenciação entre os conceitos pré-modernos de justiça social frente aos atuais.

Ao desenvolver-se um texto com a pretensão de tratar da justiça, ainda que limitada à justiça social, a menção à obra de Aristóteles é, sem dúvida, necessária. Há quem entenda sua obra como grande contribuição a elaboração de uma noção de justiça, cujas linhas mestras perdurariam até os dias de hoje.[104] Sem embargo, a justiça social, na atual concepção, adquirida com a modernidade, não se subsume aos conceitos tradicionais da Antiguidade, pois o que Aristóteles chamava de justiça distributiva, ao contrário do senso comum, não possuía qualquer relação com alocação de recursos escassos.

A visão aristotélica de justiça distributiva é mais relacionada com o ideal de mérito – a cada um de acordo com seu esforço. Somente na atual concepção de justiça distributiva é que surge a necessidade de distribuição de bens primários, independente de mérito individual.

Em Aristóteles, a justiça é apresentada como o *justo termo*; o ideal moral intuitivo das pessoas. A justiça seria a *soma de todas as virtudes*, frente a si mesmo e frente aos demais. Com base nestas premissas, expõe a justiça em vários sentidos, ainda que próximos, aplicando-se tanto quanto a ideia de lícito como a de equânime. Assim como Platão, vê a justiça como virtude integral, *ponto de equilíbrio que o homem prudente é capaz de determinar*; escolhas deliberadas por opção.[105]

---

[102] Sobre a comum confusão entre as visões de justiça retributiva e distributiva, ver BRIGHOUSE, Harry. *Op. cit.*, p. 02.

[103] Interessante notar que a ideia pré-moderna de justiça exclusivamente fundada no mérito, embora com fundamentos diversos, ainda é encontrada em autores contemporâneos, como MACINTYRE, Alasdair. *Whose Justice? Which Rationality?* London: Duckworth, 1988, p. 39.

[104] Cf. FERRAZ JÚNIOR, Tércio Sampaio. Verbete sobre Aristóteles. In: *Dicionário de Filosofia de Direito*. Vicente de Paulo Barreto (Coord.) São Leopoldo: Unisinos, 2006, pp. 68-71.

[105] Cf. FERRAZ JÚNIOR, Tércio Sampaio, *op. cit., loc. cit.*

Daí sua obra, ao desenvolver o tema, apresentar a justiça em particular como dividida em dois grupos. A justiça distributiva refere-se à distribuição de ativos da sociedade, enquanto a comutativa seria o princípio corretivo das ações privadas, seja nas transações voluntárias, como compra, venda e contratos, ou nas involuntárias, como o furto ou roubo.[106]

Sobre a justiça distributiva, ponto de interesse deste texto, a distribuição não é apresentada como imperativo de equidade ou instrumento de atendimento a necessidades básicas, mas sim com base no merecimento.[107] Todavia, como reconhece Aristóteles, não há consenso sobre o critério de mensuração do merecimento, e por isso a justiça seria algo *proporcional*. Sem embargo, como se verá, não há sequer acordo sobre o fundamento da justiça distributiva – se baseada em critérios de equidade,[108] necessidade ou recompensa.

Na visão de Cícero, que gerou enorme influência nos autores católicos, a justiça, obrigatória não se confunde com a beneficência, que é voluntária. Em sua obra, não há presença da pobreza como injustiça.[109] Tomás de Aquino, assim como diversos autores de sua época, até admitem a violação da propriedade para fins de garantia da vida, por absoluta falta de qualquer outra opção de preservação da vida, mas tal conduta acaba por inserir-se na justiça comutativa, e não redistributiva, cabendo lembrar que o roubo, no pensamento tomista, ainda é um pecado mortal.[110]

Da mesma forma Hugo Grócio, ao afirmar que somente a *lei do amor* nos impeliria ao auxílio mútuo, mas nunca a lei em sentido estrito. Tanto para Aquino como para Grócio, a obrigação de ajudar pessoas carentes é meramente moral. Se o rico não atende a esta demanda, não estará sendo *injusto*. A diferença entre ricos e pobres não é vista como uma questão de justiça.[111]

---

106 *Ética a Nicômaco*. São Paulo: Martin Claret, 2004, Livro V, pp. 103 a 110.
107 *Ética a Nicômaco...*, *loc. cit.*
108 Como reconhece mesmo Aristóteles, a justiça e a equidade não são idênticas mas, certamente, nem totalmente diversas. A equidade, em sua visão, é mais abrangente que a justiça; servindo mesmo como uma retificação da justiça legal, devido à sua generalidade (*Ética a Nicômaco, op. cit..*, p. 16).
109 *Apud* FLEISCHACKER, Samuel. *Op. cit.*, pp. 20 e 21.
110 Cf. FLEISCHACKER, Samuel. *Op. cit.*, p. 29.
111 Sobre o pensamento de Hugo Grócio, ver resenha a Stanford Encyclopedia of Philosophy, disponível em <http://plato.stanford.edu/entries/grotius/ >. Acesso em 04/08/2009. De acordo com as teses jusnaturalistas de Grócio, a justiça era basicamente limitada à sua concepção comutativa, na qual o bem tomado deve ser restituído (*op. cit., loc. cit*). Para consulta de alguns textos traduzidos do latim, ver <http://homepage.newschool.edu/het//profiles/grotius.htm>. Acesso em 05/08/2009. Ver, ainda, FLEISCHACKER, Samuel. *Op. cit.*, p. 32. Como lembra este autor, os pobres, em tal visão, deveriam contentar-se com a ajuda voluntária dos mais ricos, somente tendo alguma prerrogativa de agir em detrimento da propriedade dos mais abastados em situações de evidente e eminente risco de vida (*op. cit.*, p. 33). Segundo o mesmo autor, ao contrário do que usualmente se aponta, o pensamento tomista reconhece a importância e a necessidade da propriedade privada, como algo necessário para o desenvolvimento da vida humana, mas o pensamento tomista, ao admitir a propriedade privada, rivalizava com o pensamento franciscano (op. *cit.*, p. 35-36).

No pensamento tomista, há a divisão da justiça em justiça geral, análoga à justiça legal, e a particular, subdividida em comutativa, que seria a compensação do ofensor ao ofendido, e a distributiva, baseada na igualdade de tratamento para as pessoas que produzem o bem para a comunidade – todos que produzem o mesmo bem devem receber a mesma recompensa.[112] É visão de justiça ainda mais distante da nossa realidade do que Aristóteles.[113]

Até então, a ajuda a pobres e necessitados aparece como algo desvinculado da ideia de justiça, reproduzindo mera caridade. Na verdade, a situação era ainda mais perversa, pois, muito frequentemente, a pobreza era apresentada como algo necessário, ou mesmo um benefício para pessoas carentes, pois seria a efetiva garantia de admissão no Reino de Deus, haja vista a situação de extrema carência e desapego a bens materiais. Ou seja, haveria uma honra inerente à pobreza. Ademais, a indigência, não raramente, era também apresentada como forma de punição divina, cabendo ao pobre arcar com todas as sequelas de sua condição, pois teria sido uma realidade gerada por sua própria culpa.[114]

Naturalmente, tais visões de mundo formaram grande resistência para que o igualitarismo metafísico fosse traduzido em políticas públicas, especialmente na pré-modernidade. Daí a premente necessidade de segregar a visão moderna da pré-moderna de justiça distributiva.

Na modernidade, a justiça distributiva implicaria, necessariamente, a distribuição de bens primários em sociedade de modo a garantir um mínimo a cada pessoa, podendo, conforme o caso e a ideologia preferida, comportar grande variação no grau de interferência do Estado e nível dos bens, em visões das mais diversas.

O conceito moderno de justiça distributiva traz diversas inovações, até então inexistentes.[115] Um ponto relevante foi a admissão de direitos individuais, e não só do grupo. Ou seja, todos merecem alguma parte dos bens produzidos, mediante algum critério de distribuição racional, sem

---

112 AQUINO, São Tomas de. *Summa Theologica. Secunda Secundae Partis*. Questão 61, art. 4. Disponível em <http://www.newadvent.org/summa/3061.htm#article1>. Acesso em 04/10/2009.

113 Sobre o tema, ver, também, MILLER, David, *op. cit.*, p. 129.

114 Apesar de o Cristianismo sempre ter possuído elevada dedicação e preocupação com pobres e desamparados, nunca é demais lembrar que a Igreja Católica passa a externar a preocupação com a justiça social, de forma mais contundente e em concepção fidedigna da modernidade, com a Encíclica *Rerum Novarum*, do Papa Leão XIII, em 1891, sobre a condição dos operários, e posteriormente, com a *Quadragesimo Anno*, de Pio XI, em comemoração aos 40 anos da *Rerum Novarum*. Os textos estão disponíveis em <http://www.vatican.va/phome_po.htm>.

115 Cf. FLEISCHACKER, Samuel. *Op. cit.*, p. 05. Como expõe o autor, em tradução livre, *até recentemente, as pessoas não viam a alocação de recursos escassos na sociedade como tema afeto à justice* (*op. cit.*, p. 02).

influência religiosa ou metafísica. Com isso, há um objetivo factível, que não é desimportante nem impossível; o Estado, e não somente a sociedade, deve garantir essa distribuição.[116]

Embora se possa extrair da obra de Aristóteles alguns efeitos redistributivos na justiça, especialmente entre parceiros em determinada atividade econômica, não há previsão que o Estado, sob o pretexto da justiça distributiva, possa obrigar alguém a fornecer meios necessários de sobrevivência para seus cidadãos.[117] Como já abordado, a visão aristotélica de justiça social é preponderantemente voltada ao mérito individual.

Interessante, por fim, notar que a concepção moderna de justiça distributiva pode ser encontrada em teses variadas, desde libertarianas até socialistas, pois a alocação de recursos escassos sempre dependerá dos princípios de justiça adotados em determinada sociedade.[118] Em razão de tal premissa, algumas ideologias serão abordadas para, ao fim, propor-se uma adequada fundamentação da justiça social e a consequente aplicação no contexto previdenciário brasileiro. A proposta do texto é, primeiramente, externar a importante mudança de concepção da justiça social, da pré-modernidade para a modernidade e, em seguida, buscar os fundamentos mais adequados.

Ao final do século XVIII, as ideias de Kant sobre a possibilidade de evolução social de acordo com talento e sorte também cumprem seu papel.[119] A abordagem kantiana do tema é também recorrente, especialmente pela abertura à racionalidade prática, admitindo o conhecimento humano como não limitado a estruturas lógicas, baseadas na experiência. Ao desenvolver sua teoria sobre a conduta humana, expõem suas ideias sobre a ética e o direito, reconhecendo que a ação humana é livre e autônoma, mas com obediência a imperativos hipotéticos e categóricos, verdadeiros *compassos morais*[120] de conduta.

Os imperativos hipotéticos traduzem o procedimento abstrato de conduta, como um código de processo, por exemplo, enquanto os categóricos são princípios supremos de moralidade; fundado na máxima de agir de forma que a ação possa constituir-se em norma de comportamento universal e considere o outro como fim em si mesmo. A segunda parte, inclusive, é recorrente em fundamentos de direitos sociais.

---

116 Cf. FLEISCHACKER, Samuel. *Op. cit.*, p. 07.
117 Cf. FLEISCHACKER, Samuel. *Op. cit.*, p. 20.
118 Cf. FLEISCHACKER, Samuel. *Op. cit.*, p. 02.
119 Cf. FLEISCHACKER, Samuel. *Op. cit.*, p. 54.
120 KANT, Immanuel. *Foundations of the Metaphysics of Morals* (tradução de Lewis White Beck). 2ª ed. New Jersey: Pentice Hall, 1997, p. 20.

Os imperativos categóricos transformam-se em imperativos categóricos jurídicos, como o *pacta sunt servanta*, uma vez internalizados no ordenamento. O fundamento da metafísica dos costumes traduz uma moralidade universal, além das moralidades particulares, sendo a doutrina do direito uma parte da metafísica dos costumes, dividida em doutrina da virtude e doutrina do direito.

Kant foi defensor feroz da propriedade privada, mas patrono ferrenho da responsabilidade estatal pelo cuidado com os pobres. Reconheceu a possibilidade de violação da propriedade visando à sobrevivência, além de admitir a tributação para a ação estatal em hospitais, orfanatos etc., fornecendo argumentos tanto para libertários quanto para defensores do Estado Social.[121]

Sem embargo, o auxílio aos necessitados, mesmo nesta nova acepção, seria originário de um dever moral, e não devido ao bem provocado à pessoa cedente. O doador privado sente-se superior ao receptor, gerando a degradação moral do pedinte.[122] Todavia, como já se disse, Kant também prevê a possibilidade de o Estado, expressamente, restringir a riqueza alheia pela tributação para obter meios necessários de auxílio aos pobres;[123] procedimento certamente mais adequado para a pessoa como fim em si mesmo.

Para Kant, a *justiça pública* se subdivide em justiça protetiva, justiça comutativa e justiça distributiva. As justiças protetiva e comutativa assemelham-se à justiça corretiva de Aristóteles, mas Kant tenta, em verdade, seguir a tricotomia adotada na crítica da razão pura, correspondendo as três posições da justiça à possibilidade, atualidade e necessidade da lei.[124] Em tal contexto, a justiça distributiva seria aquilo que faz a lei necessária – mecanismos de imposição – tribunais etc. Sem isso, a distribuição de propriedade é apenas provisória já que não há Estado para garanti-la.[125]

Kant, com seu imperativo categórico, traz uma solução para a fundamentação da justiça distributiva, superando a dificuldade do fundamento aristotélico, fundado somente em *virtudes*. Ademais, ao prever

---

121 KANT, Immanuel. *The Metaphysics of Morals, op. cit.*, p. 133. Sobre o tema, ver também FLEISCHACKER, Samuel. *Op. cit.*, pp. 68 a 70. Um argumento estatal eventualmente apontado seria a ação legal como pretensa garantia da propriedade pretérita, que teria sido tomada pelos ricos. Acertadamente, Kant afirma ser a mesma equivocada, até por desconsiderar o crescimento econômico. Na verdade, afirma Kant que a esmola, embora possa elevar a dignidade do doador, reduz a daquele que recebe. Daí haveria clara vantagem moral da ajuda estatal, devido à sua impessoalidade, fixando uma relação mais respeitável entre ricos e pobres.
122 O tema é bem desenvolvido por FLEISCHACKER, Samuel. *Op. cit.*, p. 72 e seguintes.
123 *The Metaphysics of Morals...*, *loc. cit.*
124 *The Metaphysics of Morals...*, p. 115. Sobre o tema, ver FLEISCHACKER, Samuel. *Op. cit.*, pp. 68-9.
125 *The Metaphysics of Morals*, pp. 106 e 110.

verdadeiro dever da pessoa em desenvolver suas qualidades e aptidões, as quais, por natural, demandam financiamento adequado. Embora Kant não tenha expressamente previsto a necessidade da ação estatal, essa pode ser fundamentada com vistas à segurança, que é o fim último de todo mecanismo protetivo.[126]

Apesar da importância e abrangência da obra kantiana, é problemática a sua intenção de impor uma moral universal, capaz de ser atingida por toda e qualquer pessoa, independente de nacionalidade, sexo, cultura, religião etc. especialmente na sociedade plural, perspectivas de justiça universal tendem a tornarem-se insubsistentes.

A obra de Kant tem relevância ao expor que a pessoa humana, por meio da racionalidade, pode identificar o que é bom em si, sem se submeter aos seus desejos imediatos ou ações estratégicas visando a determinado fim, nos chamados imperativos condicionais, pois, do contrário, seria comandado por vontades de terceiros ou seus desejos particulares, em um ambiente de heteronomia. A ação livre implica a ação moral, de acordo com o imperativo categórico, que nos livra das leis da natureza que se impõe aos objetos e seres irracionais. Escapar das leis da natureza é ser verdadeiramente livre.

Todavia, ao afirmar que a autonomia de um indivíduo demanda que este haja por meio de imperativos categóricos, expõe muita fé na racionalidade humana, como sempre capaz de estabelecer leis diferentes da natureza para conduzir nossas vidas. Em verdade, o próprio Kant admite que as pessoas não sejam puramente racionais, pois, do contrário, nossa ação sempre seria autônoma frente às leis da natureza.[127]

Ainda que a máxima do dever de tratar a si mesmo e a outros como fins em si mesmos, e mesmo a correta crítica ao utilitarismo, pela impossibilidade de impor a toda a sociedade uma visão de felicidade que corresponda às expectativas de todas as pessoas, Kant como um contratualista,[128] não previu como produzir tais consensos concretamente, abrindo forte campo para a crítica comunitária, sofrendo, por assim dizer, das mesmas mazelas da teoria de justiça rawlsiana, por não atender às diversas visões razoáveis de uma vida boa.

---

126 Sobre o tema, ver FLEISCHACKER, Samuel. *Op. cit.*, p. 73 e seguintes. Como lembra este Autor, o trabalho de Kant somente apreciou a questão distributiva de modo marginal, sem prever a intervenção estatal e sem maiores aprofundamentos (*op. cit., loc. cit*).
127 KANT, Immanuel. *Foundations of the Metaphysics of Morals, op. cit.*, p. 71. Sobre as limitações da visão kantiana a uma ideia de justiça, ver SANDEL, Michael J. *Justice- What's the Right Thing to Do?* New York: FSG, 2009, p. 128.
128 Certamente Kant não adotava o contratualismo no sentido lockiano, como um pacto real, mas sim ideal, que atendesse a seus imperativos. No mesmo sentido, Rawls busca novo contrato social, em uma tentativa de, por assim dizer, regulamentar os ideais kantianos. Sobre o tema, ver SANDEL, Michael J., *op. cit.*, pp. 138-9.

1.5.2. A Justiça Distributiva na Modernidade

A modernidade, usualmente, tem seu nascimento fixado com o Renascimento, espécie de data simbólica, quesito necessário para o pensamento humano, que encontra dificuldades em empreender raciocínios entre realidades diversas sem marcos, ainda que imaginários. De qualquer forma, a ideia é que com a modernidade, o homem passa a ter sua dignidade reconhecida; torna-se sujeito de direitos, o que traz consequências imediatas para a concepção de justiça distributiva.

Na modernidade, o auxílio aos necessitados deixa de ser visto como mera virtude, tornando-se fundamento da sociedade. Tanto visões jusnaturalistas, e até utilitaristas admitem tal concepção.[129] Enfim, a grande questão que se coloca, especialmente com a modernidade, desde as perspectivas libertarianas até as marxistas, é justamente sobre a capacidade do estado em desfazer as iniquidades produzidas pelo capitalismo.[130]

Na ruptura da visão pré-moderna da justiça social, ou seja, na translação do mínimo existencial de favor para direito, é necessária a menção a Gracchus Babeuf, que foi o primeiro a proclamar, explicitamente, que a distribuição de bens é necessária por questões de justiça. Foi o primeiro a usar *justiça distributiva* no sentido moderno.[131]

Sem embargo, apesar da concepção moderna de justiça distributiva ter sido, com primazia, exposta por Babeuf, seu sentido só veio a ser adensado após a Segunda Guerra Mundial, pois as referências genéricas ao termo, sem qualquer precisão terminológica, perduraram por boa parte do século XIX.[132]

Adicionalmente, cumpre observar que, ao contrário do que possa parecer, a moderna noção de justiça distributiva não tem origem nas *poor laws* inglesas.[133] Ainda que prevista, normativamente, a conduta necessária frente aos necessitados, tal auxílio ainda era visto como ato de caridade, mas não de justiça. A caridade implica generosidade de quem dá com a

---

129 Cf. RABENHORST, Eduardo Ramalho, *op. cit., loc. cit.* Lembra ainda o autor que o pensamento socialista, à exceção de Marx, pode aqui sem incluído (*op. cit., loc. cit*).
130 Cf. ESPING-ANDERSEN, Gøsta. *The Three Worlds of Welfare Capitalism. Op. cit.*, p. 11.
131 Sobre a doutrina desenvolvida por Babeuf até sua execução, ver MAZAURIC, Claude. *Babeuf et la Conspiration pour l'Égalité.* Paris: Edition Sociales, 1962, p. 55 e seguintes. No mesmo sentido, ver FLEISCHACKER, Samuel. *Op. cit.*, p. 76.
132 Sobre o recente desenvolvimento do conceito, ver Nações Unidas, *Social Justice in an Open World...*, p. 02. Ver, também, FLEISCHACKER, Samuel. *Op. cit.*, p. 80.
133 Sobre o tema, ver TRATTNER, Walter I. *From Poor Law to Welfare State – A History of Social Welfare in America.* 6ª ed. New York: Free Press, 1989.

humildade de quem recebe, e por isso aqueles que eram pobres, na visão do sistema, devido ao pecado ou por preguiça, não teriam direito à ajuda.[134]

Daí a possibilidade até de imposição de penas pesadas para os que fugiam do trabalho. O benefício social como direito subjetivo somente começa a se expandir, efetivamente, no final do século XIX. Até então, não havia a ideia desenvolvida de que os pobres deveriam sair da pobreza. Referem-se a este período as célebres obras literárias sobre as casas de correção inglesas, nas quais inexistia uma clara distinção entre o pobre e o infrator.[135]

Somente ao final do século XVIII surge algum consenso de que o Estado pode agir, excluindo as pessoas da pobreza – ninguém precisa ser pobre ou permanecer pobre – há um papel do Estado como agente de redistribuição de bens. Rousseau, apesar de nem sempre citado, foi também um dos expoentes no desenvolvimento do pensamento do Estado como retificador de iniquidades. Apesar de, exageradamente (e erroneamente), ser apontado como defensor do fim da propriedade e das desigualdades, com gestão estatal do mercado, ele trazia a necessária desconfiança dos efeitos perversos da economia e as consequências negativas para os mais pobres.[136]

Para Rousseau, a sociedade é a verdadeira causadora das grandes desgraças. Por isso, também pode ser a cura.[137] Todavia, sua proposta de redistribuição de renda não visa a permitir pleno exercício das liberdades privadas, mas sim a excluir os obstáculos para a atividade política. Ou seja, o tema da redistribuição de renda, em Rousseau, ingressa não como

---

134 Cf. FLEISCHACKER, Samuel. *Op. cit.*, pp. 48 a 50. Adicionalmente, aponta o autor que a caridade da Igreja Católica serviria como instrumento de atração para judeus e protestantes (*op. cit., loc. cit*). No entanto, alguns textos antigos com ideias relacionadas ao conceito moderno de justiça social já podiam ser encontrados na Antiguidade. Sobre o tema, ver TRATTNER, Walter I. *From Poor Law to Welfare State, op. cit.*, p. 01 e seguintes.

135 Nunca é demais lembrar o clássico *Oliver Twist*, de Charles Dickens.

136 ROUSSEAU, Jean-Jacques. *Discurso sobre a Origem da Desigualdade entre os Homens.* Disponível em <http://www.dominiopublico.gov.br/download/texto/cv000053.pdf>. Acesso em 12/09/2009. Nas palavras de Rousseau, (...) *a desigualdade, sendo quase nula no estado de natureza, tira a sua força e o seu crescimento do desenvolvimento das nossas faculdades e dos progressos do espírito humano, tornando-se enfim estável e legítima pelo estabelecimento da propriedade e das leis. Resulta ainda que a desigualdade moral, autorizada unicamente pelo direito positivo, é contrária ao direito natural todas as vezes que não concorre na mesma proporção com a desigualdade física. Essa distinção determina suficientemente o que se deve pensar, nesse sentido, da espécie de desigualdade que reina entre todos os povos policiados, pois é manifestamente contra a lei de natureza, de qualquer maneira que a definamos, que uma criança mande num velho, que um imbecil conduza um homem sábio, ou que um punhado de pessoas nade no supérfluo, enquanto à multidão esfomeada falta o necessário* (*op. cit.*, p. 46). No mesmo sentido, ver FLEISCHACKER, Samuel. *Op. cit.*, pp. 55 e 56.

137 Cf. FLEISCHACKER, Samuel. *Op. cit.*, p. 57.

instrumento de justiça, como proteção devida a um ser humano, mas sim de cidadania, da vida política.[138]

A identificação da visão da modernidade de justiça social, superadora da concepção pré-moderna, fundada somente no mérito individual, foi atingida. Resta apreciar as doutrinas da modernidade buscando, de modo mais eficiente, um modelo de justiça social adequado à sociedade de risco, expondo como algumas, ainda, preservam as influências da pré-modernidade. Em tal contexto situa-se a dogmática do libertarianismo.

Usualmente, visões tradicionalmente libertárias impõem o afastamento do Estado de ações protetivas, impondo maior responsabilidade individual pelas escolhas de consumo, de modo a fixar responsabilidade do indivíduo pelas suas próprias preferências. Sob tais premissas, Milton Friedman chegou a afirmar que os modelos estatais e compulsórios de previdência social infringiriam a liberdade individual.[139]

É em certa medida correto afirmar que cada um de nós conta com uma *responsabilidade especial pela própria vida*,[140] mas a igual consideração e respeito demandam, também, reconhecer limitações individuais e inadequações comportamentais, as quais conduzem a opções irracionais de consumo e poupança. Atualmente, é comum que economistas com pensamento libertário admitam alguma necessidade de ação estatal, com ingresso coercitivo, especialmente por miopia de informação e conduta. O fundamento para um modelo estatal de previdência social, em muitos casos, acaba por ser, também, de índole utilitarista.[141]

O pensamento libertariano, como doutrina ultraliberal que é, tem sido forte oponente às tentativas estatais de assegurar justiça social, pois o funcionamento livre dos mercados, aliado ao Estado de Direito, seria a melhor solução. O fundamento do libertarianismo é a noção de propriedade do próprio corpo, o qual, comandando pela pessoa, poderia desenvolver sua vida como bem entender. A liberdade, então, seria uma precondição.[142]

---

138 Cf. FLEISCHACKER, Samuel. *Op. cit.*, p. 59 a 61. Neste aspecto, não deixa de transparecer uma certa semelhança com o fundamento habermasiano para direitos sociais, como garantias de uma situação ideal de diálogo.

139 *Capitalism and Freedom*. Chicago: University of Chicago Press, 1962.

140 Cf. DWORKIN, Ronald. *A Virtude Soberana – A Teoria e a Prática da Igualdade* (tradução de Jussara Simões). São Paulo: Martins Fontes, 2005, p. 457.

141 Cf. FELDSTEIN, Martin. *Rethinking Social Insurance*, op. cit., p. 04.

142 Sobre uma exposição competente do pensamento libertariano, ver BRANDÃO, Rodrigo. Entre a Anarquia e o Estado do Bem-Estar Social: aplicações do libertarianismo à política constitucional. *Revista de Direito do Estado – RDE*, ano 4, nº 14, abr./jun. 2009, pp. 139 e seguintes. Como explica o autor, *segundo os libertarianos, há um único direito individual, do qual todos os demais são especificações: cada indivíduo tem o direito de guiar a sua vida, seja nas suas relações pessoais, seja nas suas relações econômicas, em consonância com as suas convicções, desde que respeite igual direito alheio. O fundamento básico desse postulado, ao contrário do que se poderia pensar à primeira vista, não repousa diretamente na liberdade,*

Fixada tal premissa, a intervenção do Estado na esfera privada é seriamente limitada, pois somente seria admitida dentro do estritamente necessário, de modo a evitar o crime e preservar os contratos pactuados, mediante intervenção provocada.

Usualmente, o libertarianismo é segregado do pensamento liberal, pois, neste, há espaço para a atuação estatal, especialmente na regulação de determinadas atividades, o que não é, em geral, admitido no pensamento libertariano.[143] Dentre diversos autores de índole libertariana, a menção a Adam Smith é obrigatória.

Aparentemente de modo análogo aos autores pré-modernos, Adam Smith negava a justiça distributiva, mas em outro conceito, diferente do atual. Adam Smith foi um dos últimos a usar a expressão "justiça distributiva" no sentido pré-moderno.[144] Na época, funções distributivas eram aplicadas à sociedade, ao mercado, e não ao Estado. Em verdade, Smith, ao defender não direitos, mas as benesses aos pobres, a esmola e boa-vontade alheia, vai além de São Tomas de Aquino, que não reconhecia quaisquer direitos aos pobres, devido à sua posição *meritosa*, com entrada garantida no Reino de Deus.

Adam Smith, assim como David Hume, admitia que a manutenção da propriedade e a aceitação das desigualdades ainda seriam mais vantajosas, mesmo para os pobres, do que a planificação econômica.[145] Incrivelmente, foram estes quem primeiro fizeram a pergunta certa; como justificar a propriedade de alguns poucos e a miséria de muitos. A resposta seria o tempo – em longo prazo, até os pobres se beneficiariam, especialmente quando comparadas com sociedades fundadas no igualitarismo, como as indígenas.[146]

---

senão na noção de propriedade sobre o próprio corpo e os seus bens (self-ownership), afigurando-se a liberdade e a igualdade formal como as suas precondições.

143 Para uma visão sucinta das diferenças entre liberalismo e libertarianismo, especialmente na vertente econômica, ver MIRON, Jeffrey A. *Libertarianism – From A to Z*. New York: Basic Books, 2010, pp. 107-8.

144 Na visão de SMITH, Adam, a justiça distributiva seria restrita a direitos imperfeitos, não sendo objeto de estudo da Jurisprudência, mas a algum sistema moral ou ético (*Lectures on Jurisprudence*, p. 52. Disponível em <http://www.dominiopublico.gov.br/download/texto/0141-06_eBk.pdf>. Acesso em 10/07/2009) sobre o tema, ver também FLEISCHACKER, Samuel. *Op. cit.*, p. 17.

145 Cf. FLEISCHACKER, Samuel. *Op. cit.*, p. 39. De certa forma, possuem fundamento idêntico ao exposto por Rawls, dois séculos depois, ao criar o princípio da diferença, admitindo que as desigualdades sociais somente são admissíveis se os mais pobres passarem a uma condição superior, comparada a uma situação de igualdade plena (*op. cit.*, *loc. cit.*). Sobre as posições de HUME, David, ver *Essays Moral, Political, Literary*, 1777. Disponível em <http://www.dominiopublico.gov.br/download/texto/0059_eBk.pdf>. Acesso em 15/09/2009.

146 Como bem observado por FLEISCHACKER, Samuel, autores de índole socialista, posteriormente, negam a resposta, mas repetem a pergunta (*op. cit.*, p. 40).

Daí, em verdade, ter sido Adam Smith, e não Rousseau, quem tratou, com primazia, da pobreza como um problema da pessoa em sua vida privada, não limitando sua análise à vida política.[147] No seu clássico *Riqueza das Nações*, também prevê mecanismos redistributivos em favor dos pobres. Como bem observa, até a educação estatal, obrigatória para os pobres, seria uma forma de transferência de recursos.[148] Apesar de tímida, a iniciativa deste autor é emblemática, pois vai de encontro ao consenso da época, no qual o pobre deveria permanecer pobre, para afastar-se da bebida, do pecado, da indolência e para trabalhar.[149]

É acertado afirmar que Adam Smith expõe imagem, até então, inovadora, em conformidade com a dignidade do pobre e trabalhador. Embora nunca tenha manifestado uma preferência pelo Estado social, ou muito pelo contrário, tenha preferido estruturas organizacionais mais enxutas, o importante é que traz claro fundamento para políticas redistributivas, permitindo a evolução do conceito de justiça social.

Hoje, autores libertarianos até reconhecem que possa existir justiça social, mas seu critério é, em regra, o mesmo – a liberdade de mercado. Para tal visão, a distribuição de riqueza não pode ser justa ou injusta, mas somente um efeito fora do controle da ação estatal; a justiça social seria, na verdade, a justiça dos mercados.[150]

Apesar dos argumentos fortes, é certo que a experiência nos mostra que a justiça dos mercados não existe. A ausência do Estado, deixando o mercado regular-se por si mesmo, acaba por agravar as desigualdades existentes, servindo, na melhor das hipóteses, como instrumento de justiça com base exclusiva no mérito individual.

Ainda que o pensamento libertariano seja importante ao atacar qualquer forma de perfeccionismo moral,[151] gerando forte oposição de quaisquer tentativas estatais de dispor como se viver a vida – o que é de especial importância para a previdência social, como em situações de

---

147 Cf. SMITH, Adam. *Lectures of Jurisprudence*, p. 01. Sobre o tema, ver, também, FLEISCHACKER, Samuel. *Op. cit.*, p. 62.

148 SMITH, adicionalmente, afirma que a educação é plenamente capaz de se autofinanciar, devido ao bônus provocado. Sobre o tema, ver *An Inquiry into the Nature and Causes of the Wealth of Nations*. 1776, p. 471 e seguintes. Disponível em < http://www.dominiopublico.gov.br/download/texto/mc000250.pdf>. Acesso em 01/08/2009.

149 Para uma visão desta concepção dos pobres como pessoas dotadas de inferioridade intrínseca, indolência, desrespeito às leis e predisposição ao vício, ver a clássica obra de TOWNSEND, Joseph. *A Dissertation on The Poor Laws*, 1786, p. 07. Disponível em <http://www.dominiopublico.gov.br/download/texto/mc000267.pdf>. Acesso em 11/05/2008. Ver, também, Samuel Fleischacker. *Op. cit.*, p. 64.

150 Cf. *Commission on Social Justice. The Justice Gap.* London: Institute for Public Policy Research. 1993, pp. 4 a 16. Todavia, para os libertarianos, mesmo o mercado deve se submeter a regras "justas", que seriam, basicamente, a fixação de paridade de armas, como o combate a monopólios (*op. cit., loc cit.*).

151 Sobre o tema, ver David Boaz. *Libertarianism*. New York: The Free Press, 1998, p. 290 e seguintes.

uniões homoafetivas, pensionamento de concubinas etc. – a exclusão da solidariedade, em um contexto de risco crescente e ambivalente, não é sustentável, tanto na prática como na teoria.

Mesmo a crítica de Robert Nozick, ainda que bem delineada, não apresenta fundamentos que convençam, ao afirmar que a propriedade, plenamente protegida, traduziria a melhor teoria da justiça.[152] A concepção de Nozick é fundada na justiça do procedimento, e tal foco não é compatível com a ideia de justiça social, pois impede o reconhecimento dos fundamentos mais adequados, como a necessidade ou o mérito.

Para tal autor, deve-se somente focar na justiça frente à aquisição de bens e em sua transferência, cabendo ao Estado, em sua formatação mínima, assegurar tais condutas, preservando a liberdade individual e os pactos realizados. O procedimento adequado é que, em verdade, demonstraria se determinada formação patrimonial e social seria justa ou não, nada mais.[153]

Em verdade, a justiça meramente procedimental, além de possivelmente contraditória, apresenta falhas, especialmente quando se está diante de um bem essencial, como a vida.[154] Enfim, o libertarianismo peca ao não assegurar igual consideração e respeito, pois permite toda sorte de depreciação e dano à vida humana pelas regras da competição.[155]

Não se está com isso, repita-se, ignorando a importância das teses libertárias como propagadoras dos ideais kantianos da pessoa com fim em si mesma – o que não encontra fundamento, ao menos diretamente, na visão utilitarista. A crítica é justificada pela timidez com que se pretende assegurar a dignidade da pessoa humana.

Apesar de tais visões terem sido de relevante importância para a igualdade de oportunidades como objetivo a ser atingido, a meritocracia,

---

152 *Anarchy, State and Utopia.* New York: Basic Books, 1974, pp. 149 a 153. O autor abre o capítulo sobre justiça distributiva afirmando que o estado mínimo é o estado mais caro que se pode justificar. Divide o tema em justiça na aquisição originária da propriedade, justiça na transferência e, por fim, a justiça na manutenção da propriedade. Aponta, com tais premissas, a inviabilidade de buscar a justiça distributiva, pois não haveria critério seguro para delimitar quais transferências e aquisições originárias foram legítimas, especialmente dentro do espaço entre gerações (*op. cit., loc. cit.*). Todavia, a ideia de justiça social não busca, necessariamente, corrigir erros do passado, mas sim reduzir desigualdades sociais existentes, independente da legitimidade dos títulos existentes e das transferências de propriedade do passado.

153 Interessante notar que, apesar de ser o fundamento da teoria de NOZICK, a ideia de justiça na aquisição inicial e nas transferências seguintes é algo inadequadamente desenvolvido em sua obra, especialmente por não reconhecer, em seus exemplos, situações de extrema necessidade que imponham o ingresso em contratos desvantajosos. Sobre esta crítica e uma visão geral do libertarianismo como teoria de justiça, ver GARGARELLA, Roberto, *op. cit.*, pp. 44 a 50 e SANDEL, Michael J. *Op. cit.*, pp. 149 a 160.

154 Sobre o tema, ver MILLER, David. *Principles of Social Justice. Op. cit.*, pp. 93 a 98.

155 Cf. BRIGHOUSE, Harry. *Justice, op. cit.*, pp. 92-3. Interessante notar que Nozick, ao tentar suplantar tais críticas, prevê o chamado princípio de retificação, que, aplicado temporariamente, visando a reduzir desigualdades anteriores na aquisição de bens, pode mesmo justificar até a criação de um estado do bem-estar social. Sobre o tema, ver GARGARELLA, Roberto, *op. cit.*, pp. 60 a 62.

por si só, é insuficiente para manter uma definição minimamente aceitável de justiça social, especialmente, como visto, pelo descompasso com a garantia da dignidade implícita a qualquer pessoa humana.[156] Para que se reconheça a dignidade inerente a cada pessoa em sociedade, não basta a liberdade formal, mas sim a solidariedade.[157]

A visão mais expansiva da proteção social somente tem início no século XX, em especial, no caso brasileiro, com o advento da seguridade social, na Constituição de 1988. O tema atingiu seu ápice, em âmbito mundial, com a Declaração Universal de Direitos Humanos, de 1948, e o consequente desenvolvimento filosófico, como a onipresente obra de John Rawls, que faz a filosofia moral respeitável novamente, escapando ao utilitarismo e, ao mesmo tempo, sem recair nos positivismos e marxismo.[158]

Rawls reconhece a crítica positivista à pretensa ordem metafísica da filosofia moral reinante, já que é criada por seres humanos visando resoluções de casos concretos. Também discorda de objetivo único do ser humano, defendido pelos utilitaristas (felicidade, prazer), mas sim diversos fins, dependendo de cada indivíduo. Daí a justiça situar-se na distribuição de bens primários.[159] Dentro do consenso original de sua teoria, não há espaço para visões utilitárias de sociedade, pois nunca se saberia quem poderia compor a minoria oprimida.[160]

É à Rawls que devemos a primeira formulação clara de justiça distributiva, como *conjunto de princípios visando o arranjo social que determine a divisão de benefícios produzidos pela sociedade*. A necessidade passa a ser o critério, e não mais o mérito, em flagrante reversão do critério aristotélico.[161] A ideia é fundada nas imerecidas vantagens obtidas pelo acaso, como os dons

---

[156] Sobre a necessária igualdade de oportunidades e a distribuição de renda de acordo com o mérito individual como instrumento de justiça social, ver HAYEK, Friedrich A. *The Constitution of Liberty*. Chicago: Chicago Press, 1978, pp. 99 e 100. Apesar da aparente clareza de fundamento, a tese de Hayek é frágil, também, pela indefinição do critério de recompensa, que possui diversas acepções. Sobre o tema, ver MILLER, David, *op. cit.*, pp. 131 a 155. Adicionalmente, este autor ainda afirma que meritocracia tem suas falhas, pois o pretenso *mérito* é, frequentemente, medido de acordo com nossas habilidades que são qualificadas como relevantes pelo mercado. Caso não haja apreço pela determinada capacidade de alguém em determinada ação, seu *mérito* não existe. Ademais, bens primários, como saúde, devem ficar de fora da distribuição relacionada ao mérito (*op. cit.*, p. 200).

[157] Sobre a solidariedade como consectário da dignidade da pessoa humana, ver MAURER, Béatrice. *Notas Sobre o Respeito da Dignidade da Pessoa Humana, op. cit.*, p. 79. Opor a liberdade à dignidade é ter uma concepção fracionada do homem; é não compreendê-lo em sua totalidade (*op. cit., loc. cit.*).

[158] *Uma Teoria da Justiça*. São Paulo: Martins Fontes, 2003. Como afirma o autor, a justiça como equidade é a superação das visões clássicas, especialmente a utilitarista; é a primeira virtude das instituições sociais, assim como a verdade o é dos sistemas de pensamento (*op. cit.*, p. 03).

[159] Cf. FLEISCHACKER, Samuel. *Op. cit.*, p. 110 e 111.

[160] Cf. SANDEL, Michael J. *Op. cit.*, p. 141.

[161] Cf. FLEISCHACKER, Samuel. *Op. cit.*, pp. 112 a 114. A teoria de Rawls possui um fundamento kantiano de dignidade, mas com certa influência marxista – a pessoa como produto do ambiente em que vive (*op. cit., loc. cit.*).

inatos que são valorizados pela sociedade. Em um sistema exclusivamente meritocrático, os mais aptos teriam vantagens elevadas, mesmo sem nada contribuir para tanto – seriam meros acertadores da loteria da natureza.

Por isso, na teoria rawlsiana, há uma proposta de justiça social mais evoluída, pois a mesma não se limita a aspectos puramente distributivos, cabendo, também, a análise de diversos outros aspectos, sempre no sentido de favorecer o agir cooperativo, trazendo para o debate aspectos relativos à eficiência, coordenação e mesmo à estabilidade das relações. Daí a possibilidade, expressamente manifestada, de optar-se por políticas públicas não necessariamente mais adequadas do ponto de vista distributivo, mas capazes de conciliar todos os valores em conflito.[162]

Não se quer dizer com isso que a teoria de Rawls ignore os aspectos distributivos – muito pelo contrário – mas tem o condão de ampliar a análise, até mesmo na questão do que deve ser distribuído, em crítica à visão aristotélica, que via a justiça distributiva vinculada a aspectos relacionados a recompensas morais.[163]

Embora a defesa dos princípios de justiça criados por Rawls tenha fracassado frente à universalidade que se propunha, é certo que a influência da *Teoria da Justiça* justifica-se pela clarificação do ideal de justiça distributiva, que já era falado a mais de dois séculos, mas somente com expressões vazias.[164]

A teoria rawlsiana também apresenta algumas lacunas ao não externar, com maior clareza, o que seria a justiça social e quais seus fundamentos, até reconhecendo um possível *mínimo de cidadania*, com liberdades primárias as mais extensas possíveis, mas não observa a globalização como instrumento, nos dias de hoje, de bloqueio de muitos arranjos igualitários.[165]

---

162 Cf. RAWLS, John, *Uma Teoria da Justiça*, op. cit., p. 07. Como afirma o autor, seu principal enfoque é sobre a justiça social, afirmando em sequência, que a mesma implica definir *uma estrutura básica da sociedade, ou mais exatamente, a maneira pela qual as instituições sociais mais importantes distribuem direitos e deveres fundamentais e determinam a divisão de vantagens provenientes da cooperação social* (*op. cit.*, p. 08).

163 De toda forma, a teoria de Rawls incorre em erro oposto, ao ignorar qualquer aspecto de recompensa em seus princípios, o que impede sua validade plena, como se verá. Como expõe SANDEL, Michael J., em tradução livre, *o debate sobre justiça distributiva não é somente sobre quem recebe o que, mas também quais qualidades são merecedoras de recompensa (op. cit., p. 179).*

164 No mesmo sentido, FLEISCHACKER, Samuel. *Op. cit.*, p. 115. Como afirma este autor, Rawls acerta ao afirmar que não merecemos o *status* econômico que nos é dado pelo destino (social, econômico etc.), mas errra ao afirmar que tal consenso poderia ser produzido racionalmente, quando, na verdade, é construído historicamente (*op. cit.*, p. 116).

165 Cf. MILLER, David. *Op. cit.*, p. 259. Não é objeto deste texto analisar o impacto da globalização na proteção social, mas é cada vez maior o consenso no sentido de fixar-se, em termos de encargos estatais, uma atuação proativa, não se limitando a proteger os perdedores, mas propiciando serviços diversos que garantam, na maior medida do possível, o ingresso no mundo globalizado, buscando seus projetos de vida.

Adicionalmente, as teorias contratualistas não podem partir da premissa necessária de que a pessoa é apta a fazer escolhas racionais, pois as minorias, como os deficientes mentais restariam excluídos. Se o contrato original visa vantagens mútuas entre pessoas abertas ao diálogo e à cooperação, não há espaço para os deficientes, com clara falha na justiça social. Ademais, o devido cuidado com deficientes e questões de justiça não necessariamente implicam vantagens mútuas, em contrariedade com a teoria rawlsiana.[166]

A visão de Rawls também impõe ao Estado o dever de redistribuição de bens entre seus cidadãos, ainda que seus bens primários tenham, também, conteúdo imaterial, como autorrespeito, liberdades simbólicas, e mesmo políticas para pleno desenvolvimento da personalidade.[167]

Apesar da abrangência, e das críticas que isso produz, a tese é ainda viável, como ponto de partida, para fins previdenciários, pois almeja critérios materiais elementares, necessários à vida digna. Ou seja, apesar da clara divergência na obra de Rawls sobre a amplitude dos bens primários envolvidos na justiça distributiva,[168] os meios materiais mínimos podem surgir como consenso democrático, justificando, com maior solidez, o papel primário da previdência social.[169]

Ou seja, a justiça retributiva deve ter em conta o caráter da pessoa e suas condutas, aplicando-se a sanção cabível, como nos casos de prática de crime. Já a distributiva não necessariamente, pois seu principal foco seria a garantia de bens primários, o que implica uma verdadeira inversão do conceito aristotélico de justiça distributiva, centrado na ideia de meritocracia.[170]

No entanto, deve-se reconhecer que a teoria rawlsiana, especialmente frente ao princípio da diferença, quase que exclui qualquer tipo de recompensa pelo mérito individual, pois a limita de acordo com as vantagens geradas para aqueles em pior situação, impondo um igualitarismo

---

Tal concepção impõe, muito fortemente, pesados investimentos em educação e realocação profissional, os quais, em parte, podem ser patrocinados por um sistema adequado de proteção social. Sobre o tema, ver MERKEL, Wolfgang. *Towards a Renewed Concept of Social Justice, in Social Justice in the Global Age* (editado por Olaf Cramme & Patrick Diamond). Cambridge: Polity Press, 2009, pp. 52 a 57.

166 Cf. NUSSBAUM, Martha C. *Frontiers of justice: Disability, Nationatily, Species Menbership*. London: Belknap, 2006, pp. 29 a 34.

167 Cf. RAWLS, John. *Op. cit.*, pp. 62, 440 e 121.

168 Cf. RAWLS, John. *El Liberalismo Político* (tradução de Antoni Domènech). Barcelona: Crítica, 2006, p. 361. Nesta obra, a partir das críticas à *Teoria da Justiça*, Rawls reconhece que doutrinas abrangentes e mesmo inconciliáveis impõem a revisão do que vem a ser uma *sociedade bem ordenada, e* daí empreende busca por uma concepção neutra, não adotando doutrina única, por meio do consenso sobreposto, em uma concepção política de justiça e não metafísica.

169 Na tese rawlsiana, a garantia do mínimo existencial seria derivada, em verdade, do princípio da diferença. Sobre o tema, ver John Rawls. *El Liberalismo Político, op. cit.*, p. 366.

170 Cf. FLEISCHACKER, Samuel. *Op. cit.*, p. 12.

exacerbado que não encontra suporte fático. A teoria rawlsiana, ao identificar uma pretensa impossibilidade de distinguir até que ponto uma pessoa é ou não responsável pelos seus próprios esforços, opta por anular os efeitos do empenho individual.[171]

Adicionalmente, assim como o imperativo categórico kantiano, a teoria rawlsiana sofre também com as críticas comunitaristas, com alguma razão, ao ignorar aspectos culturais e mesmo religiosos de determinadas comunidades, que certamente não podem, totalmente, serem afastados em um consenso original. Na acepção comunitarista, não é possível formular uma teoria de justiça que priorize o direito sobre o bem; não é possível falar de justiça abstraindo nossos objetivos e ligações afetivas e existenciais.[172]

Naturalmente, os anseios de determinada comunidade também não devem preponderar, *in totum*, sobre todos os aspectos da vida em sociedade, pois é certo que algumas premissas da comunidade podem traduzir práticas liberticidas ou mesmo indignas. As premissas adotadas em comunidade devem ser identificadas como um ponto de partida moral (*moral starting point*),[173] pelo qual a concepção *narrativa* do ser humano é levada em consideração, já que todos nós fazemos parte de uma história que não pode ser ignorada, seja pela acepção de uma vontade autônoma racionalmente fixada, como quer Kant, ou por um contrato social hipotético, na visão de Rawls.

Rawls, em obra posterior, reconhece, em parte, a crítica comunitarista, ao expor que a pessoa não pode se afastar de aspectos culturais, morais e religiosos da comunidade em que vive, muito embora exponha a necessidade de se afastar tais visões do debate público.[174] Embora a influência seja inevitável, a razão pública impõe o esforço de se afastar de tais pré-compreensões sobre determinado assunto, como um juiz da Suprema Corte que julga certa matéria.

Apesar da abertura, a tese é ainda falha, pois a ideia de razão pública, sem aspectos morais ou religiosos, muito frequentemente impedirá que questões de justiça e direitos venham a se resolver, pois trazem questões

---

171 Esta é uma das críticas mais comuns à obra de Rawls, bem formulada por COHEN, Gerald. *Self-Ownership, Freedom, and Equality*. Cambridge: Cambridge Press, 1995.

172 Sobre um resumo das críticas comunitaristas à teoria de justiça de Rawls, ver SANDEL, Michael J. Op. cit., p. 220-1.

173 A expressão é de MACINTYRE, Alasdair. *After Virtue*, Notre Dame Press, 1981, p.205. A teoria, acertadamente apresentada, é pela inafastabilidade de aspectos culturais e locais de nossas vidas, por maior que seja o esforço em uma moral universal. Em verdade, tais aspectos devem ser levados em consideração em discussões de justiça. Como expõe SANDEL, Michael J., "(...) *these identities are not contingencies we should set aside when deliberating about morality and justice; they are part of who we are, and so rightly bear on our moral responsibilities* (op. cit., p. 224).

174 RAWLS, John. *El Liberalismo Político*, p. 31.

morais subjacentes, como a união homoafetiva.[175] Em tais situações, a tentativa de afastar aspectos morais, em uma infrutífera tentativa de decidir de forma neutra e com base na liberdade individual, acaba por restringir o debate público, especialmente sobre as diversas concepções morais existentes sobre como deve ser formada a família.

A questão do mérito individual é também fundamental em um modelo ideal de previdência social, especialmente no segmento da previdência complementar, como se verá, pois permite maiores prestações futuras de acordo com a precaução individualmente construída frente ao futuro.[176]

De toda forma, é fato que a modernidade, na evolução do tema da justiça social, tem alcançado certo consenso na garantia do mínimo existencial. Tal mínimo necessário, visando ao desenvolvimento pleno da personalidade humana, pode, perfeitamente, ser assegurado por mecanismos estatais de segurança social, que produzem maior garantia de realização, embora paguem, por isso, um preço na eficiência da alocação dos recursos.

A partir do piso de proteção, pode-se ir além. Se a ideia é propiciar o pleno desenvolvimento das capacidades humanas, não é difícil propor uma proteção social que vá além do mínimo existencial, e daí o papel relevante da previdência social, assegurando patamar digno de remuneração, em diversos níveis (ou pilares, como se verá), especialmente em situações de incapacidade para o trabalho.

No entanto, por fim, cabe reconhecer que algum reflexo pelo mérito individual deva ser admitido no contexto previdenciário, de modo a estimular e respeitar opções individuais pelo consumo futuro, abdicando do bem-estar imediato, visando condição melhor em algum momento futuro. A questão será melhor desenvolvida na proposta de novo modelo de justiça social.

---

175 Cf. SANDEL, Michael J. *Op. cit.*, pp. 251 a 254. a ideia é que a questão real não é liberdade de escolha, mas sim se, por exemplo, união homoafetiva tem valor suficiente para ser reconhecida pela comunidade (*op. cit.*, p. 254). Sobre o tema, ver, também, SARMENTO, Daniel. *Casamento e União Estável entre Pessoas do Mesmo Sexo: Perspectivas Constitucionais*. In: SARMENTO, Daniel; IKADA, Daniela & PIOVESAN, Flávia (org.) *Igualdade, Diferença e Direitos Humanos*. Rio de Janeiro: Lumen Juris, 2010, p. 619 e seguintes, e BARROSO, Luis Roberto. Diferentes mas Iguais: O Reconhecimento Jurídico das Relações Homoafetivas no Brasil. In: *Igualdade, Diferença e Direitos Humanos, op. cit.*, p. 661 e seguintes.

176 Isso, naturalmente, não implica desconhecer as dificuldades da meritocracia em uma sociedade extremamente desigual, na qual as oportunidades para obter o mérito são tão díspares. Sobre o tema, ver BARRY, Brian. *Why Social Justice Matters*. Cambridge: Polity Press, 2008, p. 110. Em razão da desigualdade fática, a prestação de serviços mínimos, especialmente em educação, é fundamental. O tema é melhor desenvolvido posteriormente.

1.5.3. Justiça Social como Capacidade

Uma crítica recorrente à teoria rawlsiana é referente ao excessivo enfoque em bens pecuniários, os quais, não necessariamente, propiciam uma vida plena, com segurança efetiva de liberdades formais, somente. Assim como o utilitarismo é falho ao centrar seu enfoque na felicidade agregada, bens primários não necessariamente coincidem com *liberdades substantivas*, isto é, capacidades de escolha individual.[177]

A ideia central é que a justiça distributiva não se deve limitar ao aspecto da redistribuição de renda, mas sim criar ambiente adequado para que as pessoas possam desenvolver seus projetos de vida. Ainda que haja justa divisão dos bônus obtidos pelos mais abastados e privilegiados da sociedade, aqueles que recebem tais valores se considerarão injustiçados, por não terem tido condições de desempenhar suas vidas em toda plenitude, o que, em certa medida, era reconhecido pelo próprio Rawls, embora sem tanto desenvolvimento.[178]

A tese central desta teoria da Justiça, como apresentada por Amartya Sen, é buscar assegurar capacidades mínimas para todas as pessoas desempenharem seus projetos de vida.[179] A verdadeira justiça seria aí atingida, não somente atendendo aos meios financeiros necessários, mas, especialmente, patrocinando algum tipo de esperança real em atingir os objetivos de vida, tanto pessoal como profissional.

É certo que o uso exclusivo do dinheiro para mensurar bem-estar possui severas limitações, especialmente pelas diferentes expectativas e preferências desenvolvidas ao longo da vida, algumas genuínas, outras indiretamente impostas pela escassez de recursos para sonhar com algo melhor.[180] É extremamente difícil identificar como e em que grau uma pessoa consegue, efetivamente, converter renda em bem-estar.[181]

Como defendido por Sen, uma forma de atenuar a questão seria mensurar em que medida a renda possa atribuir maiores funções à pessoa, ou seja, em que grau um indivíduo possua maiores liberdades efetivas para atingir a vida digna, sem uma correlação necessária com o patrimônio acumulado ao longo da vida.

---

177 Sobre o tema, ver SEN, Amartya. *Desenvolvimento como Liberdade* (tradução de Laura Teixeira Motta). São Paulo: Cia. das Letras, 2000, pp. 39 e seguintes.
178 Cf. RAWLS, John. *Uma Teoria de Justiça, op. cit.*, p. 73.
179 Cf. SEN, Amartya. *Desenvolvimento como Liberdade*. Como lembra o autor, carência de renda não é, necessariamente, vinculada à carência de capacidade. Embora a economia tenha um papel fundamental, não reduz a questão da liberdade à sua análise. A pobreza deve ser entendida como privação das capacidades básicas, e não mero signo de baixa renda (*op. cit.*, pp. 15 a 20).
180 Cf. SEN, Amartya. *Op. cit.*, pp. 70 a 73.
181 Cf. BRIGHOUSE, Harry. *Justice, op. cit.*, pp. 69 e 70.

Não se ignora aqui a conhecida dificuldade de indexação de tais capacidades, especialmente a prioridade entre elas, mas somente expor a importância da proteção social no contexto, também, da garantia de funções mínimas que devam ser asseguradas a cada ser humano.[182]

Dentro de tais capacidades elementares, em razão da sua necessidade para assegurar o bem-estar de todos, é até justificável que o Estado exerça algum tipo de limitação da ação individual, quando esta se destina a excluir a proteção existente. Ou seja, o Estado pode, legitimamente, proibir atitudes que diminuam sensivelmente a capacidade da pessoa em viver uma vida plena.[183]

A tese das capacidades é aqui apresentada para fundamentar, também, os mecanismos de proteção social, os quais da mesma forma encontram fundamento em tal visão, assegurando que indivíduos possam engajar-se em empreitadas individuais das mais diversas, sabedores da rede de proteção social que lhes assegura rendimentos em caso de inatividade forçada.

1.6. A JUSTIÇA INTERGERACIONAL

Um tema muito relevante, apesar de pouco desenvolvido, especialmente no Brasil, diz respeito à justiça intergeracional. Em modelos previdenciários de repartição, como o brasileiro, a questão é de especial relevância, já que denota opções fundamentais, como quanto devemos a gerações passadas, especialmente pelo tempo investido em nossa formação,[184] ou mesmo se existe tal encargo, haja vista que as gerações passadas também teriam se beneficiado de seus respectivos antepassados.

A justiça intergeracional consiste, *a priori*, na busca de instrumentos de preservação de bem-estar para todas as gerações, sem prejuízo para nenhuma delas.[185] No entanto, ainda que se admita sua existência, os critérios de aferição e ação, especialmente pela inclusão de diversas variáveis, como inflação e desequilíbrios intrageracionais, dificultam consensos sobre a matéria.

---

182 Para um desenvolvimento maior e uma tentativa de delimitação das capacidades, especialmente com a vida, saúde e integridade física, ver NUSSBAUM, Martha. *Women and Human Development*. Cambridge: University Press, 2000, pp. 77 e seguintes. Sobre o tema, ver também BRIGHOUSE, Harry. *Justice, op. cit.*, pp. 75 e 76.
183 Cf. BRIGHOUSE, Harry. *Justice, op. cit.*, pp. 76 a 78. Para o autor, um direito somente pode ser qualificado como fundamental se atender a alguma capacidade humana (*op. cit.*, p. 80).
184 Cf. GOSSERIES, Axel. *Three Models of Intergenerational Reciprocity*, in *Intergenerational Justice, op. cit.*, p. 124.
185 Cf. ESPING-ANDERSEN, Gøsta. *The Incomplete Revolution – Adapting to Women's New Roles*. Cambridge: Polity Press, 2009, p. 154 e seguintes.

Ademais, a ação cooperativa entre gerações, frequentemente, é objeto de perplexidade, pois não haveria estímulo racional para tal conduta, pois cada geração teria, em tese, a clara opção de consumir todos os recursos disponíveis, visando à maximização de seu bem-estar.[186] Por outro lado, a esperança da reciprocidade, além de laços sentimentais, parece permear a conduta humana no setor.

A razão exata que nos motiva e impõe alguma ação, visando às gerações futuras ou pretéritas, parece ir além do racional, tendo, de fato, fundamentos religiosos e sentimentais, como o amor pelos familiares e o bem-estar provocado ao se estabelecer uma rede de proteção que abarque toda a sociedade, sem distinções de idade.[187] Todos seriam, em alguma medida, responsáveis pelo destino das gerações futuras e pelas compensações do sofrimento de gerações passadas.[188] Resumidamente, pode-se dizer que, havendo confiança dos atores envolvidos, ainda que em diferentes gerações, a ação tende a ser mais cooperativa, com ganhos positivos para todos os envolvidos.[189]

A reciprocidade é, de fato, um argumento tradicional e robusto para suportarmos o encargo de gerações passadas, mas não é um fundamento definitivo, pois as pessoas têm diferentes histórias de vida, tendo alguns obtido pouca ajuda ao longo das suas vidas e, na maturidade, teriam argumentos razoáveis para eximir-se de financiar benefícios a uma geração passada que somente lhe causou percalços e dificuldades. Enfim, apesar de, em geral, sempre existir algum grau de dívida para com gerações passadas – até mesmo pelo nascimento – é também indiscutível que as variações existem, e não são pequenas. Daí novos substratos serem usados para sedimentar nossos encargos para os mais idosos, como a igualdade e o nivelamento do bem-estar.[190]

A reciprocidade permite, também, que uma geração não se beneficie de outras sem contraprestação. A ideia seria evitar o *free-rider* intergeracional.[191] Ou seja, uma vez estabelecida a situação fática em que

---

186 Cf. ATTAS, Daniel. A Transgenerational Difference Principle. In: GOSSERIES, Axel & MEYER, Lukas H. (org.). *Intergenerational Justice*. New York: Oxford, 2009, pp. 190 e 216. RAWLS, John reconhecia o problema, mas admitia que, com a evolução do princípio da diferença, o cuidado entre gerações surgiria. Sobre o tema, ver *Teoria da Justiça, op. cit.*, p. 285

187 Cf. BIRNBACHER, Dieter. What Motivates Us to Care for the (Distant) Future?. In: *Intergenerational Justice. Op. cit.*, p. 298.

188 Cf. HABERMAS, Jürgen. *O Discurso Filosófico da Modernidade*. Lisboa: Dom Quixote, 1990, p. 25.

189 Sobre a confiança como ampliador da ação cooperativa, ver ARAÚJO, Walter Schuenquener de. *O Princípio da Proteção da Confiança – Uma Nova Forma de Tutela do Cidadão Diante do Estado*. Niterói: Impetus, 2009, p. 14-5.

190 Cf. GOSSERIES, Axel. *Op. cit.*, p. 127.

191 Cf. GOSSERIES, Axel. *Op. cit.*, p. 130.

a geração mais jovem patrocina a geração mais antiga, o abandono deste financiamento implicaria vantagem dobrada para a geração ativa, a qual teria se beneficiado da criação e de bens deixados pelos antepassados, mas sem arcar com os custos de sustento dos mais idosos.

Importa notar, ainda, que a justiça intergeracional possui fluxos diversos, podendo referir-se da geração presente para gerações passadas ou futuras – em regra, envolve ambos. Simplificando, traduz-se nos encargos da população em idade ativa frente aos seus pais e filhos.

Apesar de a previdência social, em geral, ter maior enfoque na relação entre gerações mais idosas e a adulta, o efeito de eventuais exageros e permissividades nestas relações pode implicar prejuízos para os estratos mais novos, em especial, crianças e adolescentes, que não possuem a mesma representação política que idosos.

Na prática, com o envelhecimento populacional, o fluxo intergeracional de receitas, ao que parece, deixa de priorizar jovens e crianças para atender, majoritariamente, idosos. No Brasil, há conhecida bibliografia explicitando, com alguma razão, tal disparidade.[192] No âmbito da justiça entre gerações, é de extrema dificuldade fundamentar prestações universais além do mínimo existencial,[193] mas não impossível.

A análise do tema também sofre delimitações de outra ordem, como ignorar repasses privados e outras formas de transferências públicas. Ou seja, o bem-estar não deve ser mensurado somente por meio de recursos públicos ou previdenciários, mas, também, a partir do gasto das famílias, as quais têm forte aplicação nos mais jovens. Com uma avaliação mais abrangente, a conclusão é que, muito frequentemente, crianças e jovens ainda possuem atendimento superior a idosos.[194]

Obviamente, isso não implica afirmar que o gasto público deva, efetivamente, priorizar idosos, mas simplesmente externar que a discussão deve abordar o conjunto de financiamento existente. É reconhecido que sistemas desequilibrados de proteção social provocam priorização de recursos públicos para idosos e propiciam embates intergeracionais pelo

---

192 GIAMBIAGI, Fábio e TAFNER, Paulo. *Demografia – A Ameaça Invisível*. Rio de Janeiro: Elsevier, 2010.

193 Sobre o tema, ver VAN PARIJS, Philippe. *La Justice entre Générations*, p. 51. Texto completo disponível em <http://www.uclouvain.be/cps/ucl/doc/etes/documents/PVP.2010.Generations.pdf>. Acesso em 09/11/2010.

194 Para uma pesquisa abrangente sobre o tema, ver MASON, Andrew; LEE, Ronald e LEE, Sang-Hyop. *Population Dynamics: Social Security, Markets, and Families*. Internacional Social Security Review, v. 63, nº 3-4, julho-dezembro, 2010, pp. 145 e seguintes. O texto fala particularmente do Brasil, pois, com a agregação de transferências privadas, há clara preponderância do gasto para jovens frente a idosos (*op. cit.*, p. 170).

gasto estatal, cabendo reformas que busquem o equilíbrio.[195] O debate público, todavia, deve abarcar todas as variáveis envolvidas.

Outro complicador no debate da justiça intergeracional é, ainda, a variabilidade das gerações, isto é, o fato de algumas gerações serem maiores ou menores que outras. Ainda que se reconheça encargos frente a gerações futuras e passadas, como o tamanho das mesmas varia, o ônus exigível torna-se, racionalmente, impossível de ser quantificado.

O tema é especialmente complexo, pois, com as variações constantes de geração para geração, algumas podem ser fortemente prejudicadas, como uma geração ativa com elevada prole, mas, ela própria, oriunda de estrato anterior populoso, embora com poucos filhos. A pirâmide etária desta sociedade seria uma forma de *ampulheta*, com larga base e ápice, mas parte central estreita, justamente a responsável pelo financiamento, por contar com a maior parte da população economicamente ativa.

Ou seja, a obrigação para com gerações passadas não significa a preservação de determinado patamar de vida que, no caso concreto, implique ônus excessivo para a geração presente. Isso é de especial aplicação, na previdência social, para possível redução de benefícios em gerações com poucos filhos, pois com prole reduzida, ao gastar menos tempo e dinheiro com educação e cuidado com os filhos, haveria fundamento para menor pagamento se comparado com gerações mais antigas, que tiveram vários filhos, com gasto mais elevado e, portanto, melhor retorno no futuro.[196]

Em tal caso, independente das teorias abstratas sobre justiça, haverá flagrante perda de bem-estar de idosos e crianças, em razão do estreito financiamento, e assim permanecerá até a mudança de perfil, sob pena de falência do sistema. Os ideais de justiça não superam as limitações financeiras.

Por outro lado, em exemplo oposto, pode-se citar uma geração ativa em país ainda relativamente jovem, com poucos idosos, e um estreitamento da base etária, com redução da natalidade. A forma da pirâmide etária seria semelhante a um *barril*. Em tais circunstâncias, a geração ativa seria grandemente privilegiada, podendo usufruir da maior parte da produção gerada, haja vista uma quantidade reduzida de idosos e crianças.

O último exemplo tende a retratar a sociedade brasileira nos próximos anos, em que a geração madura, ao optar por ter menos filhos, provoca um dividendo demográfico, pois diminui a taxa de dependência, haja

---
195 MASON, Andrew; LEE, Ronald e LEE, Sang-Hyop, *op. cit.*, pp. 172-3.
196 Cf. GOSSERIES, Axel. *Op. cit.*, p. 141.

vista existirem menos jovens que irão onerar a geração madura, com uma população idosa ainda restrita, o que permitirá ganho de bem-estar geral. Ademais, cria-se ambiente favorável ao crescimento econômico e constituição de reservas que auxiliem o financiamento de prestações futuras.[197] Em tal situação, além do financiamento básico de benefícios para idosos e crianças, alguma vantagem extra, em virtude do bônus demográfico, é socialmente adequada.[198]

Os ajustes financeiros devem dimensionar o gasto atual da geração presente visando benefício para jovens e idosos, mas, também, em alguma medida, fixar a transferência de receita entre gerações *para cima* e *para baixo*, como, por exemplo, uma geração madura que financia a educação e saúde da geração mais jovem ou a geração jovem que financia o bem-estar dos mais idosos.

Enfim, o equilíbrio dificilmente poderá ser alcançado mediante critérios aprioristicos e abstratos, demandando alguma forma de deliberação, em prol do equilíbrio de interesses. No aspecto particular da previdência social, deve-se buscar, na medida da possível, financiamento que permita nível adequado de bem-estar, particularmente de idosos, sem comprometer ações públicas voltadas e crianças e adolescentes e sem sobrecarregar a capacidade contributiva da geração ativa.

No âmbito previdenciário, uma saída evidente para o equilíbrio é o aumento da idade de aposentadoria, até pelo fato da maior expectativa de vida e pelo retardamento de ingresso no mercado de trabalho, haja vista o maior tempo de formação profissional nos dias de hoje.[199] O aumento de idade tem duplo efeito virtuoso para o sistema: adia a aposentadoria e aumenta o tempo de contribuição, e por isso tem sido uma opção mundialmente aceita.

No entanto, o aumento de idade tende também a gerar desequilíbrios, mas desta vez em âmbito *intrageracional*, especialmente no Brasil. Sabe-se que o maior tempo de estudo não é atributo de todos os trabalhadores – muito pelo contrário – mas somente daqueles que obtêm condições financeiras de permanecer no âmbito acadêmico. Com isso, aqueles que iniciaram suas atividades laborativas mais cedo teriam prejuízo frente aos que ingressaram em idade mais elevada.

---

197 Sobre o bônus demográfico, ver HELLER, Peter. Is Asia Prepared for an Ageing Population? *IMF Working Paper*, nº 06/272. Washington, DC, FMI, 2006.

198 Como se verá no capítulo 3, o bônus demográfico a ser angariado pelo Brasil permite janela de oportunidade única para redimensionar o modelo e, se for o caso, construir algum fundo de bens para auxílio no financiamento futuro.

199 Cf. ESPING-ANDERSEN, Gøsta. *The Incomplete Revolution...*, op. cit., p. 157.

Além disso, apesar de afirmações contrárias no Brasil, é intuitivo e mesmo comprovado que determinados profissionais têm expectativa de vida reduzida frente a outros. Por exemplo, na França, um profissional médio vive cinco anos a mais que um trabalhador braçal.[200] Assim, mesmo que o ingresso no mercado de trabalho se dê com a mesma idade – o que não é nossa realidade – ainda assim haveria discrepâncias de acordo com a atividade profissional.

Uma ampliação de idade pode, em certa medida, configurar um modelo de proteção privativo para profissionais de nível superior e renda elevada, com maior expectativa de vida. A solução não é simples, mas uma opção seria vincular idade de aposentadoria aos rendimentos médios do segurado,[201] de modo que, quanto menor a remuneração, menor a idade necessária para a aposentadoria.

Outra instrumento de equidade, mais limitado, porém mais simples, é fixar o nível de contribuição individual até os 30 anos de idade – ou algo próximo a isso – em percentual reduzido, especialmente para financiar benefícios por incapacidade, enquanto alíquotas maiores somente tomariam lugar após essa idade. A idade do benefício permaneceria a mesma, mas, ao menos os encargos financeiros seriam menores nos primeiros anos de atividade dos mais jovens.

O fato é que a ideia de uma regra idêntica para todo e qualquer trabalhador, assim como uma idade mínima para qualquer pessoa, pode ser superada por ponderações legislativas de acordo com as particularidades da classe. O nivelamento de regras previdenciárias, de forma global, é, em certa medida, não forma de isonomia, mas reflexo de padronizações da sociedade industrial.[202]

Não existe solução abstrata para o problema da justiça entre gerações, mas somente a avaliação concreta em cada tempo e espaço poderá atender, dentro dos recursos disponíveis, as expectativas de cobertura das gerações mais jovens e mais idosas, além de garantir, por meio do equilíbrio financeiro, que o modelo sobreviverá para gerações futuras. Para tanto, um regime público de previdência se faz necessário.

A previdência social básica, gerida pelo Estado, tem um papel relevante no atendimento de necessidades entre gerações que não

---

200 Cf. ESPING-ANDERSEN, Gøsta. *The Incomplete Revolution...*, op. cit., p. 158.
201 Cf. ESPING-ANDERSEN, Gøsta. *The Incomplete Revolution...*, op. cit., p. 164.
202 Sobre o tema, ver GUILLEMARD. Anne-Marie. *L'age de L'emploi: les Societés à L'épreuve du Vieillissement*. Paris: Armand Colin, 2003. No capítulo 3, a (des)necessidade de tratamento diferenciado para algumas situações será melhor abordado.

podem ser alcançadas pelos regimes privados de previdência social.[203] As eventuais desigualdades no aspecto demográfico, que, provavelmente, acompanharão a humanidade indefinidamente, somente alcançam um grau mínimo de segurança social com a participação coletiva, com o meio de uma solidariedade intergeracional, mas na medida adequada, fixada por deliberação democrática.

1.7. A JUSTIÇA SOCIAL E A PREVIDÊNCIA

A partir das premissas desenvolvidas sobre a justiça social desde a pré-modernidade, a proposta é adensar o tema, buscando fundamentos mais seguros e completos para fins de redistribuição de renda e redução das desigualdades. A partir da teoria rawlsiana, várias alternativas foram propostas, sem ignorar as sempre importantes considerações da mais conhecida *teoria da justiça*, mas buscando escoimar dúvidas e incompletudes.

O tema da justiça social, não obstante a relevância e aceitação por grande parte do mundo ocidental, não conta com grandes desenvolvimentos, sendo mesmo omisso na maior parte das declarações e convenções internacionais, as quais, quando muito, trazem rápida menção ao instituto.[204]

Neste sentido, o aprofundamento a seguir proposto alcançará fundamentação triádica para a justiça social, com base não somente no critério onipresente da necessidade, mas sem ignorar a questão do mérito, esquecimento criticado, corretamente, pelos autores libertarianos, e também sem olvidar de aspectos de equidade.

A distribuição de renda pode ser fundamentada em bases utilitaristas ou contratualistas, mas é certamente – e mais seguramente – um instrumento de preservação da cidadania,[205] requisito intrínseco a qualquer regime que se qualifica como democrático.

Por fim, o tópico adentrará em alguns fundamentos mais concretos, em geral relacionados com o tema da necessidade, que motivam ações contra a pobreza e a vulnerabilidade das pessoas. Esta abordagem mais

---

203 Cf. BLAKE, David. *Pension Economics*. West Sussex: Wiley & Sons, 2006, p. 214.
204 Cf. Nações Unidas. In: *Social Justice in an Open World – The Role of the United Nations*. New York: ONU, 2006, p. 02. Mesmo a festejada Declaração Universal de Direitos do Homem não conta com expressa menção à justiça social, muito embora, reconheça-se, possui clara menção à necessidade de patamar mínimo de vida e proteção social (art. 25). O único diploma internacional a tratar do assunto, de modo mais abrangente, foi a Declaração de Copenhagen sobre desenvolvimento social, que fixa a justiça social como valor fundamental de todas as sociedades (item 4). Texto integral disponível em <http://daccessdds.un.org/doc/UNDOC/GEN/N95/116/51/PDF/N9511651.pdf?OpenElement>. Acesso em: 04/10/2009.
205 Cf. SANDEL, Michael J. *Op. cit.*, p. 266.

concreta, em geral fundada em textos econômicos, é interessante de modo a completar e robustecer a teoria proposta, externando a importância da ação protetiva.

1.7.1. Fundamentos Abstratos – Necessidade, Equidade e Mérito

Tradicionalmente, as questões de justiça, na modernidade, envolvem princípios de mérito, necessidade e equidade.[206] A visão de justiça é plural, variando mesmo de uma pessoa para outra, pois a decisão do que é uma distribuição justa será feita com base em uma ponderação dos três fundamentos envolvidos.[207] Ademais, o tema é fundamental para propiciar uma deliberação adequada sobre o regime previdenciário ideal, pois a adoção de teorias eticamente insensíveis à responsabilidade individual, em matéria previdenciária, é inaceitável.[208]

O peso relativo de cada fundamento é também muito influenciado pela cultura e tradições de determinada sociedade, como, por exemplo, a ideia de recompensa pelo mérito individual ser mais valiosa quando a sociedade é vista como conjunto de indivíduos dotados de autonomia, enquanto a equidade e a necessidade são mais relevantes quando se leva em consideração a solidariedade.[209] Adicionalmente, ingressam em tais considerações as preferências históricas, pois, na atualidade, há uma prevalência maior pelo autointeresse, favorecendo perspectivas de justiça social fundadas no mérito individual.[210]

Embora possa existir linha de pensamento que insista na visão pré-moderna de justiça social, a mesma se encontra superada, sendo mesmo

---

206 MILLER, David. *Principles of Social Justice*. Cambridge: Harvard Press, 2003, p. 62. Convém notar que o autor, ao invés de mérito, prefere falar em *recompensa*.
207 Cf. MILLER, David, *op. cit.*, p. 63.
208 Cf. DWORKIN, Ronald, *A Virtude Soberana...*, *op. cit.*, p. 467.
209 Cf. MILLER, David, *op. cit.*, p. 64. A ideia de recompensa pelo trabalho, de modo que aos que mais se esforçam deva cabe maior remuneração, é amparada por ampla maioria, como indicam pesquisas na Europa e Estados Unidos, nas quais a aceitação desta premissa supera, com frequência, os 80%. Como diz o autor, *Its clear from these responses that large majorities of people cross-nationally have a favorable attitude toward economic inequalities that serve to reward and motivate people and that recognize skill and training* (*op. cit.*, p. 68). De acordo com a ocupação e a responsabilidade profissional, as opiniões obtidas em pesquisas empíricas têm admitido uma variação de, até, 12 para 1, da menor remuneração (ascensorista de elevador) até a maior (presidente executivo de empresa). Todavia, pesquisas mais particulares já admitiram o máximo de 3 para 1, expondo a dificuldade de estabelecer critérios "justos", pois a miopia é grande no momento de fixação de tais valores. Aparentemente, a opinião majoritária é que merecemos uma recompensa maior pelo nosso esforço, mas somente naquilo que efetivamente dependa de nós, que esteja em nosso controle, como o esforço individual e escolhas pessoais, mas sem incluir características inatas. (*op. cit.*, pp. 69 a 71).
210 Cf. SUNSTEIN, Cass. *Free Markets and Social Justice*. New York, Oxford, 1997, p. 04. todavia, como aponta o autor, a preservação das preferências individuais, embora seja um importante argumento libertariano, enfrenta sérias dificuldades, pois não há definição de quais preferências seriam estas, especialmente quando criadas ou desviadas por normas sociais que propiciam uma visão míope na eleição das prioridades individuais (*op. cit.*, p. 36).

contrária a qualquer concepção de dignidade da pessoa humana, por mais minimalista que seja. Por isso, o critério de mérito, ainda que tenha um papel relevante na fixação de parâmetros de justiça social, não pode excluir o aspecto da necessidade, sob pena de retrocesso a visões pré-modernas de justiça social.[211]

Este desenvolvimento, ainda que inicial, já permite uma conclusão tão importante quanto óbvia: o fundamento da justiça social não será viável em um único valor, mas deverá, adequadamente, conciliar critérios de necessidade, mérito e equidade. A intervenção estatal, de modo a garantir, ao menos, a observância de padrões mínimos de necessidade, é justificável mesmo em uma sociedade capitalista, pois, afinal, o mercado e a justiça social, cada um a seu modo, buscam preservar a liberdade.[212]

Embora ainda exista alguma vacilação sobre a garantia do mínimo existencial como instrumento de justiça, as visões pré-modernas de tais ações, como mero reflexo da generosidade humana, não mais condizem com a atualidade, não só pelos textos normativos em âmbito nacional e internacional, mas também pelo senso comum exposto em diversas pesquisas sobre o tema.[213]

Interessante notar que, apesar do consenso pela ajuda necessária aos indigentes, há grande reprovação popular em aumentar os tributos para manter estes mesmos gastos sociais. Tal contradição poderia, em tese, ser uma possível demonstração que o atendimento aos necessitados, verdadeiramente, é visto pela sociedade como mera caridade ou humanidade, mas não instrumento de justiça social.[214]

No entanto, a contradição é aparente, pois o fato de as pessoas em geral admitirem ceder parte de seu patrimônio em prol de outrem não implicaria, por natural, em restrição mais gravosa de seu bem-estar. Ou seja, o que se demonstra com tal dado empírico é justamente o já apresentado anteriormente, no sentido do fundamento adequado

---

211 Sobre o tema, ver MILLER, David, *op. cit.*, pp. 73 a 76. Em condições de iniquidade extremas, as pessoas têm uma preferência pela justiça primada pela redução das desigualdades, até um patamar mínimo, como comprovado em experiências empíricas (*op. cit.*, p. 74).

212 Cf. SUNSTEIN, Cass. *Free Markets and Social Justice, op. cit.*, p. 03. Como afirma, a liberdade de mercado somente é verdadeiramente alcançada com a intervenção estatal, sobrepujando o surrado mito do *laissez-faire* (*op. cit.*, p. 04). A intervenção estatal no mercado, ao contrário, seria necessária, devendo ser medida de acordo com o grau de bem-estar produzido (*op. cit.*, pp. 103 e 104).

213 Em determinada pesquisa foi perguntado se, para uma sociedade ser considerada justa, deve ela providenciar algum suporte para os necessitados. A resposta preponderante foi sim, embora o consenso seja não pela repartição dos bens em sociedade pura e simplesmente, mas sim a garantia de um mínimo para todos, sem excluir a responsabilidade individual. Sobre o tema, ver TAYLOR-GOOBY, P. *Public Opinion – Ideology ans State Welfare*. London: Routledge And Kegan Paul, 1985, Cap. 2. Ver, também, MILLER, David, *op. cit.*, p. 76.

214 Cf. MILLER, David, *op. cit.*, pp. 77 e 78.

da justiça social enquadrar-se em situação de equilíbrio dentre os três fundamentos apresentados. E como também exposto, o peso relativo de cada fundamento poderá variar, no tempo e no espaço.[215]

Naturalmente, tais ponderações entre os valores envolvidos não podem camuflar opções individuais visando a situações mais vantajosas. Neste ponto, a tese do véu da ignorância possui alguma relevância, pois as pessoas, quando perguntadas sobre justiça social, tendem a apresentar fundamento mais adequado às suas pretensões pessoais mais imediatas.[216]

No entanto, importa notar que, os três valores coligados de justiça social não encontram guarida na teoria rawlsiana, o que expõe seus limites em fundamentar uma teoria de justiça social adequada, especialmente pela permanente ponderação entre necessidade, mérito e equidade.[217]

Após décadas de decantação e crítica da visão rawlsiana de justiça, há a necessidade de uma nova teoria da justiça para problemas sociais não resolvidos. Primeiramente, a *posição original* inexiste. Isto é, teorias redistributivas partem de algumas premissas necessárias, como os fins visados pela sociedade, para poder fixar alocação ideal de bens escassos, o que impõe a consciência de uma determinada realidade. Em segundo lugar, como a prioridade da ação pública social é voltada para os fins desejados, as análises das iniquidades existentes e variáveis concretas; as possíveis interações entre elas e eventuais externalidades do agir estatal são fatores relevantes para a fixação das ações sociais. Em um mundo imperfeito, a justiça não é adequação a princípios originários, mas vigilância e correção a desvios que surgem na sociedade.[218]

---

215 Exemplificando, MILLER, David expõe outras pesquisas em que a solidariedade é mais facilmente admitida em grupos pequenos, enquanto em grupos maiores, a meritocracia tende a ser um critério mais admitido (*op. cit., loc. cit.*).

216 Cf. MILLER, David, *op. cit.*, pp. 82 a 84. De acordo com o autor, definições populares de justiça social refletem, muitas vezes, os interesses individuais. Um exemplo clássico seria a negociação entre trabalhadores, que privilegiam a igualdade, e os patrões, que privilegiam o pagamento de acordo com a produção. Todavia, como reconhece, isso não impede a geração de consensos gerais sobre pagamento igual para mesma atividade, incremento por responsabilidade, produção, risco etc. mas daí a divergência não é mais qualitativa, e sim quantitativa, ou seja, quanto a mais cada um deve receber. Para um executivo de 60 anos, a diferença entre o maior e o menor salário deve ser de sete para um; já para o trabalhador de 20 anos, sem treinamento, a relação ideal seria de três para um. Conclui afirmando que o problema de fundamentação da justiça social seria mais cognitivo do que ético (*op. cit., loc. cit.*).

217 De acordo com MILLER, David, em pesquisas empíricas, sob o véu da ignorância, somente 4% das pessoas optaram pelo princípio da diferença, e nunca foi uma opção do grupo. A maioria pretende conjugar a garantia de um mínimo, mas sem excluir a recompensa pela dedicação individual (*op. cit.*, pp. 79 e 80).

218 Cf. POWERS, Madison e FADEN, Ruth. *Social Justice – The Moral Fundation of Public Health and Health Policy*. New York: Oxford, 2008, p. 04 a 06.. A questão da discriminação tem papel relevante na garantia de um patrimônio mínimo, que permita o respeito próprio e, por consequência, dos demais membros da sociedade.

Adicionalmente, a justiça vai além do aspecto redistributivo, pois insere questões relativas ao relacionamento entre pessoas, como o tema da discriminação. A crítica não é nova, pois a teoria da justiça de Rawls parte de uma situação ideal, enquanto a justiça social existe justamente pelas situações não ideais, que demandam ações específicas para os problemas particulares existentes. Costumes e hábitos interferem nas concepções de justiça.

Exemplificando, a teoria rawlsiana é claramente inadequada em questões de saúde pública, especialmente o princípio da diferença, pois o atendimento prioritário dos mais debilitados pode gerar um custo tão elevado a ponto de inviabilizar o tratamento dos demais. Daí ser correta a crítica de Amartya Sen ao afirmar que Rawls foca nos bens, mas deveria ver o que se pode fazer com os bens.[219]

Por isso uma proposta de justiça social deve ter atenção às consequências das ações propostas, o que sempre foi reconhecido por Rawls. Isso não significa adotar posição utilitarista, mas reconhecer o valor moral de determinadas opções, em toda sua plenitude.[220] Mesmo que se dê mais espaço para a liberdade, isso não impede que a igualdade seja vista como instrumento primário para a justiça social.

Apesar de a meritocracia ter sido o grande *cavalo de troia* do socialismo,[221] é certo que o pensamento de esquerda tem acertado ao afirmar, com a contundência que lhe é característica, a ausência da proteção ao mínimo existencial. A igualdade de oportunidades é desejável e mesmo necessária, mas isso não poderá produzir o abandono dos que não alcançaram o resultado considerado satisfatório. A premissa inicial com a necessidade, então, é a mais facilmente fundamentada, pois a todos deve ser assegurado um patamar minimamente digno, dentro das possibilidades contributivas

---

219 Cf. POWERS, Madison e FADEN, Ruth. *Op. cit.*, p. 35. Para os autores, as dimensões essenciais do bem-estar elevadas pela justiça social, seriam a saúde, a segurança, a racionalidade, o respeito, a autodeterminação e a solidariedade. Especialmente quanto ao respeito, afirmam que a falta de atenção ao bem-estar alheio provoca uma degradação da dignidade e do respeito aferidos pelo próprio titular quanto à sua pessoa. Isso se mostra especialmente importante como fundamento de um sistema universal previdenciário, com benefício mínimo para todos como instrumento de solidariedade que implique reconhecimento da relevância de cada um de nós como agente moral, sem restrições de grupo, típicas dos antigos modelos bismarkianos (*op. cit.*, pp. 22 a 29). Para os autores, a solidariedade é o sentimento que nos liga e impõe o dever moral de auxílio para com o próximo, algo fundamental numa teoria de justiça. Acertadamente, criticam a teoria rawlsiana por ser mais centrada na liberdade, não observando a necessidade de criação de laços entre as pessoas, que devem ser incentivados (*op. cit., loc. cit.*). Sobre a crítica de Amartya Sen sobre a Teoria da Justiça, ver *The Idea of Justice*. Cambridge: Belknap, 2009, p. 58. De acordo com Sen, a evolução da obra de Rawls, ao prever a impossibilidade prática do consenso original, afirma que, em tese, haveria flagrante prejuízo aos fundamentos da teoria (*op. cit., loc. cit.*).
220 Cf. POWERS, Madison e FADEN, Ruth. *Op. cit.*, p. 53.
221 Sobre o tema, ver HAYEK, Friedrich A. *The Constitution of Liberty. Op. cit.*, pp. 85 a 102.

de cada sociedade,[222] sendo fundamento inescusável de qualquer definição de justiça social a observância da dignidade humana.

A necessidade encontra algum fundamento na ideia evoluída de justiça social, impondo a guarida ao mínimo existencial. No entanto, sabe-se que o mesmo, frequentemente, acaba por ser rotulado como indefinível, situado desde uma impossível garantia concreta do alcance dos projetos de vida individuais, até a restrita cobertura da sobrevivência.[223] Para fins deste texto, o mínimo existencial é interpretado como o mínimo necessário à vida digna, com a necessária complementação do segundo pilar de proteção, visando à garantia de bem-estar, como se verá.[224]

O certo é que o mínimo existencial dependerá, efetivamente, de quanto determinada sociedade estará disposta a arcar, abrindo mão de seu próprio bem-estar, visando, ao menos, a subsidiar um conjunto de funcionalidades que se espera que cada pessoa possa atingir, como contrair matrimônio, moradia, trabalho etc.[225]

Ademais, a necessidade envolve impedimentos de outras ordens, como os sociais, e não somente físicos, dificultando ainda mais uma concepção de mínimo existencial. Um exemplo típico é o preconceito. Tais variantes, de acordo com as particularidades de tempo e espaço, devem ser sopesadas, de modo a garantir este primeiro substrato da justiça social. Não há escapar da deliberação democrática para tal definição.

---

222 Embora, como afirma MILLER, David, não exista evidências empíricas de que há, efetivamente, diferentes visões de justiça social em diferentes culturas, reconhece que há a possibilidade de divergência concreta, o que, acredito, tenha relação direta com o ônus tributário admissível em cada sociedade. Afirma Miller que, em pesquisas empíricas, foi demonstrado que, ao contrário do que se pensa, não há grandes variações nos princípios de justiça social, mas a principal dificuldade é a aceitação dos *estranhos* no grupo, como estrangeiros, havendo clara indiferença para a necessidade destes. Neste contexto, propõe nova forma de nacionalismo, que possa infligir unidade a grupos étnicos diferentes, propiciando cidadania em visão aperfeiçoada, que reconheça a todos igualdade de direitos básicos (*op. cit.*, pp. 263 e 264).

223 Para uma tentativa de definição do mínimo existencial, ver BARCELLOS, Ana Paula de. *A Eficácia Jurídica dos Princípios Constitucionais – O Princípio da Dignidade da Pessoa Humana.* Rio: Renovar, 2002.

224 Uma opção de definição normativa sobre o mínimo existencial seria a previsão dos objetivos constitucionais do salário mínimo, conforme prevê o art. 7º, IV, da Constituição. Sem embargo, mesmo assim a tarefa é hercúlea, pois não há, até os dias de hoje, o consenso sobre a amplitude de atendimento em cada setor, como saúde (todo e qualquer tratamento deve ser assegurado, independente de custo?), habitação (toda pessoa deve ter uma moradia assegurada ou habitações coletivas podem ser admitidas?) etc.

225 Sobre o tema, ver SEN, Amartya. *Inequality Reexamined.* Oxford: Clarendon Press, 1992, cap. 03. Ver, também, David Miller, *op. cit.*, p. 210. A vida minimamente decente em sociedade é admitida como necessária até por alguns autores libertarianos, como Adam Smith, o qual previa que camisas de linho e sapatos de couro seriam bens mínimos, pois qualquer um sem eles estaria em desgraça (A riqueza das nações, p. 07, disponível em <http://www.dominiopublico.gov.br/download/texto/mc000250.pdf>. Acesso em 05/09/2009). Sobre uma distinção entre mínimo existencial e vital, ver SARLET, Ingo Wolfgang. *Direitos Fundamentais Sociais, "Mínimo Existencial" e Direito Privado: Breves Notas sobre Alguns Aspectos da Possível Eficácia dos Direitos Sociais nas Relações entre Particulares.* In: SARMENTO, Daniel & GALDINO, Flávio (org.) *Direitos Fundamentais: Estudos em Homenagem ao Professor Ricardo Lobo Torres*, Rio de Janeiro: Renovar, 2006, p. 569

No momento de fixação das necessidades básicas, estas devem ser, então, fixadas de modo democrático, pois ainda que alguém possua preferências fora do rol dos bens fixados como necessários e passíveis de financiamento pela sociedade, não poderia exigi-los, ainda que, para a pessoa, seja algo mais importante que saúde ou habitação. A ideia é que preferências individuais, não identificadas como necessidade pelo coletivo, não produzem risco ou dano à pessoa, daí não são demandáveis.[226]

Em um contexto de escassez, pode ser observada uma limitação orçamentária mais gravosa, de modo que, após a deliberação democrática, a parcela de renda passível de expropriação admitida pela sociedade, em sua totalidade, não alcance o patamar mínimo pretendido. Nestas situações, uma demanda urgente poderia superar outros fundamentos e impor, coercitivamente, o repasse de maior receita. No entanto, a opção de priorizar o procedimento, em detrimento da expectativa individual, ainda pode preponderar, a depender da situação concreta, como ocorre, por exemplo, com a doação de órgãos.[227]

A necessidade como fundamento de justiça é um critério racionalmente assumido pela maioria, ainda que não de modo exclusivo, mas certamente impondo ação concreta do Estado. Tal premissa é perceptível em matéria previdenciária, pois o sistema de proteção estatal mediante contribuições coercitivas, garante a salvaguarda mínima em situações de incapacidade. É certamente reconfortante ter a consciência de uma cobertura mínima, ainda que a própria pessoa tenha provocado o estado de necessidade. Ainda que a necessidade, sabidamente, possa ser um obstáculo para a meritocracia,[228] uma cobertura mínima é fundamental.

A tese aqui não é, necessariamente, minimalista, mas deferente às conclusões experimentadas nos países escandinavos, verdadeiro nascedouro do Estado social, no sentido da limitação orçamentária cada vez mais premente. A ideia da cobertura universal, com máxima garantia para todos, não é mais consistente com os imperativos econômicos da atualidade.[229] Por isso, na sociedade contemporânea, o mais relevante, em termos de necessidade, é garantir um valor adequado, dentro de padrões minimamente dignos e, ao mesmo tempo, propiciar, por meio de serviços, instrumentos para a evolução profissional, com a consequente

---

[226] Cf. MILLER, David, op. cit., p. 211.
[227] Cf. MILLER, David, op. cit., p. 213.
[228] Cf. MILLER, David, op. cit., pp. 226 e 227.
[229] Sobre o tema, ver ESPING-ANDERSEN, Gøsta. *A Welfare State for the Twenty-First Century*. In: PIERSON, Christopher & CASTLES, Francis G. (org.) *The Welfare State Reader*, 2ª ed. Cambridge: Polity Press, 2006, p. 436.

prosperidade econômica, de modo a elidir a armadilha da pobreza, na qual trabalhadores não conseguem, não obstante elevado esforço individual, evoluir seu status econômico.[230] A inclusão de determinados serviços no pilar básico de proteção previdenciária também funciona, se adequadamente desenvolvido, como instrumento de bloqueio da *loteria natural*, na expressão de Rawls, por permitir condições mais equânimes de participação no mercado de trabalho.[231]

Adicionalmente, cumpre observar que este primeiro pilar, fundado na necessidade, deve ser dotado de ingresso coercitivo, propiciando uma espécie de solidariedade forçada. Tal premissa, muito fundamentada nas bases que justificam a própria regulação estatal, como a miopia individual, também encontra forte amparo na realidade laboral contemporânea, na qual os trabalhadores, dentro do mercado de trabalho, atuam de modo individual, mediante competição entre si e dependentes de decisões que escapam a seu controle. Daí a importância da intervenção estatal como precondição para a unidade necessária à mobilização social.[232]

Dentro da fábula da cigarra e da formiga há a convicção da justeza da melhor condição da cigarra, que trabalhou e poupou para o inverno, mas certamente não seria admissível condenar a formiga à morte por sua imprevidência. Como tentativa de modelo previdenciário baseado, com exclusividade, no mérito e na conduta individual, há a experiência chilena, muito difundida na década de 1990, haja vista o aparente sucesso da capitalização individual para fins de aposentadoria.

O modelo chileno, além de apresentar diversas lacunas, como a ausência de cobertura adequada dos benefícios não programados (doença, acidente, invalidez, morte e desemprego), não produziu proteção para toda uma gama de trabalhadores, especialmente todos aqueles que não atingiam reserva matemática suficiente para a manutenção do benefício, sem falar nos que poderiam extrapolar a expectativa de vida média, premidos pelo término de suas poupanças antes do fim de suas vidas. Em verdade, quase metade dos trabalhadores chilenos acabou por permanecer excluído do sistema, o que propiciou a criação e expansão de um benefício mínimo de

---

230 Cf. ESPING-ANDERSEN, Gøsta. *A Welfare State for the Twenty-First Century... Op. cit., loc. cit.* Como afirma este mesmo autor, o adequado critério para a adequação de um regime protetivo é o grau de concretização de projetos de vida individuais de forma independente das forças de mercado (*The Three Worlds of Welfare Capitalism*. New Jersey: Princeton Press, 1990, p 03).

231 Cf. MERKEL, Wolfgang. *Towards a Renewed Concept of Social Justice, op. cit.*, p. 42. A importância dos serviços, ao lado dos benefícios, é apresentada no capítulo 3.

232 Neste sentido, ver ESPING-ANDERSEN, Gøsta. *The Three Worlds of Welfare Capitalism. Op. cit.*, p. 16. Como afirma o autor, *when workers are completely market-dependent, they are difficult to mobilize for solidaristic action* (*op. cit.*, p. 22).

sobrevivência, financiado por toda a sociedade, o que expõe, sem muita dificuldade, a incompletude da justiça social baseada, exclusivamente, no mérito individual.[233]

É certo que o mérito de cada pessoa deve ser reconhecido, mas se a proposta é criar um regime de proteção tributário da dignidade da pessoa humana, mercantilizar a proteção social certamente não é uma opção.[234] Ademais, muitas vezes, a segmentação em dois pilares de proteção gerou, em verdade, uma perpetuação de segregação social, pois os pobres contam com a proteção estatal, enquanto os mais abastados teriam os instrumentos para obter, no mercado, prestações mais vantajosas, perenizando sua superioridade econômica.[235]

O mérito individual deve ser observado, mas em complemento à necessidade. A planificação previdenciária, com prestações iguais, em razão de o mínimo existencial ser assemelhado a todos, traria consequências desastrosas a uma sociedade fundada na livre-iniciativa, em especial pelo desestímulo ao progresso pessoal e à evolução profissional.

Ao se pretender atribuir relevância ao mérito individual pelas suas ações frente ao futuro, não se está com isso a defender a cristalização das desigualdades sociais, que podem e devem ser combatidas, mas a reconhecer que, na visão multidimensional da justiça social, não há somente a vertente da distribuição de renda mas, também, da cobertura do bem-estar, o qual, para sua plena realização, demanda a salvaguarda mínima de um padrão de vida adquirido ao longo da vida e a retribuição aos mais cautelosos com seu futuro.

No entanto, há aqui uma armadilha. Ao priorizar, excessivamente, o mérito frente à necessidade, está a se adotar uma determinada ideologia,

---

[233] Apesar da festiva recepção do modelo chileno de previdência, especialmente por setores da sociedade mais comprometidos com a liberdade de mercado, o único país que adotou o projeto previdenciário exclusivamente privatizado, nos moldes chilenos, foi o Kasaquistão. Sobre o tema, ver MESA-LAGO, Carmelo. *Reassembling Social Security – A Survey of Pensions and Healthcare Reforms in Latin America*. New York: Oxford, 2008. Para um cenário completo do modelo, com a cobertura limitada a somente 37% dos trabalhadores, ver BECKER, Charles et al. *Social Security Reform in Transition Economies: Lessons From Kazakhstan*. New York: Palmgrave e Macmillan, 2009.

[234] Neste ponto é sempre presente a crítica de ESPING-ANDERSEN, Gøsta, ao expressar que a pessoa deveria, em um sistema ideal, poder optar por retirar-se do mercado sem sofrer as sanções financeiras que hoje existem, como a redução de vencimentos daqueles em licença médica, sob o pretexto de gerar estímulo ao retorno à atividade. Como lembra este autor, tais premissas de "estímulo" não existem para algumas categorias, como servidores públicos, que contam com proventos integrais em licenças médicas, sem pretextos diversos; sem a mercantilização de sua proteção social. Neste sentido, ver *The Three Worlds of Welfare Capitalism. Op. cit.*, p. 23.

[235] Cf. ESPING-ANDERSEN, Gøsta. *The Three Worlds of Welfare Capitalism. Op. cit.*, p. 25. Adicionalmente, lembra o autor que os frequentes incentivos fiscais para a previdência complementar acabam por ampliar as desigualdades, pois beneficiam aquelas pessoas de estratos superiores da sociedade, em detrimento dos necessitados, que não obtêm vantagem alguma (*op. cit.*, p. 26).

priorizando as regras de mercado e adequando o sistema de proteção social à ele. A ideia é que, com cobertura muito restrita no nível básico (primeiro pilar), e complemento abrangente vinculado à cotização da contribuição, as prestações previdenciárias serão transformadas em verdadeiras mercadorias, adquiridas mediante esforço individual.

Daí a meritocracia ser, em verdade, o terceiro pilar de um modelo previdenciário adequado, cabendo, de forma intermediária, um segundo pilar, fundado em equidade, de modo a universalizar a proteção social mais completa, além do mínimo existencial, permitindo maior bem-estar e conseguindo bloquear a influência nem sempre bem-vinda do mercado.[236]

A equidade, no contexto protetivo, tem o especial objetivo de evitar a planificação previdenciária; a imposição de prestações iguais a todos, sem a abertura para rendas diferenciadas. A justiça é concernente à manutenção de condições necessárias para um nível suficiente de bem-estar em todas as dimensões essenciais para todas as pessoas, que, certamente, variará em razão da individualidade de cada um de nós. Um igualitarismo estrito demandaria a aceitação do nivelamento protetivo, propiciando uma perda da individualidade.

É importante notar que o segundo pilar de proteção, baseado em tratamento diferenciado dos segurados do regime, em atendimento às particularidades remuneratórias de cada um, poderia implicar preservação das desigualdades sociais. Todavia, não é papel da previdência social, sozinha, eliminar as diferenças de renda no país. É certo que alguma função redistributiva existe, não somente pela solidariedade inerente ao sistema, especialmente nos benefícios de risco, mas também pela existência de tetos remuneratórios. No entanto, em uma sociedade extremamente desigual, não é possível nem desejável que haja um nivelamento remuneratório no momento da aposentadoria, sob pena de gerar grande insatisfação e mesmo quebra de credibilidade do sistema. Em geral, as disparidades em prestações previdenciárias são o resultado de décadas de desigualdade, cabendo à previdência social, como se disse, função importante, mas limitada ao encurtamento da desproporção remuneratória.

Assim, ao pilar de proteção mínima igual, extensível a todos, haja vista a semelhança entre seres humanos quanto ao mínimo para a sobrevivência digna, deve ser conjugado segundo pilar, fundado na equidade, atendendo às individualidades de cada pessoa, baseadas em fontes de renda, opções

---

236 Sobre este segundo pilar universal e igualitário, assegurando cobertura mais abrangente para a grande maioria da sociedade, e sua adoção na Suécia e Noruega, ver ESPING-ANDERSEN, Gøsta. *The Three Worlds of Welfare Capitalism. Op. cit.*, p. 26.

de consumo etc. O papel da justiça social seria, no caso, de permanente vigilância e atenção a determinantes sociais e econômicos que compõem e reforçam as insuficiências em diversas dimensões do bem-estar.[237] Este é o verdadeiro critério legitimador de qualquer política social.[238]

Assim, em conjunto à dimensão mínima de proteção social, deve-se adicionar o segundo pilar, de modo a evitar reduções drásticas de remuneração, em prejuízo da qualidade de vida dos participantes e perda de suas individualidades. Aqui, não se pode fugir de alguma noção de justiça social como *felicidade*, pois é fundamental garantir, no momento do jubilamento, um patamar remuneratório minimamente condizente com aquele existente durante a vida laborativa.

A presença da equidade é, inclusive, apontada por alguns como verdadeiro início da justiça distributiva.[239] A ideia na qual as pessoas devem ser tratadas com igual consideração e respeito, de modo equânime, é tributária de concepções igualitárias de justiça,[240] muito embora a conexão entre igualdade e justiça não seja, necessariamente, tão clara quanto parece.[241]

De forma a estabelecer alguma prioridade, adotamos, aqui, a proposta já existente alhures, no sentido de fixar, como fundamentos, em ordem de importância, a necessidade, a equidade e a meritocracia.[242] Apesar de tal proposta ser, em geral, fundada no pluralismo da sociedade pós-moderna – e por isso a equidade por último – veremos que, em uma proposta de regime previdenciário, a preponderância da necessidade e do mérito individual também sobressai, até de modo mais facilmente justificável.[243]

---

237 Cf. POWERS, Madison e FADEN, Ruth. *Op. cit.*, p. 78.
238 Cf. POWERS, Madison e FADEN, Ruth. *Op. cit.*, p. 179. Como afirmam os autores, *Political legitimacy connotes more than the obvious pragmatic need for political support that any viable legislative or regulatory action requires. It implicates the further moral value associated with a policy's being consistent with the values of the citizenry in a democratic society* (*op. cit., loc. cit.*).
239 Cf. MILLER, David, *op. cit.*, p. 230.
240 Sobre o tema, ver DWORKIN, Ronald. *A Virtude Soberana, op. cit.*
241 MILLER, David reconhece a dificuldade em avançar no tema, e propõe duas formas de igualdade, sendo uma delas vinculada à ideia de justiça distributiva.
242 Para MILLER, David, a ordem adequada seria a necessidade, a meritocracia e, por fim, a equidade (*op. cit.*, p. 247). No entanto, pelo desenvolvimento exposto, a meritocracia é mais adequada como fundamento último, pois patrocina rendimentos complementares de previdência. É possível ao segundo pilar encontrar fundamentos meritocráticos também, mas a principal ideia deste pilar seria, prioritariamente, preservar a individualidade remuneratória e reconhecer a equidade como adequação da previsão genérica da proteção social às especificidades individuais.
243 Para FRASER, Nancy, no multiculturalismo, a importância das políticas redistributivas abre espaço para o reconhecimento das diferentes culturas (From Redistribution to Recognition? Dilemmas of Justice in a "post-Socialist" Age, *New left Review*, 212, july/august, 1995, 68-93). Todavia, em um mundo plural, a nova ideologia pode, perfeitamente, ser a proteção a direitos fundamentais.

A equidade propicia, também, a adequação da justiça social em um contexto globalizado, pois as pessoas estão dispostas a abrir mão de alguma parte de seus ganhos para viverem em ambiente mais salubre e justo. Ademais, os próprios ganhos econômicos são amplificados por trabalhadores com rede de proteção social e reconhecimento de sua igual dignidade e respeito.[244]

Já quanto à distribuição da renda acima do patamar mínimo fixado por deliberação democrática, há muitas dúvidas, especialmente pelas imperfeições do mercado, que adotam posições contraditórias e mesmo insubsistentes em distribuição de bens, haja vista premissas oblíquas quanto ao mérito.[245] Em tal ponto, a única saída, minimamente adequada, seria a forte regulação do Estado, impondo patamares mínimos de funcionamento dos mercados, permitindo, como se verá, o funcionamento adequado de um segundo ou mesmo terceiro pilar em matéria previdenciária.[246]

Devido à preferência popular, empiricamente comprovada, pela garantia do mínimo existencial, e não tão ampla ação quanto o princípio da diferença de Rawls, aliada à necessária inclusão do aspecto de mérito na distribuição de renda e, adicionalmente, a igualdade como justo termo entre necessidade e recompensa, evitando o nivelamento remuneratório, surgem os fundamentos para um sistema previdenciário de três pilares.

Pelo exposto, é forçoso concluir que a justiça social é uma ideia complexa, cuja definição irá depender, diretamente, da relação entre pessoas e como elas veem os meios necessário para justiça,[247] especialmente pelo peso dado a diferentes fundamentos, sendo estes a necessidade, especialmente voltada a garantia de bens primários mínimos, necessários a sobrevivência; a equidade, fixando prestações acima do mínimo, dentro do consenso democraticamente estabelecido, financiadas por contribuições

---

244 Cf. MILLER, David, op. cit., p. 255. Por outro lado, afirma que ações com base na necessidade podem ser justificadas pela eficiência econômica, pois o trabalhador produzirá melhor com casa, roupa, lazer etc. Todavia, isso é mais facilmente justificável em um patamar mínimo. Para proteção mais abrangente do que o mínimo existencial, há clara resistência, e daí frequentes os arranjos sociais com universalidade de bens mínimos, no critério da necessidade, mas a meritocracia permitindo a influência do dinheiro na aquisição de bens superiores, na saúde e educação, por exemplo (op. cit., pp. 257 e 258).

245 Cf. MILLER, David, op. cit., p. 248. Para este autor, a regulação deve assegurar, no mínimo, cinco pontos, que são: mercado deve operar em condições de iguais oportunidades – liberdade para escolha de profissões; legislação deve evitar prejuízo oriundo de preconceitos; o mercado deve se manter competitivo – sem monopólios ou oligopólios; o mercado deve restringir os efeitos da sorte e do azar – ênfase na meritocracia; benefícios, remuneração e vantagens das pessoas no mercado e fora do mercado (serviço público), devem ser assemelhadas (op. cit., loc. cit).

246 O tema da regulação previdenciária será objeto do capítulo 5.

247 Cf. MILLER, David, op. cit., pp. 245 a 250. Interessante notar que, de acordo com o autor, para a garantia da justiça social, com base em tais fundamentos, a ação do Judiciário pode se mostrar tão relevante quanto a do Executivo (op. cit., p. 250).

previdenciárias e preservando, dentro do possível, alguma correlação do patamar remuneratório da ativa, enquanto a previdência complementar, com clara fundamentação meritocrática, propicia prestações ainda mais vantajosas para aqueles que, voluntariamente, abrem mão do consumo presente visando ao bem-estar futuro.

A proposta aqui é permitir a fixação de uma *justiça social em sentido amplo*, que não se limite às abordagens tradicionalmente limitadas a aspectos redistributivos e preservação do mínimo existencial, mas sim à garantia, também, do bem-estar social, além da preservação do mérito individual em nossas escolhas, mantendo alguma individualidade, em respeito à dignidade de cada pessoa humana.

1.7.2. Fundamentos Concretos – Pobreza e Vulnerabilidade

Fixadas as premissas filosóficas de um sistema adequado de proteção social, é relevante apontar-se alguns embasamentos empíricos, concretamente visíveis na sociedade, os quais geram flagrante descontentamento e estimulam ações efetivas visando ao aprimoramento ou mesmo à reconstrução do sistema vigente.

Ultrapassada a modernidade e alcançada a sociedade de risco,[248] a justiça social possui fundamentos ainda mais amplos, não necessariamente contrários ao da modernidade, mas certamente mais abrangentes e, com frequência, dotados de maior capacidade de convencimento. Na atualidade, a pobreza mantém-se como critério de atuação, visando ao combate à fome, mas agora aliada à vulnerabilidade.[249] Tais apreciações concretas são relevantes, adicionalmente, para tentar-se estabelecer o patamar necessário de cobertura, buscando alguma aproximação concreta do mínimo existencial, dentro da realidade existente.

---

248 Sobre o tema, ver BECK, Ulrich. *Risk Society*, *op. cit.* Um dos temas da sociedade de risco, com seu pluralismo e ambivalência, é justamente a questão da distribuição de riquezas, especialmente quando uma benesse social implica redução patrimonial de outrem, haja vista a necessidade de financiamento. Ver, também, RIBEIRO, Ricardo Lodi. *Temas de Direito Constitucional Tributário*. Rio de Janeiro: Lumen Juris, 2008, pp. 25 a 41. Na sociedade de risco, o desenvolvimento da justiça social, especialmente no contexto da globalização, produz maiores embaraços, devido à dificuldade do Estado em estabelecer políticas de redistribuição de renda, especialmente devido à sua substituição por organizações privadas e agências, além do aspecto do multiculturalismo, pois não há vínculo entre as pessoas, na atualidade, tão forte que justifique, com facilidade, a criação de um sistema de proteção social. Neste sentido, ver David Miller, *op. cit.*, p. 246. No entanto, em um contexto de risco crescente, a realidade atual é, em verdade, mais um fundamento para a ação coercitiva do Estado, impondo, ao menos, proteção social mínima, mediante tributos arrecadados de toda a coletividade, em um contexto de solidariedade forçada.

249 Tal visão se coaduna com a concepção de BECK, Ulrich, em que, na sociedade de risco, a fome é acompanhada por nova preocupação; o medo. *Op. cit.*, p. 30.

A pobreza é definida, sucintamente, como uma acentuada restrição no bem-estar,[250] tendo, em regra, significado em termos monetários. No entanto, a pobreza pode ser restrita a determinados setores, como os pobres em saúde, previdência social etc., mas sem esquecer que a visão mais ampla de bem-estar traduz a possibilidade do indivíduo aderir à vida em sociedade.[251]

Já a vulnerabilidade é definida como o risco de cair na pobreza no futuro,[252] o que implica na consciência, pelas pessoas dotadas de renda limítrofes, do iminente risco de regredir em termos de bem-estar, propiciando medo e infelicidade.

Adicionalmente à pobreza e à vulnerabilidade, outro fundamento contemporâneo para a justiça social é a *iniquidade*, mais abrangente que a pobreza, pois é definida tendo em conta toda a população, e não somente os pobres.[253] A iniquidade é relativa à distribuição da riqueza. Ou seja, em visão mais ampla, a justiça social não deve limitar-se a atender àqueles que já sucumbiram aos revezes da vida, mas também, ativamente, impedir a retração de renda abaixo de determinado patamar.

Usualmente, a iniquidade é apresentada, em termos econômicos, segregando os estratos mais ricos e mais pobres da população, mostrando os percentuais de gasto ou rendimento de cada quinto ou décimo da população. Em situações normais, o quinto mais pobre da população conta com 6% a 10% de todo o consumo, enquanto o quinto mais rico conta com 35% a 50%. Neste contexto há o conhecido coeficiente de Gini,[254] que varia de zero (perfeita equidade) a um (perfeita iniquidade), e usualmente varia de 0,3 a 0,5.

Uma dificuldade constante é estabelecer algum critério objetivo para definir a pobreza. A solução tradicional é a criação de *linhas de pobreza*, as quais, uma vez ultrapassadas, qualificam como pobres aqueles com

---

250 Cf. HAUGHTON, Jonathan e KHANDKER, Shahidur R. *Handbook on Poverty and Inequality*. Washington, DC: Banco Mundial, 2009, p. 01. Sobre o tema, ver também DINITTO, Diana M. *Social Welfare – Politics and Public Policy*. 6ª ed. Boston: Pearson, 2007, p. 80 e seguintes e BARUSCH, Amanda Smith. *Foundation of Social Policy – Social Justice in Human Perspective*. 3ª ed. Belmont: Brooks/Cole, 2009, p. 140 e seguintes.
251 Sobre o tema, ver SEN, Amartya. *Commodities and Capabilities*. Amsterdam: North-Holland. 1987.
252 Cf. HAUGHTON, Jonathan e KHANDKER, Shahidur R, *op. cit.*, p. 03.
253 Cf. HAUGHTON, Jonathan e KHANDKER, Shahidur R, op. cit., p. 101.
254 O coeficiente de Gini é derivado da curva de Lorenz, a qual classifica a população dos mais ricos aos mais pobres, mostrando a concentração da população no eixo horizontal e o gasto ou rendimento acumulado no eixo vertical. Não obstante a utilidade do índice, ele não é útil para demonstrar a origem da iniquidade, daí a preferência do Banco Mundial por outros métodos, como o Theil´s T e Theil´s L. Sobre o tema, ver HAUGHTON, Jonathan e KHANDKER, Shahidur R., *op. cit.*, p. 101.

rendimento e/ou gasto abaixo de determinada fronteira.²⁵⁵ A linha mais comum, mesmo em trabalhos do Banco Mundial, é a referente a necessidades básicas, subsumidas à ideia de mínimo existencial. A fixação é frequentemente arbitrária, e mesmo contrafática, pois uma previsão extremamente ampla acaba por tornar ineficaz uma política direcionada. Um mínimo existencial nunca pode ser descompromissado com a realidade financeira do Estado e com a real capacidade e aptidão de uma determinada sociedade em arcar com os custos financeiros.²⁵⁶

Daí, como a divisão é arbitrária e não produz uma segregação efetiva, mais de uma linha de pobreza é aconselhável,²⁵⁷ de modo a permitir a identificação de particularidades de determinada clientela a ser protegida, a depender do bem primário a ser fornecido e até mesmo pela região de localização das pessoas. Naturalmente, o foco da gestão social não deve centrar-se, unicamente, nos gastos públicos, por ser comprovadamente insuficiente, pois não mensura o bem-estar produzido e a qualidade do gasto.

A pobreza deve ser medida de modo a permitir ações de combate mais efetivas e, especialmente, manter tal encargo na agenda política dos governantes do momento, direcionando mais fielmente as ações estatais, identificando os objetivos prioritários. Ademais, as linhas de pobreza são importantes formas de monitoramento e avaliação de políticas públicas, permitindo uma estimativa da efetividade das Instituições.²⁵⁸

Alguns instrumentos econométricos são necessários para a real adoção da justiça social; uma forma de aproximação do debate filosófico para a realidade das ruas, criando instrumentos de medição das desigualdades. Ainda que imperfeitos, como sempre serão, conjugados coletivamente, podem suprir suas lacunas recíprocas e propiciar, mais realisticamente, ações concretas em prol dos hipossuficientes.

Tais objetivos, em conjunto com os fundamentos filosóficos da justiça social, impõem determinada linha de desenvolvimento de um sistema

---

255 Cf. HAUGHTON, Jonathan e KHANDKER, Shahidur R., *op. cit.*, p. 39.

256 Sobre o tema, ver Ricardo Lodi Ribeiro. *Temas de Direito Constitucional Tributário*. Rio de janeiro: Lumen Juris, 2008. O tema não é tão simples quanto parece, pois há modelos de estados sociais em que, apesar da maior tributação, a aceitação popular é mais tranquila do que em outros Estados em que o gasto social e a consequente tributação é reduzida. Em verdade, muito da reprovação da sociedade frente ao financiamento da proteção social justifica-se pelo elitismo de determinado modelo, que concentra a proteção em poucos, erodindo a base democrática de sustentação. Enfim, muito frequentemente, a relutância frente aos tributos sociais nada tem a ver com elevada carga tributária, mas sim com a frágil base democrática. Sobre o tema, ver ESPING-ANDERSEN, Gøsta. *The Three Worlds of Welfare Capitalism*, op. cit., pp. 32 e 33. Interessante notar, também, as novas considerações fixadas pelo autor em obra posterior (*Social Foundations of Postindustrial Economies*. New York: Oxford, 2000, p. 73 e seguintes).

257 Cf. HAUGHTON, Jonathan e KHANDKER, Shahidur R, op. cit., p. 41.

258 Cf. HAUGHTON, Jonathan e KHANDKER, Shahidur R, *op. cit.*, pp. 03 a 06.

previdenciário capaz de atender tais demandas. Por óbvio, o consenso democrático poderá gerar opções previdenciárias das mais diversas, mas o modelo concreto deverá, ao menos, atender a algumas propostas a seguir desenvolvidas, dentro das premissas aqui expostas.

1.8. O ESTADO CONTEMPORÂNEO E A PREVIDÊNCIA SOCIAL

A busca da justiça social e do bem-estar, finalidades que foram as grandes forças motrizes das últimas reformas de fins do século XIX em diante, aliada às particularidades da sociedade de risco, demandam um novo modelo de previdência social.

O Estado contemporâneo, na construção proposta, é aquele que, sem descurar de uma visão multidimensional de justiça nos vetores de necessidade, isonomia e mérito individual, busca repartição adequada de riscos em ambiente de solidariedade, seja voluntária ou forçada, variando o grau de abrangência de acordo com as opções legislativas de cada época.

Ao mesmo tempo em que as organizações estatais buscam a adequação à nova realidade, trava-se uma guerra interna para preservar direitos sociais arduamente assegurados pelo socialismo de Estado criado ao final do século XIX. O envelhecimento populacional e a baixa natalidade agravam a situação, demandando nova conformação protetiva capaz de preservar o sistema gerido pelas desacreditadas instituições governamentais.

Não é correto incorrer-se no erro dialético de retornar ao modelo de Estado mínimo, comprometido somente com a liberdade formal, mas evoluir para estrutura capaz de lidar com riscos e incertezas, sem descurar de aspectos econômicos e sociais. O mérito deste capítulo inicial foi apresentar, em alguma medida, os fundamentos que subsidiam um modelo adequado de proteção social, escapando dos discursos vazios e palavras de ordem, trazendo alguma densificação às ideias de justiça social e solidariedade, temas sempre presentes nas discussões previdenciárias, mas raramente compreendidos.

Após expor a pré-compreensão dos fundamentos e metas da proteção social, há espaço para a apresentação da previdência social como direito fundamental, especialmente no caso brasileiro – impondo a necessidade de sua preservação em patamares efetivos de proteção – e, por fim, adicionar proposta de custeio simples e justo, culminando com a proposta de modelo de previdência social adequado às novas realidades. Hoje, mais do que nunca, os instrumentos garantidores de renda tornam-se necessários, especialmente em uma sociedade de muitos riscos e poucas certezas.

Capítulo 2

A previdência social: modelos, crise do sistema, jusfundamentalidade e possibilidades de reforma

2.1. INTRODUÇÃO

O capítulo 1 permitiu, com alguma certeza, identificar a justiça social que se deseja alcançar no Estado contemporâneo, sendo a previdência social, nas primeiras linhas, o instrumento adequado para tanto.[1] Na sequência, de modo a corroborar o entendimento precocemente apresentado, cabe oferecer desenvolvimento mais abrangente sobre a previdência social, sua formação e paradigmas existentes, no Brasil e no mundo.

A proposta do capítulo 2 é, portanto, apresentar, de maneira mais completa, o que é a previdência social, sua formação, modelos existentes, para, por fim, cotejá-la com a dogmática dos direitos fundamentais sociais, buscando sua adequação a tal paradigma e vislumbrar as possibilidades e limites em matéria de reforma previdenciária, a qual, em um contexto de envelhecimento populacional e redução de natalidade, poderá implicar restrições de direitos.

Para que se avance no tema, alguma apresentação mais alongada do que é a previdência social, suas origens e paradigmas atuais se faz necessária. Somente com o aprofundamento do tema poderá tornar-se mais clara a natureza do sistema previdenciário, sua importância e mesmo as propostas já apresentadas no capítulo 1.

Não raramente, os históricos da proteção social são apresentados como mera aglomeração de datas e atos normativos, em apresentação ruim e

---

[1] Naturalmente, não se ignora a importância, na busca da justiça social e do bem-estar, dos demais subsistemas da seguridade social e mesmo outros componentes da Ordem Social, como a educação. No entanto, a previdência social tem papel central no sistema, como se pretende expor.

desconectada do tema desenvolvido. A tentativa aqui segue caminho oposto, centrando o item nos pontos relevantes para a obra e apresentando-o de forma a expor a (des)importância da vida digna nas origens da proteção social.

2.2. A PREVIDÊNCIA SOCIAL – ORIGENS, MODELOS E REALIDADE NACIONAL

O primeiro ponto, fundamental para o estudo previdenciário, ocorreu na Alemanha, em 1883, durante o governo do Chanceler Otto Von Bismarck. O Parlamento aprovou o inédito projeto sobre seguro de doença, o qual foi seguido pelo seguro de acidentes de trabalho (1884) e pelo seguro de invalidez e velhice (1889). A proposta foi apresentada ao *Reichstag*, propositadamente, em fevereiro de 1881, visando angariar força para as eleições que se aproximavam, e devido à falta de conflitos externos ou outros motivos de conquista política, o seguro social seria a garantia de maioria no parlamento.[2]

Bismarck, apesar de ferrenho defensor da liberdade privada e da não interferência estatal na economia, ressentia-se com a insatisfação dos trabalhadores, provocada pelas condições precárias do labor durante a Revolução Industrial, ao mesmo tempo em que buscava uma forma de aplacar os movimentos socialistas.[3] Tão logo as regras protetivas foram concluídas, Bismarck perde o interesse sobre o assunto, haja vista já ter exaurido sua utilidade política.[4]

Foi a gênese da proteção garantida pelo Estado, funcionando este como arrecadador de contribuições exigidas compulsoriamente dos participantes do sistema securitário. Aí temos as duas grandes características dos re-

---

2 Cf. TAYLOR, A. J. P. *Bismarck – O Homem e o Estadista* (tradução de Miguel Mata). Coimbra: Edições 70, 2009, p. 201. Naturalmente, não se ignora aqui precedentes eventuais e em menor escala que surgiram durante a evolução da humanidade. Como exemplo dos mais antigos, há o texto árabe *Akhbar Al-Sin wa'l-Hind*, datado do ano de 851 d. C., o qual previa: *[O imposto] é recolhido por cabeça com base nas posses pessoais de riqueza e terras. Se tem um filho, o nome é registrado junto à autoridade. Ao atingir a idade de 18 anos, recolhe-se um imposto pessoal de caráter municipal e, ao chegar aos 80 anos, não paga mais imposto. Recebe, então, uma [pensão] do tesouro. Eles dizem: Tomamos dele quando era jovem, e agora que está velho pagamos um salário*. Sobre o tema, ver William J. Bernstein. *Uma Mudança Extraordinária – Como o Comércio Revolucionou o Mundo*. São Paulo: Campus, 2009, pp. 69-70.

3 Sobre o tema, com a evolução histórico-política do tema, ver TAYLOR, A. J. P. *Bismarck, op. cit.*, pp. 200-1. No entanto, cumpre observar que o parlamento impôs grave derrota ao chanceler de ferro, pois excluiu o financiamento estatal do projeto original, colocando os encargos financeiros do sistema sobre os empregadores e empregados; modelo que perdura até hoje na maioria dos sistemas previdenciários ao redor do mundo. Bismarck tentou reverter a situação, até com a dissolução do parlamento, mas acabou por amargar a eleição de maioria oposicionista que perdurou no *Reichstag* até 1887, a qual manteve as diretrizes inicialmente fixadas (*op. cit.*, p. 201). A questão do financiamento é melhor abordada no capítulo 3.

4 Cf. TAYLOR, A. J. P.. *Bismarck, op. cit.* p. 203. Um reflexo desse desinteresse é que, em suas memórias, não dedicou uma única linha ao tema do seguro social (*op. cit., loc. cit.*).

gimes previdenciários bismarckianos: contributividade, especialmente por parte de empregados e empregadores, além de compulsoriedade de filiação, tanto no sentido do ingresso coercitivo como pré-requisito à obtenção de benefícios.

Neste momento, tem-se o nascimento da prestação previdenciária como direito público subjetivo do segurado.[5] A partir do instante em que o Estado determina o pagamento compulsório de contribuições para o custeio de um sistema protetivo, o segurado pode exigir, a partir da ocorrência do evento determinante, o pagamento de benefício, não sendo lícito, *a priori*, ao Estado alegar dificuldades financeiras para elidir-se a esta obrigação.[6]

A previsão normativa da época passou a ser apontada como marco da previdência social, especialmente pela natureza de direito subjetivo.[7] Até então, os sistemas securitários possuíam, em geral, natureza privada, sem as garantias de um sistema estatal. Preponderavam os modelos de montepio, nos quais o ingresso era voluntário, organizado por particulares e sem qualquer garantia estatal de preservação futura.[8]

A criação do sistema bismarckiano enfrentou poucas críticas (salvo as do próprio Bismarck), não só pelo seu potencial pacificador, administrando as massas revoltosas em razão da precária qualidade de vida de trabalhadores da indústria, mas especialmente pelo fato de não existir compromisso financeiro para o Estado, pois o encargo, neste momento, era restrito a empregadores e trabalhadores, os quais, conjuntamente, financiavam o novo sistema.

Em 1885, a Noruega também aprovou a cobertura diante de acidentes de trabalho e, também, criou um fundo especial em favor de doentes e o

---

5 É certo que a expressão "direito subjetivo" é fortemente criticada na doutrina, por trazer um arcabouço do direito privado que nem sempre retratará com fidelidade a sistemática dos direitos fundamentais, como seus efeitos irradiantes e dimensão objetiva. Todavia, a expressão é aqui mantida por ser amplamente utilizada e facilitar a compreensão do paradigma bismarckiano de proteção social, que permitiu uma inédita demanda frente ao Estado por prestações pecuniárias em razão de incapacidade laboral. Sobre a crítica ao termo "direito subjetivo" e a qualidade multifuncional dos direitos fundamentais, com até doze funções, ver SARLET, Ingo Wolfgang. *A Eficácia dos Direitos Fundamentais – Uma Teoria Geral dos Direitos Fundamentais na Perspectiva Constitucional*. 10ª ed. Porto Alegre: Livraria do Advogado, 2009, p. 152.

6 A questão das eventuais restrições a direitos sociais será desenvolvida mais adiante.

7 Cf. DAS NEVES, Ilídio. *Direito da Segurança Social – Princípios Fundamentais Numa Análise Prospectiva*. Lisboa: Coimbra Ed., 1996, p. 149.

8 Apesar das *poor laws* Elizabetanas terem início desde 1531, até a consolidação de 1601, além da natureza meramente assistencial, a cobertura era bastante restrita e o atendimento descentralizado, representando apenas fração do auxílio aos necessitados no Reino Unido, que ainda contava, majoritariamente, com ações de particulares. Sem embargo, havia cotização compulsória, cujo inadimplemento era punível até com encarceramento. Sobre o tema, ver TRATTNER, Walter I. *From Poor Law to Welfare State*, op. cit., p. 21 e seguintes.

auxílio-funeral. Nesta época, Ebbe Hertzberg utilizou, pela primeira vez, o termo *Estado do Bem-Estar Social* (*Welfare State*), em 1884.[9]

Já a Dinamarca criou a aposentadoria em 1891. A Suécia desenvolveu o primeiro plano de pensão nacional universal logo depois. Nos Estados Unidos, o empobrecimento causado pela Grande Depressão de 1929 estimulou o presidente Franklin Roosevelt a criar o Comitê de Segurança Econômica, que incorporou recomendações à Lei de Seguridade Social de 1935 – *Social Security Act*. Quando a lei entrou em vigor, em 1940, após profunda recessão em 1937, mais da metade dos trabalhadores era coberta.[10] Formou-se aí o arcabouço teórico do *New Deal*.

O *Social Security Act*, conhecido como a primeira citação feita à seguridade social em âmbito mundial, serviu para demonstrar a crescente preocupação com os excluídos dos regimes previdenciários, defendendo a proteção de toda a população. Apesar do nome, o *Social Security Act* não correspondia à ideia atual de seguridade social, especialmente no Brasil, mas sim a algo próximo à previdência social, visando proteção mínima da classe trabalhadora.[11]

A primeira Constituição a mencionar o seguro social foi a do México (1917). A Constituição de Weimar (1919) traz vários dispositivos relativos à previdência. A partir do modelo bismarckiano, esta técnica protetiva espalhou-se pelo mundo, sendo que, no período entre as duas grandes guerras, houve uma maior abrangência da técnica, atingindo um número cada vez maior de pessoas.

Na sequência da evolução securitária, há o famoso *Relatório Beveridge* (Inglaterra, 1942). Este documento, que dá lugar ao plano de mesmo nome, foi responsável pela origem da previdência social em sua atual acepção, com proteção universal.[12]

Quanto ao aspecto terminológico, uma observação é importante. Conceitualmente, o *seguro social* diverge da *previdência social*, pois esta possui pretensões universalistas e amplo leque de cobertura, permitindo atender a todas as necessidades sociais de maior relevância, traduzindo evolução

---
9   Cf. BISSIO, Roberto. *Por um Novo Contrato Social Global. Dignidade e Direitos – Seguridade Social como Direito Universal*. Observatório da Cidadania, Relatório 2007, nº 11, p. 11.
10 Cf. BISSIO, Roberto, *op. cit., loc. cit.*
11 Sem embargo, até a criação do *Social Security Act*, a principal preocupação estatal e de empresas era criar forma de proteção a idosos e incapazes de modo a permitir incremento de eficiência na produção, podendo os empregadores fugirem a esta responsabilidade, a qual fazia parte da cultura da época. Sobre o tema, ver GRAEBNER, William. *A History of Retirement – The Meaning and Function of an American Institution*, 1885-1978. New Haven: Yale Press, 1980, pp. 50-1 e 86.
12 Sobre o Plano Beveridge ver, também, DAS NEVES, Ilídio, *op. cit.*, p. 154 e seguintes.

da proteção social.¹³ Na doutrina estrangeira, é comum afirmar-se que o trabalho de Beveridge produziu a primeira manifestação do *social security* na versão atual, ou seja, como sinônimo de previdência social, enquanto o *social insurance* ficaria reservado para modelos bismarckianos.¹⁴ De toda forma, no Brasil, a seguridade social ainda é mais abrangente, por incluir saúde e assistência social.

O Plano *Beveridge* foi elaborado por comissão interministerial de seguro social e serviços afins, nomeada em julho de 1941, com o objetivo de trazer alternativas para os problemas da reconstrução no período pós-guerra. O término do trabalho deu-se em novembro de 1942.

O plano teve grande mérito por tratar-se do primeiro estudo amplo e minucioso de todo o universo do seguro social e serviços conexos. É este relatório que questiona a proteção do seguro social restrita aos empregados, pois todo e qualquer trabalhador deve ser objeto de proteção.

O trabalho desenvolvido por Beveridge continha alguns princípios, sendo os principais: inovação total do trabalho, com o rompimento de conceitos passados, a partir da experiência – o plano deveria deixar de lado os paradigmas existentes e buscar novos horizontes para a proteção social; amplificar a relevância da previdência como fator de evolução social – para o relatório, os avanços tão desejados pela sociedade somente seriam possíveis com a melhoria do sistema previdenciário, por ser este verdadeiro arcabouço de todo o sistema protetivo de um Estado; cooperação entre indivíduo e Estado – as pessoas que se utilizam do sistema protetivo são as principais interessadas em seu perfeito funcionamento e, por isso, devem sempre participar da administração deste e da formulação de novas estratégias sociais; novas idades para a aposentadoria – em virtude do aumento generalizado da expectativa de vida, o Estado deveria conceder aposentadorias com idades mais avançadas, de modo a manter a estabilidade do sistema; plano de alcance universal – a rede protetiva formulada pelo Estado deveria ser dotada de alcance amplíssimo, isto é, atender a toda a sociedade e protegê-la contra todo tipo de infortúnio. Daí vem a ideia de proteção *from the cradle to the grave*, ou seja, do nascimento à morte.¹⁵

Após a exposição de seus princípios, o relatório explicita suas conclusões. Entre as mais importantes, pode-se citar: modelo universal de pro-

---

13 Sobre o tema, ver BALERA, Wagner. *Sistema de Seguridade Social*. São Paulo: LTr, 2003.
14 Sobre o tema, ver MESA-LAGO, Carmelo. *Reassembling Social Security, op. cit.*, p. 03 e seguintes. Em língua inglesa, o termo *"pensions"* é muito utilizado para referir-se à previdência complementar, enquanto *social security* seria a previdência pública. Neste sentido, ver GUSTMAN, Alan L., STEINMEIER, Thomas L., TABATABAI, Nahid. *Pensions in the Health and Retirement Study*. Cambridge: Harvard, 2010.
15 As ideias aqui resumidas podem ser consultadas em BEVERIDGE, William. *O Plano Beveridge, op. cit.*

teção – todas as pessoas devem participar do sistema protetivo, sendo garantido aos necessitados um mínimo para sua manutenção. Ainda, todos os protegidos devem ser tratados de modo equânime, sem requisitos diferenciados. Os seguros sociais da área urbana e rural também deveriam integrar um sistema único; adoção da tríplice fonte de custeio – o custeio do sistema protetivo não deve ser incumbência única e exclusiva de uma pessoa, mas de várias, que, no caso, são o Estado, as empresas e os trabalhadores; unificação do seguro de acidentes do trabalho com o seguro social – embora *Beveridge* reconhecesse as vantagens de um sistema privado e autônomo de seguro de acidentes, as desvantagens eram muito superiores. Entre elas, estão os intermináveis litígios entre empregadores e trabalhadores, que sempre ocorrem quando o empregador ou a seguradora, por algum motivo, deixa de arcar com o custo do benefício acidentário.[16]

De fato, a questão dos litígios judiciais é, de longe, a mais grave existente. Como se sabe, é comum litigantes pactuarem acordo para pôr fim à lide. Porém, em se tratando de benefício acidentário, um acerto de valor global certamente deixará o segurado à mercê da própria sorte, já que excluirá a responsabilidade futura do empregador ou da seguradora pela sobrevivência do beneficiário.

Outros litígios são extremamente complexos, como, por exemplo, a questão das doenças do trabalho ou profissionais. Muitos desses eventos tomam lugar após anos, senão décadas de trabalho, frequentemente em diversos empregadores. Caso o segurado venha a ficar inválido em virtude desses eventos, de quem será a responsabilidade? Aceitaria o último empregador arcar com os custos de uma doença desenvolvida ao longo de toda uma vida profissional? Muito improvável.

Também a falta de apoio ao acidentado é evidente, já que caberia a este proceder à solicitação de sua indenização, sem qualquer tipo de orientação estatal. Quando unificado ao seguro social, já se conta com uma estrutura própria para atendimento ao beneficiário. Igualmente mencionada por *Beveridge*, há a insegurança do regime privado, o qual pode falir e deixar diversos beneficiários sem seus pagamentos, além de excluir a proteção de muitos outros.[17]

Também dentro da proposta de Beveridge havia a unificação das contribuições, ou seja, toda a gama de contribuições existentes deveria ser unificada, de modo a proporcionar ao beneficiário a solicitação de qualquer benefício. À época do relatório, existiam contribuições distintas para be-

---
16 BEVERIDGE, William. *O Plano Beveridge*, op. cit., pp. 71 a 75.
17 BEVERIDGE, William. *O Plano Beveridge*, op. cit., pp. 69 e 70.

nefícios diversos, tornando o custeio por demais complexo. Esta alteração também implicaria a unificação das *Approved Societies*, que tinham contribuições próprias; em formas similares aos montepios.

Na sequência, ainda previa a separação da saúde do contexto previdenciário; a qual, devido ao seu espectro amplo de atendimento, deveria ser colocada em separado da previdência e assistência sociais, sob pena de comprometimento do atendimento e gigantismo do órgão responsável pela administração; o fornecimento de auxílio para o aprendizado – este auxílio, não só de cunho pecuniário mas também profissional, visa à preparação do indivíduo para o ingresso no mercado. Junto a esta ajuda estatal, deveria existir o auxílio-desemprego por tempo indefinido e revogação das isenções – todo tipo de renúncia de receita deveria ser excluída, de modo a garantir a entrada de recursos suficientes para a manutenção do sistema securitário.

Importante notar que, dentre as conclusões de Beveridge, havia o incentivo de permanência em atividade, isto é, o sistema previdenciário poderia ser dotado de regras que incentivassem a permanência do trabalhador no mercado de trabalho. Caso a pessoa deixasse para solicitar a aposentação em outro momento, seu benefício futuro seria maior. *Beveridge* questiona a suposição de que a aposentadoria precoce iria ajudar no combate ao desemprego. Com razão, qualifica esta estratégia como incerta, já que não há garantias de aumento de demanda por mão de obra.[18] Tal questão será abordada novamente no capítulo 3.

2.3. REFLEXÕES DA ANÁLISE HISTÓRICA – O EMBATE ENTRE OS MODELOS BISMARCKIANO E BEVERIDGIANO DE PROTEÇÃO SOCIAL

A previdência social origina-se das lutas por melhores condições de trabalho, as quais resultaram em diferentes sistemas protetivos, de acordo com as situações de cada país envolvido. Alguns limitaram a proteção ao necessário à sobrevivência, enquanto outros foram além, buscando programar substituição relacionada à remuneração. Tais variações colocam em destaque as diferentes estruturas dos sistemas de proteção. Basicamente, todos buscavam uma previdência social como garantia, ao menos, do mínimo vital, de modo viável financeiramente.[19]

---
18 Cf. BEVERIDGE, William. *O Plano Beveridge, op. cit.*, p. 151
19 Cf. KORPI, Walter. *Contentious Institutions: An Augmented Rational-Action Analysis of the Origins and Path Dependency of Welfare State Institutions in the Western Countries*. Rationality and Society, v. 13 (2), 2001, p. 3. Disponível em <http://www.sofi.su.se/4-2000.pdf>. Acesso em 11/05/2008.

Percebe-se em todos os modelos o desenvolvimento das ideias keynesianas de intervenção estatal na economia, as quais nortearam, especialmente, o *New Deal* norte-americano, o Plano Beveridge e as Cartas do Atlântico, que externaram a necessidade da ação estatal concreta como garantidora do bem-estar social.

No modelo bismarkiano, mais primitivo, a proteção não era universal, geralmente limitada aos trabalhadores, com rigoroso financiamento por meio de contribuições sociais dos interessados (trabalhadores e empresas), além de restringir sua ação a determinadas necessidades sociais. O modelo beveridgiano tem concepção mais ampla, pois visa à universalidade de atendimento, atendendo a tudo e a todos, com financiamento por meio de impostos arrecadados de toda a sociedade. Percebe-se, claramente, que a solidariedade é mais forte neste modelo.

Importa notar que a distinção diz respeito não só, a aspectos culturais ou premissas diversas sobre modelos protetivos, mas também, à época em que cada modelo foi desenvolvido. O projeto inglês, já no século XX, foi desenhado a partir da experiência internacional dos seguros sociais, os quais se mostraram ineptos na garantia da vida digna a todos.

Em resumo, no modelo bismarckiano, pode-se vislumbrar a previdência social como um seguro *sui generis*, pois impõe, em regra, a filiação compulsória, além de possuir natureza coletiva e contributiva, equilibrada do ponto de vista financeiro e atuarial, amparando seus beneficiários contra as necessidades sociais, mediante a repartição dos riscos dentro do grupo de segurados, em uma sistemática de solidariedade forçada.

A previdência social, na acepção bismarckiana, tem forte correlação com a técnica do seguro, pois cabe ao interessado, em regra, efetuar o pagamento do prêmio à seguradora visando à eventual indenização, além da filiação prévia à ocorrência do sinistro. Naturalmente, o seguro social apresenta algumas especificidades, como a cotização forçada e a existência de riscos previsíveis (*e.g.*, idade avançada) dentre as necessidades sociais cobertas.

No Pós-Guerra, surge uma tendência universalizadora do seguro social, com base nas premissas teóricas do Plano Beveridge. As maiores taxas de natalidade e crescimento econômico geraram a *euforia protetora*, com a consequente universalização da clientela, sem maiores distinções em razão das atividades econômicas, privilegiando a solidariedade. O financiamento distancia-se da técnica de capitalização, com a repartição simples, trazendo algum enfraquecimento do aspecto atuarial do sistema protetivo.[20] No sis-

---

20 Cf. DAS NEVES, Ilídio, *op. cit.*, p. 150. Ressalte-se que a questão do regime de financiamento da previdência pública é problemática, pois há quem entenda, com alguma razão, que o Estado, por ser, em regra,

tema beveridgiano, as prestações pagas pelo sistema são desvinculadas da real remuneração do trabalhador, ao contrário do sistema bismarkiano, no qual a prestação é relacionada à cotização.

Estes são, em apertada síntese, os pressupostos históricos que permitiram a formação teórica plena do *Welfare State*, que se iniciara com Bismarck. Todavia, em razão do desordenado crescimento dos sistemas protetivos, é com alguma perplexidade que o mundo assiste a um retorno aos modelos bismarckianos de seguro social, haja vista seu maior comprometimento com o equilíbrio financeiro e atuarial.

Ou seja, com a crise do *Welfare State*,[21] o que se constata, em âmbito mundial, é uma mescla dos sistemas bismarkiano e beveridgiano, com a adoção recíproca de características até então estranhas, como a *securitização* do esquema beveridgiano,[22] ou seja, a fixação de benefícios calculados também em relação às contribuições individuais. Tem-se o exemplo da Suécia, que migrou de um sistema original beveridgiano para um modelo híbrido, adotando um segundo pilar estatal compulsório, de repartição e relacionado às remunerações, reduzindo a importância do primeiro pilar, que se limita desde então à garantia do mínimo existencial.[23]

Isto é de especial importância para que se possa entender o motivo de alguns países adotarem um sistema complementar de previdência compulsório – são, em verdade, Estados que adotavam o esquema beveridgiano de proteção social, mas acabaram por migrar, em parte, para o sistema bismarckiano (que seria o 2º pilar), mantendo o 1º pilar como valor mínimo assegurado a todos. Até mesmo o Reino Unido, berço da concepção beveridgiana de proteção social, fez tal mutação, sendo, todavia, dada maior ênfase ao sistema privado de previdência complementar.[24]

Mesmo quando há a vontade política em mudar o regime para a capitalização, países com antiga tradição de seguro social, como o Brasil, en-

---

um mau alocador de recursos, dificilmente administraria de modo competente um sistema capitalizado, justificando a primazia da sistemática de repartição simples. Neste sentido, ver <http://www.bresserpereira.org.br/papers/1995/98.ReformaAparelhoEstado&Constituicao.pdf>. Acesso em 30/10/07, às 19h. Da mesma forma, os benefícios financiados por repartição simples são de extrema relevância para a concessão de benefícios de risco, como incapacidades derivadas de doenças ou acidentes. O tema será melhor desenvolvido no capítulo 3.

21 Por todos, ver a clássica obra de ROSANVALLON, Pierre. *A Crise do Estado-Providência*, Goiânia: UnB, 1997.

22 Cf. HINRICHS, Karl. *Ageing and Public Pension Reforms in Western Europe and North America: Patterns and Politics*. In: CLASEN, Jochens (org.). *What Future for Social Security? Debates and Reforms in National and Cross-National Perspective*. Bristol: Policy Press, 2001, p. 158.

23 Sobre o tema, ver *Swedish Social Insurance Agency. Social Insurance*. Disponível em <http://www.forsakringskassan.se/sprak/eng/engelska.pdf>. Acesso em 05/10/2007.

24 Sobre o tema, ver *The Pension Service. A Guide to Your Pension Options*. Disponível em <www.thepensionservice.gov.uk>. Acesso em 13/08/2005.

contram, como era de se esperar, grande dificuldade em migrar para um sistema capitalizado e individual de previdência, especialmente devido ao encargo imposto à geração atual, que terá de arcar com o passado e o presente. Ademais, tal migração não condiz com benefícios cujo evento determinante seja imprevisível, como doenças e acidentes, os quais demandam um grau de solidariedade maior do sistema.

Por isso, a análise de um sistema protetivo qualquer deve ser feita dentro do aspecto histórico que propiciou sua criação e, também, tendo em conta que as alterações sempre são feitas, em regra, de forma gradual, em razão da grande estima destes sistemas diante dos cidadãos. Também por isso insuficientes as análises de gastos do sistema diante do Produto Interno Bruto – PIB, já que não leva em consideração as origens históricas dos diferentes regimes.[25] Não obstante, são frequentes as análises da questão previdenciária sobre quesitos eminentemente financeiros, em especial a proporção do gasto previdenciário diante do PIB do país, como se a questão econômica fosse a única envolvida.[26]

Pela experiência internacional, percebe-se que reformas bem-sucedidas em contenção de gastos não se originam a partir de cópias de modelos adotados alhures, mas sim dentro das possibilidades políticas existentes, de acordo com o consenso formado, o qual pode ser alcançado por meio de uma comissão de reforma, como feito nos EUA (1983), Alemanha (1992) e Suécia (1990), entre outros – permitindo-se o debate técnico e não meramente político da reforma.[27] Esta é uma das questões usualmente mal-abordadas nos debates pátrios sobre previdência social, pois qualquer formação previdenciária duradoura carece de um consenso formado democraticamente, de modo a legitimá-lo.

O modelo bismarckiano temperado, com amplitude de cobertura, mas fiel respeito aos preceitos atuariais tem dominado o embate mundial. Especialmente no Brasil, este parece o caminho natural, pois nosso sistema

---

25 Cf. HINRICHS, Karl, *op. cit.*, p. 161. No mesmo sentido, apontando o necessário cuidado diante dos diferentes regimes protetivos, ver MERRIEN, François-Xavier, PARCHET, Raphael e KERNEN, Antoine. *L'État Social – Une Perspective Internacionale.* Paris: Dalloz, 2005, p. 254. A questão é também aprofundada no capítulo 3.

26 Ironicamente, mesmo nesta abordagem restrita e incompleta, no Brasil, os autores não parecem chegar a um acordo, ora apontando uma desproporção na relação gasto *versus* receita, ora visualizando uma situação de equilíbrio. Sobre a primeira concepção, ver GIAMBIAGI, Fábio. *Reforma da Previdência*, Rio: Campus, 2007, e, em sentido diverso, GENTIL, Denise Lobato. *A Falsa Crise do Sistema de Seguridade Social no Brasil*, Tese (Doutorado em Economia) – UFRJ, 2007.

27 A importância do consenso democrático tem sido bem desenvolvida na doutrina pátria, como se percebe na obra de SOUZA NETO, Cláudio Pereira. *A Teoria Constitucional e Democracia Deliberativa – Um Estudo sobre o Papel do Direito na Garantia das Condições para a Cooperação na Deliberação Democrática.* Rio de janeiro: Renovar, 2006. No mesmo sentido, HENRICH, Karl, *op. cit.*, pp. 173 a 175.

já é, preponderantemente, bismarckiano. No entanto, é proposta desta tese, especialmente no capítulo 3, apresentar modelo que possa conciliar as vantagens de ambos os paradigmas protetivos, de forma a assegurar a justiça social nas três dimensões apresentadas no capítulo 1.

2.4. SÍNTESE DA EVOLUÇÃO HISTÓRICA E LEGISLATIVA NO BRASIL

A evolução da proteção social no Brasil seguiu a mesma lógica do plano internacional: origem privada e voluntária, formação dos primeiros planos mutualistas e a intervenção cada vez maior do Estado. Como exemplos mais antigos da proteção social brasileira, temos as Santas Casas de Misericórdia, dede 1543, atuantes no segmento assistencial, e o montepio para a guarda pessoal de D. João VI (1808).[28]

Nesta mesma época, em 1795, também foi criado o Plano de Benefícios dos Órfãos e Viúvas dos Oficiais da Marinha. Ainda dentro do período mutualista anterior à lei alemã, é digno de menção a criação do MONGERAL – Montepio Geral dos Servidores do Estado, em 1835.

Este movimento mutualista, que proporcionou a criação dos montepios abertos, com ingresso franqueado a qualquer pessoa e sem fins lucrativos, em nada se confunde com as companhias de seguro, as quais, posteriormente, passaram também a atuar em ramo previdenciário, em geral visando ao lucro. Os mútuos, no Brasil, desde a colônia, seguiram a tradição portuguesa das *Misericórdias*, sob influência de D. Leonor de Lencastre, Rainha viúva de D. João II.[29]

Como aponta Wagner Balera, a assistência social nasce da ajuda mútua, inicialmente, e posteriormente com a ação do Estado. No primeiro caso, reúne integrantes que conjugam alguma afinidade profissional, religiosa ou mesmo geográfica, enquanto no segundo, denominados *Socorros Mútuos* pela Constituição Imperial de 1824, de acordo com a expressão tradicional da Revolução Francesa, desenvolvem-se até o final do século XIX.[30]

---

28 O histórico da legislação brasileira possui conjunto bem organizado no sítio da previdência social, <http://www1.previdencia.gov.br/pg_secundarias/previdencia_social_12_04.asp>. Acesso em 10/05/2010. Para consultas mais abrangentes, sugere-se o mais completo guia da evolução legislativa da previdência brasileira, de SERRA GURGEL, J. B. *Evolução da Previdência Social*. Brasília: FUNPREV, 2006.

29 Cf. PÓVOAS, Manoel. *Previdência Privada*. 2. ed. São Paulo: Quartier Latin, 2007, p. 105.

30 *Competência Jurisdicional na Previdência Privada*. São Paulo: Quartier Latin. 2008, p. 62. Art. 179 da Constituição de 1824: *A inviolabilidade dos Direitos Civis, e Políticos dos Cidadãos Brasileiros, que tem por base a liberdade, a segurança individual, e a propriedade, é garantida pela Constituição do Império, pela maneira seguinte. [...] XXXI. A Constituição também garante os soccorros públicos.*

Daí surgiram os famosos *Socorros Mútuos*,[31] que se proliferam no Brasil, como o Socorro Mútuo Marquês de Pombal, criado pelo Decreto nº 8.504, de 29 de abril de 1882, visando, entre outras funções, a beneficiar seus sócios, quando enfermos ou necessitados (art. 1º, § 2º), mediante o pagamento da mensalidade fixada. Em 1875, foi criado um Socorro Mútuo chamado *Previdência* (Decreto nº 5.853, de 16 de janeiro de 1875). Curioso também o Socorro Mútuo Vasco da Gama, criado no Rio de Janeiro pelo Decreto nº 8.361, de 31 de dezembro de 1881.

Após a criação do MONGERAL, o Decreto nº 9.912, de 26 de março de 1888, que previa o monopólio estatal dos Correios, regulou o direito à aposentadoria dos seus empregados, por idade ou invalidez. Na primeira opção, deveria o empregado possuir 30 anos de efetivo serviço e idade mínima de 60 (art. 195).

A Constituição de 1891 foi a primeira a conter a expressão "aposentadoria", a qual era concedida a funcionários públicos, em caso de invalidez.[32] Os demais trabalhadores não possuíam qualquer proteção.

Este dispositivo é bastante emblemático, pois ajuda a entender o tratamento diferenciado dado à previdência social dos servidores e militares. Para tais pessoas, a regra sempre foi a concessão de benefícios custeados, integralmente, pelo Estado, enquanto a previdência social dos trabalhadores em geral, criada posteriormente, já possuía a natureza contributiva desde sua gênese. Tal diferença, comum em diversos países mundo afora, explica o fato de, no Brasil, ainda termos um regime previdenciário segregado para servidores (RPPS), muito embora a Constituição já preveja, também, sua natureza contributiva.

Em 1892, sob influência dos militares, é instituída, para os operários do Arsenal da Marinha, a aposentadoria por idade ou invalidez, além da pensão por morte (Decreto nº 127, de 29 de novembro de 1892). Esse movimento irá resultar na criação do Seguro de Acidentes de Trabalho, em 1919, como se verá.

O Decreto-Legislativo nº 3.724/1919 criou o seguro de acidentes de trabalho no Brasil. Era incumbência do empregador, o qual deveria custear indenização para seus empregados, em caso de acidentes. Determinava o Decreto que o acidente de trabalho obrigava o empregador a pagar uma indenização ao operário ou à sua família. Eram excetuados apenas os

---
31 Cf. BALERA, Wagner. *Noções Preliminares de Direito Previdenciário*. São Paulo: Quartier Latin, 2004, p. 46 e seguintes.
32 *Art 75. A aposentadoria só poderá ser dada aos funcionários públicos em caso de invalidez no serviço da Nação.*

casos de força maior ou dolo da própria vítima ou de estranhos (art. 2º). A sistemática era precária, já que não se assegurava o pagamento de quantias mensais, mas sim um valor único de indenização, que variava de acordo com o resultado do evento, desde incapacidade temporária até a morte. Ainda sob a égide da Constituição de 1891, foi editada a Lei Eloy Chaves (Decreto-Legislativo nº 4.682, de 24/01/1923), a qual determinava a criação das caixas de aposentadorias e pensões para os ferroviários, por empresa.[33]

Assim como no seguro de acidentes, a responsabilidade pela manutenção e administração do sistema era dos empregadores. O Estado somente determinara a sua criação e o seu funcionamento, de acordo com os procedimentos previstos na legislação. A ingerência estatal na previdência social somente tomou lugar com o advento dos institutos de aposentadorias e pensões.

Em verdade, as caixas não beneficiavam todos que trabalhavam nas estradas de ferro, mas apenas os empregados, aqueles que prestavam os seus serviços, mediante ordenado mensal, e os operários diaristas, que executavam serviços de caráter permanente.

A Lei Eloy Chaves previa a aposentadoria por invalidez e a ordinária, sendo esta devida nas seguintes situações: a) integral, ao empregado ou operário que tenha prestado, pelo menos, 30 (trinta) anos de serviço e tenha 50 (cinquenta) anos de idade; b) com 25% de redução, ao empregado ou operário que, tendo prestado 30 (trinta) anos de serviço, tenha menos de 50 (cinquenta) anos de idade; c) com tantos trinta avos quanto forem os anos de serviço, até o máximo de 30 (trinta), ao empregado ou operário que, tendo 60 (sessenta) ou mais anos de idade, tenha prestado 25 (vinte e cinco) ou mais, até 30 (trinta) anos de serviço.

As caixas ainda assumiram a responsabilidade pelo pagamento de indenizações em caso de acidentes do trabalho (art. 16). A lei também trazia situação inusitada de perda de direito adquirido à aposentadoria, quando o beneficiário deixava de solicitá-la após 05 (cinco) anos da saída da empresa (art. 20).

---

33 Interessante notar que, no modelo norte-americano, o primeiro sistema de aposentadorias foi, também, visando ferroviários, em 1934, por meio do *Railroad Retirement Act*. A razão foram as elevadas demissões com a Depressão e pela redução de atividade dos anos anteriores. Naturalmente, o modelo foi fortemente criticado pela dominância libertariana da época e posteriormente declarado inconstitucional pela Suprema Corte, no precedente *R.R. Retirement Board v. Alton R.R.* A decisão acabou por auxiliar a construção de modelo mais abrangente de previdência social, iniciado com o *Social Security Act*, em 1935. Sobre o tema, ver GRAEBNER, William. *A History of Retirement, op. cit.*, p. 149 e seguintes.

Também havia previsão de pensão para os dependentes, que eram o cônjuge, os filhos e os pais. Este benefício era extinto nos seguintes casos: para a viúva ou viúvo, ou pais, quando contraíssem novas núpcias; para os filhos, desde que completassem 18 anos; para as filhas ou irmãs solteiras, desde que contraíssem matrimônio; em caso de vida desonesta ou vagabundagem (*sic*) do pensionista.

O Brasil situou-se, assim, entre os primeiros países da América Latina a criar um modelo de seguro social, situando-se entre os pioneiros da região, em conjunto com Uruguai, Argentina, Chile, Cuba e Costa Rica.[34] Todos os modelos da América Latina são, com maior ou menor correlação, de índole preponderantemente bismarckiana.[35]

A primeira empresa a criar uma caixa de aposentadoria e pensão foi a *Great Western do Brazil*,[36] mais tarde rebatizada de Estrada de Ferro Santos-Jundiaí e, daí, FEPASA. Apesar de não ser o primeiro diploma legal sobre o assunto securitário (já havia o Decreto-Legislativo nº 3.724/1919, sobre o seguro obrigatório de acidentes do trabalho), devido ao desenvolvimento posterior da previdência e à estrutura interna da "Lei" Eloy Chaves, ficou esta conhecida como o marco inicial da previdência social.[37]

Naturalmente, ao vislumbrarem a criação de Eloy, outras categorias de trabalhadores buscaram a mesma proteção, provocando uma rápida extensão dessa técnica protetiva pelo país. Como exemplos desta expansão, merecem destaque a Lei nº 5.109, de 20/12/1926, que estendeu o regime da Lei Eloy Chaves aos portuários e marítimos, e a Lei nº 5.485, de 30/06/1928, referente ao pessoal das empresas de serviços telegráficos e radiotelegráficos.

Após a Revolução de 1930, com o início do governo de Getúlio Vargas, tem-se ampla reformulação dos regimes previdenciário e trabalhista. Merece destaque, neste período, a criação do Ministério do Trabalho, cujo primeiro ministro foi Lindolfo Collor.[38]

---

34 Cf. MESA-LAGO, Carmelo. *Reassembling Social Security, op. cit.*, p. 04. Conforme classificação do autor citado, adotada mundialmente, há três modelos de previdência social na América Latina, de acordo com sua inserção e desenvolvimento – os pioneiros, como o Brasil, os intermediários, que são Panamá, México, Peru, Colômbia, Bolívia, Equador e Venezuela, com regimes criados entre 1940 e 1950; e por fim os retardatários (*latecomers*), que são Paraguai, República Dominicana, Guatemala, El Salvador, Nicarágua, Honduras e Haiti, com modelos de proteção nascidos após 1960 (*op. cit., loc. cit.*).
35 Cf. MESA-LAGO, Carmelo. *Reassembling Social Security, op. cit.*, p. 09.
36 Cf. SERRA E GURGEL, J. B., *op. cit.*, p. 31.
37 Sobre a vida e obra de Eloy Marcondes de Miranda Chaves, ver VIEIRA, Hermes Pio. *Eloy Chaves*. Rio de Janeiro: Ed. Civilização Brasileira, 1978.
38 Cf. SERRA E GURGEL, J. B., *op. cit.*, p. 35.

Iniciou-se nesta época uma mudança radical no sistema previdenciário, o qual deixou de ser organizado por empresa, nas caixas de aposentadoria e pensão, sendo aglutinado por categoria profissional, nos Institutos de Aposentadoria e Pensão (IAP).[39]

O primeiro IAP foi o dos marítimos (IAPM) (Decreto nº 22.872, de 29/06/1933). O IAPM tinha personalidade jurídica própria, sede na capital da República, e era subordinado ao Ministério do Trabalho, Indústria e Comércio, destinando-se a conceder ao pessoal da marinha mercante nacional e classes anexas os benefícios de aposentadoria e pensões.

A organização previdenciária em categorias profissionais resolvia alguns problemas existentes, como o pequeno número de segurados em algumas caixas, com evidente fragilização do sistema, e os percalços enfrentados pelos trabalhadores que eventualmente mudavam de empresa e, por consequência, de Caixa.

A unificação das caixas em institutos também ampliou a intervenção estatal na área, pois o controle público ficou finalmente consolidado, já que os institutos eram dotados de natureza autárquica e subordinados diretamente à União, em especial ao Ministério do Trabalho.

Não seria exagero considerar a criação do IAPM como o marco inicial da previdência brasileira, já que somente neste momento tem-se de modo evidente a participação e o controle do Estado sobre o sistema securitário de nosso país. Todavia, entende a maioria que tal honra cabe à Lei Eloy Chaves, a ponto de o dia da Previdência Social ser comemorado em 24 de janeiro.

Ainda que, do ponto de vista técnico, tenha sido justificável a criação dos institutos e a respectiva intervenção estatal em seu controle, não se pode olvidar o provável interesse governamental em fundos bem providos de recursos, como eram as caixas. No momento em que o país necessitava de meios financeiros para o desenvolvimento, parece ter sido muito útil a criação dos institutos.

Além do IAPM, vários outros institutos foram criados, sendo, com o tempo, alguns extintos ou fundidos a outros. À época da unificação, em 1966, existiam seis institutos. Eram eles: Instituto de Aposentadoria e Pensão dos Bancários (IAPB), Instituto de Aposentadoria e Pensão dos Comerciários (IAPC), Instituto de Aposentadoria e Pensão dos Industriários (IAPI), Instituto de Aposentadoria e Pensão dos Estivadores e Transportadores de

---

39 Cf. LEITE, Celso Barroso. *A Proteção Social no Brasil*. 3ª ed. São Paulo: LTr, 1986.

Carga (IAPETC) e Instituto de Aposentadoria e Pensão dos Ferroviários e Empregados em Serviços Públicos (IAPFESP).⁴⁰

Ao contrário do que muitos pensam, o IPASE, Instituto de Previdência e Assistência dos Servidores do Estado, não era um instituto de aposentadoria e pensão como os demais. Tinha organização diferenciada e direcionada a servidores públicos, sendo criado pelo Decreto-Lei nº 288/1938. Por este motivo o IPASE não foi extinto à época da unificação dos institutos, mas somente em 1977 (art. 27 da Lei nº 6.439/1977), assim como o SASSE, dos economiários, e o FUNRURAL, todos absorvidos pelo INPS em 1977.⁴¹

A Constituição de 1934 foi a primeira a estabelecer a forma tríplice da fonte de custeio previdenciária, com contribuições do Estado, empregador e empregado. Foi, também, a primeira Constituição a utilizar a palavra "previdência", sem o adjetivo "social".

A Constituição de 1937 não trouxe novidades, a não ser o uso da palavra "*seguro social*" como sinônimo de previdência social. Apesar de esta ser uma forma evoluída daquela, a legislação brasileira nunca fez distinção entre ambas.

A Constituição de 1946 foi a primeira a utilizar a expressão "previdência social", substituindo a expressão *seguro social*. Sob sua égide, a Lei nº 3.807, de 26/08/1960, unificou toda a legislação securitária e ficou conhecida como a Lei Orgânica da Previdência Social (LOPS). Na verdade, a unificação da legislação foi um passo premeditado no sentido da unificação dos institutos. Essa tarefa ficaria sensivelmente facilitada, se todos se submetessem a um mesmo regime jurídico.

Ainda que a criação dos institutos, por si só, já tivesse representado uma evolução do sistema, a consolidação total em uma única entidade era justificável. A manutenção de diversos institutos gerava gastos elevados, com diversas redundâncias no funcionamento, já que cada entidade deveria executar as mesmas atividades.

Também havia eventuais problemas com trabalhadores que mudavam de categoria, exercendo nova atividade. Nessas situações, frequentemente os trabalhadores deixavam um instituto e filiavam-se a outro, gerando algum desgaste, quando não prejuízos financeiros.

Contudo, é importante observar que os IAPs somente foram unificados em 1966, por meio do Decreto-Lei nº 72, de 21/11/1966. A resistência

---

40 Cf. SERRA E GURGEL, J. B., *op. cit.*, pp. 109-10.
41 Cf. FEIJÓ COIMBRA, J. R. *Direito Previdenciário Brasileiro*. Rio de janeiro. Ed. 1980, p. 76.

à unificação era grande por parte das entidades envolvidas, pois havia o medo da perda de direitos e do enfraquecimento da proteção.

A preocupação era de certa forma válida, em especial perante institutos extremamente organizados, como o IAPI, o qual, somente para citar um exemplo, já adotava o concurso público como mecanismo de entrada para novos funcionários. Com a unificação, o equilíbrio poderia ser perdido. Até hoje é comum alegar-se que a previdência brasileira perdeu muito com a unificação. Talvez haja alguma razão nessa afirmativa, porém a falha teria sido na estratégia da consolidação das entidades, a qual teria criado um Instituto grande demais para os mecanismos de controle da época.

Em abstrato, a unificação fez-se necessária, pois não era razoável a manutenção de variadas instituições estatais, exercendo exatamente a mesma função, diferenciando-se somente pela clientela protegida. Era algo por demais custoso, especialmente para um país carente de recursos.

Ainda na CF/1946, foi incluído, em 1965, por meio da Emenda Constitucional nº 11, parágrafo no art. 157, proibindo a prestação de benefício sem a correspondente fonte de custeio. Tal norma visava a elidir a concessão irresponsável de benefícios, em geral por motivos políticos.[42] Pode-se dizer que temos aí a primeira menção ao equilíbrio financeiro do sistema.

O Decreto-Lei nº 66, de 21/11/1966, modificou a LOPS com alguns pequenos ajustes, dando o preparativo final à unificação dos institutos, o que ocorreu no mesmo dia. O Decreto-Lei nº 72, de 21/11/1966, criou o Instituto Nacional de Previdência Social (INPS), o qual constituía entidade da administração indireta da União, com personalidade jurídica de natureza autárquica e gozava, em toda sua plenitude, inclusive no que se refere a seus bens, serviços e ações, das regalias, privilégios e imunidades da União (art. 2º).

Importante notar, também, que o período marca o início de grandes obras no Brasil, com financiamento que, em grande parte, veio a exaurir as reservas previdenciárias existentes, como a construção de Brasília, a estrada Transamazônica, a ponte Rio-Niterói etc. Do ponto de vista financeiro, tais

---

42 Emenda Constitucional nº 11 – Acrescenta parágrafo ao art. 157 da Constituição. As Mesas da Câmara dos Deputados e do Senado Federal promulgam, nos termos do art. 3º do Ato Institucional e do art. 217, § 4º, da Constituição, a seguinte Emenda ao texto constitucional: Artigo único. Ao art. 157 da Constituição é acrescentado um parágrafo, com a redação seguinte, passando o atual parágrafo único a § 1º: "§ 2º. Nenhuma prestação de serviço de caráter assistencial ou de benefício compreendido na previdência social poderá ser criada, majorada ou estendida sem a correspondente fonte de custeio total."

valores, se aplicados até hoje, alegadamente, teriam rendimento suficiente para fazer frente aos gastos atuais do sistema.[43]

A Constituição de 1967 foi a primeira a prever o seguro-desemprego, sem maiores alterações no regramento previdenciário. A reforma de 1969 também não trouxe alteração às previsões previdenciárias do texto constitucional.

A Lei nº 5.316, de 14/09/1967, integrou o seguro de acidentes de trabalho (SAT) à previdência social, fazendo assim desaparecer este seguro como ramo à parte. Tal conduta foi ao encontro das recomendações do plano *Beveridge*, o qual aconselhava a estatização deste seguro, além da sua unificação ao sistema previdenciário existente. O SAT unificado e de organização estatal é de grande relevância para a efetividade do sistema, pois a organização privada deste não traz atendimento adequado a esta demanda social. Tal conclusão é de fácil percepção, baseada na experiência atual da atuação das seguradoras em geral, as quais poderiam responsabilizar o empregador pelo acidente e tentar excluir sua responsabilidade pelo pagamento de qualquer benefício. Estas falhas já foram apontadas por *Beveridge*.[44]

A proteção social na área rural começou com a instituição do Fundo de Assistência e Previdência do Trabalhador Rural (FUNRURAL), instituído pela Lei nº 4.214, de 02/03/1963. O fundo constituía-se de 1% do valor dos produtos comercializados e era recolhido pelo produtor, quando da primeira operação ao Instituto de Aposentadoria e Pensões dos Industriários – IAPI.

O Decreto-Lei nº 564, de 01/05/1969, o qual instituiu o Plano Básico da área rural, estendeu a proteção aos trabalhadores do setor agrário da agroindústria canavieira e das empresas de outras atividades que, pelo seu nível de organização, pudessem ser incluídas (art. 2º).

O plano básico de previdência social rural foi ainda ampliado pelo Decreto-Lei nº 704, de 24/07/1969. Este determinava a inclusão dos empregados das empresas produtoras e fornecedoras de produto agrário *in natura* e empregados dos empreiteiros ou de organização que, não constituídos sob a forma de empresa, utilizassem mão de obra para produção e fornecimento de produto agrário *in natura* (art. 3º).

---

43 Sobre o assunto, em ampla abordagem do aspecto histórico e financeiro, ver ANDRADE, Eli Gurgel. (Des)Equilíbrio da Previdência Social Brasileira 1945-1997 – Componentes Econômico, Demográfico e Institucional. Tese de Doutorado, Centro de Desenvolvimento e Planejamento Regional – CEDEPLAR, Faculdade de Ciências Econômicas, FACE/UFMG, 1999. Disponível em <http://www.cedeplar.ufmg.br/demografia/teses/1999/Eli_Gurgel_Andrade.pdf>. Acesso em 05/01/2011. Apesar do alegado, em primeiro lugar, como se verá, a aparente superioridade de modelos capitalizados de financiamento não se sustenta e, em segundo lugar, a tentativa de cobrança da eventual "dívida previdenciária" irá recair, da mesma forma, sobre a sociedade, já que esta é a fonte principal de recursos do Estado.

44 Cf. BEVERIDGE William, *O Plano Beveridge*, *op. cit.*, pp. 56-7.

A Lei Complementar nº 11, de 25/05/1971, instituiu o Programa de Assistência ao Trabalhador Rural (PRORURAL), de natureza assistencial, cujo principal benefício era a aposentadoria por velhice, após 65 (sessenta e cinco anos) anos de idade, equivalente a 50% do salário-mínimo de maior valor no país (art. 4º).

Esta mesma lei complementar deu natureza autárquica ao FUNRURAL, sendo subordinado ao ministro do Trabalho e Previdência Social, assumindo a responsabilidade da administração do PRORURAL. Na mesma época, foi extinto o plano básico.

A Lei nº 6.439/77 instituiu o (Sistema Nacional de Previdência e Assistência Social) SINPAS, buscando a reorganização da previdência social. O SINPAS agregava as seguintes entidades: Instituto Nacional de Previdência Social (INPS); Instituto Nacional de Assistência Médica da Previdência Social (INAMPS); Fundação Legião Brasileira de Assistência (LBA); Fundação Nacional do Bem-Estar do Menor (FUNABEM); Empresa de Processamento de Dados da Previdência Social (DATAPREV);[45] Instituto de Administração Financeira da Previdência e Assistência Social (IAPAS); Central de Medicamentos (CEME).[46]

O SINPAS, o qual se submetia à orientação, à coordenação e ao controle do Ministério da Previdência e Assistência Social (MPAS), tinha a finalidade de integrar a concessão e manutenção de benefícios, a prestação de serviços, o custeio de atividades e programas e a gestão administrativa, financeira e patrimonial de seus componentes.

Também foi esta mesma lei que criou o Instituto Nacional de Assistência Médica da Previdência Social (INAMPS) e o Instituto de Administração Financeira da Previdência e Assistência Social (IAPAS), ambos integrados à estrutura do SINPAS.[47]

À época da criação do SINPAS, a legislação previdenciária vigente ainda era a LOPS, que convivia com diversos outros diplomas legais previdenciários. Em razão da dificuldade no tratamento da legislação, o art. 6º da Lei nº 6.243/1975 determinou ao Poder Executivo a expedição, por decreto, de Consolidação das Leis da Previdência Social (CLPS), refeita anualmente, sem alteração de matéria legal substantiva.

---
45 A DATAPREV passou a ser denominada *Empresa de Tecnologia e Informações da Previdência Social*, por força do art. 24 da Medida Provisória nº 2.216-37, de 31/08/2001.
46 Interessante notar que o SINPAS extinguiu o FUNRURAL (art. 27 da Lei nº 6.439/1977), mas ainda nos dias de hoje, especialmente nos Tribunais, existe o hábito de referir-se às contribuições sobre a produção rural como exações ao FUNRURAL.
47 Cf. MARTINEZ, Wladimir Novaes. *Curso de Direito Previdenciário*. 3ª ed. São Paulo, LTr, 2010, p. 39.

Coube ao Executivo, portanto, a reunião de todas as leis previdenciárias por meio de decreto, que evidentemente não deveria inovar na matéria, mas simplesmente agregar todas as normas existentes em um mesmo corpo normativo. Foi algo próximo à criação de um Código Previdenciário.

Assim, foi feita, pelo Decreto nº 77.077, de 24 de janeiro de 1976, a primeira CLPS, que não sofreu as revisões anuais previstas. Posteriormente nova CLPS foi publicada, por meio do Decreto nº 89.312, de 23 de janeiro de 1984. Esta somente deixou de ser aplicada com o advento da Lei nº 8.213, em 1991.

A Constituição de 1988 tratou, pela primeira vez, da Seguridade Social, entendida esta como um conjunto de ações nas áreas de Saúde, Previdência e Assistência Social. É a marca evidente do Estado de bem-estar social, criado pelo constituinte de 1988.

O SINPAS foi extinto em 1990. A Lei nº 8.029, de 12/04/1990, criou o INSS – Instituto Nacional do Seguro Social, autarquia federal, vinculada hoje ao MPS, por meio da fusão do INPS com o IAPAS. Assim, foram unificadas as duas autarquias previdenciárias, reunindo custeio e benefício em única entidade.

Atualmente, é o Decreto nº 5.513/2005 que prevê a estrutura regimental e o quadro demonstrativo dos cargos em comissão e das funções gratificadas do Instituto Nacional do Seguro Social (INSS). As leis previdenciárias básicas, com diversas alterações, são as Leis nº 8.212/1991 e 8.213/1991.

2.5. A PREVIDÊNCIA SOCIAL BRASILEIRA HOJE
2.5.1. Quadro Atual – A Metamorfose Incompleta

A previdência social brasileira, assim como todos os modelos da América Latina, possui fundamentos bismarckianos, embora com temperamentos, na forma de seguro social, de filiação compulsória, além de coletivo, contributivo e de organização estatal, amparando seus beneficiários frente às chamadas *necessidades sociais*.[48] Já o regime complementar tem como características a autonomia frente aos regimes básicos e a facultatividade de ingresso. O ingresso também poderá ser voluntário no RGPS, mas somente para aqueles que não exercem atividade remunerada.

O sistema previdenciário brasileiro é dotado de dois regimes básicos (Regime Geral de Previdência Social e Regimes Próprios de Previdência

---
[48] ASSIS, Armando de Oliveira. Em Busca de Uma Concepção Moderna de Risco Social. *Revista de Direito Social* nº 14. São Paulo: Ed. Notadez. Evita-se a expressão "risco social", haja vista a cobertura de eventos venturosos, como a maternidade. Sobre o tema, ver, também, DURAND, Paul. *La Política Contemporánea de Seguridad Social*. Madrid: Centro de Publicaciones MTSS, 1991, p. 55

de Servidores Públicos) e os Regimes Complementares de Previdência. O Regime Geral é o mais amplo, responsável pela proteção da grande massa de trabalhadores brasileiros. É organizado pelo Instituto Nacional do Seguro Social – INSS, autarquia vinculada ao Ministério da Previdência Social.

Os Regimes Próprios de Previdência são os mantidos pela União, pelos Estados, DF e por Municípios em favor de seus servidores públicos. Nesses entes federativos, os servidores ocupantes de cargos públicos efetivos não são vinculados ao RGPS, mas sim a regime próprio de previdência – RPPS, desde que existentes. Somente com relação a esses regimes próprios é que Estados e Municípios poderão legislar, embora seja competência da União estabelecer normas gerais (art. 24, inc. XII, da Constituição). A competência do RGPS é exclusiva da União (art. 22, inc. XXIII, da Constituição). Parte dos municípios brasileiros não possui regime próprio de previdência e, por isso, seus servidores são obrigatoriamente vinculados ao RGPS.

Militares possuem cobertura própria, segregada dos servidores, mediante sistemática diferenciada, sem contribuição do interessado, salvo para pensão. Não raramente, são apresentados como compondo um terceiro regime básico de previdência social. Sem embargo, a divisão não é adequada, pois os militares, aos menos nos moldes bismarckianos, não possuem propriamente previdência social, mas somente a garantia da inatividade remunerada.

O modelo, tradicional em todo o mundo, justifica-se pelas particularidades da atividade militar, especialmente pelos requisitos mais gravosos de higidez física e mental, os quais, frequentemente, demandam afastamento precoce e, dificilmente, seriam financeiramente viáveis com cotização exclusiva dos interessados.

A organização dos regimes próprios de previdência dos servidores deve seguir as regras gerais da Lei nº 9.717/1998, com as alterações da MP nº 2.187-13/2001 e da Lei nº 10.887/2004. Já o funcionamento do regime previdenciário dos militares segue as diretrizes da Lei nº 6.880/1980, com as alterações da Lei nº 10.416/2002 e da MP nº 2.215-10/2001 (a pensão militar para os dependentes tem normatização própria na Lei nº 3.765/1960). O fundamento constitucional dos regimes próprios de servidores está no art. 40 da Constituição, enquanto o dos militares é previsto no art. 142, inc. X, da Constituição.

A organização atual, em linhas gerais apresentada,[49] é anacrônica e ultrapassada. A adoção do modelo bismarckiano de previdência, aliada à

---

49 Para uma apresentação mais detalhada, ver o meu *Curso de Direito Previdenciário*. 16ª ed. Niterói: Impetus, 2011.

segmentação de regimes entre servidores públicos e os demais trabalhadores, representa o ápice da *metamorfose incompleta* da Constituição de 1988.

A Constituição de 1988, ao criar um Título próprio para a Ordem Social, apresenta o sistema de seguridade social, como forma mais avançada, nos moldes nacionais, de proteção frente a necessidades sociais. A liberdade do querer é desejada na maior medida do possível, a ponto de o primeiro objetivo da seguridade social brasileira, aí incluída a previdência, ser a universalidade de cobertura e atendimento (art. 194, parágrafo único, I).

Ainda que tal universalidade seja cotejada com a necessária seletividade em ambiente de recursos escassos, não há sentido para adotar, como faz no art. 201, especialmente com as últimas reformas, um modelo bismarckiano de proteção social, o qual, por definição, não é universal, fundado em uma solidariedade de grupo.[50] Sabe-se que o modelo protetivo brasileiro até tenta buscar a universalidade, seja pela criação de segurados facultativos, seja pela adoção de subsistema auxiliar de proteção, que é a assistência social. No entanto, a realidade nos mostra que tal organização somente produz ineficiência, inadequação protetiva e, na parte assistencial, ainda é estigmatizante.

Para piorar, ainda se manteve a anacrônica distinção entre o RGPS e os regimes próprios, o que é desprovido de fundamento técnico, somente ainda existindo por questões históricas e interesses corporativos. A metamorfose do Estado brasileiro propiciada pela Assembleia Constituinte de 1988, no sentido da proteção integral, foi relevante e abrangente, mas, sem dúvida, incompleta.

Tentou-se, em 1988, a guinada para a universalidade, mas o conservadorismo reinou, com modelo de seguro social que, com suas premissas de carência, qualidade de segurado, filiação etc. acabam por produzir efeito indesejado, que é a exclusão. Como se verá, a proposta da presente obra é apresentar, ainda que em linhas gerais, um novo modelo, verdadeiramente universal, sem descurar das necessidades financeiras, fundado na solidariedade social e racionalmente custeado.

2.5.2. Previdência Complementar no Brasil

A previdência complementar tem assumido maior relevância no contexto previdenciário, demonstrando que a sociedade acorda para a importância deste segmento protetivo. Tal impulso foi visivelmente iniciado com a Lei

---

50 Para a diferença entre solidariedade de grupo e solidariedade social, com reflexos também no financiamento, ver capítulos 1 e 4.

nº 6.435/1977, a qual previa o funcionamento deste sistema. Atualmente, o tema é disciplinado pelas Leis Complementares nºˢ 108/2001 e 109/2001, com fundamento na atual redação do art. 202 da Constituição.

O sistema brasileiro, quando da confecção da Lei nº 6.435/1977, teve forte influência do modelo americano pós-guerra, como a criação do regime de previdência da Polícia de Nova York, em 1857. Antes da lei de 1977, a previdência complementar no Brasil limitava-se a montepios e fundações de seguridade social.[51]

A tradição norte-americana foi presente em toda a evolução da previdência complementar, mesmo desde 1925, como *fringe benefits*, ou seja, benefícios derivados do contrato de emprego, como salários indiretos, mas sem uma individualização propriamente previdenciária, que muito marcou a evolução deste instituto na previdência complementar americana. Um desenvolvimento desta sistemática arcaica foi a criação do I*ndividual Retirement Account* – IRA, criado pelo *Employee Retirement Income Security Act* – ERISA, de 1974, que foi um verdadeiro marco regulatório na matéria.[52]

A Lei ERISA criou uma agência federal sobre o tema, a *Pension Benefit Guaranty Corporation* (PBGC), que operava como uma resseguradora, assegurando benefícios de planos empresariais até determinado limite. A ERISA teve a enorme vantagem de estabelecer alguns critérios atuariais na fixação e administração dos planos de empresa, algo inteiramente novo, já que a maioria das empresas mantinha suas obrigações previdenciárias como extensão dos encargos salariais, aplicando, no máximo, a sistemática de fundos contábeis.

Tais inovações é que deram origem aos famosos planos 401-K, a partir de 1980, que devem essa denominação pela inclusão da alínea "k" no art. 401 do Regulamento de imposto de renda norte-americano, permitindo o diferimento do imposto devido por meio de aplicações em planos específicos de previdência complementar, como ocorre no PGBL nacional, que é clara imitação do plano 401-K.[53]

Estes planos acabaram por preponderar sobre o sistema vigente nas empresas norte-americanas, especialmente na indústria automobilística, em detrimento da sistemática irresponsável reinante, sem qualquer controle atuarial, o que levou algumas empresas à falência, como a Studebaker.[54]

51　Cf. PÓVOAS, Manoel. *Previdência Complementar. Op. cit.*, p. 43.
52　Cf. PÓVOAS, Manoel., *op. cit.*, p. 52.
53　Cf. ZELINSKY, Edward A. *The Origins of the Ownership Society – How the Defined Contribution Paradigm Changed America.* New York: Oxford, 2007, p. 59 e seguintes.
54　Cf. LOWENSTEIN, Roger. *While America Aged – How Pensions Debts Ruined General Motors, Stopped NYC subways, Bankrupted San Diego, and Loom as The Next Financial Crisis.* London: Pinguim Press, 2008.

No Brasil, a prioridade acabou por ser o sistema estatal, ao contrário do sistema norte-americano, mas a previdência complementar passa a ter papel destacado por aqui ainda na década de 1970, e especialmente após a Emenda Constitucional nº 20/1998. O regime complementar, no Brasil, é operado por entidades de previdência complementar, que têm por objetivo principal instituir e executar planos de benefícios de caráter previdenciário (art. 2º da Lei Complementar nº 109/2001). Tal regra permite inferir que a entidade poderá estabelecer em seu Estatuto o desenvolvimento de outras atividades, desde que não principais, e direta ou indiretamente vantajosas para os participantes.

2.5.3. Conceitos Elementares – Regime Aberto e Fechado de Previdência Complementar

A previdência básica, relativa ao Regime Geral de Previdência Social (RGPS), tem benefícios limitados ao teto legal, na mesma razão da limitação das cotizações mensais dos trabalhadores, isto é, tanto as contribuições dos segurados como os benefícios têm limite máximo. A ideia é permitir que, após algum patamar, a opção entre consumo presente e futuro recaia sobre o indivíduo, ao fixar seus projetos de vida, e não no Estado.

As entidades abertas, nos termos da Lei Complementar nº 109/2001, são constituídas sob a forma de sociedades anônimas e têm por objetivo instituir e operar planos de benefícios de caráter previdenciário, concedidos em forma de renda continuada ou pagamento único, acessíveis a quaisquer pessoas físicas. Esta é a principal característica deste segmento – ser aberto a qualquer pessoa física, independente de profissão, residência ou idade. Tais entidades abertas de previdência complementar ou EAPC também podem ser sociedades seguradoras do ramo vida, desde que autorizadas, outrossim, a operar os planos de benefícios complementar. Em geral, as EAPC atuam com fins lucrativos, mas não há impedimento legal à criação de mútuos, isto é, regimes de previdência aberta sem fins lucrativos.

Tanto a constituição e o funcionamento das entidades abertas, bem como as disposições de seus estatutos e as respectivas alterações, a comercialização dos planos de benefícios, os atos relativos à eleição e consequente posse de administradores e membros de conselhos estatutários e até as operações relativas à transferência do controle acionário, fusão, cisão, incorporação ou qualquer outra forma de reorganização societária, dependem de prévia e expressa aprovação do órgão fiscalizador, que no caso das EAPC, é a Superintendência de Seguros Privados (SUSEP), subordinada ao Ministério da Fazenda.

Apesar de o assunto ser previdência complementar, o Ministério da Previdência não possui qualquer ingerência no segmento aberto, cabendo a responsabilidade por este ramo ao Ministério da Fazenda, que o controla e fiscaliza por meio da SUSEP, criada pelo Decreto-Lei nº 73/1966. O Ministério da Fazenda também se faz presente neste segmento por meio do Conselho Nacional de Seguros Privados, pelo Conselho Monetário Nacional e por algumas entidades da Administração Indireta, como o Banco Central, a Comissão de Valores Mobiliários e o Instituto de Resseguros do Brasil.

A ingerência estatal também é demonstrada na obrigatoriedade das entidades abertas de comunicar, ao órgão fiscalizador, no prazo e na forma estabelecidos, os atos relativos às alterações estatutárias e à eleição de administradores e membros de conselhos estatutários, além do responsável pela aplicação dos recursos das reservas técnicas, provisões e fundos, escolhido dentre os membros da diretoria-executiva (art. 39 da LC nº 109/2001).

Já as entidades fechadas de previdência complementar – EFPC, ao contrário das abertas, são somente acessíveis aos empregados de uma empresa ou grupo de empresas e aos servidores da União, dos Estados, do Distrito Federal e dos Municípios, ou aos associados ou membros de pessoas jurídicas de caráter profissional, classista ou setorial.

No primeiro caso, relativo aos empregados e servidores, as empresas ou Entes Federativos que instituam plano de benefício de caráter previdenciário recebem o nome de patrocinadoras, enquanto no segundo caso, referente aos associados de pessoas jurídicas de caráter profissional, a denominação é instituidora, que poderá ser, inclusive, uma entidade de classe, como um sindicato.

É patrocinador a empresa ou o grupo de empresas, a União, os Estados, o Distrito Federal e os Municípios, suas autarquias, fundações, sociedades de economia mista e outras entidades públicas que instituam para seus empregados ou servidores planos de benefício de caráter previdenciário, por intermédio de entidade fechada, enquanto instituidor é a pessoa jurídica de caráter profissional, classista ou setorial que institua para seus associados ou membros plano de benefício de caráter previdenciário. Esta definição era prevista no Decreto nº 4.206/2002, art. 2º, que foi revogado pelo Decreto nº 4.942, de 30 de dezembro de 2003. No entanto, é a mesma ainda adequada.[55]

As entidades fechadas, já que desprovidas de finalidade lucrativa, ao contrário das abertas, são constituídas sob a forma de fundação ou

---

55 Para maiores detalhes, ver PULINO, Daniel. *Previdência Complementar – Natureza Jurídico-Constitucional e seu Desenvolvimento pelas Entidades Fechadas*. São Paulo: Conceito, 2011, p. 125.

sociedade civil.⁵⁶ A finalidade lucrativa é outra distinção relevante entre as entidades abertas e as fechadas de previdência complementar.

Vale dizer que as entidades fechadas, constituídas por instituidores deverão também terceirizar a gestão dos recursos garantidores das reservas técnicas e provisões, mediante a contratação de instituição especializada, autorizada a funcionar pelo Banco Central do Brasil ou outro órgão competente, e ofertar exclusivamente planos de benefícios na modalidade contribuição definida (art. 31, § 2º, da LC nº 109/2001).

Ao contrário das entidades abertas, as quais podem desenvolver outras atividades econômicas, desde que acessórias, as fechadas têm como objeto exclusivo a administração e execução de planos de benefícios de natureza previdenciária, salvo serviços relativos à saúde, desde que já estivessem disponíveis em 30/05/2001, data da publicação da LC nº 109/2001.

A regulação estatal é igualmente elevada nas EFPC, também dependendo de prévia e expressa autorização do órgão regulador e fiscalizador a constituição e o funcionamento da entidade fechada, bem como a aplicação dos respectivos estatutos, dos regulamentos dos planos de benefícios e suas alterações, estendendo-se o controle às operações de fusão, cisão, incorporação ou qualquer outra forma de reorganização societária, relativas às entidades fechadas, as retiradas de patrocinadores e as transferências de patrocínio, de grupo de participantes, de planos e de reservas entre entidades fechadas (art. 33 da LC nº 109/2001).⁵⁷

Diferentemente do segmento aberto, o controle, a regulamentação e a fiscalização das entidades fechadas ficam a cargo da Superintendência Nacional de Previdência Complementar (PREVIC), criada pela Lei nº 12.154/2009. Também há o Conselho Nacional de Previdência Complementar (CNPC), órgão da estrutura básica do Ministério da Previdência Social, exercendo função de órgão regulador do regime de previdência complementar operado pelas EFPC, sendo igualmente responsável pela definição das políticas e diretrizes aplicáveis ao referido regime.

2.5.4. A Previdência Complementar no Serviço Público

A EC nº 41/2003, ao fixar novas regras de cálculo de aposentadoria para servidores, trouxe a possibilidade de extensão do limite máximo

---

56 Em razão do novo Código Civil, a figura da sociedade civil sem fins lucrativos deixou de existir, tendo como alternativa compatível a associação. O próprio Código Civil determinou a adaptação às novas regras no período de um ano (art. 2.031), prazo este prorrogado para 11 de janeiro de 2006 pela MP nº 234/2005. Todavia, a Portaria MPS/SPC nº 2, de janeiro de 2004, dispensou as entidades previdenciárias da mudança, baseando-se na especificidade das LC nº 108 e 109/2001.

57 O papel da regulação na previdência social é abordado no capítulo 5.

de pagamento do RGPS aos regimes próprios, desde que criado o regime complementar. Os servidores que ingressarem em RPPS após a criação do regime complementar terão, provavelmente, seus proventos restritos ao teto do RGPS, cabendo a complementação, de assim desejarem, por meio do sistema complementar.

O caminho para a implantação do teto da aposentadoria no serviço público e a criação de regime complementar foi aberto pela Emenda Constitucional nº 20/1998 e mantido pela reforma de 2003, ao prever que a União, os Estados, o Distrito Federal e os Municípios, desde que instituam regime de previdência complementar para os seus respectivos servidores titulares de cargo efetivo, poderão fixar, para o valor das aposentadorias e pensões de regimes próprios, o limite máximo estabelecido para os benefícios do regime geral de previdência social (art. 40, § 14, da CF/1988, com a redação dada pela EC nº 41/2003).

Este regime complementar também deve obediência, no que couber, ao art. 202 da Constituição, mas tem características próprias. O regime previsto no art. 40 da Constituição é restrito ao servidor ocupante de cargo efetivo e vinculado a regime próprio de previdência, prevendo a existência de entidades fechadas de previdência complementar de natureza pública, ao contrário das EFPC tradicionais, que tem natureza privada, não obstante a ausência de fins lucrativos destas. Também prevê a Constituição que as EFPC públicas somente oferecerão aos respectivos participantes planos de benefícios na modalidade de contribuição definida (art. 40, § 15, da CF/1988, com a redação dada pela EC nº 41/2003).

O mesmo dispositivo prevê que tal entidade previdenciária será de *natureza pública*, o que permite inferir que se trataria de pessoa jurídica de direito público, possivelmente uma autarquia ou fundação. Tal previsão é questionável, não possuindo substrato técnico que a justifique, especialmente por ser uma entidade que administrará recursos privados.

Em verdade, aos que acompanharam a reforma de 2003, sabe-se que a inclusão atendeu a demanda de servidores públicos, receosos da possível insolvência de tais fundos, no futuro. No Brasil, a cultura tradicional é da insolvabilidade de entidades públicas e, por isso, a natureza estatal seria uma garantia de perenidade.

No entanto, a questão não é simples. Entre as dificuldades, há a questão tributária. Entidades fechadas de previdência complementar não gozam, em regra, de imunidade tributária, devendo atender aos ditames da legislação e do Fisco. Se o fundo de pensão de servidores for público, haverá evidente tentativa de enquadramento na imunidade recíproca, extensível a autarquias e fundações (art. 150, § 2º, da Constituição).

Se a pretensão da sociedade é reduzir as diferenças históricas e anacrônicas entre os regimes previdenciários brasileiros, a adoção de naturezas distintas para entidades de mesma finalidade, tão somente em razão da clientela que atendem, não passa por qualquer crivo de adequação ou necessidade, sendo, portanto, desproporcional. A violação à isonomia é flagrante e, ao que parece, a única saída será a declaração de inconstitucionalidade da expressão *natureza pública*.[58]

2.6. PREVIDÊNCIA SOCIAL, DIREITOS HUMANOS E PACTOS INTERNACIONAIS

Como se sabe, os direitos humanos não são preexistentes, mas sim construídos pela sociedade[59]. Ao longo dos anos, novas conquistas vão se agregando ao rol de garantias, tendo sido as últimas voltadas justamente para a redução das desigualdades, relacionadas ao tema da solidariedade, usualmente chamadas de 3ª geração ou dimensão.

A previdência social é normalmente fixada como um direito humano de 2ª geração, devido à proteção individual que proporciona aos beneficiários, atendendo a condições mínimas de igualdade. Não obstante, os riscos sociais são um problema de toda a sociedade e não somente do particular. Isso já é um indicativo da precariedade desta classificação. Ademais, para os que admitem a divisão entre gerações ou dimensões, a *seguridade social*, com seu espectro mais amplo de ações, com viés claramente solidarista, somente poderia ser enquadrada como direito de 3ª geração.[60]

A divisão em gerações ou dimensões tem sido abordada e criticada em diversos pontos da bibliografia nacional, não comportando maiores inovações neste texto. No entanto, cabe notar que a premissa dos direitos de 3ª geração como direitos de solidariedade é, no mínimo, incompleta, pois a solidariedade existe também nos direitos de 1ª e 2ª geração, pois a sociedade, como projeto cooperativo de vida, demanda cotização ainda

---

58 O Projeto de Lei nº 1.992/2007, que prevê a criação de EFPC de servidores públicos federais, prevê expressamente que a entidade terá natureza privada (art. 4º, parágrafo único). O texto completo está em <http://www.planalto.gov.br/ccivil_03/projetos/PL/2007/msg664-070905.htm>. Acesso em 10/02/2011.

59 Sobre o tema, ver BOBBIO, Norberto. *A Era dos Direitos*. Rio: Campus, 1992.

60 Sabe-se da conhecida inadequação desta subdivisão dos direitos fundamentais ou humanos em gerações ou dimensões, não somente pela necessidade de convivência conjunta destes, mas especialmente, pelo fato dos direitos de solidariedade partirem da premissa de um novo contrato social entre desiguais, visando a garantia de igual oportunidades para todos, enquanto dos direitos clássicos relativos à liberdade formal são oriundos de um contrato social entre iguais. Ademais, no plano internacional, os mal-chamados direitos de 2ª geração foram fixados em primeiro lugar, bastando lembra a ação da OIT no sentido da implementação de direitos sociais desde 1919 (neste sentido, ver CANÇADO TRINDADE, Antônio Augusto. *A Proteção Internacional dos Direitos Humanos*. São Paulo: Saraiva, 1992, p. 41 e QUINTANA, Fernando. *La Onu y la Exégesis de los Derechos Humanos – Uma Discusión Teórica de la Noción*. Porto Alegre: Sérgio Fabris/Unigranrio, 1999, p. 263).

que mínima para atender determinados anseios gerais, como iluminação e segurança pública.⁶¹

Os direitos sociais devem ser necessariamente coligados aos direitos clássicos de 1ª geração, visando a isonomia e a própria liberdade. Ninguém teria uma efetiva liberdade de expressão e pensamento se o Estado não patrocinasse educação básica para todos. Igualmente, o direito à vida seria uma fantasia sem um atendimento médico universal mínimo. Da mesma forma, a imposição constitucional de amparo aos idosos (art. 230) seria uma falácia sem um sistema viável de previdência social. Não sem razão, há quem veja a própria ideia de seguridade social tendo origem no desiderato da liberdade.⁶²

A previdência social, no direito positivo brasileiro, é fixada como componente da seguridade social, haja vista a previsão do art. 194 da Constituição. Da mesma forma, é direito social fixado no art. 6º da Constituição brasileira, topograficamente localizado dentro do Título Dos Direitos e Garantias Fundamentais.

Tais direitos humanos, com sua respectiva internacionalização, foram dimensionados, em um primeiro momento, como resposta ao holocausto nazista, impondo respeito e ações concretas em prol da humanidade, dentro de uma perspectiva caracterizada pela universalidade e indivisibilidade dos direitos humanos.⁶³

Daí a também necessária revisão da concepção clássica de soberania dos Estados, limitada pela atuação internacional em prol dos direitos humanos. Ademais, com o desenvolvimento destes, adicionalmente, abandona-se a visão *ex parte principe*, fundada nos deveres dos súditos com relação ao Estado para uma visão *ex parte populi*, fundada na promoção da noção de direitos do cidadão.⁶⁴

Os direitos sociais, incluindo aí a seguridade social, tiveram alguma demora na sua admissão em âmbito internacional. Durante algum tempo pre-

---

61 Sobre o tema, com as críticas e evoluções respectivas, incluindo possíveis direitos de 4ª e 5ª geração, ver Ingo SARLET, Wolfgang. *A Eficácia dos Direitos Fundamentais*, op. cit., pp. 50 e seguintes.

62 Cf. PERSIANI, Mattia. *Direito da Previdência Social* (tradução de Edson L. M. Bini). São Paulo: Quartier Latin, 14ª ed, 2008, p. 31.

63 Como afirma PIOVESAN, Flávia, *Universalidade, porque clama pela extensão universal dos direitos humanos, sob a crença de que a condição de pessoa é requisito único para a dignidade e titularidade de direitos. Indivisibilidade, porque a garantia dos direitos civis e políticos é condição para a observância dos demais direitos sociais, econômicos e culturais e vice-versa. Quando um deles é violado, os demais também o são. Os direitos humanos compõem assim uma unidade indivisível, interdependente e inter-relacionada, capaz de conjugar o catálogo de direitos civis e políticos ao catálogo de direitos sociais, econômicos e culturais* (Direito ao Desenvolvimento (III Colóquio Internacional de Direitos Humanos). Disponível em <http://www.conectasur.org/files/direito_caderno%20portugues_%20final.pdf>. Acesso em 25/03/2009, p. 24).

64 Cf. LAFER, Celso. *Comércio, Desarmamento, Direitos Humanos: Reflexões sobre uma Experiência Diplomática*. São Paulo: Paz e Terra, 1999, p. 145.

valeceu a concepção restrita dos direitos humanos, limitados às garantias relativas à liberdade formal, incluindo direitos civis e políticos. A situação começa a mudar com a Declaração Universal dos Direitos Humanos, de 1948, a qual passa a prever alguns direitos sociais, incluindo a previdência social (art. 22), ainda que de modo genérico. Muito embora a OIT já manifeste a importância dos direitos sociais desde 1919, somente com a Declaração de 1948 e os Pactos de 1966 é que estes foram lançados efetivamente na arena internacional.

À época da elaboração da Declaração Universal, os representantes indicados, com acerto, compreenderam a importância evolutiva no reconhecimento dos direitos sociais como direitos humanos, fazendo questão de incluí-los na Declaração. Ainda que esta tenha natureza, *a priori*, de *soft law*, é fato ter se transformado em um parâmetro ético na atuação internacional, sendo usada até mesmo como referência em diversos tratados internacionais.

O direito à proteção social como direito humano, no plano internacional, por meio da ONU, somente veio a ser reconhecido com o Pacto Internacional dos Direitos Econômicos, Sociais e Culturais (ratificado pelo Brasil por meio do Decreto nº 591 de 06/07/1992), aprovado em conjunto com o Pacto Internacional de Direitos Civis e Políticos. Estes sim, com natureza de *hard law*. Interessante notar que, atualmente, os direitos sociais aí previstos, como a previdência social, também gozam de jusfundamentalidade formal, além da previsão do art. 6º da Constituição brasileira, que poderia nem existir.[65]

Os três documentos (a Declaração de 1948 e os dois Pactos) formam a *Carta Internacional dos Direitos Humanos*. Interessante observar que somente em 1966, quase 20 anos depois da Declaração Universal, conseguiu a ONU aprovar os Pactos. Um dos motivos desta demora foi a polêmica entre as concepções restritivas e amplas dos direitos humanos, sendo esta última visão a que incluiria os direitos sociais.[66] Neste contexto, discutia-se o tema referente à sindicabilidade dos direitos sociais. De acordo com a concepção clássica, os direitos sociais não poderiam ser demandados da mesma forma que os direitos clássicos de liberdade, já que estes seriam obrigações negativas do Estado, deveres de abstenção.

No âmbito protetivo, a Organização Internacional do Trabalho (OIT) possui a Convenção nº 102, de 1952, sobre garantias mínimas de proteção

---

[65] Sobre a possibilidade de inclusão de novos direitos sociais como direitos fundamentais a partir da previsão do art. 5º, § 2º da Constituição de 1988, ver Ingo SARLET, Wolfgang. *A Eficácia dos Direitos Fundamentais*, op. cit., p. 82.

[66] Sobre o tema, ver QUINTANA, Fernando. *La Onu y La Exégesis de Los Derechos Humanos*. Op. cit., 1999.

social.[67] A aludida norma prevê requisitos mínimos de cobertura e determinadas prestações necessárias, como aposentadoria por idade, pensão por morte e salário maternidade. A Convenção, não obstante sua relevância, é algo tímida, especialmente quanto à cobertura, por não prever cobertura universal. A meta foi ampliada pela Convenção nº 128, de 1967 (art. 16), mas ainda não traz a meta da universalidade.

No plano estritamente previdenciário, a OIT, recentemente, tem buscado aprofundar as diretrizes da Convenção nº 102, que trata da norma mínima de proteção social. Reconhece a entidade qual diploma não garante cobertura universal, que deve ser um objetivo de qualquer modelo de proteção, variando a abrangência, em termos de prestações, de acordo com a disponibilidade de receita, mas sempre visando a todos.[68] Atualmente, 80% da população mundial não possui cobertura previdenciária adequada.[69]

A proteção social teve sua importância reconhecida tanto na Resolução quanto nas Conclusões Referentes à Seguridade Social, adotadas pela OIT em 2001.[70] O mesmo ocorreu com a Declaração sobre Justiça Social para a Globalização, adotada também pela OIT em 2008.[71] Com base em tais fundamentos, a OIT busca a construção de um *piso de proteção social*,[72] que possa ser assegurado a qualquer pessoa.[73]

Os direitos sociais, incluindo aí a previdência social, exigiriam uma atuação concreta, seriam obrigações positivas do Poder Público, demandando então recursos para sua execução. De fato, os direitos sociais evidentemente impõem algum tipo de ação estatal, mas convém observar que este pretenso "ônus" não é exclusivo dos direitos sociais, mas de todo e qualquer direito fundamental.

---

67 A Convenção nº 102 foi ratificada pelo Brasil somente em 2008, pelo Decreto Legislativo nº 269. Ainda existem as Convenções nºs 70 e 71 sobre proteção social dos homens do mar, a 118 sobre igualdade de tratamento na proteção social, 121 sobre acidentes do trabalho, 128 sobre invalidez, idade avançada e pensão por morte, 157 sobre manutenção de direitos na previdência social e 165 com a revisão da Convenção nº 70. Os textos completos, em diversos idiomas, podem ser consultados em < http://www.ilo.org/ilolex/english/convdisp1.htm>. Acesso em 10/05/2010.

68 Cf. Organização Internacional do Trabalho – OIT. *Extending Social Security to All, op. cit.*, p. 31.

69 Organização Internacional do Trabalho – OIT. *Extending Social Security to All, op. cit.*, p. 46.

70 *Social Security: A New Consensus*. Geneva: OIT, 2001. Texto completo disponível em <http://www.ilo.org/public/english/protection/secsoc/downloads/353sp1.pdf>. Acesso em 10/09/2008.

71 *ILO Declaration on Social Justice for a Fair Globalization*. Geneva: OIT, 2008. Texto completo disponível em <http://www.ilo.org/wcmsp5/groups/public/@dgreports/@cabinet/documents/publication/wcms_099766.pdf>. Acesso em 10/08/2008.

72 Cf. Organização Internacional do Trabalho – OIT. *Extending Social Security to All – A Guide Through Challenges and Options*. Social Security Department. Geneva: OIT, 2010, p. 14.

73 Para um apanhado de todos os atos internacionais que reconhecem o papel fundamental da proteção social, ver Organização Internacional do Trabalho – OIT. *Extending Social Security to All, op. cit.*, pp. 10-1.

Por exemplo, a propriedade é vista como clássica garantia negativa, haja vista a necessidade de o Estado respeitá-la, trazendo ao Poder Público o dever de abstenção de turbação da mesma. Todavia, o que fazer quando particulares desrespeitam a propriedade? Como prevenir que isto aconteça? O que fazer uma vez desrespeitada? É evidente que o Estado mantém ações *positivas*, concretas, para a garantia da propriedade. Por isso todos os direitos são positivos. A pretensa dicotomia apresentada mascara uma opção ideológica entre os mesmos, de ordem liberal, com evidente predileção pelos direitos de liberdade, somente.[74] A ideia da não acionabilidade dos direitos sociais é meramente ideológica e não científica.[75] O tema será melhor desenvolvido mais adiante.

Enfim, os direitos humanos são indivisíveis, construídos historicamente, sendo indevida e indesejada a subdivisão, seja em gerações, seja em direitos positivos e negativos[76]. Não obstante a polêmica envolvida, os direitos sociais têm sido plenamente aceitos, ainda que o próprio Pacto de Direitos Sociais de 1966 tenha expressado que os mesmos serão assegurados na medida das possibilidades, de modo progressivo, evidenciando ainda o viés de interpretação dos direitos sociais como direitos positivos. A parte referente à seguridade social é encontrada nos art. 9º a 12.

A seguir, houve a aprovação da Convenção Americana sobre Direitos Humanos – Pacto de São José da Costa Rica, de 22/11/1969. Visando à garantia dos direitos humanos nas Américas, foi adotada pelo Brasil em 25/09/1992. Foi complementada com o Protocolo Adicional à Convenção Americana sobre Direitos Humanos em Matéria de Direitos Econômicos,

---

74 Cf. GALDINO, Flávio. *O Custo dos Direitos*. In: TORRES, Ricardo Lobo (org.). *Legitimação dos Direitos Humanos*. Rio: Renovar. 2002, p. 201 e seguintes.

75 PIOVESAN, Flávia, *op. cit.*, p. 27. No mesmo sentido temos a crítica de SENGUPTA, Arjun: Não há razão para considerar os direitos de um grupo ou coletividade (povo ou nação, grupos éticos ou linguísticos) como sendo fundamentalmente diferentes em natureza dos direitos humanos de um indivíduo, uma vez que seja possível definir a obrigação de garantir estes direitos e os responsáveis por assegurá-los. Além disso, está bem estabelecido que a identificação dos direitos civis e políticos com direitos negativos, e direitos econômicos, sociais e culturais com direitos positivos é muito superficial, pois ambos demandariam ações negativas (prevenção) assim como positivas (promoção e proteção). Texto integral disponível em *O Direito ao Desenvolvimento como um Direito Humano*. Disponível em <http://www.itv.org.br/site/publicacoes/igualdade/direito_desenvolvimento.pdf>, p. 76. Acesso em 15/10/2007.

76 Nas palavras de CANÇADO TRINDADE, Antônio Augusto, Entre as distintas "categorias" de direitos individuais, sociais e coletivos – só pode haver complementaridade e não antinomia, o que revela a artificialidade da noção simplista da chamada "terceira geração" de direitos humanos: os chamados direitos de solidariedade; historicamente mais recentes, em nosso entender, interagem com os direitos individuais e sociais, e não os "substituem", distintamente do que a invocação inadequada da imagem do suceder das gerações pretenderia ou pareceria insinuar (*A Proteção Internacional dos Direitos Humanos, op. cit.*, p. 41).

Sociais e Culturais (Protocolo de *San Salvador*), ratificado pelo Brasil em 21/08/1996. Também assegura o direito à proteção social (arts. 9º e 10).

Como se vê, a proteção social não é somente uma determinação da Constituição de 1988; é também reconhecida em diversos atos internacionais, dos quais o Brasil é partícipe. O descumprimento, por parte do Brasil, na implementação dos direitos sociais após o esgotamento de todos os recursos internos, permite denúncia à Comissão Interamericana de Direitos Humanos, a qual, na hipótese de omissão continuada, pode apresentar o caso frente à Corte Interamericana de Direitos Humanos, da qual o Brasil já admitiu a competência.

Enfim, a proteção social é direito fundamental, já que reconhecido pela Constituição, mas também direito humano, adotado em diversas declarações e pactos internacionais. Merece destaque, ainda, a Convenção nº 102 da OIT, que trata especificamente sobre seguridade social, ratificada pelo Brasil por meio do Decreto Legislativo nº 269/2008.

Ainda no que diz respeito à proteção social no plano internacional, um tema dos mais relevantes é sobre os acordos bilaterais feitos pelo Brasil para fins de obtenção de benefícios previdenciários. Tais acordos internacionais foram fixados devido ao fluxo migratório, pelo elevado volume de comércio exterior, recebimento no país de investimentos externos significativos, ou, por fim, relações especiais de amizade.[77]

Atualmente, o Brasil mantém Acordos de Previdência Social, com Argentina, Cabo Verde, Espanha, Grécia, Chile, Itália, Luxemburgo, Uruguai, Portugal e Paraguai. Ainda há negociações avançadas com o Japão e Estados Unidos.[78]

Os Acordos Internacionais também preveem o instituto do *deslocamento temporário* que permite ao trabalhador continuar vinculado à previdência social do país de origem quando estiver em outro país por período preestabelecido no referido Acordo. Naturalmente, isso irá variar de um Acordo para outro.

A pessoa receberá *Certificado de Deslocamento Temporário*, mediante solicitação de sua empresa, visando à dispensa de contribuição. Com isso, o mesmo permanecerá sujeito à legislação previdenciária do país de residência e terá garantido os seus direitos no país de origem.

Os períodos de contribuição cumpridos em países distintos, em razão dos Acordos, poderão ser totalizados, para efeito de aquisição de benefício,

---

77 Cf. MPS. Acordos Internacionais de Previdência Social. 2001. Coleção Previdência Social, v. 14.
78 Todos podem ser consultados, com respectiva legislação de ratificação e fundamentos em <http://www.previdenciasocial.gov.br/conteudoDinamico.php?id=111>. Acesso em 10/01/2011.

manutenção e de recuperação de direitos, com a finalidade de concessão de benefício brasileiro por totalização, no âmbito dos Acordos Internacionais.

É interessante observar que a renda mensal dos benefícios por totalização (partes do benefício pagas por regimes diferentes), concedidos com base nos Acordos Internacionais, pode ter valor inferior ao do salário-mínimo, exceto para os benefícios concedidos por totalização, no âmbito do Acordo da Espanha, conforme determina o item 2, alínea "b", art. 21 do Acordo Brasil e Espanha.

Ainda, os Acordos Internacionais de previdência preveem a Prestação de Assistência Médica no Exterior aos brasileiros e estrangeiros que se deslocam, trabalhadores, residentes ou em trânsito pelo Brasil. Ela é administrada pelas Coordenadorias Regionais de Assistência à Saúde do Ministério da Saúde.

Deve-se também observar que os Acordos Bilaterais no Mercosul serão substituídos pelo *Convênio Multilateral Ibero-Americano de Seguridade Social*, pactuado no Chile, em 2007, permitindo maior liberdade de trânsito da mão de obra com o devido resguardo dos direitos previdenciários, em regulamentação mais abrangente e mais conforme o mundo globalizado, especialmente em uma região que tem a pretensão de transformar-se em um importante polo econômico e que tem, pelas estimativas da Organização Ibero-Americana de Seguridade Social, 18 milhões de migrantes entre esses países.

O Convênio foi assinado pelo Brasil em 10/11/2007, em Santiago, Chile, tendo como objetivo garantir a proteção social aos trabalhadores migrantes de 21 países. Para entrar em vigor, o acordo ainda terá que ser ratificado pelo menos por sete países, e a expectativa é que o Congresso Nacional o ratifique. O Brasil, junto com Argentina, Uruguai e Paraguai, devem ser os primeiros a validar o convênio. Integram a organização ibero-americana os seguintes países: Brasil, Argentina, Colômbia, Costa Rica, Cuba, Chile, República Dominicana, Equador, El Salvador, Espanha, Guatemala, Guiné Equatorial, Honduras, México, Nicarágua, Panamá, Paraguai, Peru, Portugal, Porto Rico, Uruguai e Venezuela. Além do Convênio citado e dos já existentes, o Brasil ainda negocia acordos com Japão, Alemanha, Coreia, Reino Unido e Estados Unidos.

2.7. A PREVIDÊNCIA SOCIAL EM CONTEXTO DE CRISE

A Crise do Estado Providência, incluindo seus modelos previdenciários, no plano demográfico-financeiro, evoca a derrocada do Estado Social em razão da evolução demográfica; no domínio jurídico-administrativo, o problema é o excessivo garantismo e a burocracia do sistema. Enfim, os elevados gastos sociais sugere que o modelo atingiu seus limites.[79]

A necessidade de melhor competitividade no mercado global impõe não só estruturas enxutas e funcionais, mas também mão-de-obra cada vez mais qualificada, o que gera aumento de desemprego, o qual, por sua vez, demanda maiores gastos no sistema de proteção social, criando uma verdadeira *armadilha de pobreza*.[80]

Daí observou-se que, dentro das medidas adotadas mundialmente, surgiu a ideia, supracitada, de desaceleração da influência dos modelos beveridgianos, tendentes à universalização da proteção. Por outro lado, torna-se perceptível certo incremento, quase em tom de retorno, da influência dos modelos bismarckianos, que adequam a proteção social aos estatutos socioprofissionais dos interessados e as particularidades das atividades econômicas, em articulação com os modelos assistenciais ou solidaristas.[81]

É pouco provável que a sociedade venha a abrir mão dos direitos sociais tão arduamente erguidos, pois, como se sabe, os direitos humanos são derivados de uma construção histórica,[82] e a volta a uma acepção liberal, com a garantia da mera liberdade formal, seria não só inviável, mas um verdadeiro erro dialético.

O cenário que se avizinha busca uma situação de equilíbrio, não mantendo ampla gama de ações, mas somente aquelas necessárias à manutenção do mínimo existencial, aqui entendido, evidentemente, não como o mínimo necessário à sobrevivência, mas sim aquele que traga todas as condições necessárias à vida digna. Não é uma proposta de proteção minimalista, mas do tamanho adequado.

Neste contexto, a previdência social tem amplas chances de sucesso, pois pode adequar-se à nova realidade mediante redefinição de suas estruturas, com segmentos diferenciados de acordo com a finalidade pretendida. Como

---

79 Cf. PIERSON, Paul. *The New Politics of the Welfare State*. Oxford: Oxford University Press, 2001. O autor aponta os "suspeitos de sempre", em suas palavras: globalização, política interna e mudanças estruturais, como o envelhecimento da população. Alia a estes a questão das pressões pós-industriais, com o crescimento do setor de serviços, aumento de demanda por mão de obra qualificada e a derrocada do modelo fordista de produção. Isso também traz como consequência o comprometimento do modelo bismarkiano de custeio previdenciário. Sobre o tema, ver também MERRIEN, François-Xavier, PARCHET, Raphael e KERNEN, Antoine. *L'État Social op. cit.*, p. 272.

80 A Expressão é de JORDAN, Bill, JAMES, Simon Et Al. *Trapped in poverty? Labour Market Decisions in Low Income Households*. London: Routledge, 1992.

81 Cf. DAS NEVES, Ilídio, *op. cit.*, p. 166.

82 Cf. BOBBIO, Norberto. *A Era dos Direitos. op. cit.*, 1992. Sem embargo, criticável a posição deste autor ao desprezar a necessidade de legitimação destes direitos (p. 24/25), especialmente devido aos efeitos hermenêuticos desta, que permitem a busca do alcance dos direitos humanos, assim como sua validade e eficácia. Sobre o tema, ver TORRES, Ricardo Lobo. *Legitimação dos Direitos Humanos. Op. cit.*, 2002.

se verá no capítulo 3, o modelo de pilares, redimensionado, permitirá à previdência social atender aos fins da justiça social sem descurar da nova realidade da sociedade de risco, superando a crise existente.

O mundo ocidental tem adotado, de modo contundente, uma predileção pelo modelo de seguro social, estabelecendo um custeio específico, com base nas remunerações e benefícios fixados a partir daquelas, limitando-se a ação governamental à manutenção da vida digna. No entanto, como se percebe na realidade brasileira, o modelo bismarckiano puro é incompleto, dificilmente atingindo a plenitude da cobertura, que é dependente do pleno emprego.

À medida que aumentam as causas de exclusão social, mais eficaz deve ser a ação protetiva, de modo a atingir suas finalidades, especialmente em um Estado que tem como diretriz a busca pela universalidade de cobertura e atendimento (art. 194, parágrafo único, inc. I, da CF/88), que é, aliás, perfeitamente compatível e adequada ao mundo atual.[83] Não há sentido na formação de um Estado subsidiário em um contexto de risco crescente.

Um sistema previdenciário eficaz, em conjunto com outras ações sociais, não deve limitar-se à garantia do mínimo vital, mas atender aos riscos sociais crescentes em uma sociedade pós-moderna, com a garantia de uma remuneração compatível e inclusão social efetiva. O sistema previdenciário, repita-se, não busca tão somente a manutenção de um mínimo de sobrevivência, mas algum valor que permita ao segurado uma vida digna. O ideal, como se disse, será a atuação por meio de pilares, com finalidades diversas, atendendo desde a sobrevivência até o bem-estar social.

O *Welfare State* apresenta, de fato, limitações próprias de sua estrutura grande e onerosa. O Estado, em muitos casos, assumiu uma posição demasiadamente paternalista, excluindo as necessárias possibilidades de opção entre consumo presente ou futuro, entre poupança e dispêndio,[84] além da responsabilidade individual pelas escolhas de vida. Esta é a crítica correta ao Estado Social, mas frequentemente mal formulada.

Todo ser humano, como pessoa dotada de dignidade e liberdade, deve ter a seu alcance a prerrogativa de optar por despender maiores recursos

---

83 Cf. GARCÍA, Bonilla e GRUAT, J. V. *Social protection: a life cycle continuum investment for social justice, poverty reduction and development*. Genebra: OIT, 2003, p. 22.

84 Até mesmo Lorde Beveridge já afirmara que seu famoso relatório não se destinava a criar um Estado paternalista, no qual o cidadão obteria do Estado todo o bem-estar social que desejasse, sem nada contribuir ou prever por conta própria. Afirmara ainda que o Estado deixa ao cidadão a responsabilidade e a liberdade de cuidar de si mesmo e dos seus, alicerçado na segurança mínima dada pelo Estado. (Prefácio ao livro de SCHOTTLAND, Charles I. *Previdência Social e Democracia* (tradução de Maria Heloísa de Souza Reis e Heloisa de Carvalho Tavares). Rio de Janeiro: Edições GRB, 1967, p. 10.

hoje, na busca de seus projetos de vida, ou poupar visando o consumo futuro. A *miopia individual*[85] somente justifica a imposição de cotização necessária para que se garanta o mínimo necessário à vida digna.

Estes equívocos são visíveis no sistema brasileiro, que não só trouxe um sistema perdulário, mas também impõe cotização visando aposentadorias antecipadas, por tempo de contribuição, quando a opção pelo retiro precoce deveria ficar ao alvedrio de cada um.[86]

A previdência social deve restringir-se às *necessidades sociais*, que em matéria de aposentadorias, limitam-se à idade avançada e invalidez.[87] Se um determinado trabalhador deseja aposentar-se antecipadamente, é encargo único e exclusivo deste a cotização extra, necessária para atingir seu desiderato, seja junto à entidade privada de previdência, ou por opções de investimento individual, como poupança, ações, imóveis etc. A cotização compulsória em um Estado democrático de direito somente se justifica em razão do mínimo existencial.

Tal paternalismo previdenciário ainda traz sequelas nefastas, pois as pessoas não admitem que a previdência social venha a extinguir benefícios precoces, como a conhecida aposentadoria por tempo de contribuição. Alega-se, em geral, que se houve contribuição durante tantos anos, é correta a percepção do benefício, como se não existissem outros riscos a serem cobertos, como doença e acidentes, que, para alguns, seriam um *extra* na proteção social, invertendo a evolução da previdência social.[88]

Em verdade, quando estes sistemas perdulários e superdimensionados entram em desequilíbrio, dificilmente há uma ação imediata para a sua correção, devido especialmente ao descompromisso com a realidade financeira, já que sempre haverá a possibilidade de reduzir ou extinguir justamente os benefícios secundários, gerando o descontentamento

---

85 A miopia individual é apontada como a dificuldade que a pessoa média tem em perceber a importância e a necessidade da cotização previdenciária visando à sua proteção futura. Sobre o tema, ver THOMPSON, Lawrence. *Mais Velha e Mais Sábia – A Economia das Aposentadorias Públicas*. Washington, DC: Ed. do Instituto Urbano, 1998.

86 Como se verá no capítulo 3, a aposentadoria antecipada foi instrumento na década de 1950 que visou a garantia do pleno emprego na Europa.

87 Como se verá, a restrição a necessidades sociais não implica o pagamento mínimo à sobrevivência. A retribuição pecuniária deve buscar a vida digna e o bem-estar, mas dentro de eventos que justifiquem a ação previdenciária. O tema é melhor desenvolvido no capítulo 3.

88 Neste sentido, apontando os riscos de doença e acidentes, impropriamente, como anomalias do sistema, ver GIAMBIAGI, Fabio, *Reforma da Previdência, op. cit.*, p. 120. Em verdade, o seguro social surgiu justamente para atender tais riscos, como o seguro-doença bismarkiano de 1883, que são imprevisíveis e, portanto, de difícil administração pelos indivíduos isoladamente. No entanto, a crítica dos autores frente ao modelo atual possui fundamento, ainda que parcial. Como se verá, um dos maiores problemas da previdência brasileira é a apresentação de *meias-verdades*.

que não existiria se o plano de benefícios fosse restrito à cobertura das necessidades reais, pois qualquer desequilíbrio demandaria ação sem demora.

O modelo bismarkiano, direcionado à proteção das necessidades sociais reais, tem adequação parcial às novas imposições do Estado contemporâneo, pois traz alguma correlação entre custeio e benefício, produzindo estímulo à contribuição e adequação da renda mensal de benefícios aos valores recebidos pelo segurado em atividade. No entanto, produz forte exclusão, especialmente de pessoas fora do mercado de trabalho ou engajadas em atividades informais, cuja contribuição raramente é feita. Um modelo mais abrangente é necessário, capaz, ao menos, de assegurar cobertura universal em patamar mínimo.

A previdência social, quando segmentada por pilares de atuação, poderá gerenciar ampla cobertura a qualquer pessoa, atendendo, com o rigor financeiro necessário, às demandas sociais necessárias à vida digna, em compasso com a atuação do Estado no sentido de incrementar a atividade econômica, premissa necessária para uma maior inclusão previdenciária, pois um sistema contributivo demanda que seus participantes tenham meios de arcar com seus custos.

Um sistema parcialmente contributivo traz também a vantagem de estimular o maior controle e participação na sua gestão, externando um melhor acompanhamento do gasto previdenciário (*accountability*), pois o fato de o Estado administrar tais valores não significa que sejam recursos públicos, no sentido exato do termo, mas sim reservas para pagamento de benefícios em situações cobertas.

As propostas de reforma e adequação do modelo nacional são melhor desenvolvidas no capítulo 3, mas os percalços do regime vigente são relevantes como substrato na discussão da jusfundamentalidade da proteção social e eventuais limites a restrições de direitos.

2.8. DIREITOS FUNDAMENTAIS SOCIAIS

O tema dos direitos fundamentais, especialmente quando se trata de direitos sociais, ainda produz algumas perplexidades, não somente pelas complexidades inerentes ao tema, mas por concepções anacrônicas destes direitos e preconceitos ideológicos de diversos matizes.

Quanto ao alcance dos direitos fundamentais, há dificuldades no sentido da inclusão de direitos prestacionais, ou mesmo da amplitude destes direitos, não só devido à possível sinonímia com os direitos sociais, mas também, especialmente, em razão das limitações orçamentárias do Estado.

Os direitos fundamentais possuem, como se pode esperar pela importância que apresentam, várias perspectivas possíveis de apreciação, incluindo aspectos filosóficos, sociológicos e mesmo normativos. A terminologia *"direitos fundamentais"* tem sido a preferida no Brasil, de modo a segregar tais pretensões dos direitos humanos, previstos em planos de positivação diversos.[89]

Não só no Brasil, mas na Europa, o tema dos direitos fundamentais encontra forte divergência já desde sua denominação, tendo, na Alemanha, alcançado seu significado atual por obra da Corte Constitucional deste país.[90] Devido à dificuldade conceitual, não é incomum a adoção de premissas normativas, definindo direitos fundamentais como vinculados ao direito positivo, sem necessariamente contar com fundamentos metajurídicos.[91]

Boa parte do problema decorre da evolução da dogmática jurídica à reboque dos fatos, pois os direitos sociais, como se vê desde a criação do modelo bismarckiano de previdência social, surgem sem qualquer substrato jurídico consolidado, mas derivam da necessidade premente de controle dos movimentos sociais. A evolução dos direitos fundamentais não surge de processo planejado e previsível.

A proposta aqui desenvolvida é buscar, ainda que parcialmente, alguns fundamentos para que o regime previdenciário, em seu conjunto, configure direito fundamental social, na forma de garantia institucional, não somente pela previsão constitucional na Constituição de 1988, mas também pelo seu papel na garantia da *liberdade real*,[92] assegurando a existência digna.

A importância dos direitos sociais como forma de patrocínio da liberdade real não é nova, sendo apregoada desde longa data, até em nações com tradições libertarianas, como os Estados Unidos da América. Um exemplo distante foi o segundo *Bill of Rights* proposto por F. D. Roosevelt, buscando a liberdade do querer.[93]

---

89 Cf. SARLET, Ingo Wolfgang. *A Eficácia dos Direitos Fundamentais, op. cit.*, p. 31. No entanto, reconhece o autor que no plano do direito constitucional internacional, há uma aproximação dos direitos fundamentais aos direitos humanos (*op. cit.*, p. 32).

90 Cf. ALEXY, Robert. *Teoria dos Direitos Fundamentais* (tradução de Virgílio Afonso da Silva). São Paulo: Malheiros, 2008, p. 27. Como observa Alexy, a Corte inicia debate sobre o catálogo de direitos fundamentais como fundados em uma ordem objetiva de valores (*op. cit.*, p. 28). Sobre o tema, ver, também, SARLET, Ingo Wolfgang. *A Eficácia dos Direitos Fundamentais. Op. cit.*

91 Neste sentido, ALEXY, Robert, *op. cit.*, p. 29.

92 Sobre o tema da liberdade, ver BERLIN, Isaiah. *Quatro Ensaios sobre a Liberdade*. Brasília: UnB, 1981. Da mesma forma, ver ALEXY, Robert. *Teoria dos Direitos Fundamentais, op. cit.*, p. 218.

93 O segundo *Bill of Rights*, visando assegurar existência digna a todas as pessoas, foi proposto por

Até mesmo no Brasil, a busca da liberdade plena contaminou liberais clássicos, como Rui Barbosa, o qual, na sua terceira disputa presidencial, preocupou-se com a questão operária, afirmando que a ausência de amparo estatal, permitindo os desmandos dos empregadores, somente permitia tratamentos indignos em nome de uma liberdade imaginária, que externava uma espécie de *minoridade social* dos trabalhadores brasileiros.[94]

Algum adensamento do tema é importante como forma de robustecer a tese desenvolvida, da previdência social como instrumento de garantia do bem-estar, haja vista a recusa da jusfundamentalidade dos direitos sociais implicar, em um Estado Democrático de Direito, a admissão de verdadeiro Estado de exceção, quando os direitos fundamentais e garantias de preservação da vida não atingem uma significativa camada da população.[95]

Além do desenvolvimento da previdência social como garantia institucional, outro ponto relevante é a limitação de recursos como argumento para a ausência ou restrição de sindicabilidade de prestações. O debate previdenciário, quando limitado a questões puramente econômicas, acaba por deixar de lado um aspecto elementar da previdência social, que é sua função protetora, capaz de garantir a vida digna dos trabalhadores e seus dependentes. Ademais, a fixação de prestações previdenciárias, em razão das necessidades sociais, permite aos seus beneficiários uma efetiva atuação no regime democrático, sendo ainda mecanismo concreto para a garantia da liberdade real.[96]

Roosevelt em discurso realizado em 11 de janeiro de 1944, no qual afirmava que as pessoas em necessidade não são verdadeiramente livres. A liberdade do medo deveria ser conjugada com a liberdade do querer. Sobre o tema, com ampla explanação histórica da matéria e influência no Direito norte-americano, ver SUNSTEIN, Cass. *The Second Bill of Rights – FDR'S Unfinished Revolution and Why We Need It More Than Ever*. New York: Basic Books, 2004.

94 BARBOSA, Rui. *A Questão Social e Política no Brasil*, 2ª ed. Rio de Janeiro: Casa de Rui Barbosa, 1998, pp. 36-7. Na referida obra, cujo texto original é de 1919, há interessante evolução do pensamento de Rui, o qual, sob forte influência de Evaristo de Moraes, toma posição proativa em defesa dos operários. Como passou a reconhecer Rui, *Como poderia, logo, haver um abolicionista de então, que não seja hoje um amigo de operário?* (*A Questão Social e Política no Brasil, op. cit.*, p. 23)

95 Sobre o Estado de exceção quando da ausência de bens primários mínimos para parte da população, ver AGAMBEN, Giorgio *op. cit.*

96 Como aponta MARTINEZ, Peces-Barba, *El primer argumento pues para defender su inclusión en la categoría genérica de los derechos fundamentales, pasa por este reconocimiento de la conexión de los derechos económicos, sociales y culturales, con la generalización de los derechos políticos. Su objetivo era la igualdad a través de la satisfacción de necesidades básicas, sin las cuales muchas personas no podían alcanzar los niveles de humanidad necesarios para disfrutar de los derechos individuales, civiles y políticos, para participar en plenitud en la vida política y para disfrutar de sus beneficios.* (Los Derechos Econômicos, Sociales y Culturales: Su génesis y su concepto. *Revista Derechos e Libertades*, del Instituto Bartolomé de las Casas, ano 3, nº 6, fev.1998, p. 25). Também afirma o mesmo autor, em outra obra, que *Los derechos sociales no séran sólo un remedio para la satisfacción de necesidades básicas, serán también un instrumento imprescindible para convertir en real ese tenor generalizador, y para que todos puedan gozar de hecho de los derechos individuales y civiles y participar, en igualdad de condiciones, en los derechos políti-*

A proteção social, adequadamente dimensionada, permite o pleno desenvolvimento da pessoa, apreendendo o conhecimento e a consequente exposição de ideias, além de angariar instrumentos de deliberação e convencimento. Em suma, a cidadania plena demanda, para sua realização, os direitos sociais.[97]

Os direitos sociais, como uma conquista do constitucionalismo recente, impõem sua afirmação, pois não raramente têm sua normatividade afastada, muitas vezes por fundamentos engenhosamente apresentados, os quais os colocam como geracionalmente posteriores, axiologicamente inferiores e dotados de grau de normatividade inferior aos direitos de liberdade. Enfim, verdadeiros direitos de segunda categoria.[98]

Uma das afirmações mais presentes no cenário nacional é o fato de tais direitos estarem, em grande parte, positivados na Constituição, a qual, como norma jurídica, possui eficácia normativa e efeito irradiante pelo ordenamento. Apesar de, aparentemente, tal abordagem limitar a aplicabilidade dos direitos fundamentais, produziria em verdade um efeito superior, pois a positivação destes direitos supera questionamentos sobre sua validade, vinculando, com maior efetividade, todos os Poderes estatais e mesmo particulares. Ademais, com sua previsão normativa, inexoravelmente fundada em premissas morais, impõe-se a adoção de uma teoria dos princípios, sob pena de condenar tais previsões ao vazio normativo.[99]

A jusfundamentalidade dos direitos sociais é consequência inequívoca da elevação da dignidade da pessoa humana à centralidade do Ordenamento. Não haveria como o Estado excluir-se da garantia do mínimo existencial sem atuação concreta na seara protetiva. É até difícil aceitar que ainda haja tamanha vacilação quanto à aceitação de parte dos direitos sociais como direitos fundamentais. Não há motivo para empreendermos

---

cos. (*Derechos Sociales y Positivismo Jurídico*. Madrid: Dykinson, 1999, p. 17). Da mesma forma, ALEXY, Robert. *Teoria dos Princípios, op. cit.*, p. 503.

97 Sobre a dimensão social da cidadania, ver CARVALHO, José Murilo de. *Cidadania no Brasil:* O Longo Caminho. Rio de Janeiro: Civilização Brasileira, 2007, pp. 09 e seguintes.

98 Cf. PISARELLO, Gerardo, MORALES, Aniza García & DÍAZ, Amaya Olivas. *Los Derechos Sociales como Derechos Justiciables: Potencialidades y Límites*. Albacete: Bomarzo, 2009, pp. 11 e 12.

99 ALEXY baseia sua tese na teoria dos princípios, além da teoria das posições jurídicas fundamentais, firmando que dogmática dos direitos fundamentais é inviável sem uma teoria dos princípios, evoluindo sua obra a partir da teoria do *status* de Jellinek. Como expressamente afirma, a positivação dos direitos fundamentais que vinculam todos os poderes estatais representa uma abertura do sistema jurídico perante o sistema moral, abertura que é razoável e que pode ser levada a cabo por meios racionais (*Teoria dos Direitos Fundamentais, op. cit.*, p. 29).

vasta couraça do cidadão frente ao poder político e nada fazer frente ao poder econômico.[100]

Na medida em que a dogmática dos direitos fundamentais já avança até sobre as relações privadas, devido à sua natureza também objetiva, questionar a jusfundamentalidade de direitos sociais é insustentável.[101] No caso particular da previdência social brasileira, não haveria muitas dúvidas sobre sua jusfundamentalidade, no aspecto normativo, pois é expressamente prevista no art. 6º da Constituição,[102] dentre os direitos sociais, geograficamente localizados dentro do Título *Dos Direitos e Garantias Fundamentais*.[103] Ademais, a previdência social tem amparo nas normatizações internacionais e mesmo nos fundamentos de uma vida digna, não restando grandes dúvidas sobre sua jusfundamentalidade, mas sim sobre sua extensão e possível limitação por revisões constitucionais.[104]

O sistema de direitos fundamentais, no Brasil, é aberto, permitindo a inclusão de novas garantias (art. 5º, § 2º, da CF/1988), assim como eficácia reforçada (art. 5º, § 1º, da CF/1988) e preservação mais sólida como cláusulas pétreas (art. 60, § 4º, inc. IV, da CF/1988). A jusfundamentalidade não se releva somente pela sua importância intrínseca, mas também pelo relevo dado ao tema pelo Constituinte Originário.[105]

---

100 Cf. PASSOS, J. J. Calmon de. A Constitucionalização dos Direitos Sociais. *Revista Diálogo Jurídico*, Salvador, Centro de Atualização Jurídica (CAJ), v. I, nº 6, setembro, 2001. Disponível em: <http://www.direitopublico.com.br>. Acesso em 01/10/07, p. 05. Aduz este autor que "Assim como se limitara o poder político, exigindo-lhe o seu exercício em termos de competência predeterminada e como serviço à coletividade (povo titular da soberania), impunha-se limitar o poder econômico – o reino do direito de propriedade, um privilégio também desigualador –, a reclamar disciplina de seu exercício, com retorno em termos de serviços, o que se logrou com atribuição de um fim social ao direito de propriedade" (*op. cit., loc. cit.*).

101 Isso é de especial evidência quando se trata dos direitos sociais negativos, que não exigem uma efetiva prestação do Estado, no conceito tradicional, como a liberdade sindical e o direito de greve. Sobre o tema, ver ANDRADE, Vieira de. *Os Direitos Fundamentais na Constituição Portuguesa de 1976*, 2ª ed. Coimbra: Almedina, 2001, p. 58. No mesmo sentido, ver MIRANDA, Jorge, *Manual de Direito Constitucional*, Lisboa: Coimbra, 2000, v. IV, p. 112. Mesmo CANOTILHO, J. J., no seu multicitado prefácio à 2ª edição da *Constituição Dirigente e Vinculação do Legislador:* Contributo para a Compreensão das Normas Constitucionais Programáticas. Coimbra: Coimbra Ed, 2001, afirma que a positivação dos direitos sociais é uma necessidade ética e jurídica, de modo a assegurar a dignidade da pessoa humana, sem naturalmente, gerar a ingovernabilidade (pp. 20 e 21). Sobre o tema também ver, do mesmo autor, *Metodologia "Fuzzy" e "Camaleões Normativos" na Problemática Actual dos Direitos Econômicos, Sociais e Culturais*. In: *Estudos de Direitos Constitucionais*. Coimbra: Coimbra ed, 2004, pp. 97 e seguintes. Sobre a eficácia objetiva dos direitos sociais, como direitos de dupla-face, ver BONAVIDES, Paulo. *Curso de Direito Constitucional*. 8ª ed. São Paulo: Malheiros, 1999, pp. 540 e 585.

102 Art. 6º *São direitos sociais a educação, a saúde, o trabalho, a moradia, o lazer, a segurança, a previdência social, a proteção à maternidade e à infância, a assistência aos desamparados, na forma desta Constituição.*

103 Isso, naturalmente, não impede o reconhecimento de direitos sociais fundamentais em outros pontos da Carta de 1988, como a seguridade social.

104 Sobre a jusfundamentalidade formal e material dos direitos sociais no Brasil, ver SARLET, Ingo Wolfgang. *A Eficácia dos Direitos Fundamentais, op. cit.*, p. 77.

105 Cf. SARLET, Ingo Wolfgang. *A Eficácia dos Direitos Fundamentais, op. cit.*, pp. 74 a 77.

A fixação constitucional do tema não é irrelevante, pois não obstante os ideais propalados de liberdade, igualdade e fraternidade, a preponderância do primeiro no constitucionalismo moderno foi quase que absoluta, até pela Revolução Francesa ter sido marcadamente burguesa. Por óbvio, pressões sociais determinaram uma mudança na concepção vigente, trazendo a necessidade de uma participação mais ativa do Estado, especialmente com o advento da sociedade industrial, na qual o salário passa a ser a principal (quando não exclusiva) fonte de subsistência do trabalhador e sua família. A previsão normativa é reflexo desta evolução histórica.

A abordagem normativa é, sem dúvida, necessária, mas longe de ser suficiente. Em um Estado que prevê, normativamente, os direitos fundamentais, a questão relativa a seus fundamentos carece, também, de algum adensamento, pois as leis e, hoje, as Constituições, são alteradas a todo momento, e mesmo mecanismos formais de garantia são afastados. O fundamento normativo, cada vez mais, se mostra insuficiente.

Ademais, os direitos sociais nem sempre serão fundamentais, assim como os direitos fundamentais sociais não se reduzem ao aspecto prestacional, possuindo, em geral, uma dimensão de defesa, especialmente quando constituem garantia institucional. Sob a denominação *direitos sociais*, convivem direitos de defesa, prestações e alguns dotados de jusfundamentalidade, desde que busquem garantias necessárias à liberdade real e à vida digna.[106]

Afinal, como bem afirma Alexy, com base em precedentes da Corte Constitucional alemã, direitos fundamentais, não obstante sua tradicional função protetora, também expõem uma ordem objetiva de valores, cujo centro é ocupado pela garantia do livre-desenvolvimento da personalidade humana, além de sua dignidade na comunidade, aplicável a todos os ramos do Direito.[107]

Em verdade, não seria absurdo afirmar que o debate sobre direitos fundamentais, no Brasil e no mundo, implica uma rediscussão sobre os rumos da dogmática jurídica, em uma tentativa de reabilitar a racionalidade prática e a consequente possibilidade de fundamentar, racionalmente, juízos de valor externados nos veículos normativos.[108]

---

106 Sobre o tema, ver SARLET, Ingo Wolfgang. *A Eficácia dos Direitos Fundamentais*, op. cit., pp. 160 e seguintes. Para o autor, os direitos sociais traduziriam a ideia de *status positivus socialis*, a partir da classificação de Jellinek (*op. cit.*, pp. 156 a 159). Adicionalmente, afirma que os direitos sociais, *a priori*, se situam fora das cláusulas pétreas, haja vista a previsão constitucional fora do Título referente às garantias fundamentais (*op. cit.*, p. 161). O autor produz abrangente classificação, que expõe a classificação dos direitos fundamentais no aspecto de defesa e prestação, em sentido amplo e restrito (*op. cit.*, pp. 167 e seguintes).
107 Cf. ALEXY, Robert. *Teoria dos Direitos Fundamentais*, op. cit., p. 154.
108 Como expõe ALEXY, (...) *a dogmática jurídica é, em grande medida, uma tentativa de se dar resposta*

A escapatória pela previsão normativa, especialmente na Constituição, também não ilide alguns outros percalços, como segregar as normas que são ou não são direitos fundamentais, podendo, para tanto, adotar, também, aspectos materiais, referentes ao conteúdo; estruturais, especialmente para os direitos subjetivos; ou formais, restringindo a jusfundamentalidade aos direitos previstos em determinado capitulo da Constituição.[109]

Os direitos fundamentais sociais são assim denominados por buscar, na medida adequada, condições para o exercício da liberdade real. Não se mostram adequadas teses que qualificam tais direitos como forma de redução de desigualdades ou formas de compensação frente a injustiças pretéritas. Confunde-se a causa com seus efeitos. O fundamento é mais simples – a busca da liberdade real. Este é o primeiro passo para a vida digna, o bem-estar; fim último dos direitos sociais.

Toda a teoria do Estado social, embora com argumentos dos mais diversos, buscava assegurar uma vida digna, que demandaria não somente a liberdade formal; a garantia de espaço privado autônomo e livre de intervenção estatal. As ideias de igualdade e fraternidade sempre visaram, em maior ou menor grau, a possibilidade de cada pessoa desenvolver seus projetos de vida; uma liberdade que autorize a cada um conduzir sua existência na melhor maneira possível. Os direitos sociais são, repita-se, instrumento de liberdade.[110]

A liberdade real demanda, para sua concretização, patamar mínimo de segurança social. Caso uma pessoa, com todas as possibilidades de lograr sucesso e bem-estar ao longo de sua vida, faça escolhas erradas e caia na miséria, por sua própria culpa, não deve a sociedade *dar de ombros* e abandoná-lo às consequências de suas irresponsabilidades.

A sociedade, como projeto cooperativo de existência digna, demanda ações concretas que permitam a vida em patamar minimamente adequado, a ser aferido de acordo com as possibilidades de financiamento em

---

racionalmente fundamentada a questões axiológicas que foram deixadas em aberto pelo material normativo previamente determinado (Teoria dos Direitos Fundamentais, op. cit., p. 36). Em seguida, rememora ser impossível fundamentação racional sem clareza dos conceitos utilizados pelo julgador ou legislador, e daí, também, a importância da dimensão analítica da dogmática jurídica. Sem embargo, não se deve reduzir a ciência do direito a uma dimensão analítica, pois *a ciência do direito somente pode cumprir sua tarefa prática sendo uma disciplina mutidimensional (op. cit., pp. 45 a 48).* Ou seja, apesar da critica veemente aos métodos puramente lógicos na ciência do direito, é reconhecido que a racionalidade tem importante fundamento na clareza dos conceitos e no aspecto analítico da dogmática – a teoria integrativa não abre mão da lógica, mas não se limita a ela (*op. cit.*, pp. 48 a 49).

109 Cf. ALEXY, Robert. *Teoria dos Direitos Fundamentais, op. cit.*, pp. 51 a 68. Para ALEXY, o critério formal seria o mais convincente (*op. cit., loc. cit.*).

110 Cf. GOULD, Carol C. *Rethinking Democracy: Freedom and Social Cooperation in Politcs, Economy and Society*. Cambridge: Cambridge Press, 1988, p. 200.

coordenadas de tempo e espaço.[111] Os direitos fundamentais sociais buscam a liberdade real que permita opções de vida diferentes; que possibilitem a qualquer pessoa optar por carreiras e atividades não valorizadas pelo mercado; que autorizem, em suma, a plenitude de suas existências, como na máxima *be all that you can be*.

Um modelo de Estado sem direitos sociais mínimos, dotados de jusfundamentalidade, seria como uma escola de circo que permite a seus alunos que desenvolvam plenamente todas as habilidades para o trapézio, que estimule a dedicação adequada ao aprendizado, mas exclua o uso de redes de segurança – o direito é plenamente assegurado, incluindo as condições necessárias para o desenvolvimento das aptidões pessoais, mas o risco é individualizado pelas escolhas erradas ou ações malsucedidas.

A crítica lembra, em parte, a objeção feita pela doutrina na aparente incompletude das dimensões dos direitos de liberdade, igualdade e fraternidade, as quais não abarcariam a dignidade da pessoa humana.[112] No entanto, talvez a crítica seja exagerada, pois não é a aferição de cada dimensão dos direitos que irá assegurar a dignidade da pessoa humana, mas sim seu conjunto. A soma dos fatores é maior que o valor individual de cada dimensão. Ao assegurar a liberdade real, com tratamento dotado de igual consideração e respeito e garantia de meios mínimos de vida, estará a dignidade humana cristalizada.

A devida tutela aos trabalhadores em face dos riscos sociais, como velhice, doenças e acidentes, em conjunto com os encargos familiares, toma corpo. Neste novo contexto, ganham evidência os direitos prestacionais, que se mostram necessários para o efetivo desenvolvimento da liberdade real. Esta evolução foi indicada anteriormente, na esteira do progresso da previdência social.

2.9. *INTERPOSITIO LEGISLATORIS*

Por certo os direitos fundamentais sociais não se restringem a direitos prestacionais, assim como nem todas as prestações concretas exigíveis do Estado poderão revestir-se do manto da jusfundamentalidade. No entanto,

---

111 A questão do financiamento é desenvolvida no capítulo 3, mas a ideia básica é que não se deve estabelecer patamares financeiros abstratos de vida digna, pois a viabilidade de fornecimento dos mesmos sempre dependerá da capacidade da sociedade em arcar com o ônus. Nada mais do que o equilíbrio entre necessidade e possibilidade.
112 Neste sentido, SARLET, Ingo Wolfgang. *A Eficácia dos Direitos Fundamentais*, op. cit, p. 55. Ao tratar das dimensões dos direitos, afirma: *Todavia, tenho para mim que esta tríade queda incompleta em não se fazendo a devida referência ao mais fundamental dos direitos, isto é, à vida e ao princípio fundamental da dignidade da pessoa humana (...) (op. cit., loc. cit.)*.

dentro da proposta restrita desta obra, ao tratar da previdência social, o escopo limitado aos direitos prestacionais é necessário.

Os direitos a ações positivas, demandáveis do Estado, podem se subdividir em dois grupos: ações fáticas ou ações normativas. O direito ao mínimo existencial seria uma forma de ação fática do Estado, traduzindo o significado tradicional do *direitos a prestações*.[113] Dentre tal classificação, define Alexy os direitos a prestações em sentido estrito, que têm semelhança com a face prestacional dos direitos sociais.[114]

Embora persistam algumas dúvidas eventualmente manifestadas sobre sua jusfundamentalidade, como reconhece a doutrina,[115] a previsão normativa, no contexto pátrio, especialmente no aspecto previdenciário, não deixa qualquer margem a questionamentos. Mesmo com as tradicionais dificuldades sobre sua eficácia e mesmo sindicabilidade, tais objeções em nada diferem dos clássicos direitos negativos, sendo a crítica à sua eficácia, em regra, máscara que esconde certa preferência ideológica pelo liberalismo econômico, como se verá.

Alexy, ao tratar dos direitos sociais, afirma que direitos a prestação em sentido estrito *são direitos do indivíduo, em face do Estado, a algo que o indivíduo, se dispusesse de meios financeiros suficientes e se houvesse uma oferta suficiente no mercado, poderia obter de particulares.*[116] A previdência social, a priori, aí se encontraria, facilmente qualificada como prestação social em sentido estrito.[117] Além disso, é recorrente apontar que a definição de objeto dos direitos sociais é mais complexa do que a de direitos de defesa,[118] em regra demandando concretização legislativa. A maioria dos direitos sociais seriam normas programáticas, a demandar ação legislativa,

---

113 Cf. ALEXY, Robert, *Teoria dos Direitos Fundamentais*, op. cit., p. 201.

114 Direitos a prestação em sentido estrito são direitos do indivíduo, em face do Estado, a algo que o indivíduo, se dispusesse de meios financeiros suficientes e se houvesse uma oferta suficiente no mercado, poderia também obter de particulares (*Teoria dos Princípios*, op. cit., p. 499).

115 Neste sentido, ver SARLET, Ingo Wolfgang, *A Eficácia dos Direitos Fundamentais*, op. cit., p. 293

116 Cf. ALEXY, Robert, *Teoria dos Direitos Fundamentais*, op. cit., p. 499.

117 Cf. SARLET, Ingo, *A Eficácia dos Direitos Fundamentais*, op. cit., *p. 298*. Como afirma, direitos sociais não se limitam a proteção da liberdade e igualdade abstrata, mas visam a tarefas de melhoria, distribuição e redistribuição dos recursos existentes, bem como à criação de bens essenciais não disponíveis para todos os que deles necessitem *(op. cit., loc. cit.)*.

118 Cf. SARLET, Ingo, *A Eficácia dos Direitos Fundamentais*, op. cit., p. 304. Isso, naturalmente, não implica afirmar que são destituídas de eficácia, pois *todas as normas consagradoras de direitos fundamentais são dotadas de eficácia e, em certa medida, diretamente aplicáveis já ao nível da Constituição e independentemente de intermediação legislativa (op. cit, p. 309)*. Muito embora reconheça, expressamente, que no quesito eficácia, os direitos sociais prestacionais, ao contrário dos direitos de defesa, muito frequentemente, demandam alguma concretização legislativa, apesar do art. 5º, § 1º da Constituição de 1988 *(op. cit, p. 268)*. Afirma o conteúdo principiológico do art. 5º, § 1º, da CF/1988, como mandado de otimização, exigindo a maior aplicação possível *(op. cit, p. 270)*.

embora sem excluir algum grau de eficácia.[119] Daí a maior necessidade de intervenção do legislador nos direitos sociais, visando sua concretização.

Alexy, ao tratar do assunto, aponta o consenso tradicional de que os direitos sociais seriam direitos *prima facie*, ou seja, não possuidores da mesma eficácia dos direitos de defesa, sindicáveis desde já e em grau máximo pelos interessados, impedindo toda e qualquer ação que os vulnere.[120] A adoção dos direitos sociais como direitos subjetivos *prima facie*, de maneira geral, tem sido apresentada como avanço na eficácia de tais preceitos, expondo melhor proteção judicial, especialmente nas omissões legislativas.[121] No entanto, mesmo com o avanço da sindicabilidade dos direitos sociais, é certo que algum preconceito ainda permeia este segmento.

Ao expor a sua visão, ancorada na distinção entre direitos de defesa e direitos a prestações, Alexy evolui no tema. De pronto, ao afirmar que direitos de defesa impõem vedação de toda e qualquer ação que produza afetação, reconhece que isso ignora a realidade, pois comumente ocorrem tais restrições, como uma construção que afeta o direito de ir e vir ou mesmo grandes manifestações autorizadas pelo Poder Público. Direitos fundamentais sociais podem ser regras ou princípios, *prima facie* ou definitivos.[122]

Alexy também afirma que o consenso é no sentido dos direitos a prestações trazerem, então, uma discricionariedade implícita, pois asseguram ampla opção de estratégias para produzir o resultado desejado.[123] Nos direitos de proteção, somente uma ação adequada deve

---

119 Cf. SARLET, Ingo, *A Eficácia dos Direitos Fundamentais, op. cit.*, p. 292. No entanto, afirma que tais direitos seriam programáticos não pela indeterminação do conteúdo; atributo muito comum em direitos de defesa, mas pela necessidade de recursos e implantação gradual e definição de competências (*op. cit.*, p. 293), além de admitir que mesmo de conteúdo programático, poderiam os direitos fundamentais sociais justificar direitos subjetivos (*op. cit.*, pp. 294-5 e pp. 299 e seguintes).
120 Cf. ALEXY, Robert. *Teoria dos Direitos Fundamentais, op. cit.*, pp. 461-2. Em suas palavras: *Para seus destinatários, direitos de defesa são, dentre outras, proibições de destruir ou afetar negativamente algo. Já os direitos a prestações são, para seus destinatários, dentre outras, obrigações de proteger ou fomentar algo. Se é proibido destruir ou afetar negativamente algo, então toda e qualquer ação que represente ou produza destruição ou afetação é proibida. De outro lado, se é obrigatório proteger ou fomentar algo, nem toda ação que represente ou produza uma proteção de matar implica, ao menos* prima facie, *a proibição de qualquer ação de matar; já a obrigação salvar não implica toda e qualquer ação de salvar* (op. cit., loc. cit.).
121 Para uma apresentação das teorias sobre eficácia de direitos sociais, ver SARMENTO, Daniel. A Proteção Judicial dos Direitos Sociais: Alguns Parâmetros Ético-Jurídicos. In: SOUZA NETO, Claudio Pereira de & SARMENTO Daniel (org.) *Direitos Sociais – Fundamentos, Judicialização e Direitos Sociais em Espécie*. Rio de Janeiro: Lumen Juris, 2010, p. 565 e seguintes. Importante notar que o autor, em acertada crítica a Alexy, afirma que o objeto de eventual ponderação não será somente a liberdade material, pois os direitos sociais têm outras finalidades, como a preservação do regime democrático (*op. cit.*, p. 568).
122 Cf. ALEXY, Robert. *Teoria dos Direitos Fundamentais, op. cit.*, p. 515.
123 *Teoria dos Direitos Fundamentais, op. cit.*, p. 462.

117

ser adotada, enquanto que, nos direitos de defesa, toda e qualquer ação contrária ao direito protegido é vedada.[124] No entanto, como reconhece, a qualificação é insuficiente, pois mesmo o dever do Estado em excluir todas as formas de homicídio certamente traz grande discricionariedade, pois permite ao Estado escolher as formas de agir, como a fixação do efetivo policial, quantitativo de pessoas distribuídas na segurança, definição das penas que julgar cabíveis etc.[125]

A segregação entre direitos de defesa e direitos a prestações, como usualmente apresentada, é ingênua, pois não se pode vedar toda e qualquer ação, como o direito de ir e vir. Mesmo no caso de violação à vida, há situações infinitas, como a pessoa que estimula o vício da bebida em pessoas maiores e capazes, que podem produzir – e frequentemente produzem – a morte precoce. Alexy acaba por afirmar que, quanto à justiciabilidade dos direitos de proteção e direitos de defesa, há mera diferença de grau.[126]

Indo além do apresentado por Alexy, pode-se dizer que qualquer direito é *prima facie*. Mesmo direitos de defesa também não se submetem ao maniqueísmo do tudo ou nada. O Estado sempre atendeu a direitos clássicos de liberdade na medida de suas possibilidades, e nem por isso questionou-se sua jusfundamentalidade. O tudo ou nada das regras só vale dentro do razoável.

O tema, como supracitado, traz diversos preconceitos frente aos direitos sociais. Estruturalmente, não há qualquer diferença entre um direito fundamental clássico e um direito fundamental social. Ambos demandam financiamento, ambos podem contar com elevado grau de abstração, ambos podem exigir, para eficácia plena, a concretização legislativa. Por fim, ambos podem ser, em maior ou menor medida, obtidos no mercado.

O fato de alguma prestação ter a possibilidade de ser obtida no mercado não tem o condão de transmutar a natureza do direito. Por exemplo,

---

124 *Teoria dos Direitos Fundamentais*, op. cit., p. 462.
125 *Teoria dos Direitos Fundamentais*, op. cit., pp. 513-4.
126 *É certo que no caso dos direitos à proteção o problema do sopesamento tem um peso maior, em razão da sua referência especial ao futuro; mas isso implica simplesmente uma diferença de grau. Com isso pode-se dizer que a justiciabilidade dos direitos de proteção não suscita problemas que não existam também no âmbito dos direitos de defesa (Teoria dos Direitos Fundamentais, op. cit., p. 470). Adicionalmente afirma que a similaridade de problemas faz com que fique claro que o fosso que separa os direitos da tradição liberal e os direitos próprios do Estado Social não é assim tão fundo quanto seria possível supor à primeira vista (Teoria dos Direitos Fundamentais, op. cit., p. 456). Mais adiante, ao defender uma ponderação que busque assegurar, ao menos, prestações sociais mínimas como instrumento de liberdade fática, afirma que (...) os problemas de justiciabilidade que surjam no âmbito desse modelo não se destinguem, em sua essência, daqueles que existem no caso dos direitos fundamentais tradicionais. Não raro os problemas do sopesamento no âmbito dos direitos de liberdade são bastante complexos e sua solução pode ter grandes consequências para a vida social (Teoria dos Direitos Fundamentais, op. cit., p. 514).*

pode-se, hoje, obter a resolução de lides por meio de arbitragem, com efeito vinculante, adquirida no mercado, e nem por isso a prerrogativa da aplicação da lei ao caso concreto se transformaria em direito social. Da mesma forma, se o Estado impede que o mercado comercialize uma determinada prestação, isso não necessariamente excluiria sua natureza de direito social. O atributo mercadológico apresentado por Alexy é meramente contingente.

Apesar de Robert Alexy reconhecer boa parte das imperfeições da distinção apresentada pela doutrina, é certo que a teoria dos princípios tem sido usada como forma mais elaborada de afastar a normatividade de direitos fundamentais sociais. Isso é facilmente visto quando da apresentação da aparente diferença estrutural entre os direitos a prestações, que consistiriam em *mandados*, enquanto os direitos de defesa seriam *proibições*. Estes, como direitos negativos, teriam fácil configuração, já que vedam qualquer conduta violadora do direito, mas aqueles já seriam mais complexos, haja vista ser impossível admitir-se a exigibilidade de toda e qualquer conduta que atinge o fim proposto.[127]

A proposta, como exposta, traz forma sofisticada de manter os direitos sociais, inclusive os fundamentais, como inferiores aos direitos clássicos de liberdade. A abstração é atributo de qualquer direito, a depender de como seja normado e de sua abrangência implícita. Muito frequentemente, o rótulo de princípio acaba por servir como pretexto para ceifar a efetividade da norma, já que o descumprimento de uma regra, dotada, em tese, de pretensão de definitividade, seria mais gravoso, demandando maior ônus argumentativo.

Ademais, princípios legais demandam apreciação valorativa em grau de superioridade frente às regras, pois são inseridos em lei justamente com a finalidade de formar elemento de coesão à aplicação das demais normas. A título de exemplo, o Estatuto da Criança e do Adolescente – ECA possui conteúdo fortemente principiológico, e a intenção evidente do legislador é nortear a aplicação não somente das regras lá previstas, mas qualquer outro ato, ainda que administrativo ou judicial, que reverbere no tratamento da criança e do adolescente. Muito frequentemente, a função *eficacial de trincheira*[128] será do princípio, e não da regra. Enfim,

---

127 *Teoria dos Direitos Fundamentais, op. cit.*, p. 440 e seguintes. Como dito, Alexy, ao avançar no tema, rebate tal visão, expondo suas incompletudes.
128 A expressão é de ÁVILA, Humberto. *Teoria dos Princípios: da Definição à Aplicação dos Princípios Jurídicos*. 2ª ed. São Paulo: Malheiros, 2003.

desrespeitar um princípio pode ser mais grave que ignorar uma regra, quando a distinção for possível e dentro do contexto em que se apresente.

Tanto regras como princípios podem possuir caráter prospectivo, até pela necessidade da lei atender a condutas que deverão ser observadas quando da finalização de determinado projeto ou obra, como, por exemplo, a norma-regra que estabelece o uso de cintos de segurança, quando a cultura nacional, até alguns anos atrás, era ignorar o item de segurança. Tanto regras como princípios podem ter a pretensão de construir novas realidades. Ademais, nem sempre a situação concreta a ser normada será fornecida pelo legislador, haja vista a adoção cada vez mais frequente de cláusulas abertas e conceitos indeterminados pelo parlamento, estabelecendo regras de elevada abstração e indeterminação, com efeitos prospectivos, delegando ao Poder Executivo a regulamentação adequada.[129]

Interessante notar que, em tais regras abertas, o ônus argumentativo para sua aplicação pode ser ainda maior que um princípio, especialmente quando a violação ao valor subjacente ao princípio é flagrante. A questão do ônus argumentativo variará, necessariamente, de acordo com o caso concreto. Eventual prevalência de maior ônus para aplicação de princípios somente justifica-se por possuírem, em geral, maior abstração, mas não por qualquer diferença estrutural.

Direitos sociais prestacionais também mais regularmente demandam *interpositio legislatoris*, pois, muito frequentemente, não são extensíveis a todos, como os direitos de defesa, ou não tão simples como direitos sociais de defesa (*e.g.*, trabalho de menor), o que exige previsão concreta de requisitos de elegibilidade. A individualização torna a aplicação mais complexa, assim como a aplicação de uma pena a um crime, mas não traz diferença ontológica entre as prestações estatais.

Em verdade, alguns direitos clássicos é que seriam de desenvolvimento mais complexo do que os direitos sociais. Por exemplo, podemos imaginar, hipoteticamente, que existam plenos recursos para atender uma renda mínima universal a todas as pessoas e acesso à justiça integral e eficaz. O último seria de concretização mais complexa, pois ainda que existam os recursos, o Estado deve construir a estrutura necessária, com Tribunais, juízes, servidores etc. Já a renda mínima, uma vez tendo os recursos, poderia ser aplicada desde já, pois existe o cadastro abrangente dos brasileiros e postos de distribuição em todo o país, que inclui a rede bancária ou assemelhados, como os Correios. Como se disse, tanto direitos clássicos de

---

[129] Este tema é melhor desenvolvido no capítulo 5.

liberdade como os direitos sociais podem ser qualificados como direitos *prima facie*, dependendo de alguma normatização infraconstitucional.[130]

Enfim, a pretensa abstração de direitos sociais, o que pode ocorrer em maior número frente a direitos clássicos de liberdade, não implica distinção estrutural significativa ou perda de eficácia. Dificilmente existirá direito mais abstrato que a vida, mas nem por isso alega-se que a existência humana depende de regulamentação legal para que possa ser amparada tanto pelo Judiciário quanto pelo Executivo, além de sociedade civil. Estruturalmente, não há argumentos que possam segregar os direitos sociais dos demais existentes.

Por certo não se desconhece a necessidade de opções legislativas tanto quanto ao gasto estatal como pela forma de atendimento das necessidades em geral. A questão não é essa. O erro comum é atribuir tais dificuldades, especialmente quanto ao financiamento, como algo restrito a direitos sociais, quando a escassez é enfrentada sempre que o Estado fornece algum tipo de bem ou serviço. Este aspecto será também desenvolvido *infra*, com a questão da reserva do possível e do equilíbrio financeiro e atuarial.

A intervenção do legislador ordinário não é irrelevante, mas não se deve incorrer no erro oposto, de considerá-la como obstáculo instransponível a qualquer realização social. Sob esse aspecto, a doutrina nacional tem produzido grandes avanços, a partir da normatividade constitucional, o papel do Judiciário e Executivo com funções legiferantes eventuais e mesmo a sociedade como difusora de direitos.[131]

Em suma, não se ignora a relevância do legislador, mas também não se toma a ação deliberativa do Congresso como fundamental para todo e qualquer agir público ou privado. Por certo algum tipo de concretização mínima seria necessário, especialmente em temas previdenciários, mas é também correto inferir que o Judiciário e o Executivo podem completar requisitos e estabelecer regras de concessão de benefícios em situações específicas.

A questão, apesar de relativamente nova na dogmática nacional,[132] nunca causou grandes perplexidades no Direito Previdenciário, o

---

130 Para uma visão geral da doutrina quanto aos direitos sociais como direitos *prima facie*, a depender de concretização legislativa, ver PULINO, Carlos Bernal. Fundamento, Conceito e Estrutura dos Direitos Sociais – Uma Crítica a "Existem Direitos Sociais?" de Fernando Atria. In: SOUZA NETO, Claudio Pereira de & SARMENTO Daniel (org.). *Direitos Sociais – Fundamentos, Judicialização e Direitos Sociais em Espécie. Op. cit.*, pp. 168 e seguintes. Para Alexy, "[...] a questão acerca de quais direitos fundamentais sociais o indivíduo definitivamente tem é uma questão de sopesamento entre princípios (*Teoria dos Princípios, op. cit.*, p. 512).

131 Por todos, ver BARROSO, Luis Roberto. *Interpretação e Aplicação da Constituição*. 7ª ed. São Paulo: Saraiva, 2009.

132 Sobre a prerrogativa do Executivo em disciplinar conceitos indeterminados e cláusulas abertas, ver BINENBOJM, Gustavo. *Uma Teoria do Direito Administrativo – Direitos Fundamentais, Democracia e Constitucionalização*. Rio de Janeiro: Renovar, 2006.

qual tradicionalmente, desde 1923, conta com forte normatividade administrativa, preenchendo lacunas e resolvendo conflitos gerados pelas previsões extremamente genéricas e abstratas da lei. Ainda hoje, essa é a regra, com o Regulamento da Previdência Social estabelecendo resoluções que não constam expressamente de lei, fazendo o mesmo as instruções normativas do INSS, que são obrigadas a resolver situações concretas que se põem frente à autarquia, sem a menor previsão normativa em lei.

E assim sempre será, pois, especialmente em modelos de seguro social, nunca conseguirá o Parlamento atender todas as questões que se colocam, arcando a Administração e mesmo o Judiciário com espaço maior de atuação. Para se ter uma ideia, ninguém acredita, seriamente, que o legislador ordinário seja capaz de regulamentar o pagamento de salário maternidade para seguradas avulsas com tempo parcial de trabalho, afastamento por acidente de trabalho no ano e períodos concomitantes de atividade em categorias diversas e contribuições diferenciadas.

Ou seja, na matéria previdenciária, o que se percebe é a existência e mesmo a necessidade de alguma *normatividade legal mínima*, que permita identificar as premissas básicas do sistema, fixadas pelo legislador ordinário, com o possível adensamento e complemento pelo Executivo, mediante delegação expressa ou implícita a atos normativos.

Tal atributo é especialmente necessário em modelos protetivos que são, constantemente, premidos por variáveis demográficas, econômicas e populacionais, não raramente exigindo ação célere para readequação do sistema. Aguardar a atividade legislativa para atender a todas as questões que se põem frente à previdência social, especialmente pela reprovabilidade social que produzem, acaba por gerar forte resistência a medidas necessárias e evidentes, mas que se afastam das decisões legislativas, perpetuando desequilíbrios até o momento que reformas mais contundentes se fazem necessárias.

Uma solução parcial para a questão, como proposto no capítulo 3, será a adoção de regime previdenciário mais simplificado, tanto em seu custeio como no plano de benefícios, estabelecendo regras mais claras e excluindo fontes de divergência tradicionais. Sob pretexto da complexidade do sistema, não se pode delegar toda e qualquer decisão ao Executivo ou aos Tribunais, mas, ao revés, adotar modelo mais simples que permita, no maior grau possível, externar as opções fundamentais no veículo normativo mais adequado ao Estado de Direito – a lei.[133]

---

133 A questão relativa aos limites da delegação legislativa é tratada, com maior profundidade, no capítulo 5.

2.10. RESERVA DO POSSÍVEL

É tema bastante divulgado na doutrina nacional e alhures que a pretensa ausência de jusfundamentalidade de direitos sociais, limitando tal prerrogativa somente a direitos clássicos de liberdade, especialmente pela aparente ausência de custos destes e pelo elevado dispêndio daqueles é uma precária estrutura de defesa de um modelo liberal de Estado.[134] Atualmente, tal conclusão, ao menos no aspecto mais geral, é bastante tranquila.

No entanto, novas formas de vulnerar os direitos sociais, de forma consciente ou não, têm sido produzidas, como a teoria dos princípios. Como desenvolvido anteriormente, a aparente diferença estrutural entre direitos sociais, como princípios, e direitos de liberdade, como regras, com perdão da simplificação, acaba por trazer uma aparente superioridade eficacial do modelo liberal.[135]

Interessante notar que a discussão de que todos os direitos trazem encargos financeiros ao Estado mostra-se pacificada, a ponto de a doutrina afastar, muito frequentemente, a antiga distinção entre direitos negativos e positivos. No entanto, os direitos sociais, indiretamente, ainda sofrem desta mazela, embora com rótulos diferentes, como a *reserva do possível*.

A ideia de que somente pode-se exigir o que for razoável da sociedade, tem origem em precedente da Corte Constitucional alemã, em 1972, sobre a impossibilidade de assegurar ingresso em universidades públicas a todos os que desejam. Algum limite mostra-se razoável e mesmo desejável, visando atender outras áreas de importância para a sociedade.[136] A partir de tal decisão, a doutrina usualmente divide a reserva do possível na dimensão fática e jurídica, ou seja, fática quanto à existência efetiva de recursos e jurídica quanto à previsão em orçamento.[137]

Ou seja, há quem entenda que os direitos sociais, não tendo *status negativus*, afastar-se-iam da noção de direitos fundamentais, não gerando, de pronto, direitos a prestações positivas do Estado. Seriam princípios

---

134 Cf. HOLMES, Stephen e SUNSTEIN, Carl. *The Cost of Rights – Why Liberty Depends on Taxes*. Op. cit., e AMARAL, Gustavo. *Direito, Escassez e Escolha – Em Busca de Critérios Jurídicos para Lidar com a Escassez de Recursos e as Decisões Estratégicas*. Rio de Janeiro: Renovar, 2000. Da mesma forma ver, também, MURPHY, Liam & NAGEL, Thomas, *O Mito da Propriedade* (tradução de Marcelo Brandão Cipolla). São Paulo: Martins Fontes, 2005 e GALDINO, Flávio, *O Custo dos Direitos*, op. cit., p. 201 e seguintes.

135 Não é pretensão desta obra construir ou desconstruir a teoria dos princípios, mas somente apontar, ainda que brevemente, algumas inconsistências e situações que permitem constranger os direitos sociais ainda à uma posição secundária.

136 BverfGE 33 (333). A decisão pode ser consultada em SCHWABE, Jürgen. *Cinqüenta Anos de Jurisprudência do Tribunal Constitucional Alemão* (trad. de Beatriz Hennig). Berlin: Konrad Adenauer, 2005, p. 656.

137 Cf. SARLET, Ingo. *A Eficácia...*, op. cit., p. 288.

de justiça, normas programáticas, dependendo da disponibilidade orçamentária do Estado e encontrando-se sob a *reserva do possível*.[138] No Brasil, o STF, ainda que admitindo a existência do limite, não o qualifica como fundamento para escapar a obrigações constitucionalmente previstas.[139]

Todavia, apesar da questão do financiamento ser um elemento a ser sopesado na aplicabilidade destes direitos, não há como vincular sua jusfundamentalidade à boa vontade do legislador ordinário, que poderia fixar recursos a seu bel-prazer, com base em uma argumentação pseudodemocrática. Como bem aponta J. J. Canotilho, *a reserva dos cofres do Estado coloca problemas de financiamento mas não implica o grau zero de vinculatividade jurídica dos preceitos consagradores de direitos fundamentais sociais*.[140]

Pessoalmente, acredito que o precedente da Corte alemã, por uma infeliz coincidência, desenvolveu o tema da reserva do possível justamente ao tratar de um direito social, que é a educação. No entanto, a mesma argumentação poderia ser utilizada em qualquer outra demanda frente ao Estado, como a garantia de segurança pública, o acesso ao Judiciário mais célere ou mesmo um transporte público eficaz. Toda ação estatal gera custos, e a teoria da escassez não se restringe a direitos sociais.

Não se reconhece mais a primária tentativa de secundar os direitos sociais frente aos direitos de liberdade, taxando-os de *positivos*, mas, ainda, permeia a dogmática jurídica o fantasma da reserva do possível, como atributo exclusivo de direitos sociais. Mudam-se os termos, mas

---

[138] Neste sentido, ver TORRES, Ricardo Lobo, *Teoria dos Direitos Fundamentais*. Rio de Janeiro: Renovar, 1999, p. 269. O autor analisa três posicionamentos relativos à fundamentalidade dos direitos sociais: a) a tese do primado dos direitos sociais; b) a tese da indivisibilidade dos direitos humanos; c) as teses da redução dos Direitos Fundamentais Sociais ao Mínimo Existencial. Para o autor, "a jusfundamentalidade dos direitos sociais se reduz ao mínimo existencial, em seu duplo aspecto de proteção negativa contra incidência de tributos sobre os direitos sociais mínimos de todas as pessoas e de proteção positiva consubstanciada na entrega de prestações estatais materiais em favor dos pobres. Os direitos sociais máximos devem ser obtidos na via do exercício da cidadania reivindicatória e da prática orçamentária, a partir do processo democrático" (A Jusfundamentalidade dos Direitos Sociais. *Revista de Direito da Associação dos Procuradores do Novo Estado do Rio de Janeiro*, v. 12, Rio de Janeiro: Lumen Juris, 2003, pp. 349-374).

[139] Cf. ADPF 45 MC/DF, Rel. Min. Celso de Mello, *DJ* 04/05/2004.

[140] Metodologia "Fuzzy" e "Camaleões Normativos" *op. cit.*, p. 109. Aponta também este autor a questão sempre omitida dos custos gerados pelos direitos clássicos de liberdade, pretensamente negativos. Comentando o assunto, SARLET, Ingo lembra que: "(...) a Corte Constitucional alemã firmou jurisprudência no sentido de que a prestação reclamada deve responder ao que o indivíduo pode razoavelmente exigir da sociedade, de tal sorte que, mesmo em dispondo o Estado dos recursos e tendo o poder de disposição não se pode falar em uma obrigação de prestar algo que não se mantenha nos limites do razoável. Assim, poder-se-ia sustentar que não haveria como impor ao Estado a prestação de assistência social a alguém que efetivamente não faça jus ao benefício, por dispor, ele próprio, de recursos suficientes para seu sustento. O que, contudo, corresponde ao razoável, também depende – de acordo com a decisão referida e boa parte da doutrina alemã – da ponderação por parte do legislador" (*A Eficácia dos Direitos Fundamentais*. *Op. cit.*, p. 261).

permanecem os preconceitos. Felizmente, a aplicação da reserva do possível já possui algumas críticas conhecidas, especialmente pela possibilidade de esvaziamento das garantias protetivas que visam a tais direitos.[141]

É evidente que, com isso, não se pretende assegurar teses panfletárias de validade plena e ilimitada de direitos sociais – o que inexiste mesmo para direitos de liberdade – mas sim admitir que o custo é algo que permeia qualquer ação humana, e eventual ponderação poderá – ou mesmo deverá – atingir qualquer um deles.

Como visto, a ideia de direitos sociais como mandados ou algo alcançável no mercado traz uma inferioridade dos mesmos, como se fossem direitos ainda *menores de idade*,[142] carecendo da maioridade legal para produzir todos os seus efeitos. O mesmo se diga dos aspectos econômicos dos direitos prestacionais. As pretensas dificuldades e limitações estatais quanto aos direitos sociais tomam lugar em qualquer ação estatal. A teoria da escassez é aprendida na primeira aula de qualquer curso de economia, pois a sociedade sempre possui demandas ilimitadas para recursos, em regra, limitados. Mesmo aspectos relacionados a liberdades clássicas sofrem com a escassez. Sabe-se que não existem recursos para assegurar pleno e irrestrito acesso à Justiça a qualquer pessoa, assim como o Estado não possui condições de patrocinar segurança pública abrangente a todos. Nem por isso tais prestações seriam limitadas ou somente demandáveis após normatização infraconstitucional.

Ademais, todos os direitos geram custos, que devem ser administrados e impõem limitações efetivas a qualquer ação estatal. A teoria da escassez não poupa nem mesmo o Direito. Todavia, frente aos direitos clássicos de defesa e prestações materiais tradicionais, como serviços públicos, os administrados não têm a cultura de demandá-los em Juízo, como uma pessoa que requeresse um balcão exclusivo para atendimento na prefeitura ou a prestação de serviço domiciliar de cartório, custeado pelo Estado. As limitações na atuação estatal são flagrantes em todos os setores, e nem por isso ingressam em Juízo hordas de pessoas demandando um juiz privativo e à disposição para atender, imediatamente, a qualquer pleito apresentado.

Talvez pela individualização dos direitos sociais prestacionais, que são materializados em pecúnia e pagos diretamente ao requerente, talvez pela

---

141 Cf. KRELL, Andreas. *Direitos Sociais e Controle Judicial no Brasil e na Alemanha:* Os (Des)Caminhos de um Direito Constitucional Comparado. Porto Alegre: Sergio Fabris, 2002.
142 A expressão é de PISARELLO, Gerardo. *Los Derechos Sociales y sus Garantías – Elementos para una Reconstrucción.* Madrid: Trotta, 2007, p. 14.

maior importância na preservação da vida e do bem-estar, o fato é que há, na realidade nacional, um estímulo maior para demandas que postulem prestações sociais, o que expõe a escassez com maior vigor. No entanto, direito social ou não, somente é cabível uma demanda frente ao que se pode exigir razoavelmente da sociedade.[143]

A reserva do possível, enfim, é um truísmo. Qualquer ação estatal é inexoravelmente limitada pela escassez, e escolhas trágicas devem ser feitas a todo o momento, seja pelo Estado, pelo mercado ou mesmo pelas famílias. O Direito passou a tomar maior ciência de tais questões pelo ingresso dos direitos sociais, mas o erro é achar que a limitação é atributo exclusivo dos direitos prestacionais.

A previdência social, por tudo que se disse, também é limitada pela escassez de recursos. Não por ser direito social, mas pela realidade de uma sociedade que sempre terá recursos limitados. Visando assegurar o atendimento de prestações adequadas, sem gerar ônus excessivos e resguardar gerações futuras, a previdência social, além da reserva do possível fática e jurídica, ainda conta com uma terceira dimensão, que é a questão atuarial. É o tema que será tratado na sequência.

2.11. RESERVA DO POSSÍVEL ATUARIAL

Como já exposto, todos os direitos trazem encargos ao Estado. Ou seja, apesar da limitação orçamentária e financeira ser um evidente vetor de aplicabilidade dos direitos sociais, o é como em qualquer outro direito, mesmo nos direitos pretensamente *negativos*. Igualmente válida é a constatação que os direitos sociais também possuem dimensão de defesa, impedindo, por exemplo, a exclusão de direitos já assegurados, dentro da concepção da vedação do retrocesso.

Aqui a questão é outra. O financiamento é uma necessidade, como em qualquer ação estatal, mas teria a previdência social instrumentos diferenciados de atender ao equilíbrio, fornecendo prestações adequadas de acordo com as receitas disponíveis? A resposta é afirmativa.

A previdência social, seja qual for o modelo adotado, deve obediência ao que se pode chamar de *reserva do possível atuarial*, não só por expresso mandamento constitucional, no caso brasileiro (art. 201, *caput*), mas

---

[143] Sobre a jurisprudência e doutrina germânica quanto ao que se pode razoavelmente exigir da sociedade, ver SARLET, Ingo Wolfgang. *A Eficácia dos Direitos Fundamentais, op. cit.*, p. 287.

mesmo por conceituação elementar.¹⁴⁴ Por isso, no contexto previdenciário, a discussão sobre a reserva do possível assume aspecto próprio, tridimensional, pois além das clássicas acepções fática ou financeira (recursos efetivamente existentes) e jurídica (previsão em orçamento), deve-se aliar a percepção atuarial. Em um sistema equilibrado, o plano de benefícios deve ater-se rigorosamente ao plano de custeio, o qual carece de revisões periodicamente, com base nas premissas atuariais vigentes.¹⁴⁵

Neste contexto, a constitucionalização material do Direito Previdenciário não deve ser utilizada como pretexto para ampliações de benefícios descompromissadas com os preceitos atuariais, que são, também, previstos na Constituição, muito embora, em demandas que não impliquem novos encargos e, especialmente em ações coletivas, possa o Judiciário optar por interpretação mais adequada aos objetivos constitucionais de construção de uma sociedade livre, justa e solidária.

No entanto, cabe aqui uma ressalva. Até pelas premissas já fixadas até agora, não se admite o cálculo atuarial como suficiente instrumento de garantia de perenidade do sistema protetivo, até pelas mazelas imprevisíveis em nosso futuro e riscos coletivos de complexa securitização. No entanto, isso não implica ignorar as premissas matemáticas que fornecem, ao menos, substrato mínimo para a cobertura, podendo esta ser adequada em situações de maior carência.

A solução, como se propõe no capítulo 3, será, em primeiro lugar uma reformulação do financiamento do sistema previdenciário, com custeio fundado em impostos, tanto para o primeiro como para o segundo pilar, que serão obrigatórios, e o terceiro mediante cotizações voluntárias dos participantes. Ao invés de se estabelecer um patamar remuneratório ideal, especialmente no primeiro pilar, de cobertura universal, o que se pretende é o caminho inverso: identificar o que a sociedade está disposta a arcar, mediante deliberação democrática e dentro dos objetivos constitucionais e, uma vez fixados os recursos disponíveis, quantificar a renda a ser concedida, de modo universal ou direcionado a determinadas clientela.¹⁴⁶

Com isso, a previdência social desempenhará função protetora em superioridade frente aos demais mecanismos protetivos, pois a cotização

---

144 Sobre o cálculo atuarial como componente de qualquer modelo previdenciário, ver GARCIA, Jorge Afonso e SIMÕES, Onofre Alves. *Matemática Actuarial, Vida e Pensões*. Coimbra: Almedina, 2010, p. 261 e seguintes.

145 SARLET, Ingo também traz uma avaliação tridimensional da reserva do possível, mas centrada na disponibilidade fática dos recursos, disponibilidade jurídica e razoabilidade do gasto (*A Eficácia dos Direitos Fundamentais, op. cit.*, p. 287).

146 A questão da universalidade ou não do primeiro pilar de proteção social será tratada no capítulo 3.

forçada aqui tem sistemática própria e estritamente vinculada ao equilíbrio financeiro, atendendo ao desiderato da vida digna em respeito às limitações econômicas inerentes ao Estado pós-social.

2.12. A PREVIDÊNCIA SOCIAL COMO GARANTIA INSTITUCIONAL

Nos últimos anos, há razoável consenso sobre a jusfundamentalidade de determinados direitos sociais, especialmente, no que interessa à presente obra, a previdência social. No entanto, o desenvolvimento tradicional é excessivamente – quando não unicamente – centrado na análise subjetiva; nas prerrogativas individuais frente ao sistema, olvidando-se da sua dimensão objetiva, do modelo como um todo, na forma de garantia institucional.

O rol de instrumentos destinados a atingir um objeto central – a proteção social – pode ser qualificado como uma *instituição*, no sentido de buscar, como razão de sua existência, por meio de órgãos competentes, a fixação de suas metas e objetivos, no melhor interesse da comunidade.[147] A previdência social não é reduzível a determinados benefícios, mas compõe sistema que busca assegurar, na melhor medida – e dentro dos recursos disponíveis – o maior grau de bem-estar possível.

As garantias institucionais foram mencionadas, de forma mais abrangente, na Teoria *da Constituição*, obra clássica do alemão Carl Schmitt, o qual previa que as aludidas garantias, ainda que previstas na Constituição, seriam lógica e juridicamente distintas dos direitos fundamentais, não tendo relação direta com a liberdade.[148]

Em aprofundamentos posteriores, passou a adotar a expressão *"garantias institucionais"* para instituições de direito público, como o exército, e *garantias do instituto*, agora destinada a instituições de direito privado, como o casamento. A garantia institucional surge então como

---

147 Cf. HAURIOU, Maurice. *A Teoria da Instituição e da Fundação – Ensaio de Vitalismo Social* (tradução de José Ignácio Coelho Mendes Neto). Porto Alegre: Sérgio Fabris, 2009, p. 19. (...) *uma instituição é uma ideia de obra ou de empresa que se realiza e dura juridicamente num meio social; para a realização dessa ideia, organiza-se um poder que lhe confere órgãos; por outro lado, entre os membros do grupo social interessado na realização da ideia, produzem-se manifestações de comunhão dirigidas pelos órgãos do poder e reguladas por procedimentos* (op. cit., loc. cit.). Mais adiante, ainda afirma que (...) *o elemento mais importante de toda instituição corporativa é o da ideia da obra a realizar num agrupamento social ou em proveito desse agrupamento* (op. cit., p. 21).

148 SCHMITT, Carl. *Teoría de la Constitución* (tradução de Francisco de Ayala). Madrid: Alianza Editorial, 2006, p. 175

contraponto ao conceito clássico de direito subjetivo público; contra a concepção de direitos oponíveis ao Estado.[149]

A ideia seria fundamentar que determinados indivíduos são protegidos desde que alcançados por alguma instituição; algo semelhante a um critério de proteção, excluindo um direito geral. Em sua divisão, os direitos fundamentais seriam subdivididos em direitos de liberdade, garantias institucionais e garantias do instituto. A primeira – a liberdade – seria subordinada as duas últimas. Ao que parece, em razão das premissas autoritárias de Schmitt, a Constituição protegeria instituições mais tradicionais em vez de direitos fundamentais propriamente ditos.[150]

No entanto, ainda que a doutrina das garantias institucionais tenha grande desenvolvimento em textos liberticidas, posteriormente utilizados como fundamento para o nazismo, pode-se buscar, em aprimoramento dogmático, roupagem adequada ao conceito que atenda às perspectivas de determinadas garantias gerais na Constituição, como a previdência social, a qual mescla interesses de diversas pessoas e mesmo de gerações distintas.

Especialmente com o Estado Social, a garantia institucional ganha força, haja vista a ampla previsão de garantias da vida digna e, para Paulo Bonavides, ao fixar a diferença entre o direito e a garantia que o faz eficaz, afirma que algumas instituições, devido à sua relevância para a sociedade, recebem resguardo constitucional, bem como direitos fundamentais que também reúnem atributos institucionais.[151] Devido a tal premissa, também reconhecendo uma evolução do conceito, expõe as garantias institucionais com garantias constitucionais, garantia esta que *disciplina e tutela o exercício dos direitos fundamentais.*[152]

Reconhece também Jorge Miranda a origem das garantias institucionais na obra de Carl Schmitt, mas afirma que, após a Segunda Guerra Mundial, as mesmas revestem-se de todos os meios de proteção inerentes à ordem constitucional de valores.[153] Admite o mesmo autor que a distinção entre direito fundamental e garantia institucional, na prática, nem sempre será

---

149 Sobre o tema, com a evolução de Carl Schmitt sobre o assunto, ver BERCOVICI, Gilberto. Carl Schmitt e a Constituição de Weimar: Breves Considerações. *Revista Latino-Americana de Estudos Constitucionais*, Belo Horizonte, v. 2, 2003, p. 368.
150 Neste sentido, BERCOVICI, Gilberto. *Carl Schmitt e a Constituição de Weimar, op. cit., loc. cit.*
151 BONAVIDES, Paulo. *Curso de Direito Constitucional. Op. cit.*, p. 537. Para a origem das garantias institucionais na República de Weimar, ver, também, BONAVIDES, Paulo, *op. cit.*, pp. 539 e seguintes.
152 *Op. cit., p.* 537
153 Cf. MIRANDA, Jorge. *Manual de Direito Constitucional. Op. cit.*, t. VI, p. 74.

fácil, até mesmo pela conjugação de ambos nos textos constitucionais.[154] A divisão precisa entre direito fundamental e garantia institucional, como prevista em Carl Schmitt, não deve perseverar com tanto rigor, até pelos fundamentos antiliberais que norteiam a obra deste autor.[155] Hoje, podem mesmo se confundir em determinadas situações.[156]

Embora se reconheça uma possibilidade de enfraquecimento dos direitos fundamentais por meio das garantias institucionais,[157] a previsão mais geral, baseada na doutrina germânica, das garantias como limite de ação ao legislador, na preservação de certos institutos jurídicos, ainda encontra espaço.[158] Especialmente no Pós-Guerra, as garantias institucionais ganham roupagem mais sólida, como instrumento de preservação das essências da instituição protegida, que poderia ser vitimada por mutações pontuais, ao longo do tempo.[159] Afinal, o próprio Carl Schmitt já reconhecia que há garantias institucionais com direitos subjetivos ou sem eles.[160]

A previdência social encontra boa receptividade na teoria, pois visa, por meio de suas prestações, a construir rede de proteção social capaz de atender, no mínimo, aos riscos da existência. Nenhuma prestação, isoladamente considerada, será capaz de alcançar o desiderato da liberdade do querer, mas somente um conjunto de ações globalmente dimensionado.

Assim, não seria correto divisar a existência de um direito fundamental à aposentadoria por invalidez, ou um direito fundamental ao salário-maternidade. A jusfundamentalidade é da previdência social como garantia institucional. Isso é de extrema importância, pois a alteração do rol de prestações é possível, com redução ou mesmo exclusão de algumas, desde que o conjunto ainda atenda às necessidades sociais existentes, capaz de

---

154 *Para saber se determinada norma se reporta a um direito ou a uma garantia institucional, haverá que indagar se ela estabelece uma faculdade de agir ou de exigir em favor de pessoas ou grupos, se coloca na respectiva esfera jurídica uma situação activa que uma pessoa ou um grupo possa exercer por si e invocar directamente perante outras entidades – hipótese em que haverá um direito fundamental; ou se, pelo contrário, se confina a um sentido organizatório objectivo, independentemente de uma atribuição ou de uma actividade pessoal – caso em que haverá apenas uma garantia institucional* (op. cit., p. 74). No entanto, reconhecendo a dificuldade, mais adiante, afirma que, em vários casos, (...) *tudo depende, acima de tudo, da inserção sistemática, da realidade constitucional e da opção legislativa que se faça a partir daí* (op. cit., p. 75).
155 Cf. BONAVIDES, Paulo, Curso..., op. cit., p. 543.
156 Neste sentido, ver BONAVIDES, Paulo, Curso..., op. cit., p. 544.
157 Cf. BONAVIDES, Paulo, Curso..., op. cit., pp. 538-9.
158 Sobre o tema, ver BONAVIDES, Paulo, Curso..., op. cit., pp. 540-1.
159 Cf. J. J. CANOTILHO, Gomes. *Direito Constitucional e Teoria da Constituição.* Op. cit., p. 445. Nas palavras de Paulo Bonavides, *a garantia institucional visa, em primeiro lugar, assegurar a permanência da instituição, embargando-lhe a eventual supressão ou mutilação e preservando invariavelmente o mínimo de substantividade ou essencialidade, a saber, aquele cerne que não deve ser atingido nem violado, porquanto se tal acontecesse, implicaria já o perecimento do ente protegido* (Curso.., op. cit., p. 542).
160 SCHMITT, Carl. *Teoría de la Constitución,* op. cit., p. 177.

assegurar a vida digna. Só com tais garantias é que a sociedade brasileira poderá estabelecer uma ativa isonomia e a liberdade real, na qual as pessoas possam, efetivamente, desenvolver seus projetos de vida.[161]

A previdência social, como garantia institucional, tem, como consequência, maior realce de sua dimensão objetiva, superando a *solidão individualista* da concepção clássica dos direitos fundamentais, nas palavras de Paulo Bonavides,[162] criando realidade mais abrangente e eficaz na valoração da pessoa humana. No âmbito previdenciário, o tema já foi admitido no STF.[163]

Não obstante, a doutrina da garantia institucional, aplicada à previdência social, não ignora o elemento subjetivo, ao assegurar demandas individuais, especialmente para a clientela protegida, quando atinjam os requisitos previstos no evento determinante das prestações do sistema protetivo.

A ressalva é importante, pois não se pretende, com a garantia institucional, superar as prerrogativas individuais, em modelo organicista de proteção social, mas somente ressaltar a jusfundamentalidade macro da técnica protetiva, que deverá, igualmente, cotejar as pretensões individuais, que deverão possuir prevalência no âmbito do mínimo existencial.

Uma garantia institucional propicia melhor efeito irradiante da jusfundamentalidade, propiciando também direito de defesa,[164] evitando supressões indevidas ou restrições desproporcionais ao regime vigente. Muito frequentemente, as restrições são feitas por etapas, de modo que cada uma, isoladamente, não implique gravame severo sobre o gozo dos direitos sociais, mas, no conjunto, expressem mácula inaceitável do modelo protetivo. A adoção da salvaguarda constitucional da instituição previdenciária permite, com maior eficácia, a avaliação das modificações no aspecto geral, e não individualizado.

Muito frequentemente, mutações no sistema devem ser adotadas visando ao melhor amparo da sociedade. O foco da previdência social não

---

[161] Cf. DA SILVA, José Afonso. *Curso de Direito Constitucional Positivo*. 15ª ed., São Paulo: Malheiros, 1998, p. 185. No mesmo sentido BOBBIO, Norberto. *A Era dos Direitos* (tradução de Carlos Nelson Coutinho). 9ª ed., Rio de Janeiro: Campus, 1992, p. 21.

[162] *Curso de Direito Constitucional. Op. cit.*, pp. 565-566.

[163] A seguridade social como garantia institucional foi expressamente reconhecida pelo Ministro Gilmar Mendes, ao relatar o RE 415.454/SC, pp. 1.066-7, prevendo a necessidade de cotejar os interesses individuais com o grupo e da perene concretização legislativa do tema. Em suas palavras: *Enfim, a faculdade confiada ao legislador de regular o complexo institucional da seguridade, assim como suas fontes de custeio, obriga-o a compatibilizar o dever de contribuir do indivíduo com o interesse da comunidade* (*op. cit.*, p. 1.067).

[164] Sobre o tema das garantias institucionais como direito de defesa, ver SARLET, Ingo Wolfgang. *A Eficácia dos Direitos Fundamentais, op. cit.*, pp. 165 e 180. Como afirma, a garantia institucional seria uma forma de garantia fundamental, com principal função de limitar a ação do legislador ordinário (*op. cit.*, pp. 182 a 184).

é o indivíduo, mas sim a pessoa, isto é, no contexto de um ser humano inserido na vida em sociedade, dividindo alegrias e tristezas com aqueles que participam do projeto cooperativo da sociedade.[165]

Uma efetiva guarida à dignidade da pessoa humana impõe, também, a aceitação dos encargos daí derivados, como a necessidade de amparo aos necessitados e a todos aqueles que sucumbam aos revezes da vida. Exige do corpo social os meios necessários à manutenção de um padrão mínimo de vida, mesmo para aqueles que não demonstrem a menor simpatia ao próximo – este é o desafio da sociedade atual. A dignidade existe não somente frente aos que atendem aos requisitos de sociabilidade impostos pela maioria, mas é direito de todo ser humano. Somente uma garantia institucional, construída em regime de solidariedade forçada, poderá alcançar tal desiderato.

Mais do que um bônus, a garantia necessária da vida digna é um ônus social, já que a dignidade da pessoa humana é também um dever de todos para com todos. A dignidade da pessoa humana não é somente uma prerrogativa dos particulares frente ao Estado, mas também um dever daqueles para com o próximo.[166] As indiscutíveis vantagens trazidas pelo reconhecimento da primazia e inviolabilidade da pessoa humana, conquistadas a muito custo, trazem também pesados encargos, entre os quais, a cotização forçada para a manutenção da malha protetiva. Daí justificar-se a exação coercitivamente aplicada pelo Estado para fins de garantia da vida digna, impondo não só contribuições compulsórias da sociedade, mas também o ingresso forçado no sistema protetivo.

2.13. A CONSTITUCIONALIZAÇÃO DO DIREITO PREVIDENCIÁRIO

A constitucionalização do Direito é, na atualidade, muito mais do que uma teoria. É um fato. Já há algum tempo forma-se um claro consenso sobre a normatividade do texto constitucional, que deixa a sua clássica condição de carta de intenções para nortear o ordenamento vigente, dentro do que se convencionou chamar, no Brasil, de *doutrina brasileira da efetividade*.[167]

---

165 A distinção entre indivíduo e pessoa é bem desenvolvida por SARMENTO, Daniel. *Direitos Fundamentais e Relações Privadas*. 2ª ed. Rio de Janeiro: Lumen Juris, 2010.
166 Sobre a questão dos deveres fundamentais, inclusive quanto ao custo social para a manutenção dos mesmos e o enfoque excessivo somente nos direitos, ver NABAIS, José Casalta. *A Face Oculta dos Direitos Fundamentais: Os Deveres e os Custos dos Direitos*. Disponível em <https://www.agu.gov.br/publicacoes/Artigos/05042002JoseCasaltaAfaceocultadireitos_01.pdf>. Acesso em 11/10/2007.
167 Cf. BARROSO, Luís Roberto. *O Direito Constitucional e a Efetividade de Suas Normas*. Rio de Janeiro: Renovar, 2006.

Embora a estrutura constitucional possa apresentar-se, frequentemente, como fragmentária, é certo que a Constituição exsurge como projeto de consenso, já que elaborada por mundividências das mais variadas, e somente poderia ser construída mediante concessões recíprocas.[168] Parte da sua pretensa ausência de normatividade originava-se da má compreensão desta realidade.

Sem embargo, a concepção da constitucionalização do Direito é, ainda, equívoca. Basicamente, a expressão é utilizada com dois significados distintos. Em uma acepção que pode ser qualificada de *formal*, a constitucionalização do Direito reflete a inclusão de temas dos mais variados no texto constitucional, muito além da organização estatal e regime vigente, formando um conjunto dirigente ou, ao menos, substancialista, apresentando vasto rol de direitos fundamentais, os quais, até então, eram sumariamente previstos, quando não alijados do cume da pirâmide normativa.

A concepção formalista é facilmente encontrada quando da implantação de novo regime, especialmente após a retomada democrática, como no caso brasileiro, no qual as vicissitudes do regime pretérito, especialmente em matéria de direitos individuais, justificaram, de pleno, a inclusão de vasto rol de garantias individuais.

Em outra abordagem, chamada aqui de *material*, a constitucionalização do direito implica nova percepção e aplicação do ordenamento vigente, especialmente aquele recepcionado pela nova Lei Maior. Dentro do que se convencionou chamar de *filtragem constitucional*,[169] o aplicador do Direito deve ater-se aos preceitos normativos e vinculantes do texto constitucional na sua atividade diária, especialmente frente aos diplomas legais recepcionados, reconhecendo a normatividade do texto constitucional, tanto de suas regras como de seus princípios, os quais *impregnam* o ordenamento.[170]

---

168 Como bem afirma SOUZA NETO, Cláudio Pereira de, ao defender a Tópica na interpretação constitucional, *a Constituição, em razão do seu caráter fragmentário e mesmo contraditório, em razão das forças políticas por ocasião de sua elaboração e como carta compromisso, como pacto de diversas forças contrárias na busca do consenso* (*Jurisdição Constitucional, Democracia e Racionalidade Prática*. Rio de Janeiro: Renovar, 2002, p. 160). Neste sentido também já afirmava HESSE, Konrad, ao dispor que a Constituição não deve assentar-se numa estrutura unilateral, *se quiser preservar a sua força normativa num mundo em processo de permanente mudança político-social. Se pretende preservar a força normativa dos seus princípios fundamentais, deve ela incorporar, mediante meticulosa ponderação, parte da estrutura contrária* (*A Força Normativa da Constituição*. Tradução de Gilmar Ferreira Mendes). Porto Alegre: Sérgio Fabris, 1991, p. 21.

169 Cf. SCHIER, Paulo Ricardo. *Filtragem Constitucional – Construindo uma Nova Dogmática jurídica*. Porto Alegre: Sergio Antônio Fabris Editor, 1999.

170 Cf. GUASTINI, Riccardo. La "Constitucionalización" del Ordenamiento Jurídico: El Caso Italiano. In: *Neoconstitucionalismo(s)*, Edición de Miguel Carbonell. Madrid: Trotta, 2003, p. 49.

Resumidamente, a acepção formal limita sua análise ao texto constitucional em si, enquanto a vertente material proporciona a percepção da Lei fundamental sobre todo o ordenamento. Como se pretende demonstrar, o Direito Previdenciário pátrio passou por ambos os processos de constitucionalização citados, tanto na vertente formal quanto na material, haja vista a inclusão de diversos preceitos previdenciários na Constituição de 1988 e também pela aplicação direta de tais normas na resolução de questões protetivas.

O tema da constitucionalização tem sua relevância na tese desenvolvida para reforçar a natureza da previdência como garantia institucional e, também, ao expor as vicissitudes da matéria no Brasil, ao buscar assegurar direitos frequentemente desrespeitados pelo legislador ordinário, mas, ao mesmo tempo, enrijecer determinados aspectos que deveriam contar maior margem de adequação, especialmente em razão das variantes demográficas. Tais dilemas são perceptíveis já a partir da evolução histórica da previdência social nas Constituições brasileiras.

2.13.1. A Constitucionalização Formal do Direito Previdenciário

2.13.1.1. Evolução Histórica nas Constituições Brasileiras

A invasão do tema previdenciário na Constituição brasileira não foi um processo gradual, mas, ao revés, uma revolução perpetrada pela última Assembleia Constituinte. Para demonstrar tal conclusão, uma breve incursão histórica das Constituições brasileiras propiciará uma fácil visualização.

De início, a Constituição de 1824 nada tratava do tema previdenciário, não tendo qualquer menção à previdência social ou aposentadoria. Tais aparições somente tomariam lugar na Carta de 1891, a qual foi a primeira a tratar de aposentadoria, que somente poderia ser dada aos *funcionários públicos em caso de invalidez no serviço da Nação* (art. 75). A omissão é compreensível, pois os primeiros sistemas previdenciários no mundo ainda eram recentes.

Também, nas disposições transitórias, a Constituição de 1891 concedia o direito de aposentadoria aos magistrados que não se enquadrassem na nova organização judiciária criada e ainda previa implicitamente o direito aos demais juízes (art. 6º).

Afora estas singelas menções, nada mais temos nesta Carta. Daí, inclusive, evidencia-se a natureza não contributiva que revestia a aposentação do servidor, restrita aos inválidos em serviço. Nada se falava sobre os demais trabalhadores e servidores. A proteção social ainda era algo estranho à organização estatal brasileira.

A Constituição de 1934 já avança nas garantias sociais, até porque já algum tempo posterior à Lei Eloy Chaves (Decreto-Legislativo nº 4.682/1923), prevendo a competência privativa da União para legislar sobre assistência social (art. 5º, inc. XIX, c). Também vem a prever a proteção ao trabalhador e à gestante, além de determinar *instituição de previdência, mediante contribuição igual da União, do empregador e do empregado, a favor da velhice, da invalidez, da maternidade e nos casos de acidentes de trabalho ou de morte* (art. 121, § 1º, h).

Daí a razão desta Carta ficar conhecida como a primeira a tratar de previdência e a instituir a fonte tríplice de custeio, com recursos dos trabalhadores, dos empregadores e da União. Os servidores também tinham direito ao benefício que, de acordo com a Constituição, deveria constar de Estatuto dos Funcionários Públicos (art. 170).

A Constituição de 1937 não trouxe grandes mudanças, limitando-se a prever a *instituição de seguros de velhice, de invalidez, de vida e para os casos de acidentes do trabalho* (art. 137, m). Também determinava que *as associações de trabalhadores têm o dever de prestar aos seus associados auxílio ou assistência, no referente às práticas administrativas ou judiciais relativas aos seguros de acidentes do trabalho e aos seguros sociais* (art. 137, n). Com relação ao servidor, havia também menção à criação do Estatuto dos Funcionários Públicos, tratando de direitos e obrigações destes (art. 156).

A Constituição de 1946 dava competência à União para legislar sobre normas de *seguro e previdência social* (art. 5º, inc. XV, b). Também previa a obrigatoriedade de *previdência, mediante contribuição da União, do empregador e do empregado, em favor da maternidade e contra as consequências da doença, da velhice, da invalidez e da morte* (art. 157, inc. XVI). Igualmente tratava do servidor público, sendo a primeira com garantia de aposentadoria ao servidor que contasse com 35 anos de serviço (art. 191, § 3º).

A Constituição de 1967, assim como a de 1946, dava competência à União para legislar sobre *normas de seguro e previdência social* (art. 8º, inc. XVII, c). Também trazia o direito dos trabalhadores à *previdência social, mediante contribuição da União, do empregador e do empregado, para seguro-desemprego, proteção da maternidade e, nos casos de doença, velhice, invalidez e morte* (art. 158, inc. XVI).

Também evidenciava a Carta de 1967 que *nenhuma prestação de serviço de caráter assistencial ou de benefício compreendido na previdência social será criada, majorada ou estendida, sem a correspondente fonte de custeio total* (art. 158, § 1º). Na verdade, tal dispositivo foi criado em 1965, por meio de Emenda à Constituição de 1946, mantido até os dias de hoje (art. 195, § 5º, da CF/1988).

A Emenda de 1969 repetiu as normas de 1967 sobre proteção social, mantendo a competência da União em matéria previdenciária e repetindo as demais regras. Também havia em ambas o direito do servidor de aposentar-se voluntariamente, após 35 anos de serviço. Enfim, como se nota, poucos preceitos previdenciários até então. Tudo muda em 1988.

2.13.1.2. A Constituição de 1988 – O Dirigismo Previdenciário

A Constituição vigente foi a primeira a tratar da seguridade social, em título próprio, da *Ordem Social*. Foi clara a intenção de criar um sistema protetivo até então inexistente em nosso país, já que o Estado, pelo novo conceito, seria responsável pela criação de uma rede de proteção capaz de atender aos anseios e necessidades de todos na área social.

Daí a seguridade social brasileira ser apresentada, no âmbito constitucional, como o conjunto integrado de ações de iniciativa dos Poderes Públicos e da sociedade, destinadas a assegurar os direitos à saúde, à previdência e à assistência social (CF/1988, art. 194, *caput*). Não se trata propriamente de uma definição, mas pode-se conceituar a seguridade social como a rede protetiva formada pelo Estado e particulares, com contribuições da sociedade, incluindo parte dos beneficiários dos direitos, no sentido de estabelecer ações positivas no sustento de pessoas carentes, trabalhadores em geral e seus dependentes, providenciando a manutenção de um padrão mínimo de vida.

Muito embora a Constituição de 1988 tenha, de fato, cometido exageros, o descompromisso com a realidade financeira e as limitações orçamentárias pode ser superado sem um inadequado retrocesso ao Estado liberal. O Estado contemporâneo deverá aprender a compatibilizar a busca da liberdade real com a escassez de recursos.

A intervenção estatal, na composição da seguridade social, é obrigatória, por meio de ação direta ou controle, a qual deve buscar atender a toda e qualquer demanda referente ao bem-estar da pessoa humana. A seguridade social é, também, objeto de estudo e normatização do Direito Previdenciário. Muito embora a previdência seja menor que a seguridade, como aquela é anterior a esta, o ramo do Direito adota seu nome. Todavia, a utilização de designações diversas, como Direito da Seguridade Social, também é comum.

Não obstante a relevância da seguridade social e, em especial, da previdência, a Constituição de 1988 trouxe uma regulamentação invasiva e detalhada sobre diversos pontos do sistema previdenciário, proporcionando uma normatividade constitucional sobre o tema sem precedentes aqui e no resto do mundo.

De acordo com pesquisa realizada nas Constituições de 35 (trinta e cinco) países de todo o mundo, mostrou-se que o direito à previdência social possui inserção constitucional na absoluta maioria deles, não sendo expressamente previsto em apenas dois (Estados Unidos e Israel). Dentre os 33 (trinta e três) países cujas Constituições referem-se ao direito à previdência social, 28 (vinte e oito) o consagram entre os direitos fundamentais ou direitos sociais.[171]

No entanto, poucos se dedicam a aspectos mais concretos do sistema protetivo. Em 06 (seis) países o grau de detalhamento das normas constitucionais relacionadas à previdência social foi considerado médio (Bolívia, Costa Rica, México, Uruguai, Venezuela e Portugal) e em apenas 02 (dois) identificou-se um alto grau de detalhamento das normas constitucionais previdenciárias (Equador e Suíça). Mesmo nestes, o direito à previdência social não alcança o nível de destaque e relevância encontrado na Constituição da República Federativa do Brasil de 1988.[172]

É interessante notar que mesmo a Constituição portuguesa, antes da reforma, tradicionalmente apontada como dirigente, somente apresentava um único artigo sobre o tema, que ainda perdura, mesmo após a reforma constitucional de 1982, como o exclusivo dispositivo sobre a previdência social.[173]

---

171 Cf. NOGUEIRA, Narlon Gutierre. *A Previdência Social nas Constituições ao Redor do Mundo*. Disponível em <http://www.mpas.gov.br/arquivos/office/3_081014-104755-703.pdf>. Acesso em 01/02/2009.

172 Cf. NOGUEIRA, Narlon Gutierre, *op. cit., loc. cit.*

173 *Artigo 63º (Segurança social e solidariedade) Todos têm direito à segurança social. Incumbe ao Estado organizar, coordenar e subsidiar um sistema de segurança social unificado e descentralizado, com a participação das associações sindicais, de outras organizações representativas dos trabalhadores e de associações representativas dos demais beneficiários. O sistema de segurança social protege os cidadãos na doença, velhice, invalidez, viuvez e orfandade, bem como no desemprego e em todas as outras situações de falta ou diminuição de meios de subsistência ou de capacidade para o trabalho.*
Todo o tempo de trabalho contribui, nos termos da lei, para o cálculo das pensões de velhice e invalidez, independentemente do sector de actividade em que tiver sido prestado. O Estado apoia e fiscaliza, nos termos da lei, a actividade e o funcionamento das instituições particulares de solidariedade social e de outras de reconhecido interesse público sem carácter lucrativo, com vista à prossecução de objectivos de solidariedade social consignados, nomeadamente, neste artigo, na alínea b) do nº 2 do artigo 67º, no artigo 69º, na alínea e) do nº 1 do artigo 70º e nos artigos 71º e 72º.

A Constituição brasileira aborda a previdência social em diversos pontos, abrangendo regimes previdenciários de servidores, militares e dos trabalhadores em geral. Especialmente no art. 201, que trata do regime geral de previdência social, há normas que abordam requisitos diferenciados de aposentadoria, idade mínima e tempo de contribuição, piso mínimo para pagamento de benefícios, relação entre habitualidade remuneratória e contribuição previdenciária, sistema de inclusão previdenciária e até forma de cálculo de gratificação natalina de aposentados e pensionistas.[174]

A precaução da Assembleia Constituinte se mostrou exagerada e, muito embora não nos pareça que o movimento pudesse ser rotulado como uma continuação da *insinceridade constitucional*[175] reinante até aquele momento, é certo que muitas das previsões, até hoje, não produziram os efeitos devidos.[176]

Talvez tenha faltado, ao menos na matéria previdenciária, algum *senso de realidade*[177] por parte do constituinte, não por ter normatizado o inalcançável, mas por ter invadido temas que melhor seriam tratados por lei, especialmente aqueles que tratam de premissas atuariais voláteis, como idade mínima de aposentadoria e tempo de contribuição. Em matéria previdenciária, o raciocínio exige análise matemática de seus fundamentos, e caso haja incremento, por exemplo, de expectativa de vida, a manutenção de equilíbrio demandará, necessariamente, majoração de contribuição, acréscimo de requisitos para a concessão do benefício ou mesmo redução de seu valor final.

Ainda que não se admita a Constituição brasileira como dirigente, é notório que o tema previdenciário foi exageradamente invadido pelo texto constitucional. Não se ignora aqui as duas reformas previdenciárias,[178]

---

174 Para um detalhamento mais completo do tema, ver o meu *Curso de Direito Previdenciário*, op. cit. Sem embargo, cumpre notar que, na previdência complementar, a Constituição era bastante restrita, com poucos dispositivos, seguindo caminho inverso com a EC nº 20/98. Sobre tal disparidade, ver PULINO, Daniel. *Previdência Complementar – Natureza Jurídico-Constitucional e seu Desenvolvimento pelas Entidades Fechadas*. São Paulo: Conceito, 2011, pp. 98 e 115.

175 A expressão é de BARROSO, Luís Roberto, ao delinear a doutrina da efetividade constitucional. Nas suas palavras, *além das complexidades e sutilezas inerentes à concretização de qualquer ordem jurídica, havia no país uma patologia persistente, representada pela insinceridade constitucional. A Constituição, nesse contexto, tornava-se uma mistificação, um instrumento de dominação ideológica, repleta de promessas que não seriam honradas* (*Temas de Direito Constitucional*, Rio de Janeiro: Renovar, 2005, t. III, p. 63).

176 Por exemplo, a inclusão do seguro-desemprego na previdência social (art. 201, III), benefícios diferenciados para portadores de deficiência (art. 201, § 1º), benefícios diferenciados para servidores com atividades insalubres, de risco e deficientes (art. 40, § 4º) e limite máximo para fins de remissão de contribuição previdenciária (art. 195, § 11). O art. 195, § 8º, que previa tratamento favorecido aos pequenos produtores rurais, somente foi plenamente disciplinado de acordo com texto constitucional com a edição da Lei nº 11.718/2008, 20 anos após a promulgação da Constituição.

177 Sobre o senso de realidade necessário ao constituinte, ver BARROSO, Luís Roberto, *Temas de Direito Constitucional...*, op. cit., p. 71.

178 Faz-se referência às EC nºs 20/1998 e 41/2003. A EC nº 47/2005 foi mero complemento da reforma de 2003.

as quais, efetivamente, reduziram o espaço normatizado em texto constitucional, mas a Carta brasileira ainda é, de longe, a mais minuciosa e detalhista em matéria previdenciária no mundo.

2.13.1.3. Motivações para a Constitucionalização Formal da Previdência Social

Como amplamente divulgado pela mídia, e mesmo vivenciado pelos brasileiros mais idosos, a normatização previdenciária infraconstitucional brasileira primou, nos anos anteriores a 1988, por agravar a situação de aposentados e pensionistas, por meio de diversos subterfúgios, como, por exemplo, a concessão de aposentadorias por meio da média de salários sem a correção monetária plena, o que, em um país com índices vergonhosos de inflação, produzia perdas elevadas.

Ademais, estimulava-se o segurado a contribuir sobre valores vultosos, criando-se a falsa expectativa de que obteria benefício no mesmo valor. Durante a fase de percepção do benefício, a redução da renda mensal era a regra, seja por achatamento do teto previdenciário, seja por ausência de reposição adequada da inflação.[179]

É certo que, na técnica previdenciária, a contribuição não possui, necessariamente, correlação exata com o benefício, a depender do maior ou menor grau de solidariedade do sistema e de seus fundamentos, a serem fixados por deliberação democrática, mas o que não se pode aceitar é um estímulo estatal, gerando a expectativa de estrita correlação custeio e benefício, para, no momento da jubilação, produzir evidente redução no benefício sob o argumento da solidariedade social.

A Assembleia Constituinte foi particularmente sensível a estes temas, a ponto de incluir, no texto constitucional, a obrigatoriedade da correção monetária não só do benefício, mas também dos salários que forem utilizados para sua concessão. Até mesmo a previsão do cálculo da gratificação natalina foi *constitucionalizada* por este motivo.[180]

No entanto, um grande perigo da constitucionalização excessiva é a retirada, da deliberação democrática, de vários temas relevantes, como, em matéria previdenciária, temas concernentes aos requisitos mínimos

---

179 Para uma ideia dos principais questionamentos anteriores e posteriores à Constituição de 1988, ver FIGUEIRA, Adriano Almeida. *Revisão Judicial dos Valores dos Benefícios Previdenciários*. Niterói: Impetus, 2008.
180 Sobre este ponto em particular, ver TAVARES, Marcelo Leonardo. *A Constitucionalização do Direito Previdenciário*. In: SOUZA NETO, Cláudio Pereira de & SARMENTO Daniel (org.). *A Constitucionalização do Direito – Fundamentos Teóricos e Aplicações Específicas*. Rio de Janeiro: Lumen Juris, 2007, p. 937.

para aposentadoria e concessão de outros benefícios.[181] Sob esse aspecto, a Constituição pode, contraditoriamente, tornar-se inimiga da democracia, trazendo a lume o conflito tradicional entre constitucionalismo e democracia.[182]

A democracia não impõe somente eleições livres, alternância de poder e prevalência das posições majoritárias, mas também a preservação de direitos fundamentais, especialmente das minorias, de modo a assegurar a toda e qualquer pessoa a cidadania de maneira plena.[183]

Em verdade, a constitucionalização do direito, tanto na vertente formal como na material, implica alguma perda de poder por parte do legislador. Pela vertente formal, parcela relevante da organização do Estado e objetivos nacionais é excluída de deliberação, e pela vertente material, mesmo a parcela de competência do legislador ordinário é interpretada e aplicada de acordo com os ditames constitucionais, não necessariamente condizentes com a *mens legislatoris*. Daí o perigo da constitucionalização excessiva.[184]

2.13.2. A Constitucionalização Material da Previdência Social

Além das motivações supracitadas, que propiciaram a inclusão exagerada de preceitos previdenciários na Constituição, é certo que a constitucionalização material do Direito Previdenciário tem sido observada no dia a dia dos Tribunais e nos escritos sobre o tema. Afinal, a Constituição não traz somente limites, mas também tarefas.[185]

A questão é especialmente relevante no Direito Previdenciário, pois a constitucionalização material foi importante para consolidar a ideia, até então obscura, da conjunção dos direitos fundamentais em uma ordem objetiva de valores, haja vista a Constituição não possuir um caráter neutro, fato este reconhecido desde o conhecido caso *Lüth*.[186]

---

[181] Sobre os riscos da *panconstitucionalização*, ver SARMENTO, Daniel. Ubiquidade Constitucional: Os Dois Lados da Moeda. *Revista de Direito do Estado*, ano 1, 2: 85-86, abril/junho 2006.

[182] Sobre a tensão entre constitucionalismo e democracia, ver SARMENTO, Daniel. *Ubiquidade Constitucional, op. cit.*, p. 92.

[183] Cf. HABERMAS, Jürgen. *Direito e Democracia entre Faticidade e Validade* (tradução de Flávio Siebeneichler). Rio de Janeiro: Tempo Brasileiro, 1977, v. I, p. 160.

[184] Para uma crítica sobre a intervenção estatal excessiva na previdência social, em um viés claramente libertariano, ver EPSTEIN, Richard A. *Principles for a Free Society – Reconciling Individual Liberty with the Common Good*. Cambridge: Basic Books, 2002, pp. 151 a 153.

[185] Cf. CLÈVE, Clèmerson Merlin. *Anais Seminário democracia e Justiça*. Porto Alegre, 1999, p. 228.

[186] SCHWABE, Jürgen. *Op. cit.*, p. 134.

Os princípios e valores constitucionais devem se estender a todo o ordenamento,[187] e o Direito Previdenciário não poderia ficar imune a esta realidade. Embora a matéria previdenciária fosse, preponderantemente, tema alheio à maioria dos juristas e, em regra, assunto de compreensão de alguns poucos profissionais que dominavam os meandros de sua complexa legislação, é inevitável impor o manto constitucional sobre todos os preceitos legais em matéria previdenciária.

Ademais, já é hora de o administrador previdenciário reconhecer sua vinculação, também, à Constituição, e não somente à lei. É superada a surrada concepção da vinculação administrativa somente à lei. Hoje, a Administração tem sua discricionariedade limitada, podendo e mesmo devendo agir sem manifestação do legislador, quando cabível, diretamente baseado na Constituição.[188]

Admitida a Constituição como norma jurídica, dotada de eficácia, não poderia o Direito Previdenciário manter-se refratário à nova ordem, cabendo, portanto, uma releitura de alguns conceitos que, embora estejam previstos em novas leis, datam das origens do sistema, como carência, manutenção da qualidade de segurado etc.[189]

Ademais, a influência da Constituição, em matéria previdenciária, pode ser facilmente verificada na elaboração de novas políticas legislativas, que devem observar não somente os preceitos geograficamente situados no Título da Ordem Social, mas todo o sistema constitucional, especialmente os objetivos do Estado brasileiro, essencialmente no que diz respeito à construção de uma sociedade livre, justa e solidária, conjugado com o objetivo de erradicação da pobreza e desigualdades sociais, todos em seu art. 3º, *conferindo verdadeira unidade de sentido e auferindo valoração da ordem normativa do sistema constitucional.*[190]

O princípio ético-jurídico solidariedade é atributo inafastável da previdência social brasileira, haja vista o sistema pátrio fundamentar-se em uma repartição forçada dos riscos, cabendo aos mais aptos financiar os

---
[187] Cf. BODIN DE MORAES, Maria Celina. A Caminho de um Direito Civil Constitucional. In: *Revista de Direito Civil*. v. 65, p. 24.
[188] Cf. BINENBOJM, Gustavo. *Uma Teoria do Direito Administrativo, op. cit.*. Para este autor, não seria sequer possível falar-se, atualmente, em atos discricionários, mas sempre vinculados, em maior ou menor grau. Ver também BARROSO, Luís Roberto. *A Reconstrução Democrática do Direito Público no Brasil*. Rio de Janeiro: Renovar, 2007.
[189] Muito embora as leis previdenciárias sejam, em geral, posteriores à Constituição de 1988, é fácil verificar que boa parte de seus artigos são mera reprodução, literal, de dispositivos anteriores, alguns remontando à década de 1930. A filtragem constitucional é necessária e urgente em muitos destes dispositivos.
[190] Cf. BONAVIDES, Paulo. *Curso de Direito Constitucional. Op. cit.*, p. 259.

benefícios daqueles que sucumbem aos revezes da vida.[191] Com isso, não seria exagero rotular como inconstitucional qualquer preceito legal que venha a privatizar o sistema previdenciário básico ou, que mesmo com a gestão estatal, venha a impor, com exclusividade, contas individualizadas de recolhimento, com vinculação de rendimentos ao mercado financeiro.

Apesar de facilmente encontrada, a defesa pela adequação da previdência social ao mecanismo de mercado acaba com a solidariedade, além de comprometer a própria liberdade real dos seus participantes, pois internaliza no sistema o risco existente nas aplicações de mercado. Muito embora uma pessoa possa, dependendo do caso, receber mais em um sistema privado, poderá também receber menos, dependendo da época de aposentadoria, que pode coincidir com uma retração do mercado, ou mesmo valores ínfimos, no caso de incapacidade.[192]

Muito embora as últimas reformas previdenciárias, mundo afora, tenham privilegiado o modelo bismarckiano, com redução da solidariedade, em privilégio da capitalização individual, isso não significa uma exclusão por completo deste importante fundamento do sistema, especialmente em benefícios por incapacidade, os quais não poderiam ser financiados individualmente, haja vista a imprevisibilidade do evento determinante.[193] Tais aspectos técnicos são melhor apresentados no capítulo 3.

No entanto, quando novas reformas previdenciárias são debatidas, a Constituição é raramente apresentada. O debate acaba por restringir-se a economistas e atuários, restando o jurista afastado do debate, o que certamente gera as conhecidas dificuldades de aprovação dos textos, além de fundado receio da interpretação dos Tribunais. Na verdade, as

---

[191] Sobre o tema, ver BODIN DE MORAES, Maria Celina. *O Princípio da Solidariedade*. Disponível em <http://www.idcivil.com.br/pdf/biblioteca9.pdf>. Acesso em 01/02/2009. Como firma a autora, *o indivíduo, como tal, não existe; coexiste, juntamente com outros indivíduos* (*op. cit., loc. cit.*).

[192] Sobre tais questões, ver, em especial, DIAMOND, Peter A. e ORZAG, Peter R. *Saving Social Security – A Balanced Approach*. Washington: Brooking Press, 2005, p. xiii e seguintes. Aqui, os autores apresentam crítica fundamental à reforma que fora proposta pelo governo Bush, na qual os trabalhadores teriam parte de sua contribuição revertida a um sistema de contas individuais, aplicadas no mercado. Como o recolhimento para o sistema oficial seria reduzido, insuficiente, atuarialmente, para manter o benefício futuro, haveria uma conta de débito com o sistema oficial, a ser liquidada no momento da aposentadoria, com a inserção dos ganhos no sistema privado. Ou seja, a parcela aplicada no mercado deveria render o suficiente para manter o patamar remuneratório desejado pelo segurado e liquidar o débito acumulado com o regime oficial, corrigido com inflação projetada de 3% ao ano. Um período longo de recessão econômica poderia deixar o segurado com saldo negativo. Como resume os autores, *individual accounts thus should supplement Social Security, not replace it* (*op. cit., loc. cit.*). Sobre o tema, ver também ORSZAG, Peter R. e STIGLITZ, Joseph E. *Un Nuevo Análisis de la Reforma de las Pensiones: Diez Mitos Sobre los Sistemas de Seguridad Social*. Disponível em <http://www.redsegsoc.org.uy/1_Jor_Diez-Mitos.htm>. Acesso em 10/12/2008, e BÉLAND, Daniel. *Social Security – History and Politics from the New Deal to the Privatization Debate*. Lawrence: Uinversity Press of Kansas, 2005.

[193] Sobre a redução da solidariedade nos sistemas previdenciários (e não sua exclusão), ver MESA-LAGO, Carmelo. *Reassembling Social Security, op. cit.*, p. 63 e seguintes.

propostas viáveis, do ponto de vista econômico e atuarial, devem, também, compatibilizarem-se com o texto constitucional, excluindo, de pronto, sistemas individualizados, que excluam a solidariedade e coloquem em risco a liberdade real de seus participantes.[194]

A constitucionalização material do Direito Previdenciário tem como importante consequência a inclusão da deliberação democrática na busca das reformas necessárias ao sistema, de modo a se produzir um consenso sobre o equilíbrio ideal entre proteção social e equilíbrio atuarial.[195]

Cumpre observar que não há contradição no exposto. Critica-se a excessiva constitucionalização formal da previdência social, com engessamento de temas que demandam adequação periódica e estariam melhor previstos na legislação ordinária. Por outro lado, é inegável a relevância da constitucionalização material, ao reconhecer a eficácia irradiante da Constituição e seus dispositivos – não somente previdenciários – sobre todo o Ordenamento vigente, incluindo o previdenciário.

2.13.3. A Previdência Social na Constituição – Um Redimensionamento Necessário

A Constitucionalização excessiva, especialmente na vertente formal, é algo a ser combatido no Direito Previdenciário. O paternalismo estatal na seara protetiva não pode funcionar como instrumento de restrição das liberdades individuais, o que fatalmente aconteceria com um sistema protetivo exagerado, o qual demandaria recursos cada vez maiores, limitando, ainda que indiretamente, os projetos de vida individuais.[196] A previdência social, impondo cotizações compulsórias, somente se

---

194 Interessante notar que a previdência social, como instrumento de garantia da liberdade real e, portanto, dotada das mesmas prerrogativas de defesa que os direitos civis, encontra guarida em diversos precedentes da Corte Europeia de Direitos Humanos, como os julgamentos de Salesi v. Itália, em 26/02/1993, Schuler-Zgraggen v. Suíça, em 24/06/1993 e Georgiadis v. Grécia, em 29/05/1997. Sobre o tema, ver HEREDERO, Ana Gomes. *Social Security as a Human Right – The Protection Afforded by the European Convention on Human Rights*, Council of Europe, 2007.

195 Como bem apontado por BONOLI, Giuliano e PALIER, Bruno, as reformas previdenciárias na Alemanha, Itália e França somente foram bem-sucedidas após a implementação gradual das mesmas e da conscientização da população (*Comparing Old-Age Insurance Reforms in Reforming The Bismarckian Welfare Systems*, Oxford: Blackwell, 2008, pp. 25 a 32).

196 Como aponta BODIN DE MORAES, Maria Celina, *o problema maior do Direito tem sido exatamente o de estabelecer um compromisso aceitável entre os valores fundamentais comuns, capazes de fornecer os enquadramentos éticos e morais nos quais as leis se inspiram, e espaços de liberdade, os mais amplos possíveis, de modo a permitir a cada um a escolha de seus atos e a condução de sua vida particular, de sua trajetória individual, de seu projeto de vida* (*O Conceito de Dignidade Humana...*, p. 108-109). O excesso de cotização previdenciária, ainda que permita uma aposentadoria precoce, impõe uma escolha pelo consumo futuro em detrimento do consumo presente, não sendo compatível com o ideal de liberdade. Esta questão é melhor desenvolvida no capítulo 3.

justifica na medida em que impõe obrigação minimamente necessária à manutenção da vida digna.

Enfim, muito embora o ativismo judicial possa ser desejável como instrumento de garantia dos direitos fundamentais, deve ser ponderado com o excesso normativo da Constituição, pois quanto mais normatizado um tema, talvez o melhor seja, na dúvida, a opção por maior deferência ao legislador ordinário, sob pena de judicializar qualquer política pública, especialmente em matéria previdenciária.[197] O tema será melhor desenvolvido adiante.

2.14. POSSIBILIDADES DE MUDANÇA NO REGIME PREVIDENCIÁRIO *VERSUS* A JUSFUNDAMENTALIDADE DO MODELO – RESOLUÇÃO DE CONFLITOS

Dentre os assuntos de maior importância em matéria previdenciária há a questão de eventual expectativa de direitos daqueles que já participam do sistema, especialmente quando próximos de alcançar os requisitos de elegibilidade da prestação previdenciária, como uma aposentadoria.

Alexy, ao ultrapassar a análise até então centrada no conceito de norma fundamental, passa a avaliar sua estrutura, onde ressurge com sua ávida defesa da teoria dos princípios, ao afirmar que a segregação destes, frente às regras, é a mais importante distinção para a teoria dos direitos fundamentais, pois sem ela, não seria possível uma teoria sobre restrições ou colisões de direitos fundamentais.[198]

Reconhece Alexy que a distinção não é nova, mas *há uma pluralidade desconcertante de critérios distintivos,*[199] dificultando a tarefa. Como se sabe, o critério clássico de distinção é a generalidade, mas certamente muitos se formaram nos últimos anos. Por isso há três teses sobre a possível distinção entre regras e princípios. Uma delas é que tal separação seria inviável, devido à vacilação e sobreposição de critérios existentes; para outra, a diferença é somente de grau, ou seja, a maior generalidade dos princípios; por fim, a diferença não seria só de grau, mas também qualitativa, que é a defendida pelo autor e pela maioria da doutrina atual.[200]

---

197 A postura judicial de deferência às escolhas, legislativas e administrativas, em determinados contextos políticos, como gastos públicos, segurança nacional e política econômica, tem sido tradicionalmente aceita pela doutrina. Neste sentido, ver JEREMY GUNN, T. Deconstructing Proporportionality in Limitations Analysis. *Emory International Law review*, v. 19, 2005, p. 486.
198 *Op. cit.*, p. 85. Como expõe, *a distinção entre regras e princípios é uma das colunas-mestras do edifício da teoria dos direitos fundamentais* (*op. cit., loc. cit*).
199 *Op. cit.*, p. 87
200 Cf. ALEXY, *op. cit.*, pp. 89 e 90.

Dentro de sua segregação qualitativa, os princípios seriam mandamentos de otimização, incluindo permissões e proibições, ou em suas palavras, *normas que ordenam que algo seja realizado na maior medida possível dentro das possibilidades jurídicas e fáticas existentes.*[201] Já as regras, com base na obra de Dworkin (que é criticada pela extrema simplicidade), seriam adotadas na sistemática binária do tudo ou nada.

A ideia central da tese de Alexy é que as possibilidades jurídicas, especialmente quanto aos direitos fundamentais, são definidas pelos princípios e regras colidentes. No conflito entre regras, ou declara-se uma cláusula de exceção, ou a invalidade de uma delas. Basicamente, trata-se de uma decisão sobre validade de uma norma em detrimento de outra.[202] Já para conflitos entre princípios, não há invalidade de um ou a criação de uma cláusula de exceção, pois ambos continuam válidos. Sob outras condições, a solução de precedência, concretamente criada para determinado caso, poderia ser invertida.[203] Os conflitos entre regras são resolvidos com base na dimensão da validade, já os conflitos de princípios, na dimensão de peso.[204]

No entanto, como já criticado anteriormente, a teoria dos princípios, além de fundamentos frágeis e divergentes, prejudica a jusfundamentalidade de direitos sociais, sob pretexto de terem uma roupagem principiológica, quando a abstração e eventual dificuldade de subsunção também podem surgir no trato das regras.[205]

Admitir direitos fundamentais como princípios é, por consequência, aceitar a possibilidade de restrição dos mesmos, o que seria um instrumento adequado para a resolução de conflitos.[206] Para a lei de colisão de Alexy, dentro de certo contexto fático, há a normal prevalência de um princípio sobre o outro, de forma a formar-se uma regra, regra esta que expressa tal preferência. Mediante as circunstâncias estabelecidas faticamente, a

---

201 *Op. cit.*, p. 90.
202 Cf. ALEXY, *op. cit.*, pp. 92 e 93.
203 Cf. ALEXY, *op. cit.*, p. 93. A tese, como se sabe, é bastante controvertida, havendo quem defenda, com razoável sucesso, a possibilidade desta fluidez de prevalência concreta também para as regras. Neste sentido, é emblemática, no Brasil, a obra de Humberto Ávila. *Teoria dos Princípios: da Definição à Aplicação dos Princípios Jurídicos*. 2ª ed. São Paulo: Malheiros, 2003.
204 Cf. ALEXY, *op. cit.*, p. 94. Interessante notar que Alexy não admite a precedência absoluta de um princípio frente a outro, demandando, sempre, a análise do caso concreto, mesmo para a dignidade da pessoa humana (*op. cit.*, p. 97).
205 Sobre o tema, ver item 5.
206 Cf. PEREIRA, Jane Reis Gonçalves. *Interpretação Constitucional e Direitos Fundamentais: Uma Contribuição ao Estudo das Restrições aos Direitos Fundamentais na Perspectiva da Teoria dos Princípios*. Rio de Janeiro: Renovar, 2006, p. 89,

consequência deve ser a mesma.²⁰⁷ Por isso se afirma, com alguma razão, que a distinção entre regras e princípios é mais voltada ao esquema de argumentação do que a uma efetiva diferença entre normas.²⁰⁸

No entanto, a teoria dos princípios, no que tange à segregação entre regras e princípios, é por demais fluida a ponto de permitir uma resolução adequada em situações de conflito. Tanto a ponderação como a subsunção podem tomar lugar em ambas as normas, a depender do caso concreto a ser resolvido ou mesmo das normas tratadas. A teoria da ponderação, quando enfrentadas normas abstratas em conflito, é importante e de comum aplicação, mas não possui relação necessária com a teoria dos princípios. Duas regras de elevada abstração podem ser ponderadas de modo a buscar-se o alcance adequado de cada uma delas, pondo fim ao conflito.

Adicionalmente, a aplicação de direitos fundamentais, incluindo os sociais, traz algumas dificuldades, especialmente pelas premissas adotadas. Basicamente, há aqueles que admitem a possibilidade de restrição, dentro do que se convencionou chamar de teoria externa, enquanto a teoria interna seria aquela que não admite qualquer restrição possível, mas mera delimitação conceitual, sem ponderação de bens envolvidos. A teoria interna, ou dos limites imanentes, sob pretexto de excluir o subjetivismo, acaba por camuflá-lo. Daí a preferência na doutrina nacional pela teoria externa.²⁰⁹

---

207 Cf. ALEXY, op. cit., p. 99. A lei de colisão, embora seja útil ao prever alguma segurança na aplicação dos princípios, abre, de certa forma, alguma ponte para a crítica mais tradicional, ao afirmar que, no final, os princípios nada mais seriam que regras mais abstratas, carentes de densificação. O tema é tratado no seu multicitado pósfacio de 2002.

208 Sobre o tema, ver SANCHÍS, Luis Preito. Sobre princípios y normas: problemas Del razonamento jurídico. Madrid: Centro de Estudos Constitucionales, 1992, p. 140.

209 Sobre o tema, ver PEREIRA, Jane Reis Gonçalves. *Interpretação Constitucional e Direitos Fundamentais*, op. cit., pp. 140 a 150. Como afirma, a principal critica a teoria interna é de que *o caráter aparentemente neutro e técnico da operação de delimitação do conteúdo importa em escamotear as considerações de ordem moral subjacentes, inviabilizando o controle das verdadeiras razões da decisão* (op. cit., p. 161). Como bem resume DA SILVA, Virgílio Afonso, in verbis: *Se fosse necessário resumir a ideia central da chamada teoria interna, poder-se-ia recorrer à máxima frequentemente utilizada no direito francês, sobretudo a partir de Planiol e Ripert, segundo a qual "o direito cessa onde o abuso começa". Com isso se quer dizer, a partir do enfoque da teoria interna – e daí o seu nome – que o processo de definição dos limites de cada direito é algo interno a ele. É sobretudo nessa perspectiva que se pode falar em limites imanentes. Assim, de acordo com a teoria interna, "existe apenas um objeto, o direito com seus limites imanentes". A fixação desses limites, por ser um processo interno, não é definida nem influenciada por aspectos externos, sobretudo não por colisões com outros direitos. Se isso é assim, ou seja, se a definição do conteúdo e da extensão de cada direito não depende de fatores externos e, sobretudo, não sofre influência de possíveis colisões posteriores, a conclusão a que se pode chegar, em termos de estrutura normativa, é que direitos definidos a partir do enfoque da teoria interna têm sempre a estrutura de regras* (O Conteúdo Essencial dos Direitos Fundamentais e a Eficácia das Normas Constitucionais. Revista de Direito do Estado, ano 1, nº 04, out./dez. 2006. Rio de Janeiro: Renovar, p. 37). Já sobre a teoria externa, diz: *Ao contrário da teoria interna, que pressupõe a existência de apenas um objeto, o direito e seus limites (imanentes), a teoria externa divide esse objeto em dois: há, em primeiro lugar, o direito em si e, destacado dele, as suas restrições. Essa diferença, que pode parecer insignificante, uma mera filigrana teórica, tem, no entanto, grandes*

A questão não é simples, pois a Constituição, em geral, não expõe como resolver o problema das colisões,[210] o que não é nenhuma novidade, pois conflitos são atribuições do aplicador do direito. Apesar das críticas da doutrina,[211] não é papel do Direito estabelecer precedências *a priori* entre direitos, ainda que fundamentais. A ponderação, sem embargo das dificuldades de aplicação que produz, deve ser admitida, seja para regras ou princípios, visando a solução mais adequada ao caso concreto. A negativa da ponderação acaba por omitir o real sopesamento feito pelo julgador, pois não seria ele obrigado a expor seus motivos e raciocínios.[212]

A teoria da restrição imanente, como afirma Alexy, é duvidosa, pois a possibilidade de restrição irá depender, muito frequentemente, do interesse contraposto, de modo que algum sopesamento sempre se faz necessário.[213] Por isso, como afirma, o modelo ideal de direitos fundamentais não é puro, mas misto, contendo tanto regras como princípios.[214] Em verdade, a teoria das restrições imanentes possui forte afinidade com a teoria interna.[215]

É comum afirmar-se, quanto à possibilidade de restrições a direitos fundamentais, que as mesmas encontram-se implicitamente na Constituição, não podendo o legislador ordinário as estabelecer, até por uma questão de hierarquia.[216] A teoria interna, em tal visão seria mais adequada às noções de rigidez constitucional e vinculação do legislador.[217]

---

consequências, práticas e teóricas. Boa parte daquilo que doutrina e jurisprudência muitas vezes tomam como dado, é, na verdade, produto dessa simples divisão teórica entre o direito em si e suas restrições. É principalmente a partir dessa distinção que se pode chegar ao sopesamento como forma de solução das colisões entre direitos fundamentais e, mais do que isso, à regra da proporcionalidade, com suas três subregras – adequação, necessidade e proporcionalidade em sentido estrito. Isso porque é somente a partir do paradigma da teoria externa, segundo o qual as restrições, qualquer que seja a sua natureza, não têm nenhuma influência no conteúdo do direito, podendo apenas, no caso concreto, restringir o seu exercício, que se pode sustentar que, em uma colisão entre princípios, o princípio que tem que ceder em favor de outro não tem afetada a sua validade e, sobretudo, a sua extensão prima facie. A não atenção a essa simples distinção pode ser fonte de algumas incompreensões teóricas (op. cit., p. 38).

210 Cf. NOVAIS, Jorge Reis. *As Restrições aos Direitos Fundamentais Não Expressamente Autorizadas pela Constituição.* Coimbra Editora, 2003, p. 639. Como lembra o autor, a ponderação pode ser a saída, não obstante suas falhas. Lembra que, na Alemanha, a ponderação é mais voltada para o caso concreto, dentro da ideia de proporcionalidade, enquanto nos Estados Unidos, a ponderação é usualmente feita em abstrato, por meio de *standards* (*op. cit.*, p. 643).

211 SARLET, Ingo Wolfgang. *A Eficácia dos Direitos Fundamentais, op. cit.*, p. 69.

212 Cf. NOVAIS, Jorge Reis. *Op. cit.*, p. 651. Como bem lembra, a falibilidade existe mesmo nos métodos clássicos de interpretação (*op. cit.*, p. 698).

213 Cf. ALEXY, *op. cit.*, p. 130.

214 Cf. ALEXY, *op. cit.*, p. 135.

215 Cf. PEREIRA, Jane Reis Gonçalves. *Interpretação Constitucional e Direitos Fundamentais, op. cit.*, p. 167.

216 Neste sentido, ver HÄBERLE, Peter. *La Garantía Del Contenido Esencial de los Derechos Fundamentales en la Ley Fundamental de Bonn.* Madrid: Dickson, 2003, p. 57.

217 Sobre o tema, ver SANCHÍS, Luis Pietro. *La Limitación de los derechos fundamentales y la norma de clausura del sistema de libertades. Derechos y Libertades.* Madrid: Debate, ano V, nº 08, jan./jun. 2000, p. 432.

No entanto, como já dito, a pretensa certeza das teorias internas nada mais fazem do que camuflar os reais motivos que justificaram a decisão, impedindo o controle de suas verdadeiras razões.[218]

No caso particular da previdência social, a teoria interna é insubsistente, pois não existe, em abstrato, um modelo previdenciário a ser considerado na Constituição, pois a sua gênese depende, em larga medida, de um plano de custeio e de benefícios detalhadamente mapeados, de acordo com as possibilidades contributivas de determinada época, visando a assegurar direitos mínimos e adequados à capacidade contributiva da sociedade. Tais premissas são constantemente revistas, até pelas variações demográficas e econômicas, e a teoria interna não traz resposta satisfatória à possibilidade/ necessidade de mudança de regras previdenciárias em razão de novas realidades.

Assim, a teoria externa é mais adequada ao ideal iluminista de liberdade, pois a admite de forma mais ampla possível, carecendo as restrições sempre de fundamentos.[219] Tal concepção é igualmente adequada ao tema previdenciário, já que a teoria interna, ao tratar da jusfundamentalidade do regime, fatalmente admitiria, tão somente, pilar básico de proteção restrito à sobrevivência.

Por natural, uma teoria de restrições de direitos fundamentais, ainda que restrita a direitos sociais prestacionais, comportaria uma tese própria. No entanto, admitida premissa da previdência social como garantia institucional, aliada à possibilidade de restrições, especialmente quando fundamentadas amplamente na necessidade de equilíbrio do sistema, denotam a viabilidade de mutações ou mesmo exclusões de prestações, desde que, no aspecto geral, as ações sobreviventes ainda atendam às necessidades básicas fixadas democraticamente. Esse é o singelo objetivo do presente item – a possibilidade de restrições do modelo, e a necessidade de eventual ponderação de forma a avaliar a validade das mesmas.

Um *standard* importante para ponderação é, no caso de restrição ou exclusão de direitos previdenciários, desde que comprovada a necessidade financeira da mesma, verificar se há outras prestações menos relevantes para o sistema. Por exemplo, não faria sentido a lei excluir ou restringir

---
218 Cf. PEREIRA, Jane Reis Gonçalves, *Interpretação Constitucional e Direitos Fundamentais*, op. cit., p. 161. *A noção de que é viável discernir com clareza o conteúdo dos direitos fundamentais – distinguindo-se, assim, os casos de delimitação dos de restrição – assenta-se na crença de que é sempre possível determinar de forma objetiva e precisa os contornos dos direitos fundamentais. Isso acaba implicando uma interpretação "monotônica" que, em última análise, confere uma discricionariedade substancialmente maior ao Judiciário* (op. cit., p. 180).

219 Cf. PEREIRA, Jane Reis Gonçalves. *Interpretação Constitucional e Direitos Fundamentais* op. cit., p. 165.

severamente a pensão por morte quando, no modelo, ainda existirem benefícios indenizatórios, como o auxílio-acidente.

Da mesma forma, não cabe restrição severa a prestações quando, no rol de dependentes, há previsões exageradamente permissivas, como ocorre atualmente no modelo brasileiro, no qual o cônjuge sobrevivente, independente de idade, renda ou atividade, receberá pensionamento vitalício.[220]

A ideia da ação adequada para o fim proposto e a inexistência de outro meio eficaz menos oneroso deverá, sempre, permear mutações previdenciárias. Os aspectos abstratos da proporcionalidade em sentido estrito também tomam lugar em reformas previdenciárias, mas, em geral, surgem com reduzido consenso, até pela abstração que lhe é inerente e pelos aspectos corporativos envolvidos nas reformas.

Na análise subjetiva dos preceitos envolvidos na ponderação, a atuação judicial acaba cumprindo papel de menor relevo, demandando maior reflexão e, em caso de dissenso elevado, maior deferência ao fixado pelo legislador ordinário.[221] Na sequência, há desenvolvimento dos limites do Judiciário na seara protetiva e a fixação de mais alguns parâmetros de ponderação.

2.14.1. Papel do Judiciário

Muitas vezes, a crença contemporânea na onipotência do Judiciário tem efeito contrário, expondo as dificuldades concretas em atender a todas as demandas e trazendo um sentimento de ineficácia, produzindo acomodação e ignorância de que tais direitos podem ser assegurados por outros meios. A prestação jurisdicional deveria, em regra, ser uma garantia secundária.[222] No entanto, com o reconhecimento da força normativa da Constituição, especialmente os direitos fundamentais, e a ampliação das atribuições estatais, há natural crescimento do poder de controle das atividades públicas, atribuição natural do Judiciário.[223]

Não é função desta obra buscar parâmetros para a atuação do Judiciário em matéria de direitos sociais, tema este já bem desenvolvido na doutrina

---

220 Art. 16, Lei nº 8.213/1991.

221 O tema da ponderação e da restrição a direitos fundamentais foi aqui desenvolvido dentro do estritamente necessário para nortear reformas previdenciárias e controles judiciais de tais mudanças. Para maiores aprofundamentos, ver ALEXY, Robert. *Teoria dos Direitos Fundamentais*, op. cit., e PEREIRA, Jane Reis Gonçalves. *Interpretação Constitucional e Direitos Fundamentais*, op. cit.

222 Sobre o tema, ver PISARELLO, Gerardo, MORALES, Aniza García & DÍAZ, Amaya Olivas. *Los Derechos Sociales como Derechos Justiciables*. Op. cit, p. 20.

223 Cf. PEREIRA, Jane Reis Gonçalves, *op. cit.*, p. 20.

nacional,²²⁴ mas traçar algumas particularidades que sejam de maior importância no âmbito específico do Direito Previdenciário.

Conforme o Direito alemão consolidou, não se verifica ofensa ao princípio da isonomia quando o Estado se restringe aos recursos dos quais efetivamente dispõe.²²⁵ Todavia, não devem os Tribunais intimidar-se com o obstáculo financeiro, sob pena de tornarem-se meros validadores das políticas oficiais. Com a restauração do modelo neoliberal mundo afora, muitas garantias legislativas e administrativas têm desmoronado frente às robustas garantias dos direitos clássicos de propriedade, e os tribunais têm feito pouco para reverter tal situação.²²⁶

Deve-se ter em mente que, uma vez admitidos os direitos sociais, surge uma contradição estrutural com a manutenção pretensamente absoluta da propriedade privada e das liberdades contratuais, haja vista a necessidade de financiamento das prestações estatais.²²⁷ Em verdade, a própria ideia de propriedade como prerrogativa absoluta é incompatível com a sociedade de risco e o Estado contemporâneo, seja pela necessidade de financiamento, seja pela carência de uma estrutura estatal que assegure a sua eficácia *erga omnes*.

Tal afirmação não implica, como possa parecer, uma ideia revolucionária, pois a propriedade somente existe por causa do Estado, assim como o sistema de livre-mercado demanda, necessariamente, conjunto de leis estabelecendo seu funcionamento, evitando manipulações diversas, e assegurando seus princípios por meio de Tribunais.²²⁸

A reserva do possível pode também funcionar como garantia dos direitos sociais, quando impõe a indisponibilidade da receita financeira prevista,²²⁹ impedindo desvios de receita da previdência social, por exemplo. Há instrumentos que permitem algum controle judicial sobre o tema.

A eventual necessidade de densificação normativa, pelo legislador, dos direitos sociais, incluindo a previdência social, não afasta a jusfundamentalidade dos mesmos, sob pena de concluir-se pela prerrogativa do legislador em determinar e delimitar as intenções do Constituinte

---

224 Sobre o tema, ver SOUZA NETO, Claudio Pereira de. *A Justiciabilidade dos Direitos Sociais: Críticas e Parâmetros*, e SARMENTO, Daniel. *A Proteção Judicial dos Direitos Sociais: Alguns Parâmetros Ético-Jurídicos*. Ambos em *Direitos Sociais – Fundamentos, Judicialização e Direitos Sociais em Espécie, op. cit.*, 2010.
225 Cf. SARLET, Ingo, *A Eficácia dos Direitos Fundamentais, op. cit.*, p. 320.
226 Sobre o tema, ver PISARELLO, Gerardo. *Los Derechos Sociales y sus Garantias, op. cit.*, p. 14.
227 Cf. PISARELLO, Gerardo. *Op. cit.*, p. 23.
228 Cf. SUNSTEIN, Cass. *The Second Bill of Rights, op. cit.*, p. 26.
229 Cf. SARLET, Ingo, *op. cit.*, p. 302.

Originário.²³⁰ A necessidade genérica de regulamentação infraconstitucional deve ser reconhecida como dever do legislador para com o Poder Constituinte, e não como delimitador da jusfundamentalidade dos direitos sociais.

Tais questões já foram abordadas quanto ao tema da jusfundamentalidade de direitos sociais, sua eventual necessidade de regulamentação legislativa e mesmo aspectos relacionados à reserva do possível. Agora, surgem no ponto particular das prerrogativas do Judiciário.

A influência da Constituição brasileira é especialmente relevante na atuação do Judiciário nacional, uma vez que seu texto está longe de ser qualificado como meramente procedimental.²³¹ Mas, havendo a influência constitucional sobre o ordenamento previdenciário, qual seria o papel do Poder Judiciário? Embora a postura de deferência às opções democraticamente manifestadas e fortalecimento do regime democrático seja facilmente justificável, nem sempre será simples distinguir tal conduta da mera reverência e subserviência.²³²

A dogmática dos direitos fundamentais, seja na Alemanha do Pós-Guerra, ou mesmo no Brasil antes da retomada democrática, era definida como instrumento de defesa frente aos excessos estatais,²³³ o que muito facilitava a ação do Judiciário. No entanto, quando se trata de direitos fundamentais sociais, especialmente os prestacionais, a questão do ativismo judicial se complica.

As normas constitucionais são submetidas a limites fáticos, não havendo simples subsunção, mas deve o aplicador observar o *princípio da ótima concretização da norma,*²³⁴ sempre na busca do equilíbrio.²³⁵ O fato é

---

230 DERBLI, Felipe. *O Princípio da Proibição de Retrocesso Social na Constituição de 1988.* Rio de Janeiro: Renovar, 2007, p. 105. apesar de a vedação de retrocesso social também aplicar-se à matéria previdenciária, como reconhece o autor, lembra o mesmo que este princípio pode ser ponderado com outros, como o da universalidade de cobertura e atendimento, haja vista não existir pretensão de definitividade neste tipo de norma (*op. cit.*, p. 280).

231 Cf. MELLO, Cláudio Ari. *Democracia Constitucional e Direitos Fundamentais.* Porto Alegre: Livraria do Advogado, 2004, p. 173.

232 Cf. MELLO, Cláudio Ari. *Op. cit.* p. 178 - 179. Todavia, como reconhece este autor, *essa coexistência, no plano constitucional, entre regime democrático e órgãos e procedimentos de representação e exercício da soberania popular, com um catálogo amplo e generoso de direitos fundamentais normativamente vinculantes à legislatura e uma jurisdição constitucional extremamente abrangente está fadada a produzir sérios problemas de definição de limites entre as competências do domínio legislativo e as funções de domínio judicial* (*op. cit.*, p. 175).

233 Cf. BODIN DE MORAES, Maria Celina. *O Conceito de Dignidade Humana: Substrato Axiológico e Conteúdo Normativo.* In: SARLET, Ingo W. (org.) *Constituição, Direitos Fundamentais e Direito Privado.* Porto alegre: Livraria do Advogado, p. 108.

234 Cf. HESSE, Konrad, *op. cit.*, p. 22.

235 Como lembra BARCELLOS, Ana Paula de, a possibilidade de controle jurídico das políticas públicas é bastante evidente, sob pena de esvaziar boa parte da normatividade dos comandos constitucionais relacionados com os direitos fundamentais (Constitucionalização das Políticas Públicas em Matéria de Direitos Fundamentais: O Controle Político-Social e o Controle Jurídico no Espaço Democrático. *Revista de Direito*

que quanto mais abstrata, quanto maior a abertura do texto, *maior será a permeabilidade da interpretação a valores, maiores serão as possibilidades de significação e, consequentemente, maior será o espaço de criatividade conferido ao Judiciário.*[236]

Muito embora a atuação contramajoritária dos Tribunais, e em especial da Corte Constitucional, seja justificável como instrumento de preservação do regime democrático e dos direitos fundamentais, especialmente das minorias, é fato que os limites da atuação jurisdicional, especialmente em matéria de políticas públicas, ainda é um debate sem solução. Afinal, é sabido que tais políticas, como a previdenciária, são indispensáveis para a garantia e promoção dos direitos fundamentais, inclusive sociais.[237]

O tema é frequentemente apresentado no Brasil e alhures, e não é proposta deste texto buscar uma solução para a querela, mas algumas diretrizes que possam fixar *standards* de ação judicial na matéria previdenciária.

Ao menos, a questão da judicialização da previdência social é mais simples que o problema enfrentado, por exemplo, na saúde, pois não há duvida quanto à entidade estatal responsável, que será a União, no caso de benefícios do RGPS, e também pelo fato do plano de benefícios possuir prestações restritas a determinados eventos, ao contrário da saúde. Talvez por isso não haja grandes reflexões doutrinárias sobre o tema, mesmo com exemplos de intervenção judicial errática e irrazoável que, eventualmente, ocorrem no subsistema contributivo da seguridade social.

No caso particular brasileiro, além de possuirmos uma Constituição substancialista (se não dirigente) tem a sociedade, muito claramente, admitido e mesmo demandado uma maior participação do Judiciário, pois os demais Poderes, salvo raros momentos, especialmente próximo das eleições, tornam-se inalcançáveis ao cidadão comum, que só tem

---

do Estado, ano 1, 3:23, jul./set. 2006, p. 24). Também nota BARROSO, Luís Roberto que *o Judiciário não pode ser menos do que deve ser, deixando de tutelar direitos fundamentais que podem ser promovidos com sua atuação. De outra parte, não deve querer ser mais do que pode ser; presumindo demais de si mesmo e, a pretexto de promover os direitos fundamentais de uns, causar grave lesão a diretos da mesma natureza de outros tantos* (Da Falta de Efetividade à Judicialização Excessiva: Direito à Saúde, Fornecimento Gratuito de Medicamentos e Parâmetros para a Atuação Judicial. *Revista Interesse Público*, ano IX, 2007, nº 46, p. 33).

236 Cf. PEREIRA, Jane Reis Gonçalves. *Interpretação Constitucional e Direitos Fundamentais*, op. cit., p. 40. Em suas palavras, *A interpretação dos direitos fundamentais é um dos campos mais férteis para a criação judicial, dada a abertura, a indeterminação e a forte carga valorativa dos preceitos que os consagram* (op. cit., p. 41).

237 Sobre o tema, ver BARCELLOS, Ana Paula de. *Constitucionalização das Políticas Públicas...*, p. 23. Como afirma a autora, *as escolhas em matéria de gastos públicos não constituem um tema integralmente reservado à deliberação política; ao contrário, o ponto recebe importante incidência de normas jurídicas de estatura constitucional* (op. cit., loc. cit.).

condições, quando muito, de ser ouvido pelo magistrado. O Poder Judiciário brasileiro, claramente, assume um papel maior do que deveria, haja vista a frágil legitimidade dos demais.

O tema não é desimportante, pois, como lembra Hesse, a Corte Constitucional, apesar da atribuição de interpretar e aplicar a Constituição deve sua existência a esta, e daí sua afirmativa de que o papel da interpretação é alcançar um resultado constitucionalmente *correto*, através de um procedimento racional e controlável, com este resultado fundamentado também de modo racional e controlável, trazendo certeza e previsibilidade jurídicas, afastando o decisionismo judicial.[238]

Apesar de a vida do Estado, assim como a vida humana, não possuir traços definidos para toda a sua existência, não deve ignorar algumas opções fundamentais feitas quando da gênese estatal, formada pelo consenso democrático da época, e de acordo com os valores da sociedade contemporânea. O livre-arbítrio constitucional, assim como o livre-arbítrio humano, encontra limites. Como bem resume Cláudio Pereira de Souza Neto, o tratamento científico do Direito não se resume à forma, mas também ao conteúdo.[239]

Da mesma forma, é importante reconhecer a penetração da Constituição no espaço jurídico como instrumento uniformizador e, por consequência, pacificador, estabelecendo uma unidade de valores a serem seguidos quando da aplicação do Direito. Ou seja, ao reconhecermos que a aplicação do Direito implica, necessariamente, a aplicação da Constituição, não está a se abrir espaço para o voluntarismo judicial, mas sim a limitação do leque de opções interpretativas dentro das quais há adequação aos preceitos constitucionais. Ao contrário das críticas normativistas, a constitucionalização do Direito produz, também, maior segurança jurídica, tanto na vertente formal como material.[240]

Feita a opção normativa pelo legislador, isto é, não havendo a inércia injustificada, e sendo a política razoável, adequada às premissas constitucionais e de acordo com ditames financeiros e atuariais, a conduta

---

238 HESSE, Konrad. *A Força Normativa da Constituição*, (tradução de Gilmar Ferreira Mendes). Porto Alegre: Sérgio Fabris, 1991.
239 *Teoria Constitucional e Democracia op. cit.*, p. 03.
240 Neste sentido, é interessante observar como, no Direito Privado, o Código Civil perde sua centralidade não pela Constituição, mas sim pela abrangência cada vez maior do agir estatal. A Constituição acaba por propiciar a unidade do sistema que já não poderia ser mais produzida pelos antigos códigos. Sobre o tema, ver TEPEDINO, Gustavo. Premissas Metodológicas para a Constitucionalização do Direito Civil. *Revista de Direito de Estado*, 2:41. Como reconhece o autor, a perda da onipresença do Código Civil acentua-se, exatamente, com o *Welfare State*, justificando, aqui, a importância da Constituição no Direito Previdenciário, o qual nunca poderia ter todos os detalhes e nuances compactados em um código, cabendo a unidade do sistema previdenciário à Constituição (*op. cit.*, *loc. cit.*).

judicial deve ser moderada, prevalecendo o *standard* de deferência à opção legislativa.[241]

A atuação do Judiciário, especialmente em matéria de direitos sociais, encontra diversos limites, dentre os quais sobressaem os seguintes: a falta de conhecimento técnico, especialmente da matéria atuarial; o acesso à Justiça, que no caso brasileiro, é ainda limitado a algumas parcelas da população, gerando uma solidariedade às avessas, já que os mais pobres e carecedores de proteção são, justamente, os que não chegam aos Tribunais; a questão da análise econômica do direito, ou seja, o debate sobre a má aplicação dos recursos de recursos públicos, o que acaba por gerar claro privilégio de poucos em detrimento de muitos[242] e, ainda, a limitada legitimidade democrática do Judiciário e o desenho institucional brasileiro, que impõe as *escolhas trágicas* a critério do Legislativo.[243]

Os obstáculos não são poucos, mas é igualmente relevante a ação judicial como preservadora do regime democrático e mesmo do mínimo existencial, pois a liberdade, inclusive para a manifestação democrática, impõe a garantia de valores básicos para a vida digna.

Não obstante, haja vista a concepção institucional do Judiciário como Poder comprometido, *a priori*, com os casos individuais, a *microjustiça*, em matéria de direitos sociais, a solução tradicionalmente apontada são ações coletivas, funcionamento como ferramenta para alcançar-se a *macrojustiça*. Em debates inseridos em ações coletivas, é possível ao magistrado compor todas as variáveis envolvidas e, com maior certeza, optar pela intervenção judicial na política pública ou assumir uma posição de deferência institucional.[244]

Dentro de ações coletivas os custos envolvidos na manutenção de direitos sociais, além das vantagens, podem ser mais claramente expostos, propiciando um juízo ponderativo mais apurado, e por isso, não sem razão, tem sido cada vez mais importante a aplicação dos ideais de proporcionalidade e razoabilidade pelos Tribunais.[245]

---

241 Como aponta BARROSO, Luís Roberto, após algumas ressalvas, *a atividade judicial deve guardar parcimônia e, sobretudo, deve procurar respeitar o conjunto de opções legislativas e administrativas formuladas acerca da matéria pelos órgãos institucionais competentes* (Da Falta de Efetividade..., p. 48).
242 Sobre esta questão, no aspecto estritamente previdenciário, ver GIAMBIAGI, Fábio. *Reforma da Previdência*. Rio: Campus, 2007.
243 Cf. BARROSO, Luís Roberto. *Da Falta de Efetividade*..., p. 49 a 54.
244 Cf. BARROSO, Luís Roberto. *Da Falta de Efetividade*..., loc. cit.
245 Cf. JEREMY GUNN, T.. *Deconstructing Proporportionality in Limitations Analysis*, op. cit,, p. 467. Sobre a importância do princípio da proporcionalidade na aplicação dos direitos fundamentais, ver PEREIRA, Jane Reis Gonçalves, *op. cit.*, pp. 310 a 365.

Em ações coletivas, é possível ao Judiciário subsidiar sua decisão com pareceres técnicos, atuariais, os quais podem evidenciar, com maior clareza, a correição ou não de alguma restrição legal. Haja vista o delicado equilíbrio entre o plano de custeio e o plano de benefício, a intervenção judicial deverá, sempre, basear-se em critérios sólidos.

Caso se vislumbre uma flagrante violação à isonomia, por exemplo, em extensão de benefício somente a determinadas categorias, mas sem embasamento atuarial para sua ampliação às demais, a posição judicial deverá ser, *a priori*, no sentido da suspensão da vantagem, e não da ampliação geral, devolvendo então a matéria ao legislador ordinário. Por certo, nas hipóteses de benefícios relevantes para a manutenção do segurado, a extensão poderá ser admitida, como forma de assegurar os meios necessários de vida, mas mediante ônus argumentativo mais elevado, de forma a propiciar adequação normativa por parte do Legislativo.

Ou seja, um *standard* fundamental de atuação judicial é o da preservação do equilíbrio financeiro e atuarial do sistema.[246] Como a própria Constituição prevê esta necessidade, fundamenta-se tal premissa a partir da necessidade da sobrevivência do sistema. Obviamente, mediante maior ônus argumentativo, poderia uma decisão judicial ampliar determinada prestação, especialmente de pequena repercussão econômica e adequadamente fundamentada.[247]

Tal previsão, de obediência a critérios atuariais, não é estranha à Constituição pátria (art. 195, § 5º), muito embora seja solenemente ignorada nas alterações legislativas atuais.[248] Para se ter uma ideia da importância dada ao tema alhures, a Constituição francesa prevê a possibilidade, no art. 47.1, dos projetos de lei em matéria de financiamento previdenciário alcançarem aprovação por decurso de prazo, caso não sejam apreciados no

---

246 Sucintamente, pode-se entender o equilíbrio financeiro como o saldo zero ou positivo do encontro entre receitas e despesas do sistema, dentro de determinado exercício financeiro. Já o equilíbrio atuarial diz respeito à estabilização de massa, isto é, ao controle e prevenção de variações graves no perfil da clientela, como, por exemplo, grandes variações no universo de segurados ou amplas reduções de remuneração, as quais trazem desequilíbrio ao sistema inicialmente projetado. Impõe este um plano de custeio compatível com o plano de benefícios desenhado originalmente. Em caso de desequilíbrio atuarial, o gestor do sistema, inexoravelmente, deverá agir com aumento de contribuições, diminuição do valor da prestação futura ou aumento de requisitos de exigibilidade do benefício, como maior idade, por exemplo. Sobre o tema, ver MARTINEZ, Wladimir Novaes. *Princípios de Direito Previdenciário*. 4ª ed. São Paulo: LTr, 2001, p. 91 e seguintes.

247 Sobre a ponderação, fixação de *standards* e sua possível superação, ver Ana Paula de BARCELLOS. *Ponderação, Racionalidade e Atividade Jurisdicional*. Rio de Janeiro: Renovar, 2005.

248 Os exemplos são vários, mas podemos ficar com a alteração da Lei nº 10.666/2003, que permite a concessão de aposentadorias por idade, tempo de contribuição e especial independente da perda da qualidade de segurado.

prazo máximo estabelecido,[249] o que muito nos lembra a antiga sistemática do decreto-lei. Aqui, tal proposta seria, no mínimo, qualificada como arbitrária e reacionária, mas foi admitida em um Estado democrático, berço da revolução pelos direitos humanos.

No entanto, pode e deve agir o Judiciário quando da extensão de benefícios baseados, solidamente, em preceitos constitucionais e sem encargos financeiros adicionais ao sistema. Ao contrário do que possa parecer, nem sempre a ação judicial propiciará encargos imprevistos ao sistema, pois, frequentemente, a demanda previdenciária tem amparo legal e, portanto, adequada atuarialmente, mas negada pela Administração em razão de alguma interpretação restritiva, o que, desgraçadamente, não é algo incomum no Brasil.[250] O importante é a adição do critério atuarial à ponderação judicial.

Outro *standard* necessário para a ação judicial é a preservação do rol de beneficiários existente. Ainda que este seja limitado, não poderia um juiz, no caso concreto, ampliar o benefício a pessoas não expressamente previstas. Embora haja razoável crítica à normatização vigente, o tema poderia, no máximo, ser abordado em ação coletiva, na qual, extraordinariamente, poder-se-ia criar nova disciplina normativa, motivando o legislador ordinário a fixar nova previsão.

Da mesma forma, não poderia o juiz ampliar os benefícios já existentes. Embora outras prestações possam ser criadas, como o benefício pago, em alguns sistemas, a pessoa que deixa de trabalhar para cuidar de parente adoentado, o encargo recai, exclusivamente, sobre o legislador. Neste mesmo sentido, deve o Judiciário respeitar os requisitos legais para a concessão do beneficio, como a idade mínima.

Embora as premissas legais para a concessão do benefício possam parecer, frequentemente, injustas, é forçoso preservar o financiamento previsto. Isso significa dizer que, quando da fixação do plano de custeio, do dimensionamento das exações a serem pagas, as premissas levadas em consideração – justas ou injustas – foram assumidas como válidas para fins de quantificação do custeio. Se relativizadas posteriormente, demandam um redimensionamento das contribuições, sob pena de inviabilidade do sistema. Como dito, a flexibilização do plano de benefícios nunca ficará impune, propiciando desequilíbrio.

---

249 Em tradução livre, *o Parlamento vota o financiamento da segurança social, tal como previsto pela lei orgânica. Se a Assembleia Nacional não decidiu a questão em 20 dias após a apresentação do projeto, há prorrogação do prazo em mais 15 dias, nos termos do artigo 45. Se o Parlamento não chegou a uma decisão no prazo máximo de 50 dias, as disposições do projeto podem ser implementadas por decreto.*
250 A título de exemplo, ver o meu *Desaposentação*. 5ª ed. Niterói: Impetus, 2011.

2.14.2. Clausulas Pétreas, Vedação do Retrocesso e Minimalismo Judicial

É certo que a Constituição de 1988 também atribuiu o *status* de cláusulas pétreas a normas de direitos sociais, ainda que não expressamente previstas no art. 60, § 4º, inc. IV, não só pela presença no Título II da Constituição, mas facilmente justificável pelo papel de garantias mínimas materiais para o exercício da liberdade real.

No entanto, a conformação de tais direitos com a garantia da superconstitucionalidade não implica afirmar a preponderância absoluta de quaisquer direitos sociais na Constituição, imobilizando o Parlamento e impedindo qualquer tipo de mudança ou revogação. A inclusão de normas protetivas na Constituição tem o condão de propiciar barreira frente às maiorias de ocasião que venham a vulnerar valores fundamentais da ordem constitucional e, ao mesmo tempo, propiciar melhor unidade ao texto constitucional,[251] mas não representam, necessariamente, barreiras instransponíveis.

O tema sobre a vinculação normativa de gerações futuras pelas gerações passadas é bem desenvolvido aqui e alhures, não cabendo aqui digressões desnecessárias.[252] No entanto, é sempre cabível lembrar que a afirmação de valores fundantes do Estado, na Constituição, tem seu papel como instrumento de segurança jurídica e preservação de direitos fundamentais. Os direitos sociais devem, sim, ser amparados pela garantia do art. 60, § 4º, inc. IV, da Constituição, mas somente nas hipóteses em que assegurem condições necessárias à vida digna.

A previdência social insere-se, como garantia institucional, neste contexto, impondo sua preservação frente a gerações futuras e impedindo propostas legislativas que excluam tal rede de proteção social. No entanto, isso não implica afirmar que restrições ou mesmo exclusões parciais de direitos não possam ser feitas, especialmente quando fundamentadas em restrições financeiras ou mesmo por variações demográficas.

Assim como é errado que teses libertárias venham a esvaziar a garantia constitucional do art. 60, § 4º, inc. IV, tentando limitá-lo a prerrogativas oitocentistas do liberalismo, não se deve incorrer no erro oposto, que é buscar a garantia de superconstitucionalidade de toda e qualquer norma de direito social – incluindo a previdência social – especialmente no

---

251 Cf. VILHENA, Oscar Vieira. *A Constituição e sua Reserva de Justiça: Um Ensaio sobre os Limites Materiais ao Poder de Reforma.* São Paulo: Malheiros, 1999, pp. 139 e seguintes.

252 Sobre o tema, ver SOUZA NETO, Cláudio Pereira de. *Constitucionalismo Democrático e Governo das Razões.* Rio de Janeiro: Lumen Juris, 2010, p. 193 e seguintes.

contexto nacional, que sofre com o excesso de normas constitucionais sobre previdência social.

Enfim, na avaliação de eventual cláusula superconstitucional em matéria previdenciária, deve o Estado-juiz afastar-se de concepções políticas e econômicas particulares, buscando a neutralidade, fundamentando suas decisões em *razões públicas*, aceitas pela sociedade em geral, acessíveis ao homem médio,[253] muito frequentemente objeto de um *consenso sobreposto entre doutrinas abrangentes e razoáveis*.[254] O ponto é relevante, pois em ambiente democrático, no qual a alternância no poder é a regra, eventuais revisões das políticas legislativas são normais.[255]

A qualificação de normas previdenciárias na Constituição como sempre dotadas de jusfundamentalidade acabaria por excluir a margem de manobra do Parlamento, o qual não poderia sequer modificar tais previsões por meio de Emenda à Constituição. A situação é perfeitamente observada nas idades de aposentadoria previstas no art. 201, § 7º, da Constituição. Em caso de forte incremento na expectativa de vida nos anos futuros, estará o modelo brasileiro condenado à falência, por não permitir readequação das mesmas? Certamente a Constituição não visa criar um pacto suicida, e, preservando o modelo protetivo em seu núcleo essencial, reformas bem fundamentadas e razoáveis, devem ser admitidas.[256]

Assim como a inclusão do sistema previdenciário como cláusula pétrea não impede revisões do modelo, o popular princípio da vedação do retrocesso também não produz obstáculo intransponível a mutações necessárias no regime protetivo. A aludida norma ganhou fama na obra de J. J. Canotilho, mas, dentro de sua formulação final, não mais representa a ideia absoluta de *nem um passo atrás*, muito pelo contrário, mas sim a preservação do núcleo essencial da proteção existente.[257] Os fundamentos e exemplo citados são igualmente aplicáveis a esta questão.

---

253 Cf. RAWLS, John. *O Liberalismo Político, op. cit.*, p. 274.

254 Sobre o tema, com amplo desenvolvimento das razões públicas na busca de consenso sobreposto e apreciação de restrição de direitos sociais, ver BRANDÃO, Rodrigo. São os Direitos Sociais Cláusulas Pétreas? Em que Medida? In: SOUZA NETO, Cláudio Pereira de & SARMENTO Daniel (org.). *Direitos Sociais – Fundamentos, Judicialização e Direitos Sociais em Espécie, op. cit.*, p. 457.

255 Cf. QUEIROZ, Cristina. *Direitos Fundamentais Sociais – Funções, âmbito, Conteúdo, Questões Interpretativas e Problemas de Justiciabilidade*. Lisboa: Coimbra Ed., 2006, p. 109.

256 Sobre a necessidade de admitir posição intermediária quanto à inclusão de direitos sociais como cláusulas pétreas, admitindo restrições mas preservando o núcleo essencial, ver BRANDÃO, Rodrigo. *São os Direitos Sociais Cláusulas Pétreas? Em que Medida?, op. cit.*, pp. 476-7.

257 Cf. CANOTILHO, José Joaquim Gomes. *Direito Constitucional e Teoria da Constituição. Op. cit.*, 1999, p. 327.

O minimalismo judicial, atendo-se a condições adequadas de vida, dotadas de jusfundamentalidade, permite conjugar ação judicial com o regime democrático, superando as críticas tradicionais à intervenção dos juízes na alocação de recursos escassos.[258] Mesmo fora da previdência social, tratando genericamente de direitos sociais, a doutrina reconhece que o Judiciário, ao apreciar determinada demanda relacionada à omissão estatal ou mesmo à restrição de direitos, deve examinar a relação do direito omitido com os demais existentes, de modo a admitir a concretização como unidade, sem apreciação casuística de cada direito social em espécie.[259]

Cabe, *a priori*, ao legislador ordinário a fixação das *escolhas trágicas*.[260] Não é incomum confundir-se a legitimidade de direitos sociais com a sindicabilidade em juízo. Eventualmente, há países que asseguram a pretensão legítima da sociedade em buscar direitos sociais, mas não reconhecem a possibilidade de demanda judicial dos mesmos. São questões diferentes.[261]

Naturalmente, a mutação de regras abstratas difere do aviltamento de benefícios já concedidos ou para direitos já agregados ao patrimônio jurídico da pessoa. Em tais situações, o direito adquirido deve ser, como regra, observado, mas não de forma insuperável. Em uma sociedade em que nem mesmo a vida é um valor absoluto, não faria sentido rotular direitos sociais, seja qual for a origem ou finalidade, com tamanha importância.[262]

De modo geral, a maior parte dos encargos da mudança recai sobre a geração em atividade, o que, todavia, não implica a aceitação de qualquer tipo de restrição ou imposição. a possibilidade de mudanças e adequações de um modelo potevivo, apesar de necessárias e cabíveis, não excluem a diligencia necessária do legislador ordinário ao fixá-las, pois a confiança e boa-fé inerentes às relações entre a Administração e administrados impõem algum tipo de transição razoável de um regime jurídico protetivo

---

258 Cf. ARANGO, Rodolfo. Basic Social Rights, Constitucional justice and Democracy. *Ratio Juris*, v. 16, nº 02, pp. 141 e seguintes, jun. 2003. Sobre as críticas tradicionais frente à efetivação de direitos sociais pelo Judiciário e parâmetros de atuação, em ordenada e completa apresentação, ver SOUZA NETO, Cláudio Pereira de. A Justiciabilidade dos Direitos Sociais: Críticas e Parâmetros. In: *Direitos Sociais, op. cit*, pp. 515 e seguintes.

259 Cf. SOUZA NETO, Cláudio Pereira de. A Justiciabilidade dos Direitos Sociais: Críticas e Parâmetros. In: *Direitos Sociais, op. cit,*, p. 541.

260 A expressão é de CALABRESI, Guido e BOBBIT, Philip. *Tragic Choices*. New York: Norton, 1978.

261 Cf. SARMENTO, Daniel. A Proteção Judicial dos Direitos Sociais: Alguns Parâmetros Éticos-Jurídicos. In: *Direitos Sociais, op. cit*, p. 559.

262 No mesmo sentido, ver SARMENTO, Daniel. Direito Adquirido, Emenda Constitucional, Democracia e a Reforma da Previdência. In: TAVARES, Marcelo Leonardo (org.).*A Reforma da Previdência Social – Temas Polêmicos e Aspectos Controvertidos*. Rio: Lumen Juris, 2004, p. 36 e seguintes.

para outro.²⁶³ A Constituição, em suma, também propicia algum grau de perenidade das legítimas expectativas da população.²⁶⁴

Assim, restrições na matéria previdenciária não devem ser aceitas com base em simples alegações, sendo necessário o binômio da plena justificação do desequilíbrio financeiro ou atuarial, aliada ao demonstrativo de inexistência de outras despesas secundárias da Administração, subvertendo recursos que poderiam preservar expectativas em uma área das mais relevantes do Estado brasileiro, que é a previdência social.

No caso particular dos direitos adquiridos, por certo, alguma restrição deve possuir elevado ônus argumentativo; a piora deve ser fundamentada de modo claro e convincente, cabendo ao Judiciário, no caso, uma prerrogativa de controle muito superior. Da mesma forma, mesmo em situações de mera expectativa de direito, as eventuais mudanças, ainda que em grau menor, exigem forte motivação, pois restrições fracamente justificadas acabam por comprometer a reputação do modelo protetivo, gerando prejuízos de longo prazo, como informalidade e evasão fiscal.²⁶⁵

Por isso, com razão, afirma-se que, enquanto direitos adquiridos já gozam de proteção expressa da Constituição brasileira, a expectativa de direito, a ser atendida por regras transitórias em eventual mudança, fundamentam-se no princípio da proteção da confiança, implicitamente previsto na Constituição.²⁶⁶

2.14.3. Experiência Norte-Americana

Interessante notar que o ativismo judicial, dependendo do arcabouço normativo existente, pode ser favorável ou não a implantação de direitos sociais. No caso brasileiro, por exemplo, em que há amplo leque de prestações com previsão constitucional – até em exagero – uma atuação mais inovadora poderia implicar, sem muita dificuldade, uma negativa de direitos sociais, mediante interpretações heterodoxas de seu texto.

Já em casos de ordenamentos omissos quanto ao tema, o ativismo pode propiciar melhor proteção a direitos sociais, e aqui a pesquisa da

---

263 Sobre o tema, ver BARROSO, Luis Roberto. Constitucionalidade e Legitimidade da Reforma da Previdência Social (Ascensão e Queda de um Regime de Erros e Privilégios). In: *A Reforma da Previdência Social – Temas Polêmicos e Aspectos Controvertidos*. TAVARES, Marcelo Leonardo (coord.). Rio de Janeiro: Lumen Juris, 2004, p. 82.
264 Cf. ARAÚJO, Valter Schuenquener de. *O Princípio da Proteção da Confiança – Uma Nova Forma de Tutela do Cidadão Diante do Estado*. Niterói: Impetus, 2009, p. 173.
265 Sobre a proteção da confiança como instrumento de preservação da reputação estatal e sua relevância, ver ARAÚJO, Valter Shuenquener de, *op. cit.*, p. 16.
266 Cf. ARAÚJO, Valter Shuenquener de, *op. cit.*, pp. 59-61.

experiência norte-americana, ainda que de modo breve, compõe tema de interesse.

Como se sabe, a Constituição norte-americana, assim como a alemã,[267] mesmo com as inclusões de diversas emendas, não traz ou assegura qualquer direito social, o que não escapou a crítica de F. D. Roosevelt, o qual buscou, sem sucesso, criar um segundo *Bill of Rights*.[268]

Apesar da ausência normativa, isso não impediu que a Suprema Corte, em diversas ocasiões, assegurasse direitos sociais a determinadas pessoas e categorias, com base nos preceitos existentes, passando do direito à liberdade até a cláusula de igual proteção. O marco inicial deu-se em 1960, em *Plyers v. Doe*, no qual a Corte assegurou o direito de ensino gratuito a crianças que residiam ilegalmente no país, embora com forte fundamentação na igualdade.[269]

Na mesma época, de forma ainda mais arrojada e surpreendente, a Corte norte-americana chegou a apontar, em diversos precedentes, a existência de um direito subjetivo de qualquer pessoa em receber uma renda mínima, de modo a escapar da pobreza e possuir condições mínimas de sobrevivência. Infelizmente, tal visão dominante perdeu-se após a eleição de R. Nixon em 1968, e a consequente indicação de quatro novos juízes para a Suprema Corte. Em 1974, todos os avanços da Corte de Warren, na área social, foram banidos pela Corte de Burger, tendo como marco de tal mutação o caso *Dandridge v. Williams*, em 1970.[270]

É certo que a Corte admitiu a validade de diversos diplomas infraconstitucionais na seara protetiva, incluindo temas como a previdência social, o que não raramente, até os dias de hoje, ainda provoca alguma ira de setores libertarianos daquela sociedade.[271] No entanto, é interessante notar como a ausência de preceitos normativos em âmbito constitucional pode provocar retrocessos na proteção social e, com isso, pretende-se justificar a redução, no Brasil, dos excessos normativos da Constituição, mas sem nunca excluí-los por definitivo.

---

267 Sobre o tema, ver SUNSTEIN, Cass, *The Second Bill of Rights, op. cit.*
268 Cf. SUNSTEIN, Cass, *The Second Bill of Rights, op. cit.*, p. 150.
269 A grande mudança de ação na Suprema Corte norte-americana, apesar de desconhecida, é bem documentada por SUNSTEIN, Cass, *The Second Bill of Rights, op. cit.*, em especial pp. 153-4 e 162-3.
270 Cf. LEVY, Robert A. & MELLOR, William. *The Dirty Dozen – How Twelve Supreme Court Cases Radically Expanded Government and Eroded Freedom*. Washington: Cato Institute, 2009.
271 http://www.echr.coe.int/

2.14.4. Paradigmas de Atuação da Corte Europeia de Direitos Humanos em Matéria Previdenciária

A Convenção para Proteção dos Direitos Humanos e Liberdades Fundamentais foi elaborada pelo Conselho Europeu, adotada em Roma em 04 de novembro de 1950 e entrou em vigor em 03 de setembro de 1953.[272] A Corte Europeia de Direitos Humanos somente foi criada em 1959,[273] completando 50 anos de existência.

Para garantir a aplicabilidade da Convenção, foram criadas a Comissão Europeia de Direitos Humanos, em 1954, e a Corte Europeia de Direitos Humanos, em 1959, além do Comitê de Ministros do Conselho Europeu. Todavia, com o Protocolo nº 11, em novembro de 1998, a Comissão foi extinta, cabendo à Corte analisar os casos, diretamente.[274]

Anteriormente à inclusão do Protocolo nº 11 na Convenção, havia proibição expressa no sentido de pessoas, individualmente consideradas, ingressarem com alguma ação na Corte Europeia, salvo quando o tema não fosse solucionado na Comissão, além de ter esgotado toda a jurisdição interna de seu país (de modo muito similar à Corte Interamericana de Direitos Humanos). Todavia, com a inclusão do aludido Protocolo, em 1998, a Comissão foi abolida e a Corte, que funcionava somente em determinadas épocas, passou a atuar durante todo o ano. No entanto, a necessidade de esgotar as instâncias internas ainda perdura.

Na Convenção, há o tradicional catálogo de direitos civis e políticos, mas sem previsão expressa de um direito à seguridade social, ou mesmo à previdência social. Todavia, diversos casos previdenciários são apresentados à Corte, com base, principalmente, no art. 1º do 1º Protocolo, de 1952, ao tratar da proteção da propriedade, art. 6º, referente ao direito a um julgamento justo, e o art. 8º, que trata do direito ao respeito à vida privada e familiar. Não obstante, até a vedação à tortura já foi utilizada como fundamento para ações na Corte Europeia de Direitos Humanos, embora, nesta hipótese, com decisão voltada ao fornecimento de medicamentos a imigrantes.[275]

A admissão de direitos previdenciários como uma propriedade do segurado foi inicialmente rechaçada pela Corte, em 1960, mas

---

272 http://www.echr.coe.int/
273 Sobre a evolução e funcionamento da Corte, ver <http://www.echr.coe.int/NR/rdonlyres/ACD46A0F-615A-48B9-89D6-8480AFCC29FD/0/FactsAndFiguresEN.pdf>.
274 Decisão de 02 de maio de 1997. D. v. United Kingdom. Appl. 30240/96. Neste sentido, ver KAPUY, Klaus, PIETERS, Danny e ZAGLMAYER, Bernhard. *Social Security Cases in Europe: The European Court of Human Rights.* Antwerpen-Oxford: Intersentia, 2007, p. xvi.
275 Decisão de 20 de julho de 1971, X. v. The Netherlands, Appl. 4130/69. Ver, também, Klaus Kapuy, op. cit., p. xvii.

posteriormente admitida, em 1971, partindo-se da premissa que, ao verter contribuições ao sistema protetivo, há um direito à parcela do fundo previdenciário, que pode ser afetado de acordo como venha a ser gerido, embora, nesse primeiro caso concreto, a pretensão tenha sido indeferida devido ao caráter solidário do sistema de proteção social.[276] Uma aceitação mais ampla deste preceito, em matéria previdenciária, somente veio em 1994.[277] Também não é incomum encontrar-se lides previdenciárias como instrumento de garantia da liberdade real e, portanto, dotada das mesmas prerrogativas de defesa que os direitos civis.[278]

Interessante observar que a Corte Constitucional alemã também adota os direitos previdenciários como derivados do direito de propriedade do segurado, não sendo raras as demandas judiciais com tal embasamento jurídico. Embora a Corte alemã seja apontada como pioneira, seus precedentes iniciais sobre o tema, em 1980, foram posteriores às primeiras decisões da Corte Europeia.[279]

Muitas demandas da Corte Europeia têm grande semelhança com lides previdenciárias no Brasil, como as tentativas de vinculação da renda mensal do benefício a regras inflexíveis, frequentemente associadas ao patamar remuneratório dos trabalhadores ativos, as quais, tanto aqui como na Corte Europeia, têm sido claramente rechaçadas, não havendo direito, assegurado pela Convenção, ao recebimento de quantia certa pelo sistema.[280]

A Corte Europeia já admitiu, expressamente, até a possibilidade de redução do benefício já concedido, desde que visando, comprovadamente, estabelecer um sistema previdenciário eficiente e equilibrado.[281] De acordo com a Corte, deve-se aferir a *proporcionalidade entre os meios empregados e o objetivo a ser atingido.*[282] O balanço adequado entre justiça social e a

---

276 Decisão de 11 de janeiro de 1994, Gaygusuz *v.* Austria. Appl. 17371/90.
277 Neste sentido, ver julgamentos de Salesi *v.* Itália, em 26/02/1993, Schuler-Zgraggen *v.* Suíça, em 24/06/93 e Georgiadis *v.* Grécia, em 29/05/97. Sobre o tema, ver HEREDERO, Ana Gomes. *Social Security as a Human Right*, op. cit.
278 Ver <http://www.bundesverfassungsgericht.de/en/decisions/es20090630_2bve000208en.html>, Press release nº 72/2009 of 30 June 2009. Ver também BvE 2/08, 2 BvE 5/08, 2 BvR 1010/08, 2 BvR 1022/08, 2 BvR 1259/08 und 2 BvR 182/09.
279 Decisão de 05 de maio de 1986. K. *v.* Alemanha. Appl. 11203/84, Decisão de 06 de setembro de 1995. FEDERSPEV *v.* Itália. Appl. 22867/93 e Decisão de 15 de março de 2001. Aunola *v.* Finlândia. Appl. 30517/96.
280 Decisão de 18 de novembro de 2004. Pravednaya *v.* Russia. Appl. 69529/01. Muito embora tenha sido prevista a possibilidade de redução, no caso concreto, a Corte entendeu indevida a restrição da renda mensal, já que não fundamentada nos termos citados.
281 Decisão de 22 de setembro de 2005. C. Goudswaard – Van Der Lans *v.* Holanda. Appl. 75255/01.
282 *Op. cit., loc. cit.*

economia do Estado não seria alcançado se imposto ao segurado um *ônus excessivo*.[283]

Da mesma forma, outro tema muito recorrente em matéria previdenciária, é aquele referente a mudanças no regime jurídico. No âmbito da Corte Europeia, tais mutações têm sido amplamente aceitas, mesmo que afetando pessoas já jubiladas, especialmente quando o valor atual das prestações é preservado.[284]

Curiosamente, há até mesmo decisões que envolvem tentativas de dispensa contributiva dos regimes previdenciários, alegando convicções religiosas, devidamente rechaçadas, sob o argumento de que a proteção da Convenção à liberdade de credo nem sempre se estende ao comportamento na esfera pública.[285]

Enfim, o que se percebe, sem muita dificuldade, é a deferência da Corte Europeia aos preceitos atuariais da matéria previdenciária, permitindo adequações no regime jurídico e mesmo ações excepcionais visando ao equilíbrio do sistema. Acredito que a breve menção a tais precedentes, oriundos de uma Corte especializada em direitos humanos, externe a importância dos encargos financeiros dos regimes protetivos, os quais, se ignorados, podem levar à falência de todo o regime, excluindo gerações futuras da proteção social.

Ademais, tais demandas demonstram que os países signatários, de modo geral, foram deferentes em suas decisões, preservando o equilíbrio o plano de custeio de seus respectivos sistemas protetivos, o que motivou a litigância na Corte Europeia.

2.15. A PREVIDÊNCIA SOCIAL COMO DIREITO FUNDAMENTAL – SOCIAL OU NÃO

A proposta deste capítulo não foi somente apresentar a previdência social como garantia institucional, dotada de jusfundamentalidade. Talvez tenha sido essa a parcela mais simples do texto. Além deste encargo argumentativo, o ônus maior foi tentar, em alguma medida, retratar o preconceito que ainda perdura frente aos direitos sociais.

---

283 Entre outros, ver decisão de 01 de junho de 1999. Skorkiewicz v. Polônia. Appl. 39860/98. Ver, também, Klaus Kapuy, *op. cit.*, p. 06.
284 Decisão de 14 de dezembro de 1965. X. v. Holanda. Appl. 2065/63 e decisão de 05 de julho de 1984. V. v. Holanda. Appl. 10678/83.
285 Cf. PISARELLO, Gerardo. *Op. cit.*, p. 13.

Muito já se evoluiu neste sentido, mas ainda existem instrumentos sofisticados que buscam solidificar uma pretensa inferioridade normativa dos direitos sociais, mesmo que fundamentais, a partir da teoria dos princípios, doutrina de complexidade elevada que não supera as dificuldades e divergência existentes em normas de elevada abstração, possuindo pouca aplicação prática, salvo quando à ponderação, que está longe de ser restrita a princípios.

Acredito que parte do problema seja a possibilidade de cada pessoa usufruir, individualmente, de direitos sociais, prestações *uti singuli*, que, por esta razão, estimulam maior demanda individual por sua prestação e trazem à tona a questão do financiamento de maneira mais premente. Culturalmente, é aceito pela sociedade o argumento de ser inviável fornecer um policial para cada cidadão, mas não uma aposentadoria. Todavia, ambos possuem custos elevados e, salvo pela vocação de fruição individualizada, não há qualquer diferença estrutural entre eles.

De toda forma, é também importante que se reconheça a jusfundamentalidade da previdência social, sob pena de transmutar o estado social brasileiro em mera fachada para os arbítrios e desmandos que sempre maltrataram a sociedade brasileira. É certo que muitos Estados, sob a insígnia do *Welfare State*, são, em verdade, meros estados legislativos ou administrativos, com elementos autoritários e orientados, entre outros aspectos, a disciplinar a pobreza e assegurar a ordem e segurança existente.[286] Não é este o caso do Brasil.

As limitações econômicas, que não podem ser ignoradas, devem ser cotejadas com as demais disposições constitucionais, pois é aí que se encontram as diretrizes da sociedade brasileira, sob pena de transmutar os direitos sociais em uma espécie de *aleluia jurídico*, na conhecida expressão de C. Schmitt. As opções fundamentais são fixadas neste documento justamente como rumo para a atuação da Administração, incluindo a previdenciária, no intuito de preservar os direitos fundamentais e garantir o regime democrático.

Enfim, previdência social é uma garantia institucional que visa a manter níveis de proteção frente a necessidades sociais, com o intuito de fornecer a seus beneficiários algum rendimento que seja substituidor de sua remuneração, indenizatório de sequelas ou em razão de encargos familiares.

---

[286] Sobre a dimensão objetiva dos direitos fundamentais, ver PEREZ LUÑO, Antonio Henrique. *Los Derechos Fundamentales*. Madrid: Carlos III, 1995, p. 27.

A dimensão objetiva dos direitos fundamentais justifica o agir estatal,[287] que deixa de ser somente um potencial violador de direitos, mas especialmente seu promotor. Isso implica o reconhecimento da jusfundamentalidade da previdência social e a participação ativa do Estado, o que impede um retrocesso a concepções estritamente liberais.[288] Destarte, em razão da previsão geográfica da previdência social no art. 6º da Constituição, aliada às considerações dogmáticas expostas anteriormente, é forçoso concluir-se pela jusfundamentalidade da previdência social, tanto no seu aspecto formal como material.

---

[287] Como lembra MARTINEZ, Gregório Peces-Barba, *No hay derechos sociales sin intervención del Estado, y sin la participación de los ciudadanos reclamando de éste, por un procedimiento jurídico, situado en la democracia parlamentaria-representativa* (*Derechos Sociales...*, p. 34).
[288] Sobre o tema, ver *Averting The Old Age Crisis – Policies to Protect the Old and Promote Growth*. New York: Banco Mundial, 1994, pp. 60 e seguintes.

Capítulo 3
A previdência social brasileira – propostas

3.1. INTRODUÇÃO

A importância dos sistemas formais de proteção social, como a previdência social, tem sido realçada em razão da perda de espaço de redes informais de cobertura, como a família. A degradação da mais antiga forma de proteção social deriva, entre vários fatores, de estímulos econômicos, sociais e mesmo jurídicos que fortificam a autonomia individual; a busca de projetos de vida independentes e, como consequência, enfraquecem os antigos laços de assistência recíproca entre parentes.[1]

No processo de desagregação familiar, as pessoas, na busca por independência, tendem a assumir maiores riscos e, paradoxalmente, tornam-se mais dependentes de terceiros. Na atualidade, a procura da autonomia torna-se cada vez mais complexa, com percalços que vão desde as dificuldades iniciais de formação, passando pela permanência no mercado de trabalho e especialmente na manutenção da prole.[2] Em tal contexto, os modelos estatais de proteção social, em particular a previdência social, assumem papel não meramente subsidiário, mas tornam-se protagonistas da vida digna na sociedade contemporânea.

A previdência social brasileira, redimensionada frente aos desafios da sociedade de riscos, aliada à necessidade de atender objetivos constitucionais de cobertura integral e garantia de uma vida digna – *que valha a pena ser vivida*[3] – demanda, para assumir sua vocação protetiva,

---
1 Sobre o tema, ver *Averting The Old Age Crisis – Policies to Protect the Old and Promote Growth*. New York: Banco Mundial, 1994, pp. 60 e seguintes.
2 Como se verá, o cuidado com filhos não é enfrentado com o devido cuidado pela maioria dos sistemas previdenciários, incluindo o brasileiro, o que traz efeitos adversos, como a redução de natalidade. O tema é melhor desenvolvido mais adiante.
3 Sobre o debate filosófico do tema, ver BARROS FILHO, Clóvis e MEUCCI, Artur. *A Vida que Vale a Pena ser Vivida*. São Paulo: Vozes, 2010.

correções de rumo imediatas, alcançando seus objetivos tanto no presente como no futuro, pois, afinal, o desejo é a construção de rede de proteção social que possa perdurar para gerações futuras.

Para tanto, com fundamento nas premissas até então apresentadas, deve a previdência social atender critérios de justiça distributiva, nas dimensões de necessidade, equidade e mérito, buscar financiamento que assegure algum grau de solidariedade social e, por fim, respeitar a jusfundamentalidade do modelo como garantia institucional da Constituição de 1988.

Estabelecidos os fundamentos teóricos, com fins abstratos a serem atingidos, surge a demanda, dentro da proposta do texto, de alguma concretude, mediante arcabouço que permita produzir a meta desejada – um novo modelo de previdência social.

As propostas aqui apresentadas terão grande componente de doutrina estrangeira, não por qualquer preferência ideológica, mas simplesmente pelo reconhecimento fático da ampla divulgação de ideias sobre o tema protetivo alhures, enquanto no Brasil, com escassas – mas importantes – exceções, o tema da previdência social é superficialmente tratado.

Por fim, não é finalidade do texto desenvolver um novo modelo com detalhamento exaustivo de seu funcionamento, pois, como se sabe, a configuração final de um sistema de proteção social, especialmente em um ambiente democrático, nunca será fundamentado somente por premissas técnicas, mas dentro do consenso que se possa produzir. A meta, enfim, é subsidiar os fundamentos no novo modelo.

3.2. REALIDADE NACIONAL – AS *MEIAS-VERDADES*

O discurso sobre previdência no Brasil, especialmente nos últimos anos, e com raras exceções, poderia ser resumido em um conjunto de *meias-verdades*,[4] pois a maior parte das questões apresentadas, tanto pelos

---

4 Do ponto de vista lógico, a meia-verdade não existe, pois um argumento não poderia ser verdadeiro e falso ao mesmo tempo. No entanto, é uma ideia cabível para expor como fatos verídicos podem ser utilizados para conduzir a conclusões equivocadas. Sobre a ideia de meia-verdade, interessante a passagem atribuída a Maomé: *O profeta e um dos seus companheiros entraram numa cidade para ensinar. Logo um adepto dos seus ensinamentos aproximou-se e disse: Meu senhor, não há nada exceto estupidez nesta cidade. Os habitantes são tão obstinados! Ninguém quer aprender nada. Tu não irás converter nenhum desses corações de pedra. O profeta respondeu bondosamente: Tu tens razão. Logo depois, outro membro da comunidade abordou o profeta. Cheio de alegria, ele disse: Mestre, tu estás numa cidade abençoada. O povo anseia receber o verdadeiro ensinamento, e as pessoas abrem seus corações à tua palavra. Maomé sorriu bondosamente e novamente disse: Tu tens razão. Ó mestre, disse o companheiro de Maomé, tu disseste ao primeiro homem que ele tinha razão, e ao segundo homem, que afirmou o contrário, tu disseste que ele também tinha razão. Pois negro não pode ser branco. Maomé respondeu: Cada um vê o mundo do jeito que espera que seja. Por que deveria eu refutar os dois homens? Um deles vê o mal, o outro, o bem. Tu dirias que um deles vê falsamente? Não são as pessoas aqui e em toda parte*

defensores como os detratores do sistema, contêm aspectos concretos que traduzem a verdade dos fatos, mas ignoram outras questões elementares, além de, muito frequentemente, expor o desconhecimento do que vem a ser esta tradicional técnica protetiva.

É comum, por exemplo, encontrarmos nos jornais escatológicas notícias sobre o déficit previdenciário, apontando a insolvência iminente do sistema, com a consequente derrocada do modelo. De outro lado, há quem aponte os superávits do modelo de seguridade social brasileira, incluindo previdência, assistência e saúde, alegando – com razão – que boa parte dos recursos da seguridade social é utilizada em outros fins públicos.

A verdade encontra-se em algum ponto intermediário, pois o modelo brasileiro de proteção social, é verdade, possui, hoje, receita suficiente para fazer frente às suas despesas, e por isso a alegação de déficit do sistema é equivocada. Em 2009, as receitas de contribuições sociais para a seguridade social totalizaram R$ 392,3 bilhões, enquanto as despesas foram de R$ 359,7 bilhões. Deste montante, o maior gasto foi em relação aos benefícios previdenciários, que totalizaram R$ 223,8 bilhões. Mesmo que se avalie somente o subsistema previdenciário da seguridade social brasileira, afastando-se da contabilidade os benefícios verdadeiramente assistenciais aí incluídos e as renúncias fiscais atuais, é certo que o modelo seria, hoje, superavitário.[5]

Mesmo no aspecto mais restrito da previdência dos servidores, o tema é mal-apresentado, seja pela omissão da absorção do Instituto de Previdência e Assistência dos Servidores do Estado[6] (IPASE), e seu respectivo patrimônio, seja pela omissão da natureza não contributiva das aposentadorias até passado recente, impondo, como não poderia ser diferente, uma elevada despesa frente ao um custeio limitado. Não há como efetuar uma mudança de um regime não contributivo para um modelo contributivo de imediato. O custo de transição será sempre elevado.

No entanto, daí a afirmar que a previdência social brasileira vai bem é um longo passo. Uma *meia-verdade*. A previdência social brasileira é uma das mais perdulárias no mundo, com gastos elevados para uma população ainda jovem, mas com elevada redução de natalidade e rápido

---

boas e más ao mesmo tempo? Nenhum dos dois disse algo equivocado, disseram apenas algo incompleto (PESESCHKIAN, Nossrat. *O Mercador e o Papagaio*. São Paulo: Papirus, 1992, p. 44).

5 O tema é desenvolvido detalhadamente pela Fundação ANFIP de Estudos da Seguridade Social. Toda a base de dados está disponível em <http://www.fundacaoanfip.org.br/>, em 01/10/2010. As informações mais atualizadas estão em <http://www.anfip.org.br/publicacoes/livros/includes/livros/arqs-pdfs/analise2009.pdf>. Acesso em 02/01/2011.

6 O IPASE foi criado pelo Decreto-Lei nº 3.347, de 12 de junho de 1941, e extinto pela Lei nº 6.439, de 01 de setembro de 1977.

envelhecimento.⁷ É um modelo que permite aposentadorias precoces, com pouquíssimos paralelos no mundo, expondo a inexistência de qualquer equilíbrio atuarial, que não é levado a sério, nos sistemas públicos brasileiros, desde fins da década de 1950.⁸

O Brasil tem gastos de previdência e assistência social que superam, desde 2007, 15% do PIB, o que, para um país ainda relativamente jovem, é elevado.⁹ Em razão disso, é comum economistas afirmarem, com gravidade, que o gasto com transferências públicas de assistência e previdência social está perigosamente elevado, muito embora não haja consenso sobre o grau adequado do mesmo, haja vista, nos últimos anos, a importância da seguridade social brasileira como instrumento de redução das desigualdades.¹⁰

Ou seja, o fato do sistema previdenciário ser, hoje, superavitário, em nada justifica afirmar-se que tudo está bem, na melhor medida do possível. O equilíbrio financeiro não implica a adequação atuarial. Por outro lado, é errado que a Administração Pública e a mídia tentem apresentar à sociedade o sistema, hoje, como decrépito e falido, como estímulo a reformas que são, de fato, necessárias. Um confronto de *meias-verdades*.

O debate deve afastar-se dos extremos, apresentando o problema como ele de fato é, ou seja, o modelo previdenciário brasileiro como um paciente estável, mas ainda doente. Um médico não deve afirmar ao seu paciente que ele morrerá em semanas como instrumento de coerção para o tratamento, por mais severo que seja. Em um regime democrático, é ônus dos dirigentes escolhidos apresentar a situação como é para, daí, a sociedade estabelecer as diretrizes de ajuste. Qualquer procedimento diverso é manipulação incompatível com qualquer regime que pretenda se rotular como democrático.

Para esclarecer melhor a questão, cumpre avaliar o que a Constituição brasileira quer dizer quando impõe que a previdência social tenha equilíbrio financeiro e atuarial (art. 201, *caput*). A necessidade da reserva do possível atuarial já foi apresentada, mas, agora, carece de aprofundamento.

---

7 Sobre o tema, ver, acertadamente, GIAMBIAGI, Fábio, *Reforma da Previdência, op. cit.*
8 A questão será melhor apresentada posteriormente.
9 Sobre os percentuais e análises dos gastos sociais até 2009, ver *Brasil em Desenvolvimento – Estado Planejamento e Políticas Públicas*. Série Brasil – O Estado de uma Nação. Governo Federal, IPEA, 2009, v. I, p. 112. Sem embargo, como se verá, a avaliação da proteção social com base unicamente no PIB é inadequada.
10 Sobre o gasto da seguridade como forma efetiva de inclusão social, incluindo as divergências econômicas sobre o assunto, ver *Brasil em Desenvolvimento – Estado Planejamento e Políticas Públicas*. Série Brasil – O Estado de uma Nação. Governo Federal, IPEA, 2009, v. I, pp. 113 e seguintes.

3.3. EQUILÍBRIO FINANCEIRO E ATUARIAL – VISÃO GERAL E PROPOSTA DE MODELO

Como antecipado nos capítulos anteriores, em razão do envelhecimento populacional e da redução da natalidade, os antigos modelos de previdência social têm buscado, com maior dedicação, instrumentos de equilíbrio, os quais demandam elevada apreciação matemática de reservas, fundos e encargos futuros. No Brasil, o tema ganha corpo com a edição da Emenda Constitucional nº 20/1998, a qual traz a expressa previsão da necessidade do equilíbrio financeiro e atuarial (art. 201, *caput*), também exigido dos regimes de servidores públicos, pela EC nº 41/2003 (art. 40, *caput*).

Surge assim, com maior destaque, na realidade dos regimes previdenciários brasileiros, a Atuária, ciência do seguro, a qual irá cotejar o risco protegido e os recursos disponíveis para sua cobertura, vislumbrando sua viabilidade em diversos cenários, especialmente dentro das expectativas futuras em relação ao envelhecimento da população e às tendências da natalidade.

Por meio dessas análises, é possível aos administradores do regime previdenciário a adoção de medidas eficazes, em tempo hábil, para a correção de desvios, de modo a preservar a segurança e a confiabilidade do sistema e evitar sua falência, o que iria excluir a proteção de milhões de pessoas.

Sucintamente, pode-se entender o equilíbrio financeiro como o saldo zero ou positivo do encontro entre receitas e despesas do sistema. Seria, pois, a manutenção do adequado funcionamento do sistema no momento atual e futuro, com o cumprimento de todas as obrigações pecuniárias, decorrentes de pagamentos de benefícios previdenciários. Para tanto, o administrador do sistema previdenciário deve preocupar-se com a garantia da arrecadação, evitando, de toda forma, flutuações danosas ao equilíbrio de contas.[11]

Já o equilíbrio atuarial diz respeito à estabilização de massa, isto é, ao controle e prevenção de variações graves no perfil da clientela, como, por exemplo, grandes variações no universo de segurados ou amplas reduções de remuneração, as quais trazem desequilíbrio ao sistema inicialmente projetado.[12] É um equilíbrio financeiro de longo prazo.

---

11 Não se ignora a possibilidade de resultados negativos em razão de eventos pontuais, mas não é esta a regra geral.

12 Não é proposta desta tese esgotar o tema do equilíbrio atuarial, que será desenvolvido, no estritamente necessário para, nos aspectos financeiros e jurídicos, subsidiar um modelo ideal. Para um tratamento específico da matéria, especialmente no aspecto matemático, ver CICHON, Michael *et al. Financing Social Protection – Quantitative Methods in Social Protection Series*. Genebra: OIT e ISSA, 2010.

A própria Lei nº 8.212/1991, em seu art. 80, inc. VII, define como obrigação do Instituto Nacional do Seguro Social disponibilizar ao público, inclusive por meio de rede pública de transmissão de dados, informações atualizadas sobre as receitas e despesas do Regime Geral de Previdência Social, bem como os critérios e parâmetros adotados para garantir o equilíbrio financeiro e atuarial do regime (inserido pela Lei nº 10.887/2004).

Sem embargo, a importância do cálculo atuarial não implica sua onipotência. Como já amplamente debatido, o endeusamento das avaliações matemáticas – algo típico da modernidade – não se sustenta na sociedade de riscos, mas, por outro lado, deve-se evitar o erro oposto, que é ignorar as premissas atuariais do sistema como ponto de partida e controle. Analogicamente, pode-se dizer que nem sempre o cinto de segurança evitará o pior, mas nem por isso devemos deixar de usá-lo.

3.3.1. Regimes de Financiamento – Capitalização *versus* Repartição

De modo a buscar o equilíbrio financeiro e atuarial, a previdência social, no que diz respeito ao seu financiamento, encontra algumas técnicas básicas. De modo elementar, podem-se identificar dois regimes básicos e opostos de financiamento: a repartição simples e a capitalização.

No regime de repartição, os segurados contribuem, em regra, para um fundo único, responsável pelo pagamento de todos os beneficiários do sistema. Dentro deste regime, há o conhecido *pacto intergeracional*, isto é, os trabalhadores de hoje custeiam os benefícios dos aposentados atuais, dentro do mesmo exercício.

Este regime tem sido criticado por ser extremamente influenciado pelo envelhecimento da população, pois, à medida que se observa a inversão da pirâmide etária, um maior número de idosos irá depender de um menor número de jovens para a manutenção de seus benefícios.

Tal sistema é também muito influenciado pelas taxas de natalidade de um país, e pela expectativa de vida de seus componentes. A correção costuma ser feita com incentivo ao aumento da natalidade e modificações nos requisitos para obtenção de benefícios, como o aumento do limite de idade ou a redução dos valores pagos.

No regime de capitalização, os recursos arrecadados com contribuições são investidos pelos administradores do fundo, tendo em vista o atendimento das prestações devidas aos segurados futuramente, ou seja, os valores pagos no futuro variarão de acordo com as taxas de juros obtidas e a partir das opções de investimento dos administradores. Aqui, não há o financiamento entre gerações, ao menos, diretamente.

Ainda há o regime de repartição de capitais de cobertura, que vai além do procedimento meramente contábil da repartição simples, na medida em que o atuário deverá dimensionar as receitas não somente para as despesas do ano, mas também para a fixação de reservas que sejam suficientes (com a devida correção) para a continuidade do pagamento de benefícios concedidos naquele determinado ano, até a morte do segurado e dependentes. Pode-se dizer que é um regime intermediário entre a repartição e a capitalização.[13]

Da comparação entre os três, são extraídas as seguintes conclusões: 1) a contribuição fixada no regime de repartição simples tende a crescer desde a criação do sistema, até atingir um ponto de equilíbrio; 2) a contribuição no regime de repartição de capitais cresce em ritmo mais moderado, atingindo, antes da repartição, o equilíbrio; 3) em ambos os casos (repartição simples e de capitais de cobertura), o crescimento da contribuição pode ser reduzido pelo aumento dos jovens ou pela alta rotatividade dos segurados; 4) a contribuição no regime de capitalização coletiva é prevista para manter-se inalterada no tempo, com um valor intermediário entre o mínimo e máximo dos regimes anteriores.[14] Assim o é devido ao excesso de contribuição inicial do regime de capitalização frente à repartição que será utilizado para cobrir, no futuro, a contribuição inferior do regime de capitalização frente à repartição, devido ao envelhecimento da clientela atendida.

Nos últimos anos, especialmente com as reformas do *Welfare State* mundo afora, a capitalização alçou ares de unanimidade, como capaz de produzir incrementos de poupança, estímulo à atividade econômica e melhor retorno na aposentadoria. No entanto, a avaliação é seguramente incorreta.

3.3.1.1. O Mito da Supremacia dos Modelos Capitalizados

A crença da plena superioridade dos modelos capitalizados não se sustenta, pois assim como a repartição simples, irá também produzir algum tipo de dependência frente a gerações futuras. É errado afirmar que tal atributo é exclusivo dos modelos de repartição, pois, mesmo nos sistemas capitalizados, assume-se que as pessoas, no futuro, serão

---

[13] Sobre o tema, ver CHAN, Betty Lilian, SILVA, Fabiana Lopes da & MARTINS, Gilberto de Andrade. *Fundamentos da Previdência Complementar – Da Atuária à Contabilidade*. 2ª ed. São Paulo: Atlas, 2010, p. 76.
[14] Cf. NOGUEIRA, Rio. *A Crise Moral e Financeira da Previdência Social*. São Paulo: Difusão Editorial, 1985, p. 45.

capazes de adquirir bens de consumo, que externam, em alguma medida, a dependência frente àqueles que os produzem.[15]

Com o fenômeno da redução populacional, sistemas capitalizados também sofrem, pois as reservas acumuladas, como visam ao consumo, têm perdas, seja por inflação (elevadas reservas para limitar a capacidade de produção) ou desvalorização (muitos investimentos e ações para poucos interessados). A menor população na geração seguinte traz incertezas também em modelos capitalizados.[16] Em contextos de variações demográficas, um instrumento relevante é buscar o crescimento econômico que permita a preservação do equilíbrio e por isso, do ponto de vista macroeconômico, a opção por capitalização ou repartição é secundária.[17]

Os modelos de repartição, para alguns, teriam encontrado sua aplicação na década de 1930, como forma de proteção aos milhares de trabalhadores afetados pela crise de 1929, mas o século XXI demandaria novas formas de proteção, haja vista novas realidades econômicas e a preservação do nível de empregabilidade.[18] Sem embargo, mesmo para os defensores dos regimes capitalizados de previdência social, é hoje comum reconhecer-se, ao menos, a existência de um pilar universal financiado por repartição simples, assegurando, com máxima efetividade, o mínimo existencial.[19]

De modo geral, há uma defesa generalizada pelos modelos previdenciários de capitalização, pois seriam opções privadas e voluntárias de proteção que respeitam às preferências individuais sobre risco e cobertura, além dos modelos de repartição, alegadamente, serem mais obscuros, isto é, sem transparência na gestão de ativos e concessão de benefícios, trazendo com isso efeitos possivelmente perversos sobre a economia.[20] Em suma, por se tratar de um mal necessário, modelos universais e compulsórios de proteção deveriam ser limitados ao mínimo.[21]

No entanto, o regime de capitalização possui riscos inerentes elevados, que podem acabar por excluir a proteção pretendida. A capitalização

---

15 Cf. BARR, Nicholas. *Reforming Pensions: Myths, Thuths, and Policy Choices*. IMF Working Paper, WP/00/139, agosto de 2000, p. 04. O autor aponta a aparente supremacia dos modelos de capitalização como um dos muitos *mitos* relativos aos debates previdenciários, sem qualquer comprovação científica ou mesmo empírica.
16 Cf. MESA-LAGO, Carmelo. *Reassembling Social Security, op. cit.*, pp. 131-2
17 Cf. BARR, Nicholas. *Reforming Pensions, op. cit.*, p. 11.
18 Cf. FELDSTEIN, Martin. *Rethinking Social Insurance, op. cit.*, p. 10. Na ideia do autor, o modelo de capitalização deveria surgir como instrumento de uma era, atendendo melhor aos anseios da sociedade por uma proteção plena *(op. cit., loc. cit.)*.
19 Cf. FELDSTEIN, Martin. *Rethinking Social Insurance, op. cit.*, p. 25.
20 Sobre as críticas tradicionais aos modelos de repartição, ver FELDSTEIN, Martin. *Rethinking Social Insurance, op. cit.*, pp. 05 e 06.
21 Cf. FELDSTEIN, Martin. *Rethinking Social Insurance, op. cit.*, p. 10.

individual, por si só, também não é suficiente para atender determinados riscos sociais, como doenças e acidentes, que demandam solidariedade capaz de assegurar rendimento adequado.

A crença na formação de reservas financeiras que produzam externalidades positivas, incluindo os próprios investimentos previdenciários, é certamente incompleta, já que, como visto, as intempéries econômicas podem, com facilidade, colocar tudo a perder. Ainda que alguma capitalização possa, de fato, ser desejável, o regime exclusivamente capitalizado está longe de garantir a proteção necessária, como nos mostra os eventos recentes na economia mundial.

Os mesmos riscos que atingem os regimes de repartição também vulneram os modelos capitalizados, como aspectos macroeconômicos (*e.g.*, inflação), variações demográficas e mesmo riscos políticos, com intervenção estatal indevida na gestão previdenciária. Em verdade, o modelo capitalizado é que apresenta ainda maiores riscos, especialmente no que diz respeito ao gerenciamento dos investimentos.[22] Com má gestão, qualquer modelo está em perigo.

O risco de investimento em regimes capitalizados é flagrante, pois ainda que bem aplicados, as reservas financeiras e seus titulares sofrem com as variações – altas e baixas – dos diferentes portfólios existentes, o que não existe na repartição, no qual o risco recai sobre a sociedade como um todo, que melhor socializa ganhos e perdas. Em regimes capitalizados, pessoas com idênticas carreiras profissionais e contribuições, dependendo da época de afastamento, podem ter grandes diferenças em seus benefícios.[23] Ainda que haja eventual perda para determinadas pessoas que se aposentem em determinada época, um regime multipilar, com financiamento preponderante por repartição é, seguramente, o mais adequado a finalidades protetivas e a melhor forma de justiça social.

É certo que, com a capitalização, a dívida futura do sistema previdenciário é mais facilmente identificada frente ao capital existente, haja vista a possibilidade de quantificar, de pronto, o valor atual das prestações futuras, de acordo com o saldo dos fundos previdenciários.[24] Na repartição, a avaliação é mais complexa, mas a administração do risco é mais simples, permitindo ampliação de idade mínima, tempo de contribuição, revisão de renda mensal futura etc. Ou seja, em regimes capitalizados, as obrigações

---

22 Cf. BARR, Nicholas. *Reforming Pensions*, op. cit., p. 23. Sobre o aspecto demográfico, crítica preferida dos que atacam o modelo de repartição, lembra o autor que a diminuição populacional atinge gravemente ambos os modelos (*op. cit.*, p. 22).
23 Cf. BARR, Nicholas. *Reforming Pensions*, op. cit., pp. 23-5.
24 Cf. BARR, Nicholas. *Reforming Pensions*, op. cit., p. 15.

são mais claras e evidentes, mas a possibilidade de gestão de riscos é menor. Tendo a previdência o ônus de lidar com riscos e incertezas, a capitalização, sozinha, não parece atender às finalidades a que se propõe.

Como países não possuem prazos de validade, as obrigações futuras tendem, sempre, a serem arcadas com a arrecadação vindoura, não fazendo sentido, portanto, o Estado pretender antecipar a receita para fazer frente ao gasto futuro. Se isso fosse efetivamente algo útil, por que não capitalizar também sistemas de saúde, educação e tantos outros que geram gastos futuros?[25]

O modelo de capitalização também produz risco elevado ao colocar altos valores em controle do governo ou de suas agências, o que, intuitivamente, traz compreensível preocupação para o particular. A questão é comum no modelo norte-americano, no qual o excedente de receita é escancaradamente desviado para financiar o Tesouro, sob o eufemismo dos *trust funds*, enquanto no modelo brasileiro, o excedente é utilizado para financiar prestações verdadeiramente assistenciais, como a pseudoprevidência da área rural e benefícios cruzados, por meio de renúncias fiscais. Este foi um dos motivos que propiciou, no Canadá, a manutenção do regime de repartição como principal regime de financiamento da previdência.[26]

Além dos riscos de má aplicação de recursos, ônus elevados de migração e a problemática do custo duplo da geração atual, há ainda a ausência de aspectos redistributivos (o que ignora a dimensão *necessidade* da justiça social) e, por fim, os encargos administrativos elevados, que podem ser de seis a trinta vezes superiores a um regime de repartição simples.[27]

Outro mito da capitalização é apontá-la como superior à repartição sempre que o retorno das aplicações no mercado excede crescimento salarial, haja vista a repartição ter especial fonte de financiamento e forte vinculação com padrões salariais. Apesar de intuitivo, é uma conclusão equivocada, pois ignora custo de transição entre regimes; os riscos maiores na capitalização e custos administrativos superiores em um regime de contribuição definida. Caso haja migração de regimes, eventual vantagem de gerações futuras fica excluída pelos custos de transição.[28]

---

25 Cf. BARR, Nicholas. *Reforming Pensions, op. cit.*, p. 18.
26 Sobre o tema, ver LITTLE, Bruce. *Fixing the Future, op. cit.*, pp. 50 e 86. Assim como no Brasil, a migração para regimes capitalizados foi, também, em parte descartada pelos elevados custos de transição (*op. cit.*, p. 64).
27 Sobre os custos maiores em regimes capitalizados, ver Bruce Little. *Fixing the Future, op. cit.*, p. 175.
28 Cf. BARR, Nicholas. *Reforming Pensions, op. cit.*, pp. 26-7.

O mesmo erro ocorre ao atribuir à capitalização um melhor efeito macroeconômico, com crescimento e desenvolvimento nacional superior a modelos de repartição. Apesar de tal precedência ser muito alardeada, não há, também, qualquer comprovação, tendo tal liame produzido, somente, forte divergência entre os especialistas, sem qualquer comprovação empírica. A capitalização contribui para crescimento somente se ampliar investimento doméstico[29], e tal evento dificilmente ocorrerá quando um país tem de arcar com o ônus financeiro da transição da repartição para a capitalização.

A pretensão de adotar regimes capitalizados como forma de incremento da poupança nacional não encontra sustentação empírica, como no caso chileno, havendo estudos que admitem a ampliação da poupança interna, na migração para a capitalização, quando esta é feita por aumento de tributação e não por incremento da dívida interna.[30]

Também, na migração de regimes, como no caso chileno, é comum encontrar-se uma piora na condição de algumas minorias, como mulheres, que tradicionalmente encontram instrumentos de compensação dos regimes públicos de repartição.[31] A repartição simples, ao dividir melhor os riscos, atende com maior eficácia minorias que, do contrário, teriam escassas condições de produzir reservas adequadas.

Os modelos de repartição também refletem o bônus dado às primeiras gerações de aposentados, sem custeio suficiente, que se reflete no ônus de gerações futuras. A migração para capitalização não tem o condão de eliminar tal encargo futuro, mas de impor o ônus sobremaneira a uma determinada geração.

A concessão de prestações sem custeio, para gerações iniciais, foi justificada pelas condições mais precárias de vida e maior desgaste físico com o trabalho, especialmente pela inexistência de legislação trabalhista, ou mesmo os encargos com guerras e trabalhos forçados. O passado não pode ser alterado. De modo a preservar um grau mínimo de justiça, se faz necessária a diluição do custo financeiro de um sistema descapitalizado para gerações futuras, e não todo o encargo à geração presente.

---

29 Cf. BARR, Nicholas. *Reforming Pensions, op. cit*, pp. 12 e 13.
30 Sobre o tema, ver SAMWICK, Andrew A. Is Pension Reform Conducive to Higher Saving? The MIT Press, *The Review of Economics and Statistics*, v. 82, nº 02, pp. 264-272 (maio, 2000).
31 Sobre a piora da situação das mulheres após a reforma de 1981 no Chile, ver ARENAS DE MESA, Alberto e MONTECINOS, Veronica. *The Privatization of Social Security and Women's Welfare: Gender Effects of the Chilean Reform*, The Latin American Studies Association, *Latin American Research Review*, v. 34, nº 3, pp. 7-37 (1999).

3.3.1.2. Repartição Simples no Contexto de Envelhecimento Populacional e Redução de Natalidade

Apesar das críticas severas e verdadeiras aos modelos puramente capitalizados, especialmente pelo sacrifício da segurança em detrimento de uma incerta eficiência, são igualmente verídicas algumas restrições inerentes aos modelos de repartição.

Em época de retração da natalidade aliada ao aumento expressivo da expectativa de vida, os modelos de repartição simples entram em crise, pois, alega-se, com alguma razão, que tais sistemas seriam insubsistentes, ao menos dentro das premissas legais vigentes, haja vista um estreitamento da base de financiamento conjugado com o alargamento do universo de beneficiários.

No caso particular do Brasil, o tema é preocupante, pois as estimativas mais recentes preveem o ápice da população brasileira em 2039, com redução progressiva deste ano em diante. Interessante notar que, hoje, a taxa de fecundidade do brasileiro já é inferior a 2.1, o que significa ser inferior à taxa de reposição média, necessária para manter a população estável. No entanto, como a população é, em geral, ainda jovem, a retração populacional, pelos dados atuais, somente tomará lugar a partir de 2039.[32]

Em tal situação, a capitalização é oferecida como saída, atenuando os efeitos demográficos, pois cada geração deveria ser responsável pelo financiamento de seus próprios benefícios, sem transferir tal responsabilidade a gerações futuras. Independente de questões relacionadas à justiça intergeracional, a ideia, muito pragmática, seria blindar o sistema previdenciário frente às variações apontadas.

No entanto, além das críticas já apresentadas aos modelos puros de capitalização, é importante ressaltar que nenhum sistema é totalmente apartado das mudanças da sociedade, pois em um mundo envelhecido, com mais pessoas afastadas do mercado de trabalho e com renda reduzida, os impactos, especialmente em uma sociedade de consumo, seriam perversos, seja lá qual for a forma de financiamento.

Segundo, o eventual ganho frente a variantes populacionais não compensa o risco assumido com as variações econômicas, especialmente em regimes capitalistas, que por definição, são apanhados em crises cíclicas, transformando a aposentadoria em uma verdadeira loteria, pois

---

[32] A tabulação completa da população brasileira, incluindo projeções de vida, pode ser vista em <http://www.ibge.gov.br/home/estatistica/populacao/projecao_da_populacao/2008/projecao.pdf>. Acesso em 11/11/2010. Para dados relativos à redução populacional no mundo, ver <http://www.un.org/esa/population/publications/wpp2006/WPP2006_Highlights_rev.pdf>. Acesso em 09/10/2010.

a jubilação irá depender do comportamento do mercado na época da concessão do benefício e nos anos subsequentes. Nunca é demais lembrar que os modelos de repartição tiveram forte evolução, a partir de 1914, justamente pelas dificuldades econômicas surgidas desde a 1ª Guerra Mundial.[33]

No entanto, ainda há outro ponto contrário a modelos de repartição, pois quando maior o efeito redistributivo do esquema, mais dispendioso seria para um participante obter determinado prêmio quando da aposentadoria, pois boa parte de sua contribuição não seria utilizada em benefício próprio, mas sim para terceiros.[34]

Apesar de ter algum sentido, o problema de eventual sonegação e afastamento do sistema poderia ser anulado por modelo de financiamento diverso, como o proposto no capítulo 4, por meio de impostos, os quais, para custeio do primeiro pilar de proteção, com natureza eminentemente redistributiva, atendendo o vetor *necessidade* da justiça social, seriam arrecadados preponderantemente de empresas, mediante fusão das contribuições hoje existentes, diluídas pela sociedade, elidindo qualquer forma de evasão individual com alguma facilidade.

A repartição simples, *mutatis mutandis*, é um redimensionamento do tradicional mecanismo de proteção familiar, no qual os mais jovens e aptos sustentavam os mais idosos. Foi a forma de proteção que nos permitiu formar a espécie dominante neste planeta e alcançar o desenvolvimento de hoje. Ignorá-la, em prol de modelos individualistas e arriscados, além de desconhecer toda a história da proteção social na humanidade, é um contrassenso, trazendo o risco para um sistema criado justamente para anulá-lo.

Sem embargo, as dificuldades apontadas são reais e não podem ser ignoradas. Uma solução que se apresenta é a adoção de modelos mistos, que conjuguem variáveis de capitalização e repartição, de acordo com o objetivo, com incremento de solidez.

3.3.1.3. Uma Opção Intermediária – O Financiamento Misto

Após as visões dos pontos fortes e fracos de cada modelo, a conclusão cabível é a preferência da capitalização para modelos que busquem

---

[33] Cf. ANDERSON, Arthur M. The History of the Pay-As-You-Go Policy. *The Academy of Political Science, Proceedings of the Academy of Political Science in the City of New York*, v. 8, nº 1, National Conference on War Economy, pp. 106-111 (jul., 1918).

[34] Sobre o tema, ver BÖRSCH-SUPAN, Axel and REIL-HELD, Anette. *How Much Is Transfer and How Much Is Insurance in a Pay-as-You-Go System? Op. cit.*, p. 506 e 523.

maior retorno, com primazia da eficiência – o que implica trazer o risco maior para o modelo – enquanto a escolha da repartição recai quando há eleição da segurança como meta, ainda que em detrimento de melhores rendimentos.

No entanto, a solução não demanda, necessariamente, a opção excludente de um dos modelos, cabendo, na fixação das premissas de custeio, regras mistas que busquem, na melhor medida, uma ponderação entre os regimes, de forma a permitir, na melhor medida do possível, a segurança desejada com algum grau de eficiência, reduzindo encargos financeiros e assegurando, em última instância, uma cobertura mais abrangente.

A sistemática de financiamento misto não é novidade, sendo adotada, por exemplo, no Canadá.[35] A participação de um fundo capitalizado, em pilar universal de proteção, que possa, por exemplo, suportar algo em torno de 20% do gasto previdenciário mensal, é opção razoável, pois não expõe exageradamente o sistema protetivo aos humores de mercado, assim como evita encargos mais elevados no pagamento de benefícios correntes – busca-se o bom de cada sistema, minimizando o aspecto fraco de cada um deles.

A combinação entre os modelos deverá variar de acordo com o pilar de proteção social envolvido. Na cobertura inicial e universal, visando a condições mínimas de vida digna, a sistemática adotará, de forma preponderante, a sistemática da repartição simples. Em pilar complementar, visando à manutenção de bem-estar, um componente mais elevado de capitalização é razoável, pois a tomada de riscos, em grau pouco mais elevado, é justificável na busca de cobertura mais adequada.

No entanto, a criação de regimes parcialmente capitalizados demanda forte autonomia frente ao poder central, pois, do contrário, é bastante provável que a sobra contributiva, em vez de ser direcionada a investimentos adequados, acabe por financiar o déficit governamental, em uma espécie de aplicação fictícia. Essa, como se viu, é a realidade do modelo norte-americano, no qual o superávit de contribuições previdenciárias é sistematicamente direcionado a *trust funds*, que nada mais são que repasses ao Tesouro, visando subsidiar o elevado déficit em balança de pagamentos. Como não há real aplicação de capital, quando o modelo previdenciário norte-americano depender do retorno deste capital, é evidente que o governo central terá de ampliar, em alguma medida, a arrecadação

---

35 Cf. LITTLE, Bruce, *Fixing the Future. How Canada's Usually Fractious Governments Worked Together to Rescue the Canada Pension Plan*. Toronto: Rotman, 2008.

tributária (ou reduzir gastos), o que implica afirmar que será a própria sociedade a arcar com a diferença para a qual já teria contribuído.[36]

O próprio Banco Mundial, após a obra celebrada de 1994, optou por posição mais moderada, apontando as deficiências alocativas de um modelo puro de capitalização, abrindo mais espaço para soluções intermediárias.[37] Ademais, é importante notar que modelos capitalizados não possuem, como regra, proteção frente à inflação. Tudo dependerá do capital acumulado e de como será aplicado. Se as taxas de retorno forem inferiores à inflação, a perda de bem-estar tomará lugar, sem nada que o segurado possa fazer a respeito.

Dentro do modelo a ser proposto, o financiamento adotará a sistemática mista, partindo da elevada preponderância da repartição simples, no primeiro pilar, até sua quase que completa exclusão no terceiro pilar, de previdência complementar, que deverá, de forma dominante, adotar a capitalização.

3.3.2. Planos de Benefícios – Benefício Definido *versus* Contribuição Definida

Ao lado das diversas classificações dos regimes de financiamento, têm-se, em paralelo, os sistemas de concessão de benefícios, sendo tradicionalmente classificados em regimes de contribuição definida ou benefício definido. Apesar de inexistir similitude direta, o mais comum é a vinculação do sistema de benefício definido com o regime de repartição simples, enquanto o sistema de contribuição definida, com o regime de capitalização.[38]

Na sistemática do benefício definido, o valor a ser pago ao beneficiário já é previamente estabelecido ou, ao menos, o método de quantificação do mesmo, independente das reservas formadas e da variação de rentabilidade do capital. É o que ocorre com a quase totalidade dos benefícios da previdência social brasileira, pois a metodologia de cálculo é

---

36 Sobre a crítica acertada aos *trust funds* norte-americanos, embora em argumentação exageradamente libertariana, ver LEVY, Robert A. & MELLOR, William. *The Dirty Dozen – How Twelve Supreme Court Cases Radically Expanded Government and Eroded Freedom*. Washington: Cato Institute, 2009, pp. 20-1. No mesmo sentido, ver Banco Mundial. Averting the Old Age Crisis, *op. cit.*, p. 110.
37 Cf. GILL, Indermit S., PACKARD, Truman & YERMO, Juan. *Keeping the Promise of Social Security in Latin America*. Washington: Banco Mundial, 2004. Em especial, p. 125 e seguintes.
38 Para uma evolução completa e abrangente dos modelos de financiamento, ver ZELINSKY, Edward A. *The Origins of the Ownership Society – How the Defined Contribution Paradigm Changed America*. New York: Oxford, 2007. Os benefícios híbridos podem ser consultados, também, em BLAKE, David. *Pension Finance*. West Sussex: Wiley & Sons, 2006, p. 192-3.

preestabelecida em lei. Na área privada, mundo afora, tem-se tornado raro, quase sempre limitado a planos de empresa.[39]

Daí a razão de as prestações oriundas do sistema de benefício definido serem usualmente vinculadas a regimes financeiros de repartição simples, pois fica evidenciada a solidariedade dos atuais contribuintes do sistema com os credores atuais, que são os jubilados com o benefício.

De modo geral, os planos de benefício definido são considerados os mais complexos para o gestor do sistema, pois apresentam diversas variáveis com forte influência no modelo, especialmente a inflação, que demanda aporte adequado de modo a atender o benefício contratado, o qual, em regra, representa alguma fração das últimas remunerações do participante.

O sistema de benefício definido é fundamental para a concessão de benefícios não programados, isto é, prestações previdenciárias oriundas de eventos imprevistos, como doenças ou invalidez. Nestas situações, com muita frequência, o segurado não teve tempo de perfazer contribuições suficientes para o sustento do seu benefício, e aí a lógica do seguro coletivo atua: a solidariedade entre trabalhadores impõe a todos o custeio do referido benefício.

Já o método da contribuição definida é algo diferente. Neste sistema, os benefícios são pagos de acordo com as contribuições individuais de cada segurado, acrescidas do retorno dos investimentos, as quais podem ou não separadas por contas nominais, algo similar a uma poupança.[40] Não existe preestabelecimento do valor a ser pago ao segurado: isto irá depender das cotizações realizadas e da rentabilidade obtida durante os anos. Por isso, o referido método é normalmente vinculado a um regime de capitalização, pois a contribuição do assistido é individualizada. Tal sistema somente poderia ser aplicado nas prestações programadas, ou seja, naquelas cujo evento determinante é previsível, como a aposentadoria por idade.[41]

A regra de contribuição definida não impede a adoção ou manutenção do benefício definido, especialmente nos regimes públicos de previdência, visando ao custeio dos benefícios de risco, com melhor garantia ao beneficiário e atendendo verdadeiro espírito protetivo do sistema previdenciário.

---

39 Cf. BLAKE, David. *Pension Finance, op. cit.*, p. 191.
40 Cf. BLAKE, David. *Pension Finance. op. cit.*, p. 101.
41 Para uma definição normativa dos planos de benefício, ver a Resolução CGPC nº 16, de 22 de novembro de 2005.

A sistemática de investimentos na gestão de planos de contribuição definida, pela relevância futura no pagamento de benefícios é sujeita a forte regulamentação, especialmente pelo risco envolvido.[42] No entanto, os investimentos considerados mais seguros, como títulos governamentais, no longo prazo, podem se mostrar mais arriscados que ações, especialmente pelos efeitos de reversão de retorno, comprovados empiricamente. Daí a conhecida estratégia de fundos de pensão em investir, no início do plano, mais pesadamente em ações, para, ao se aproximar do período de percepção do benefício, migrar para títulos.[43]

Comprovadamente, modelos de contribuição definida, de modo a apresentar retornos adequados, demandam algum grau razoável de investimentos de risco. A adoção de políticas exclusivamente conservadoras no investimento tende a demandar contribuições elevadas dos participantes.[44] Essa situação tem sido notada no Brasil, em que os investimentos, na época de inflação elevada, facilmente atingiam suas metas, mas, hoje, demandam maior esforço de seus gestores.

Como já foi dito, tais regimes admitem inúmeras variantes e combinações, sendo relevante uma delas, conhecida como capitalização virtual. Neste regime, não há capitalização individualizada dos pagamentos feitos pelo trabalhador, mas sim a aplicação de uma relação atuarial no cálculo do benefício a ser pago, de modo que o seu valor final variará de acordo com o período pago pelo segurado, além de sua expectativa de sobrevida.[45]

Na verdade, este regime híbrido de financiamento acaba por encerrar um sistema misto de benefício, conciliando contribuição definida com benefício definido. Leva em consideração a cotização do trabalhador, sem abandonar regras preestabelecidas para o cálculo do benefício.

Os benefícios previdenciários brasileiros, nos regimes públicos, são, na maioria, financiados pelo regime de repartição simples, com exceção da aposentadoria por tempo de contribuição, a qual se submete ao regime de capitalização virtual, devido à aplicação obrigatória do fator previdenciário no seu cálculo.[46]

---

42 No Brasil, ver Resolução CMN nº 3.792, de 24 de setembro de 2009, com as alterações da Resolução CMN nº 3.846, de 25 de março de 2010.
43 Sobre o tema, com profundidade de detalhes e variantes, ver BLAKE, David. *Pension Finance, op. cit.*, pp. 104-5.
44 Cf. BLAKE, David. *Pension Finance, op. cit.*, p. 135.
45 Sobre o tema, ver GUSTMAN, Alan L., STEINMEIER, Thomas L., TABATABAI, Nahid. *Pensions in the Health and Retirement Study*. Cambridge: Harvard, 2010, p. 16.
46 Sobre o tema, ver o meu *Curso de Direito Previdenciário*, 16ª ed. Niterói: Impetus, 2011.

3.4. O MODELO DE TRÊS PILARES REVISITADO

Pelo exposto em capítulos anteriores, em razão das três dimensões de justiça social, consolida-se a ideia de um sistema previdenciário em três pilares, de modo a atender plenamente toda a coletividade. No entanto, é fundamental notar que a ideia de um modelo protetivo segmentado em pilares está longe de ser original. O que se pretende é apresentar novos fundamentos e inédita construção dos mesmos, definindo o alcance e financiamento adequado para cada um.

O Banco Mundial, em 1994, elaborou obra clássica sobre o tema da reforma dos modelos previdenciários existentes e, no manual elaborado, propôs o modelo previdenciário de três pilares.[47] Em seus fundamentos, os pilares seriam divididos em razão dos diferentes objetivos da previdência social, que não poderiam ser atendidos em um único tronco de proteção.

Pelo texto do Banco Mundial, o primeiro pilar seria aquele que, de forma preponderante, atenderia demandas redistributivas e, também, a determinados riscos sociais, como doença, invalidez e morte. Seria financiado por impostos, em regime de repartição simples, e administrado pelo Estado. O atendimento poderia ser universal ou direcionado (*means tested*), visando somente determinado grupo considerando mais carente.[48]

Em verdade, a universalidade de um modelo protetivo, como reconhece a OIT, pode também moldar-se a algum esquema baseado em titularidade de direitos, como forma de selecionar melhor a clientela a ser atingida, especialmente em contexto de carência de recursos,[49] dirigindo ações a grupos mais vulneráveis, como idosos, incapazes e crianças.

Um modelo universalista, garantidor de renda mínima a todos os inseridos no rol previsto em lei, com alguma correlação entre contribuição e benefício, financiamento com solidez que garanta o sistema no longo prazo, e gerenciado pelo Estado também encontra fundamento na OIT.[50] Embora a OIT evite falar em pilares, mas sim em *degraus*, seu esquema de proteção sugerido é similar ao aqui apresentado.[51]

O segundo pilar, ainda no modelo do Banco Mundial, teria a função de incremento da poupança interna, além de algum componente também de seguro frente a riscos sociais, mas com gestão privada e financiado por

---

47 *Averting The Old Age Crisis, op. cit.*
48 Cf. *Averting The Old Age Crisis.*, op. cit., pp. 10 a 16.
49 Cf. Organização Internacional do Trabalho – OIT. *Extending Social Security to All – A Guide Through Challenges and Options*. Social Security Department. Geneva: OIT, 2010, p. 16
50 Cf. Organização Internacional do Trabalho – OIT. *Extending Social Security to All, op. cit.*, pp. 17 e 18.
51 Cf. Organização Internacional do Trabalho – OIT. *Extending Social Security to All, op. cit.*, pp. 19-20.

capitalização individual, abandona qualquer forma de repartição simples. A ideia central seria que, no regime capitalizado, haveria a vantagem do incremento da poupança interna, estimulando investimento e crescimento econômico, além de permitir a cada geração construir suas reservas para a aposentadoria, o que se torna extremamente difícil em regimes puros de repartição.[52]

O terceiro pilar teria função exclusiva de seguro, ou seja, opção individual, voluntária, por regime privado de previdência complementar, seja em entidade fechada ou aberta de previdência complementar, para, nas palavras do texto, quem *desejar mais*.[53]

Enfim, os fundamentos apontados para os três pilares seriam, pela ordem de preponderância, a redistribuição de renda, a poupança (individual e nacional) e o seguro propriamente dito. São propostas e fundamentos que serão aprofundados a seguir, cotejados com as ideias já expostas anteriormente, em tentativa de correção das eventuais impropriedades nos projetos apresentados.

3.4.1. Primeiro Pilar

Apesar de a previdência social ser apresentada como instrumento relevante de redistribuição de renda, a sua função principal não é essa, mas sim atuar como forma de proteção frente a determinadas necessidades sociais. Apesar dos questionamentos sobre o atributo redistributivo da previdência social, haja vista aspectos que privilegiam as classes mais abastadas,[54] é certo que o mesmo existe, especialmente, em benefícios de risco, como doença e invalidez.

No caso brasileiro, a questão é, em certa medida, mais complexa, pois a solidariedade invertida é mais gravosa, haja vista a possibilidade de aposentadoria precoce de classes mais abastadas, especialmente em razão da aposentadoria por tempo de contribuição, mas, por outro lado, a previdência brasileira comporta, em suas prestações, benefícios de natureza assistencial, como prestações concedidas a trabalhadores rurais

---

52 Cf. *Averting The Old Age Crisis.*, op. cit., loc. cit. (...) *full funding should boost capital accumulation and financial market development* (op. cit., p. 16).
53 Cf. *Averting The Old Age Crisis*, op. cit., p. 15.
54 Sobre o tema, ver FELDSTEIN, Martin. *Rethinking Social Insurance. Op. cit.*, pp. 1-24. No entanto, no modelo brasileiro, em razão das políticas recentes de valorização do salário-mínimo e melhora geral da expectativa de vida, é fato que há um forte efeito redistributivo, especialmente retratado em economia de vários municípios brasileiros. Sobre o tema, ver FRANÇA, Álvaro Sólon de, *A Previdência Social e a Economia dos Municípios*. Brasília, DF: ANFIP, 1999.

e aumentos reais de benefício, acima da inflação, que têm permitido melhoria generalizada de bem-estar dos mais pobres.

O sistema brasileiro sofre com a confusão entre prestações verdadeiramente previdenciárias, nos moldes do seguro social, e diversas ações assistenciais, camufladas como previdenciárias, mas sem custeio específico para sua manutenção, financiadas, hoje, por contribuições sociais arrecadadas, direta ou indiretamente, de toda a sociedade. O modelo brasileiro, neste aspecto, escapa à regra geral dos modelos bismarckianos, que possuem, comprovadamente, baixa distribuição de renda e impacto pequeno ou nulo no coeficiente de Gini.[55]

De qualquer forma, um pilar inicial de proteção social, universal, financiado por impostos, pode ser uma solução para as complexidades vigentes na realidade nacional, simplificando grande parte do financiamento e permitindo a redução das desigualdades do modelo vigente. A fraca performance na redistribuição de renda pode ser superada por um modelo adequado, sem descurar de sua finalidade principal, que é o atendimento a necessidades sociais.

A proposta do Banco Mundial para um primeiro pilar de proteção social, *grosso modo*, não apresenta discrepâncias com o defendido aqui. É certo que a obra citada apresenta o financiamento por repartição e a gestão estatal quase como *males necessários*, mas a ideia de proteção universal é apresentada, ainda que timidamente.

Por certo a fundamentação é bastante precária, pois não se aborda o grau de cobertura a ser alcançado nem sua relação com os vetores da justiça social. De toda forma, pelos fundamentos já apresentados, o primeiro pilar do modelo aqui proposto é fundamentado no critério da *necessidade*, financiado por impostos, gerido pelo Estado, visando a garantir o mínimo existencial e construído em regime de repartição simples.[56]

Somente um modelo de proteção universal poderá superar as dificuldades das novas formas de trabalho. Apesar de a previdência social, nas formas tradicionais, ser apresentada como instrumento de exclusão e evasão fiscal, é certo que a fragilidade das relações de emprego, com constantes mudanças de postos de trabalho e opções de vida profissional

---

55 Cf. LIEBMAN, Jeffrey B. *Redistributionin the Current U.S. Social Security System*. In: FELDSTEIN, Martin & LIEBMAN, Jeffrey B. (eds). *Distributional aspects of Social Security and Social Security reform*. Chicago: University of Chicago Press, 2002, pp. 11-48. Sobre a pouca ou nula influência dos regimes previdenciários sobre o coeficiente de Gini, ver CORONADO, Julia Lynn, FULLERTON, Don e GLASS, Thomas. *The Progressivity of Social Security*. National Bureau of Economic Research, Inc., NBER Working Papers: nº 7.520, 2000.

56 Como meta a ser atingida pelo primeiro pilar, pode-se fixar a garantia efetiva dos necessidades vitais básicas previstas no art. 7º, IV, da Constituição, ao tratar do salário-mínimo.

autônoma, tem fatores complexos que superam o tema da proteção social. Não cabe à previdência social ou ao Estado tentar impedir o movimento, mas criar instrumentos protetivos que se adaptem a ele.

Por isso também o financiamento, na proposta desta tese, adotar os impostos, que são diluídos por toda a sociedade, em observância da capacidade contributiva, visando atender a necessidades mais prementes e dentro das possibilidades econômicas identificadas pelo Parlamento. Não é possível fixar *a priori* o valor absoluto do rendimento devido pelo 1º pilar, mas somente dentro do que a sociedade está razoavelmente aceita a contribuir.

Até pelo tipo de financiamento proposto, resta implícito que tal pilar deve ser, necessariamente, público, organizado pelo governo federal, com abrangência nacional. É indiscutível que o Estado, em regra, não é tão eficiente na alocação de recursos frente a entes privados, mas a questão aqui é outra. O pilar básico de proteção universal visa a atender às necessidades mais elementares da pessoa e, portanto, a eficiência não é seu principal fundamento, mas sim a segurança.

Ao adotar a gestão estatal, abre-se mão de uma possível melhora de gestão e rendimentos visando a garantir, nas mais diversas situações, que o pagamento previdenciário irá ocorrer. O *trade-off* é evidente, em favor da segurança. A cobertura estatal, financiada por impostos, permite que o risco seja diluído por toda a sociedade, gerando o maior grau de segurança possível.

O primeiro pilar pode ser composto de várias formas, com benefícios universais de mesmo valor, variáveis de acordo com as necessidades individuais, relacionado com os rendimentos na atividade ou mesmo restrito a necessitados.[57] Em boa parte, a estrutura dependerá da opção legislativa feita à época de criação ou reforma do regime.

Usualmente, a cobertura dirigida, direcionada a necessitados, é apresentada como mais econômica e eficaz, por produzir melhor atendimento a pessoas carentes a custos menores.[58] No entanto, a afirmativa não é verdadeira. Omite o custo de gerenciamento de regimes dirigidos, que são complexos e demandam forte controle para evitar fraudes, além de ignorar a possibilidade de restituição de valores para os mais abastados, por meio de imposto de renda, por exemplo, como apresentado em formas

---

57 Para uma panorâmica destas possibilidades, com a variação em diversos países, ver Banco Mundial. *Averting the Old Age Crisis*, op. cit., p. 114.
58 Cf. Banco Mundial. *Averting the Old Age Crisis*, op. cit., p. 115.

mais elaboradas de renda mínima universal.⁵⁹ Especialmente no modelo proposto, financiado exclusivamente por impostos, a eventual restituição seria facilmente concretizada.

A opção adequada é a cobertura total, sem distinção, desde que preenchidos os eventos determinantes fixados, como idade avançada, morte, incapacidades, maternidade etc. A vantagem do pilar universal é desconsiderar aspectos relevantes para os modelos bismarckianos, como questões relativas à carência, qualidade de segurado etc.

O atendimento universal, independente de qualificação de segurado ou outros requisitos, permite maior facilidade de gestão, redução de custos e exclui o estigma de prestações direcionadas. O valor a ser fixado, como se disse, não pode ser estabelecido *a priori*, pois, apesar de existirem meios de quantificar, em tese, uma renda minimamente adequada, o financiamento dependerá da capacidade contributiva da sociedade em determinado tempo e espaço. É assunto aberto à deliberação democrática.

A necessidade de um pilar público universal de previdência social é, enfim, justificada para qualquer modelo que pretenda, realmente, ser universal; capaz de superar as dificuldades da informalidade e das novas relações de trabalho, que permita às pessoas engajarem-se em projetos de vida diversos, com a garantia da cobertura previdenciária.

A proposta apresentada não exclui a necessidade da assistência social, que atenderá, mesmo em modelos universalistas, a demandas especiais, especialmente voltadas a minorias. Enquanto um modelo universal financiará rendimentos mínimos em situações de necessidade, a assistência social poderá, de forma preponderante, atuar em serviços voltados a determinadas classes, como educação e treinamento para deficientes, planejamento familiar etc.

O primeiro pilar, por pagar prestações niveladas a todas as pessoas, não possui qualquer vinculação com o que foi recolhido pelos participantes. Em verdade, dentro do modelo de financiamento proposto no capítulo seguinte, esse problema sequer chegaria a ser relevante, pois o primeiro pilar seria preponderante financiado por impostos sobre consumo e produção, inseridos em preços de mercadorias e serviços, afastando qualquer expectativa de correspectividade entre contribuição e benefício. Essa somente existiria no segundo pilar.

---

59 Sobre o tema, ver VANDERBORGHT, Yannick & VAN PARIJS, Philippe. *Renda Básica de Cidadania: Fundamentos Éticos e Econômicos* (tradução de Maria Beatriz de Medina e revisão de Lena Lavinas). Rio de Janeiro: Civilização Brasileira, 2006, p. 80 e seguintes.

O primeiro pilar, como se verá, deve ser financiado por repartição simples, de receitas arrecadadas por entes públicos ou delegados, com plano de benefício definido e gerido pelo Estado, ainda que por entidade autônoma.[60]

3.4.1.1. Regime de Financiamento e Plano de Benefício

O regime de repartição simples é o mais adequado para o pilar básico de proteção social. Propicia melhor segurança, pois impõe uma solidariedade forçada a toda a sociedade, de modo que as receitas atuais sejam utilizadas no momento presente para a cobertura dos eventos previstos em lei.

Reformas na América Latina que buscaram afastar o primeiro pilar de proteção social e a repartição simples têm se mostrado frustradas, como o modelo chileno de previdência social, pioneiro na privatização do regime e criação de modelo único capitalizado, individual e privado, e o sistema argentino. Ambos foram revistos nos últimos anos, tendo o Chile, hoje, um pilar universal de proteção, estatal, financiado por impostos em repartição simples, e a Argentina estatizou a previdência social que havia sido privatizada alguns anos antes.[61]

A sociedade de risco, com a inexorável imprevisibilidade de eventos e sinistros, justifica, por si só, tal opção, pois eventos imprevisíveis, como catástrofes naturais ou mesmo as causadas pelo homem, só podem conseguir grau satisfatório de atendimento desta forma. As limitações matemáticas da previsibilidade dos riscos e incertezas já foram tratadas no capítulo 1.

Modelos capitalizados não possuem previsão para cobertura de desastres e, também, uma crise aguda na economia pode corroer as reservas acumuladas, gerando um efeito amplificador. Já existe mesmo comprovação, de longa data, que modelos de repartição simples são capazes de gerar incremento de bem-estar, mesmo em uma economia sem capital e sem desenvolvimento técnico.[62]

---

60 Cf. MESA-LAGO, Carmelo. *Reassembling Social Security, op. cit.*, p. 27. No entanto, reconhece o autor que, muito frequentemente, a divisão entre modelos públicos e privados é arbitrária, de acordo com características particulares de custeio, benefícios, regime de financiamento e administração (*op. cit., loc. cit.*).

61 Sobre as desventuras destes modelos e o histórico completo de suas reformas, ver MESA-LAGO, Carmelo. *Reassembling Social Security, op. cit.*

62 Sobre o tema, ver o clássico texto de SAMUELSON, Paul A.. *An Exact Consumption-Loan Model of Interest With or Without the Social Contrivance of Money*. Journal of Political Economy, vol. 66, dezembro, 1958, pp. 467-482. Disponível em <http://www.ssc.uwo.ca/economics/grad/9603a001/papers/Samuelson1958.pdf>. Acesso em 28/10/2010.

O modelo de repartição simples também adequa-se aos limites do cálculo atuarial. É certo que algum tipo de previsão deve ser feita;[63] cálculos de contribuição e fixação de parâmetros minimamente adequados devem ser estabelecidos para a concessão de benefícios, mas como os desvios e imprecisões são a única certeza, o modelo de repartição, por meio de rateio das gerações atuais, pode suprir o sistema, sem crise grave e o preservando para gerações futuras.

O sistema de repartição simples, também conhecido como *pay as you go* (PAYG), também sobressai com vantagem frente à capitalização pelos seus efeitos redistributivos. Como se viu, há divergências sobre efeitos redistributivos da previdência social, mas especialmente em determinadas situações, sua ocorrência é inegável. É extremamente comum em benefícios por incapacidade, financiados por trabalhadores em atividade, além de benefícios por maternidade, salário-família etc.[64]

Independente da questão redistributiva, os modelos de repartição também permitem maior conforto e tranquilidade aos participantes, pois os riscos, uma vez socializados, comportam melhor proteção, com maior certeza de que os benefícios serão pagos, mediante cotizações dos segurados em atividade. Essa é a verdadeira meta de qualquer regime previdenciário.

As reformas previdenciárias que tentam transferir o sistema, no pilar básico, para um modelo plenamente capitalizado (*fully funded*) excluem a garantia dos inativos de que seus benefícios serão pagos pelas gerações futuras. Em caso de graves crises econômicas e perdas elevadas de investimentos, as gerações futuras, em regimes capitalizados, poderiam simplesmente ignorar a insolvência daqueles já jubilados, alegando ausência de responsabilidade. Não há melhor e mais abrangente garantia do que a contribuição de gerações futuras, que têm interesse na preservação do sistema, até como forma de assegurar suas prestações no futuro.

Sem embargo, a supremacia da repartição simples, no pilar inicial, não exclui, como já visto, a adoção de fundo capitalizado, o qual permita arcar com alguma parcela dos gastos correntes, por meio dos rendimentos

---

63 Para um modelo de controle atuarial do sistema brasileiro de repartição simples, ver, entre outros, BELTRÃO, Kaizô Iwakami *et al*. *MAPS: Uma Versão Amigável do Modelo Demográfico-Atuarial de Projeções e Simulações de Reformas Previdenciárias do IPEA/IBGE*. IPEA, texto para discussão nº 774, Rio de Janeiro, dezembro de 2000.

64 A efetiva separação, em um modelo de repartição, do custo real de redistribuição daquele que efetivamente produz cobertura individual é complexo, não havendo qualquer estimativa no Brasil. Para uma tentativa de separação entre tais gastos e a complexidade do assunto, ver BÖRSCH-SUPAN, Axel & REIL-HELD, Anette. How Much Is Transfer and How Much Is Insurance in a Pay-as-You-Go System? The German Case. Blackwell Publishing, *The Scandinavian Journal of Economics*, v. 103, nº 3, Intergenerational Transfers,Taxes and the Distribution of Wealth (Sep., 2001), pp. 505 e 524.

obtidos. A ideia é reduzir flutuações no gasto previdenciário e, em caso de crises econômicas, não provocar excessiva dependência.

Quanto ao plano de benefício, pelo exposto, a conclusão necessária é pelo benefício definido, com valor de referência igual para todos os percipientes da prestação, seja qual for a espécie. Alguns benefícios poderiam possuir renda mensal diferenciada, como, por exemplo, aposentadorias superiores a pensões por morte, mas o tema, necessariamente, fica aberto à deliberação democrática.

3.4.2. Segundo Pilar

Na visão da obra oriunda do Banco Mundial, o segundo pilar seria privado, dotado de capitalização individual, excluída a solidariedade entre os participantes.[65] Em tese, a proposta poderia atender ao segundo fundamento da justiça social, que é a equidade. Ao se assegurar um complemento variável de acordo com a cotização individual, estariam respeitadas as expectativas individuais, preservando, em alguma medida, o padrão de vida de cada pessoa.

No entanto, o segundo pilar ainda carece, em maior grau, de segurança frente à eficiência. A proteção social não deve limitar-se ao mínimo existencial, pois as pessoas buscam, com toda a certeza, algum padrão de vida minimamente análogo ao obtido ao longo de suas vidas ativas. Se, para tanto, se faz necessário, como parece, sacrificar algum grau de eficiência do regime, a opção pelo regime público é natural.

É função do segundo pilar de proteção social ir além da salvaguarda de padrões mínimos de vida digna, mas também assegurar um nível de bem-estar compatível com o desenvolvido pela pessoa ao longo de sua carreira. Ai reside a equidade material – evitar nivelamentos remuneratórios e perda de bem-estar no momento da idade avançada ou incapacidades diversas.

A gestão pública do segundo pilar também é importante, especialmente ao se adotar o regime de repartição simples – ainda que parcialmente – pois permite a garantia de toda a sociedade frente à quitação das prestações futuras. Em verdade, o melhor ressegurador que existe é a própria sociedade. Modelos capitalizados privados somente justificam-se na previdência complementar, haja vista o risco envolvido.

É importante notar, todavia, que este segundo pilar pode ser facilmente anulado, como no modelo inglês, no qual as contribuições vertidas ao sistema privado e voluntário de previdência complementar podem ser deduzidas do

---

65 Cf. *Averting The Old Age Crisis – Policies to Protect the Old and Promote Growth.*, *op. cit.*, p. 10.

imposto de renda, enquanto as recolhidas ao segundo pilar (transformado em facultativo), não. Forma engenhosa de manter, no regime estatal, somente a proteção universal mínima, e delegar todo o resto à iniciativa privada.[66] Esse é um cuidado a ser tomado no Brasil, em futuras reformas.

De toda forma, um regime parcialmente capitalizado, no segundo pilar, é aceitável e em alguma medida desejável. Uma parcela dos gastos pode ser financiada por rendimentos de fundo contributivo, como forma de acomodação dos gastos e melhor garantia de financiamento.

A ideia é similar ao exposto no primeiro pilar, embora, aqui, o fundo possa colaborar com percentual maior do gasto. A diversificação, enfim, é sempre a regra de ouro da prevenção. Naturalmente, o componente dos fundos no financiamento dos dois primeiros pilares, além de ser subsidiário, deverá ter em consideração as possibilidades financeiras da época. Não é possível fixá-los aprioristicamente.

Independe das opções de financiamento, é interessante que o segundo pilar, assim como o primeiro, tenha gestão pública. Sabe-se que a gestão pública de fundos capitalizados, mundo afora, se mostrou em geral desastrosa,[67] mas assim como a regulação se impõe como forma de administrar entidades privadas, a gestão pública de recursos privados também deve se submeter a controles externos por entidades dotadas de autonomia funcional.

A variabilidade do financiamento também irá depender do grau de correlação desejado entre custeio e benefício. Tal correspectividade é inexistente no primeiro pilar, mas necessária no segundo, até pela função de preservação do bem-estar. É certo que os modelos de previdência social, mesmo na formatação bismarckiana, têm admitido somente um certo grau de correspectividade entre a contribuição e o benefício, mas sem a vinculação precisa. Sobre tal desvinculação, é emblemática a decisão da Suprema Corte Norte-Americana, em 1960, ao reconhecer a ausência de tal atrelamento.[68]

No modelo proposto, também não haveria uma conexão precisa, pois, ainda que o modelo fosse totalmente capitalizado, crises financeiras e opções incorretas de investimento poderiam afetar as reservas a acabar por prejudicar os beneficiários. A segurança tem seu preço e,

---

66 Sobre tema, ver PALIER, Bruno e MARTIN, Claude. *From "a Frozen Landscape" to Structural Reforms: The Sequential Transformation of Bismackian Welfare Systems*, in *Reforming the Bismarckian Welfare Systems*, op. cit., pp. 9-10, 31.
67 Cf. *Averting The Old Age Crisis – Policies to Protect the Old and Promote Growth.*, op. cit., p. 14.
68 Flemming v. Nestor, 363 U.S. 603.

por isso, a complementação do segundo pilar, evidentemente, buscará a maior correlação possível com o nível de remuneração e contribuição do participante, mas o grau de vinculação dependerá do modelo de financiamento e das opções fixadas democraticamente.

Importa notar que os dois primeiros pilares – em especial o primeiro – são dotados de ingresso coercitivo não somente pela miopia individual, mas também pela dimensão inicial da justiça social, que é a necessidade, a qual impõe algum tipo de financiamento cooperativo visando atender condições mínimas de vida. Nunca é demais lembrar que o *Welfare State*, assim como sua formatação contemporânea, implica alguma limitação à liberdade clássica de contratação, vista como geral e irrestrita no Estado Liberal.[69]

3.4.2.1. Regime de Financiamento e Plano de Benefício

Em um segundo pilar da previdência social, o regime de capitalização, em complemento ao benefício básico pago pelo pilar inicial, atendendo a igualdade material, isto é, preservando as diferenças de vida entre as pessoas e as opções individuais entre trabalho e lazer, pode encontrar espaço, mas sempre de forma parcial.

A ideia do segundo pilar, fundado no vetor de igualdade da justiça social, impõe que o benefício corresponda, com alguma fidelidade (e não necessariamente igual), ao que foi contribuído, de modo a permitir uma perpetuação do bem-estar na época de inatividade.

Como se trata de proteção que vai além do mínimo existencial, algum risco, visando melhor rendimento e mesmo incentivo para crescimento da economia, pode ser ponderado na confecção do regime, de modo, por exemplo, a contar com parte do financiamento custeado por adicional de imposto de renda arrecadado dos trabalhadores atuais, e parte direcionada a uma espécie de fundo de solvência, o qual, com seus rendimentos, venha a auxiliar no cumprimento de prestações futuras.

Aqui, também, a dicotomia não precisar tomar lugar. Enquanto no primeiro pilar a preponderância da repartição simples é absoluta, aqui, ao revés, é concebível construir modelo no qual a capitalização tenha maior participação, até como estímulo à cotização individual, mas sem descurar de forte componente de repartição, até como garantia de bem-estar.

---

[69] Sobre a restrição da autonomia plena individual de contratação no Estado Social, ver GRAU, Eros Roberto. *A Ordem Econômica na Constituição de 1988*. São Paulo: Malheiros, 2005, pp. 83 e 84.

Não se pretende aqui impor uma forma predeterminada de financiamento do segundo pilar, pois, para este, o espaço de deliberação democrática é maior, visando ao melhor interesse dos interessados e de gerações futuras. No entanto, o financiamento deste pilar, na maior parte, deve permanecer em repartição simples, de modo que se assegure, com maior certeza, o mínimo existencial acrescido de parcela minimamente suficiente para assegurar razoável bem-estar aos aposentados.

A existência de algum fundo, ainda que seja interessante e mesmo desejável, não traz como consequência a supremacia de sistemas de capitalização, pois o financiamento, de modo preponderante, ainda é de repartição. Ademais, alguma perda de correspectividade entre contribuição e benefício não é tão relevante, pois outros aspectos econômicos podem influenciar no bem-estar de aposentados e pensionistas. Por exemplo, em contextos de redução de natalidade, sem crescimento econômico, a mera correlação entre a contribuição e benefício se mostra ineficaz na garantia do bem-estar, pois o desejo básico é de consumo, e não de dinheiro.[70]

As desventuras dos modelos capitalizados já foram exaustivamente apresentadas anteriormente. Dentro do desenvolvimento proposto, pode-se concluir que o segundo pilar de proteção social poderá, também, adotar modelo misto de financiamento, de acordo com as preferências da época, mas, quanto ao plano de benefício, é fundamental que haja, ao menos, alguma forma de contribuição definida, ainda que por capitalização virtual, de modo a atingir dois objetivos: razoável correlação com os ganhos da pessoa em atividade, visando assegurar bem-estar, e estimular a contribuição, a qual, como se verá no capítulo seguinte, no modelo proposto, será fixada por adicional de imposto de renda.

3.4.3. Terceiro Pilar – Previdência Complementar

O terceiro pilar, de acordo com os fundamentos do Banco Mundial, teria, basicamente, como único atributo diverso relevante frente ao segundo pilar, o ingresso facultativo, visando a atender aqueles que possuem maior preocupação com o bem-estar futuro. No entanto, em termos de justiça social, pouco diz, pois é estruturalmente idêntico ao segundo, sujeitando-se aos mesmos riscos e pontos fracos já apresentados. Não faz sentido propor-se um modelo multipilar no qual um dos pilares é estruturalmente idêntico a outro, pois uma das razões da variação é justamente trazer maior segurança ao sistema protetivo, e não permeá-lo com as mesmas lacunas.

---

[70] Cf. BARR, Nicholas. *Reforming Pensions*, op. cit., p. 12.

A proposta do Banco Mundial acaba por criar um sistema previdenciário extremamente dependente do mercado, buscando crescimento econômico e melhor rendimento futuro, mas escondendo sua grande incongruência, que é produzir uma subordinação ao mercado que os modelos protetivos, por vocação, buscam excluir.

O terceiro pilar deve possuir fundamento no mérito individual. Cabe a cada pessoa, além do mínimo necessário à vida digna e à manutenção de bem-estar, optar pelo consumo presente ou consumo futuro. Caso uma pessoa tenha forte preferência pela estabilidade na velhice e resista às tentações do consumo, terá, como prêmio, uma situação privilegiada, por mérito próprio.

Não cabe ao Estado intervir na escolha, salvo na medida do necessário a impor uma rede solidária de proteção social, visando a atender patamares mínimos de dignidade, e assegurar nível minimamente adequado de bem-estar, em situação algo próxima a da ativa, com base em critérios de igualdade material.

No entanto, como são valores que vão além da vida digna (primeiro pilar) e bem-estar (segundo pilar), a atuação deve ser exclusivamente privada, com participação estatal somente na regulação e fiscalização do segmento, à semelhança do que ocorre hoje no Brasil. Neste ponto, o *trade-off* pende para a eficiência, ainda que às custas de alguma segurança.

No âmbito previdenciário, o gigantismo estatal, com eventual inclusão da previdência complementar, somente aumentaria os riscos de má-alocação de recursos com possível perda de interesse dos participantes, além de reduzir a poupança privada, muito necessária como forma de investimentos e crescimento econômico. O último pilar, em certa medida, ao buscar a eficiência, também patrocina alguma forma de redistribuição de forma diversa, mediante incremento de atividade econômica, com melhora geral de rendimentos.

No caso brasileiro, o regime complementar é o mais organizado e desenvolvido, não demandando reformas estruturais. A segmentação entre regimes abertos e fechados é adequada, permitindo afastar a atuação periférica de seguradoras na previdência complementar aberta das entidades com vocação preferencial na área, como os fundos de pensão. A organização e fiscalização por entidades diversas refletem a diferente prioridade dada a cada segmento, no aspecto previdenciário.

Em resumo, a previdência complementar brasileira somente carece de maior incentivo, especialmente no segmento fechado e associativo, e aprimoramento de mecanismos de controle, com incentivo efetivo de participação dos envolvidos e melhor aparelhamento estatal na fiscalização das entidades, as quais, eventualmente, acabam liquidadas, quando um controle mais efetivo poderia, precocemente, identificar os vícios e, por meio de intervenções, resolvê-los a tempo.

Uma mudança que se faz necessária é a pacificação do tema quanto aos fundos de pensão de servidores públicos. Como tratado no capítulo anterior, a qualificação como *públicos* não é razoável, devendo ser revertida, de modo a evitar a desconfiança e descrédito do novo segmento que se aproxima.

3.4.3.1. Regime de Financiamento e Plano de Benefícios

O modelo previsto para a previdência complementar, ao formar o terceiro pilar previdenciário, será fixado pelas regras do direito privado, de acordo com a normatização estatal fixada pelo órgão regulador.

Pela sistemática do seguro, a contribuição poderá ser fixada como prêmio, em periodicidade mensal, durante o tempo fixado em regulamento para o pagamento da prestação contratada. Aqui, ao contrário dos pilares iniciais, a regra de mercado prepondera, e por isso pode-se adotar, em teoria, tanto o financiamento de repartição simples como capitalização.

Nos últimos anos, há uma clara preferência por modelos de capitalização e planos de contribuição definida, em contrariedade aos antigos planos de repartição e benefício definido. Não raramente, a modalidade de benefício definido, mesmo na previdência complementar, assumia um papel de incentivo à aposentadoria precoce e reproduzia, em geral, o interesse de sindicatos, cujos dirigentes, por terem idade mais avançada, alcançavam situação mais vantajosa em planos de benefício definido.[71]

A mudança e compreensível e, em grande medida, desejável. Como exposto longamente nos capítulos precedentes, as novas realidades da sociedade contemporânea, especialmente pela maior rotatividade de empregos e mesmo a migração para atividades autônomas, impõe maior liberdade individual na migração entre atividades remuneradas, e o regime de capitalização com contribuição definida é muito superior em termos de portabilidade, ainda que com algum prejuízo na segurança futura.

À medida que trabalhadores mudam de empregos, a portabilidade de reservas é mais facilmente quantificada em modelos de contribuição definida e, por isso, o modelo de contribuição definida, no contexto contemporâneo das relações de trabalho efêmeras, mostra-se superior,

---

71 Cf. GUSTMAN, Alan L., STEINMEIER, Thomas L., TABATABAI, Nahid. *Pensions in the Health and Retirement Study*. Cambridge: Harvard, 2010, pp. 30-2.

haja vista a elevada dificuldade em quantificar o direito acumulado em modelos de benefício definido. Quanto maior a rotatividade, menor o valor de modelos de benefício definido para os trabalhadores.[72]

A quantificação da reserva matemática do participante, em modelos de contribuição definida, é mais simples; a migração torna-se mais ágil e, mais importante, os planos em manutenção não correm riscos graves de insolvência pela retirada elevada de participantes de forma simultânea e inesperada. Está, na previdência complementar, o modelo adequado aos novos tempos.

3.5. GASTO PREVIDENCIÁRIO – EXISTE UM PERCENTUAL IDEAL?

Muitas das pesquisas feitas sobre previdência social, especialmente no Brasil, tendem a apontar o elevado gasto do sistema em termos percentuais, frente ao produto interno bruto (PIB) do país. Muito frequentemente são feitas comparações com países diversos, alguns mais envelhecidos e com sistemas mais maduros, que, eventualmente, apontam percentuais de gasto, em relação ao PIB ou produto nacional bruto (PNB) em semelhança ao brasileiro.

Ora, sendo o Brasil ainda relativamente jovem se comparado a nações europeias, o gasto semelhante, em percentuais, seria um claro indicativo de que algo vai mal, especialmente quando o gasto da seguridade social brasileira se situa em torno de 15% do PIB. No entanto, a análise, ainda que possa trazer alguma luz sobre o debate, é enganosa.

Cumpre notar que o bem-estar não é somente produzido pelo Estado, mas também pelas famílias e pelo mercado. Por exemplo, em países sem previdência estatal, a proteção recai sobre parentes mais aptos ao trabalho ou em sistemas privados de proteção social. Há sempre um tripé protetivo em praticamente qualquer sociedade, variando a participação em cada um deles.[73]

Em verdade, para a maioria das pessoas, o bem-estar, ao longo da vida, é derivado da família e do mercado. O Estado tem papel preponderante em momentos de inaptidão laboral, especialmente na infância ou na velhice, além de infortúnios diversos, como doenças. Ao se avaliar o gasto público na fixação do bem-estar, deve-se ter em mente que estamos sempre a

---

72　Cf. GUSTMAN, Alan L., STEINMEIER, Thomas L., TABATABAI, Nahid. *Op. cit.*, p. 30.
73　Sobre o tema, ver BARR, Nicholas. *Economics of the Welfare State*, op. cit., p. 45 e seguintes. No mesmo sentido, ESPING-ANDERSEN, Gøsta. *The Incomplete Revolution...*, op. cit., p. 79.

observar uma das dimensões de custeio do bem-estar, e nem sempre a mais importante, mesmo em modelos de *Welfare State*.

Ainda que o desenvolvimento aqui exposto seja, em grande medida, evidente, é fato existir uma grave miopia, especialmente no Brasil, ao se avaliar gastos de bem-estar somente frente ao Estado. Ponderando-se os gastos estatais, familiares e no mercado com proteção social, não raramente, conclui-se o nível de investimentos é bem diverso. Para se ter uma ideia, em uma avaliação global, a França investe mais em bem-estar que países escandinavos.[74]

Da mesma forma, o norte-americano e dinamarquês médios acabam pagando quase a mesma coisa para o bem-estar social, embora o primeiro como consumidor e o segundo como contribuinte. O problema são as pessoas fora da cobertura média. Para estas, a condição de consumidor é insustentável, e daí a realidade norte-americana de fraca proteção.[75]

Além da análise do gasto em bem-estar não poder se limitar ao dispêndio público, é certo afirmar que a análise puramente financeira, ainda que nas dimensões estatal, familiar e privada, não produz resultado satisfatório na mensuração de um nível adequado de vida.

Em fevereiro de 2008, o Presidente Francês Nicholas Sarkozy, reconhecendo as ferramentas limitadas existentes na mensuração de bem-estar, solicitou a uma comissão formada por Joseph Stiglitz, Amartya Sen e Jean Paul Fitoussi um relatório com novas formas de mediação do progresso social e de desempenho econômico. Um dos principais objetivos foi, justamente, identificar os limites do PIB/PNB como instrumento de mensuração de progresso social.[76]

Dentre as conclusões da comissão, está a necessidade, mesmo na esfera estritamente econômica, de avaliar não somente a produção (PIB/PNB), mas também a renda e o consumo, que são capazes, com maior precisão, de identificar melhoras ou pioras de bem-estar, eventualmente camufladas pelo incremento de produção nacional.[77] Mesmo com indicadores médios de renda, consumo e riqueza, deve o Estado criar medidas de sua distribuição, de modo a averiguar iniquidades na divisão[78], assim como assumir novas modalidades de pesquisa, como desemprego, que venham a moldar o

---

74 Cf. ESPING-ANDERSEN, Gøsta. *The Incomplete Revolution...*, op. cit., pp. 107-9.
75 Cf. ESPING-ANDERSEN, Gøsta. *The Incomplete Revolution...*, op. cit., loc. cit.
76 *Report by the Commission on the Measurement of Economic Performance and Social Progress*. O texto completo está disponível em <http://www.stiglitz-sen-fitoussi.fr/documents/rapport_anglais.pdf>. Acesso em 10/09/2010.
77 *Report by the Commission...*, op. cit., p. 39.
78 *Report by the Commission...*, op. cit., loc. cit.

bem-estar, e não somente o crescimento econômico.⁷⁹ O bem-estar, como lembra a comissão, implica a garantia de uma vida que valha a pena ser vivida, incluindo fatores não necessariamente encontrados no mercado.⁸⁰

Enfim, o gasto previdenciário, a partir de sua mensuração frente ao PIB, é uma ferramenta de alguma relevância para o debate público sobre o dispêndio estatal, auxiliando na confecção de políticas protetivas, mas não deve ser visto como parâmetro suficiente para a fixação de prioridades e reformas do modelo.

3.6. INCLUSÃO DE SERVIDORES PÚBLICOS

Servidores públicos, de modo geral, sempre possuíram regimes diferenciados, o que, reconhecidamente, implicam forte obstáculo a modelos unificados de previdência social.⁸¹ O mesmo ocorre com militares, os quais contam com modelo diverso. Na América Latina a regra é a mesma, com exceção da Costa Rica, que extinguiu suas Forças Armadas, e do Panamá, que as integrou ao regime geral.⁸²

O motivo para esta segregação é de ordem histórica: a aposentadoria do servidor, desde suas origens, era concedida a título de prêmio, para aqueles funcionários que cumprissem diligentemente suas tarefas durante determinado período, em lealdade à figura do Rei. Tal concepção é mundialmente adotada, existindo, em Portugal e no Brasil, desde as Ordenações Afonsinas a figura do *Aposentador-Mor*, que concedia tal benefício a funcionários públicos.⁸³ Já a previdência dos trabalhadores em geral, desde sua origem, no sistema alemão, demandava contribuição dos beneficiários, característica que perdura até hoje, especialmente nos modelos bismarckianos.

No caso brasileiro, além do aspecto histórico, os regimes próprios de previdência, especialmente de Municípios, foram criados como mecanismo de elisão fiscal, pois, com o regime protetivo municipal, o Ente deixaria de verter contribuições à União, já que seus servidores, a partir daquele momento, deixariam de pertencer ao RGPS. No curto prazo, a estratégia produziu incremento de receita municipal, permitindo investimentos em outros setores.

---

79 *Report by the Commission....*, op. cit., p. 41 e seguintes.
80 *Report by the Commission....*, op. cit., p. 57.
81 Cf. MESA-LAGO, Carmelo. *Reassembling Social Security*, op. cit., p. 08.
82 MESA-LAGO, Carmelo. *Reassembling Social Security*, op. cit., p. 09.
83 Livro I, Títulos LVI, LVII, LVIII e LXI, pp. 333, 335, 337 e 348.

O procedimento foi particularmente acelerado a partir de 1990, e, hoje, depois de 20 anos, com a primeira leva de servidores buscando a aposentadoria – e incrementando o gasto municipal – vários Entes buscam o caminho reverso, pondo fim aos regimes próprios e, naturalmente, repassando o encargo ao RGPS. Hoje, a União somente admite tal retorno mediante indenização entre os regimes, como prevê a Lei nº 9.717/1998, art. 10.

A divisão dos regimes básicos não se justifica, cabendo a unificação. A segregação de regimes entre trabalhadores em geral e servidores públicos passa por severa crítica da sociedade, pois, do ponto de vista protetivo, não se sustenta. As necessidades sociais são as mesmas, e a rede de proteção deveria ser igual.

A preservação de regimes previdenciários diversos é uma dimensão da *metamorfose incompleta* da Constituição de 1988, a qual não alçou a necessária unificação. Sem embargo, a mudança ainda pode ocorrer, coroando o fim de uma segmentação protetiva desarrazoada. Um Estado fundado na dignidade humana não pode assimilar regimes protetivos diferenciados, especialmente quando a distinção refere-se, tão somente, à natureza da atividade.

É importante notar, porém, que a unificação de regimes não implica, necessariamente, a planificação de tratamento. Determinadas carreiras típicas de Estado, como magistratura, fiscalização, procuradorias etc. podem contar com tratamento diferenciado, no estrito interesse da sociedade. Por exemplo, ninguém, seriamente, achará que um magistrado será isento ao dirimir lide que envolva fundo de pensão de magistrados, ou o Fisco será rigoroso ao deparar-se com alguma sonegação em instituição responsável pelo pagamento de complementação a seus servidores.

A aposentadoria integral para tais categorias pode, sem muito esforço, ser justificada pelo interesse da coletividade. No entanto, a mesma deve ser concedida sem privilégios, com custeio adequado, também incidindo sobre a totalidade dos rendimentos desse servidor, como já ocorre hoje, por exemplo, na União.

O modelo criado pela Emenda Constitucional nº 41/2003 traz o pior dos mundos, ao preservar os regimes diversos de servidores públicos mas permitir, expressamente, que os benefícios de novos servidores sejam limitados ao mesmo valor máximo do RGPS, desde que criada a previdência complementar do servidor. Não põe fim à segregação de regimes e, pior, compromete a futura isenção das carreiras típicas de Estado.

Muito embora as últimas reformas previdenciárias tenham reduzido algumas disparidades entre os modelos, cumpre avançar na mudança, efetivando a unificação desejada, de forma que todos os brasileiros sejam tratados com igual dignidade e respeito, em modelo universal de proteção social, nos moldes já propostos.

3.7. INFORMALIDADE E INCLUSÃO PREVIDENCIÁRIA

Em modelos bismarckianos de previdência social, como o brasileiro, a cobertura previdenciária possui íntima ligação com o nível de empregabilidade da sociedade, haja vista a cobertura preferencial por segurados empregados. A preferência não existe normativamente, mas dentro de um modelo de seguro social, com inclusão automática de empregados e recolhimento presumido, o efeito prático é evidente – a elevada exclusão de trabalhadores autônomos e pessoas sem atividade remunerada. A abrangência dos regimes, com cobertura efetiva a toda a população, é identificada como o maior dos desafios dos modelos atuais de previdência social.[84]

A cobertura de um regime previdenciário, especialmente quando fundado nos moldes bismackianos, tem íntima vinculação com o grau de industrialização do país, o tamanho do setor formal da economia e mesmo a idade do programa, e por isso quanto mais antigo, mais tende a ser a cobertura do sistema de previdência social.[85]

Em razão da primazia dada ao modelo bismarckiano de proteção social na América Latina, os índices de cobertura são inadequados, com praticamente todos inferiores a 50% da população. Uma exceção é o Uruguai, com cobertura mais elevada.[86]

Quanto ao trabalho, no Brasil, a Pesquisa Nacional por Amostra de Domicílios (PNAD) 2009 mostrou que mais da metade da população ocupada (58,6%) era empregada; os trabalhadores domésticos representavam 7,8%; aqueles que trabalhavam por conta própria, 20,5%; e os empregadores, 4,3%.

---

84 Cf. Organização Internacional do Trabalho – OIT. Social Security: A New Consensus. 89th International Labor Conference. OIT: Genebra, 2001.

85 Cf. MESA-LAGO, Carmelo. *Reassembling Social Security, op. cit.*, pp. 06 e 11.

86 MESA-LAGO, Carmelo. *Reassembling Social Security, op. cit.*, p. 40 e seguintes. No caso do Uruguai, a cobertura superior a 80% impressiona, especialmente pelos requisitos rigorosos de aposentadoria, que demandam 35 anos de contribuição, além da idade. Sem embargo, pesquisas atualizadas demonstram que tal amplitude deve-se, basicamente, a controles frouxos de tempo de contribuição e, nos próximos anos, com controles melhores de contribuição, a expectativa é que haja elevada retração. Sobre o tema, ver BUCHELI, Marisa; FORTALEZA, Alvaro & ROSSI, Ianina. Work Histories and the Access to Contributory Pensions: The Case of Uruguay. 2010, *Journal of Pension Economics and Finance*, v. 9, nº 03, pp. 369-391, Cambridge University Press.

Os demais 8,8% dos ocupados estavam assim distribuídos no mercado de trabalho: trabalhadores não remunerados (4,6%); trabalhadores na produção para o próprio consumo (4,1%); e trabalhadores na construção para próprio uso (0,1%).[87]

Embora tenha demonstrado incremento da população empregada, dos 54,3 milhões de empregados no mercado de trabalho em 2009, somente 59,6% tinham carteira de trabalho assinada, enquanto outros empregados sem carteira de trabalho assinada representaram 28,2%, os quais, na prática, acabam excluídos de qualquer cobertura previdenciária, haja vista a dificuldade de comprovação da atividade remunerada.[88]

As mulheres continuaram sendo a maioria na população em idade ativa (51,3%), porém, entre as pessoas ocupadas, elas permanecem com uma representação menor (42,6%) que a dos homens. Entre as pessoas desocupadas elas eram maioria, 58,3%.[89]

No aspecto estritamente previdenciário, há uma clara tendência de elevação da cobertura, com aumento dos contribuintes do sistema, tendência firme desde 1999, com 43,5% de contribuintes, e 54,1% em 2009. Como já havia sido demonstrado em avaliações de anos anteriores, o crescimento da economia tem reflexo direto no incremento da cobertura previdenciária. No entanto, o universo de pessoas cobertas é, ainda, insuficiente, e a base histórica demonstra que alguma mudança estrutural deve ser feita.[90]

Ainda que melhorias econômicas tenham relação direta com a inclusão previdenciária, somente um modelo universalista, como o proposto, irá atender os objetivos de ampla cobertura. Com a ruptura provocada pela sociedade de risco, as formas de trabalho tendem a mudar, e a inclusão previdenciária não pode tornar-se refém da evolução da mão de obra assalariada.

3.8. ENVELHECIMENTO, BAIXA NATALIDADE E BÔNUS DEMOGRÁFICO – OPORTUNIDADE DE MUDANÇAS

No debate previdenciário, aqui e alhures, as variantes demográficas têm papel elementar, pois a preservação de direito futuros e mesmo o financiamento das prestações atuais sofrem influência marcante das

---

87 IBGE. *Pesquisa Nacional por Amostra de Domicílios*. Síntese dos Indicadores – 2009. Rio de Janeiro: IBGE, 2010, p. 65.
88 *Op. cit.*, p. 65.
89 *Op. cit.*, p. 67.
90 Para uma tabulação de dados da PNAD 2009, restrita ao tema da previdência social, ver Associação Nacional dos Auditores Fiscais da Receita Federal do Brasil – ANFIP. *Seguridade Social e Tributação*, Ano XX, nº 105, Brasília, out./dez. de 2010, p. 28.

variáveis de natalidade e mortalidade. Espera-se que a população mundial em idade superior a 65 anos aumente de 7,5% para 16,1% em 2050. Em países em desenvolvimento, como o Brasil, o quadro é ainda pior, com evolução mais acelerada do envelhecimento populacional.[91]

Interessante notar que a preocupação com tais aspectos não norteou a criação dos primeiros regimes protetivos, haja vista, até a primeira metade do século XX, a preponderância generalizada de elevada natalidade com baixa expectativa de vida, cenário que muda de forma acentuada nos últimos anos.

No Brasil, as informações mais recentes justificam uma revisão urgente do modelo previdenciário. A Pesquisa Nacional por Amostra de Domicílios (PNAD), edição de 2009, confirma a tendência de envelhecimento da população também no Brasil. De acordo com o IBGE, em 2009, os grupos de idade de 25 a 39 anos, 40 a 59 anos e 60 anos ou mais corresponderam a 23,7% (45,4 milhões), 23,4% (44,8 milhões) e 11,3% (21,7 milhões), respectivamente.[92] A parcela de idosos já superou a barreira de 10% da população, com forte tendência de alta.

O envelhecimento não é novidade, nem fenômeno restrito ao Brasil. Em 1950, somente 8% da população mundial possuíam 60 anos ou mais. A proporção pouco aumentou até 2000, com 10%, mas passará rapidamente para 22% até o ano 2050. Até 2030, metade da população européia terá idade superior a 50 anos, com sobrevida média de mais 40 anos.[93] Há diversas explicações para um incremento tão substancial da expectativa de vida, mas a evolução na medicina e as melhorias generalizadas de condição de vida, com aprimoramento das capacidades individuais, tiveram fator determinante.[94]

O Brasil sofre os mesmos efeitos, ainda que de maneira menor, haja vista a população, proporcionalmente à europeia, ser preponderantemente de jovens adultos. É interessante notar que, desde os anos de 1960, a taxa

---

91 Organização das Nações Unidas – ONU. *World Economic and Social Survey 2007: Development in an Ageing World*. New York: ONU, Department of Economic and Social Affairs, 2007.
92 Instituto Brasileiro de Geografia e Estatística (IBGE). *Pesquisa Nacional por Amostra de Domicílios. Síntese dos Indicadores – 2009*. Rio de Janeiro: IBGE, 2010, pp. 49 e 50.
93 Cf. HARPER, Sarah. The Capacity of Social Security and Health Care Institutions to Adapt to an Ageing World. *Internacional Social Security Review*, v. 63, nº 3-4, jul./dez. 2010, p. 179.
94 Não é proposta desta tese averiguar os diversos fundamentos da longevidade do ser humano e suas causas. Sobre o tema, ver CAMARANO, Ana Amélia et al. *Quão Além dos 60 Poderão Viver os Idosos Brasileiros?* In: CAMARANO, Ana Amélia (org.) *Os Novos Idosos Brasileiros – Muito Além dos 60?* Rio de Janeiro: IPEA, 2004, pp. 77 e seguintes.

de crescimento da população brasileira vem apresentando declínios continuados, com redução de natalidade.[95]

Com isso, há perspectiva de regressão da população brasileira já a partir de 2039, na qual a mortalidade superará a natalidade.[96] A taxa de fecundidade já é inferior a 2,1 desde 2005, com tendência de redução até estabelecer-se em 1,5, a partir de 2028. Em 2011, prevê-se taxa de reposição de 1,71.[97] A redução populacional só começará em 2039 devido à preponderância de adultos jovens na atualidade, de forma a manter o crescimento até aquele ano.

A expectativa de vida, em sentido diametralmente oposto à fecundidade, tem mostrado ascensão substancial nas últimas décadas. Em 60 anos, a vida média do brasileiro saiu de parcos 50 anos para 70, em aproximação cada vez maior a países economicamente mais desenvolvidos. A média nacional de vida ainda não é maior devido à mortalidade infantil, que ainda restringe seu progresso.[98]

Em 2009, a esperança de vida ao nascer no Brasil alcançou os 73,17 anos. Em relação a 2008 houve alta de 0,31 anos e, entre 1980 e 2009, alta de 10,60 anos. Ou seja, ao longo de 29 anos, o indicador teve um crescimento médio anual de 4 meses e 12 dias e, segundo Revisão 2008 da Projeção da População do Brasil, poderá chegar a 81,29 anos em 2050. Já a mortalidade infantil caiu de 69,12 para 22,47 óbitos por mil nascidos vivos, desde 1980.[99]

A combinação de redução da natalidade com elevação de expectativa de vida, ainda que seja um fenômeno descrito com freqüência no mundo,[100]

---

95 Instituto Brasileiro de Geografia e Estatística (IBGE). *Projeção da População do Brasil por Sexo e Idade – 1980-2050*, op. cit., p. 43

96 Instituto Brasileiro de Geografia e Estatística (IBGE). *Projeção da População do Brasil por Sexo e Idade – 1980-2050*. Revisão 2008. Estudos e Pesquisas, Informação Demográfica e Socioeconômica, v. 24. Rio de Janeiro: IBGE, 2008, p. 28.

97 Instituto Brasileiro de Geografia e Estatística (IBGE). *Projeção da População do Brasil por Sexo e Idade – 1980-2050*, op. cit., p. 39.

98 Instituto Brasileiro de Geografia e Estatística (IBGE). *Projeção da População do Brasil por Sexo e Idade – 1980-2050*, op. cit., p. 44. Como resume o IBGE, *Em 1940, a vida média do brasileiro mal atingia os 50 anos de idade (45,50 anos). Os avanços da medicina e as melhorias nas condições gerais de vida da população repercutiram no sentido de elevar a expectativa de vida ao nascer, tanto que, 68 anos mais tarde, este indicador elevou-se em 27,28 anos (72,78 anos, em 2008). A barreira dos 70 anos de vida média foi rompida por volta do ano 2000, quando se observou uma esperança de vida ao nascimento de 70,40 anos. Segundo a projeção, o Brasil continuará galgando anos na vida média de sua população, alcançando, em 2050, o patamar de 81,29 anos, (...), basicamente o mesmo nível atual da Islândia (81,80), Hong Kong, China (82,20) e Japão (82,60), (op. cit., loc. cit.).*

99 A tábua de mortalidade do brasileiro, com notas técnicas correspondentes, encontra-se disponível em <http://www.ibge.gov.br/home/estatistica/populacao/tabuadevida/2009/defaulttab.shtm>. Acesso em 23/12/2010.

100 Para uma análise mundial da população, ver também *Population and Vital Statistics Report – Statistical Paper Series A*, v. LXII, nº 02, Departament of Economic and Social Affairs. Statistics Division. New York: ONU, 2010.

tem particularidades perversas no caso brasileiro, pois detém uma celeridade elevada, tendo o Brasil propiciado, em pouco mais de 20 anos, uma redução de natalidade que levou dois séculos para ocorrer na Europa.[101]

A retração da natalidade, com índice de fertilidade inferior à taxa de reposição de 2,1 filhos por mulher, é fenômeno que se alastra por todo o mundo, incluindo países islâmicos, embora com menor velocidade. A justificativa em geral reconhecida é o crescimento da educação feminina, especialmente quanto ao planejamento familiar, e o ingresso das mulheres no mercado de trabalho.[102] Tais questões são graves, na medida em que, em âmbito mundial, somente 20% da força de trabalho conta com alguma proteção social adequada, e um terço não possui qualquer atendimento de saúde.[103]

O incentivo à natalidade tem sido uma forma muito utilizada, especialmente na Europa, como instrumento de melhoria desta relação perversa. A técnica tem sido usada também na Rússia, que possui envelhecimento populacional bastante acelerado, à semelhança do que ocorre no Brasil.[104] No entanto, a ação deve ser imediata, pois o incremento populacional, no segmento economicamente ativo, será somente percebido em 25 a 30 anos. A imigração, tentativa de adequação mais célere, também não tem se mostrado funcional, como se observa pela experiência internacional.[105]

Com o cenário que se apresenta, a necessidade de maior financiamento do modelo previdenciário atual tem se mostrado em incremento contínuo, o qual dificilmente poderá ser sustentado somente com crescimento econômico, especialmente quando ultrapassarmos o bônus demográfico. Há previsões que projetam cenários de insolvência a partir de 2030.[106]

Muito embora o crescimento econômico e incrementos de produtividade venham a trazer algum auxílio, há razoável consenso que tais medidas,

---

101 Como conclui o IBGE, sobre o tema, *As pirâmides etárias (...) mostram que, mantidas as tendências observadas até 2006 nos parâmetros demográficos, o Brasil caminha velozmente rumo a um perfil demográfico cada vez mais envelhecido, fenômeno que, sem sombra de dúvidas, implicará em adequações nas políticas sociais, particularmente aquelas voltadas para atender as crescentes demandas nas áreas da saúde, previdência e assistência social* (IBGE - Instituto Brasileiro de Geografia e Estatística. *Projeção da População do Brasil por Sexo e Idade – 1980-2050, op. cit.*, p. 56).
102 Sobre o tema, ver HARPER, Sarah. *The Capacity of Social Security and Health Care Institutions to Adapt to an Ageing World. Op. cit*, p. 181.
103 Sobre o tema, ver OIT. *World Social Security Report 2010/11 – Providing Coverage in Times of Crisis and Beyond*. Geneva: OIT, 2010.
104 Sobre o envelhecimento acelerado da sociedade russa e o estímulo à natalidade como política de Estado, ver EBERSTADT, Nicholas e GROTH, Hans. The Russian Federation: Confronting the Special chalenges of Ageing and Social Security in an Era of Demographic Crisis. *International Social Security Review*, v. 63, nº 3-4, jul./dez. 2010, p. 52.
105 Cf. BENGTSSON, Tommy (Editor). *Population Ageing, op. cit.*, pp. 17 e seguintes.
106 Ver OLIVEIRA, Francisco Eduardo Barreto de *et al. O Idoso e a Previdência Social*. In: *Os Novos Idosos Brasileiros, op. cit.*, pp. 421-2.

isoladamente, não são suficientes para atender à atual realidade de elevada expectativa de vida aliada à baixa natalidade.[107] O novo modelo aqui proposto, junto a novos requisitos de elegibilidade, de acordo com os perfis das gerações envolvidas, poderá ser a solução. Ignorar as dificuldades demográficas da atualidade é firmar um pacto suicida.

No entanto, ainda que paradoxalmente, a redução da natalidade, no curto prazo, tende a provocar uma enorme vantagem competitiva ao Brasil, pois com ainda relativamente poucos idosos e numero agora reduzido de crianças, boa parte da população estará em idade ativa, de modo que nossa pirâmide etária tende a assumir forma assemelhada a um *barril*, com dominância das idades intermediárias, podendo angariar crescimento e retorno de bem-estar direto, com pouco gasto na base e no ápice da "pirâmide".

É um período no qual o bem-estar é assegurado, de forma preponderante, pelo mercado, cabendo encargo reduzido ao Estado, haja vista a menor participação de crianças e idosos. É o chamado *bônus demográfico*.[108] Sem embargo, a vantagem competitiva de curto prazo não deve obscurecer as dificuldades vindouras, de forma a preservar o sistema para gerações futuras.

Caberá ao Brasil usufruir do bônus demográfico, especialmente de forma a gerar fundos capitalizados de auxílio para financiamento nos pilares iniciais de proteção social – caso seja adotada tal opção – e, ao mesmo tempo, readaptar o sistema dentro de premissas atuariais adequadas. A janela de oportunidade que se aproxima será única, e a sociedade brasileira não deve perder a oportunidade.

3.8.1. Natalidade – O Dilema Feminino

Como visto, um fenômeno mundial apontado como devastador para a previdência social é a baixa natalidade, que toma especial relevância no caso brasileiro, haja vista a mudança drástica ter ocorrido em espaço curto de 30 anos. O que tem motivado as mulheres a terem poucos filhos?

Um fator intuitivo e sempre apontado como causa seria a pobreza e restrições de ordem financeira que impõem um planejamento familiar forçado, limitando a procriação como forma de sobrevivência dos demais. O fundamento, ainda que usual, nem sempre foi aceito, especialmente no

---

107 Cf. BENGTSSON Tommy (Editor). *Population Ageing, op. cit.*, p. 21.
108 Sobre o tema, ver BENGTSSON, Tommy (Editor). *Population Ageing - A Threat to the Welfare State? The Case of Sweden.* Demographic Research Monographs. Max Planck Institute for Demographic Research, Springer, 2010, p. 02.

Brasil, com realidade frequentemente diversa, e, mais recentemente, a causa apontada tem sido outra: a autonomia.[109]

Ou seja, as mulheres, a partir do momento em que alcançam melhor educação e a possibilidade de decidir sobre suas próprias vidas, têm adiado a maternidade propositadamente, seja para avançar em sua formação acadêmica, como garantia de permanência no mercado de trabalho e evolução na carreira, ou mesmo como forma de realização pessoal.

Enquanto as mulheres sofrerem, quase que exclusivamente, os encargos da maternidade, especialmente pelas limitações profissionais que produzem, é quase certo que optarão por adiá-la, muito embora, em pesquisa realizada em diversos países europeus, há clara preferência e mesmo desejo das mulheres em alcançar a marca tradicional de dois filhos.[110]

É necessário que a sociedade produza formas de compensação pelo tempo investido na maternidade, sob pena de redução cada vez maior da natalidade mundial. Somente com alguma vantagem que reduza a iniquidade frente aos homens é que a situação poderá ser revertida.

Importa notar, ainda, que quanto mais reduzida for a taxa de natalidade, mais perverso e rápido é o resultado para o sistema protetivo. Para se ter uma ideia, em uma população estável, para uma taxa de fertilidade média de 1,3 filhos por mulher, a população cairá em 1,5% ao ano e, em 100 anos, será reduzida a 25% do tamanho original. Por outro lado, com uma taxa de fertilidade média de 1,9 filho por mulher, a redução populacional é de somente 0,2% ao ano e, em 100 anos, ainda será de 82% do seu tamanho original.[111]

A solução, experimentada em alguns países escandinavos e no resto da Europa, é a adoção de instrumentos estatais de cuidado das crianças, como pré-escolas e creches, com pessoal habilitado de forma a permitir, com tranquilidade, o retorno da mulher ao mercado, sem grande prejuízo profissional e remuneratório.[112]

O modelo previdenciário brasileiro sempre foi prioritário no atendimento de riscos sociais clássicos, como morte, idade avançada, invalidez e doença.

---

109 Cf. ESPING-ANDERSEN, Gøsta. *The Incomplete Revolution – Adapting to Women's New Roles.* Cambridge: Polity Press, 2009, p. 06.
110 Cf. ESPING-ANDERSEN, Gøsta. *The Incomplete Revolution, op. cit.*, p. 28.
111 Cf. MCDONALD, Peter. *Low Fertility: Unifying the Theory and the Demography.* Texto disponível em <http://dspace.anu.edu.au/bitstream/1885/41437/2/PAA_Paper_2002.pdf>. Acesso em 02/01/2011.
112 Sobre a experiência internacional, em maiores detalhes, ver ESPING-ANDERSEN, Gøsta. *The Incomplete Revolution, op. cit.*, p. 87. No mesmo sentido, defendendo ações afirmativas em prol de mulheres, ver Carmelo Mesa-Lago. *Reassembling Social Security, op. cit.*, p. 09.

A cobertura de maternidade é limitada, e o salário-família, irrisório. Além dos benefícios, novos serviços devem ser criados, como creches e pré-escolas, de forma a estimular a natalidade, além de permitir o reingresso célere de mulheres no mercado de trabalho.

Em um novo modelo de previdência social, deve-se abandonar o enfoque excessivo nos benefícios, de ordem pecuniária, e robustecer, na maior medida do possível, os serviços, especialmente visando a mulheres e crianças.

3.9. OUTROS ASPECTOS A SEREM ADEQUADOS EM NOVAS REFORMAS PREVIDENCIÁRIAS

Dentro da mais conhecida divisão de reformas previdenciárias, há o grupo das mudanças estruturais, com mudanças profundas no regime, ou as não estruturais, mais conhecidas como *paramétricas*, que visam apenas a ajustes pontuais no sistema, buscando equilíbrio.[113]

Dentre as reformas estruturais, há três modelos, que são o substitutivo, quando há mudança completa de um regime por outro, como ocorreu no Chile em 1981, o paralelo, quando se mantém um novo regime – em geral privado – concomitante ao modelo público, em regime de competição (o que ocorreu no Peru e na Colômbia) e o misto, com fixação de pilares de proteção, sendo o mais abrangente fora da América Latina.[114]

Em geral, o Brasil somente tem produzido reformas paramétricas, em nada mudando a estrutura do seu regime. Dentro do grupo dos pioneiros em proteção social na América Latina, Brasil e Cuba foram os únicos a não produzirem reformas estruturais, não obstante as pressões fiscais, macroeconômicas e mesmo demográficas, gerando alguma perplexidade na avaliação internacional.[115]

Nas linhas anteriores, há proposta de reforma estrutural do modelo brasileiro, no qual a previdência social passará, efetivamente, a contar com modelo de proteção universal, cabendo papel subsidiário à assistência social, especialmente por meio de serviços, com ações direcionadas a minorias, de acordo com os recursos e prioridades do legislador ordinário.

No entanto, independente de tais reformas, algumas outras mudanças devem tomar lugar, em conjunto com melhoras sugeridas, ou separadamente, de forma paramétrica, a depender do contexto político

---
113 Cf. MESA-LAGO, Carmelo. *Reassembling Social Security, op. cit.*, p. 27.
114 Cf. MESA-LAGO, Carmelo. *Reassembling Social Security, op. cit.*, pp. 28 e seguintes.
115 Cf. MESA-LAGO, Carmelo. *Reassembling Social Security, op. cit.*, p. 31

existente. São a seguir apresentadas em separado, haja vista permitirem adequações mesmo no regime vigente.

3.9.1. Aposentadoria por Tempo de Contribuição

É fato que os benefícios previdenciários, nas acepções tradicionais sobre seguro social, buscam amparar segurados e dependentes frente a infortúnios da vida, capazes de gerar perda de rendimento e consequente prejuízo de bem-estar. Com a evolução do modelo, além dos eventos relacionados a doença, invalidez, velhice e morte, alguns outros, de ordem *venturosa*, foram incluídos, como a maternidade, visando patrocinar algum tipo de auxílio na manutenção da família e na criação dos filhos.

Tais alargamentos do sistema protetivo foram especialmente percebidos com os modelos do pós-guerra, com forte influência do modelo de proteção integral de Beveridge. O atendimento a situações desejadas pelas pessoas é correto, pois a alegria e felicidade produzidas por tais eventos não escondem a possibilidade de gerar, ao longo do tempo, severas restrições de bem-estar, como a mãe que se afasta do mercado de trabalho para cuidar dos filhos ou o parente que se dedica a manter cuidados mínimos a familiar adoentado.[116]

Com isso, quer se dizer que um modelo adequado de previdência social não se limita, como possa parecer, a amparar somente os riscos tradicionalmente conhecidos, podendo – e mesmo devendo – atender outras situações que gerem incertezas financeiras para a pessoa e sua família. O alargamento da cobertura das necessidades sociais, o que inclui os eventos ruins e venturosos, desde que financiada de modo suficiente, é desejável e encontrada em praticamente todos os sistemas previdenciários ao redor do mundo.

No entanto, não parece ser o caso da aposentadoria por tempo de contribuição, benefício oriundo da década de 1950, mas que ainda perdura no sistema brasileiro. A ideia, que é originária do modelo alemão de proteção social, seria afastar precocemente trabalhadores do mercado, de modo a abrir novos postos de trabalho para os obreiros mais jovens.[117]

---

116 Sobre o tema, lembra ALEXY, Robert que *embora a vinculação ente um direito ao trabalho e um dever de trabalhar seja frequente, ela não é necessária. Um Estado que introduza um direito ao trabalho pode abdicar de um dever de trabalhar, mesmo que esteja interessado em que o máximo possível de cidadãos trabalhe. O interesse em trabalhar, sobretudo o interesse em um salário, pode ser, para um número suficiente de cidadãos, um incentivo suficiente para exercer o direito ao trabalho. No entanto, algo distinto pode ser verdadeiro se o direito ao mínimo existencial já coloca o indivíduo em uma situação na qual o exercício do direito do trabalho deixa de ser atrativo para ele* (*Teoria dos Direitos Fundamentais, op. cit.*, p. 511).

117 Cf. ESPING-ANDERSEN, Gøsta. *The Theree Worlds of Welfare Capitalism. Op. cit.*, p. 224. Na Alemanha, a aposentadoria precoce, como forma de redução do desemprego, foi muito usada até 1975,

Instrumento ingênuo de garantia do pleno emprego que, no máximo, poderia ser sustentado nas origens do *Welfare State*, mas inviável no contexto atual de envelhecimento populacional.

O mesmo modelo foi adotado nos Estados Unidos da América, por meio de aposentadorias voltadas a trabalhadores em determinada idade, não como forma de justiça social ou instrumento de vida digna, mas tão somente visando a eficiência das empresas e solucionando o problema moral da época do que fazer com idosos e incapazes. A aposentadoria, no modelo norte-americano a partir da década de 1930, era mero instrumento de renovação do mercado de trabalho.[118]

Ainda que aposentadorias precoces, como tempo de contribuição, tenham cumprido alguma função de renovação forçada do mercado de trabalho – seja pela busca do pleno emprego ou pela inadequação dos empregados mais velhos, incompatíveis com novas técnicas de produção – a realidade atual não mais permite tal ação.

Não que as mudanças não ocorram hoje – em verdade, a possibilidade de desatualização no mundo atual é ainda maior – todavia, se a estratégia for afastar tais pessoas, o sistema rumará à ruína, pois as mudanças são tão rápidas e as novas tecnologias tão frequentes que boa parte da mão de obra existente, se não estimulada à atualização, teria de se afastar do mercado com poucos anos de trabalho.

O afastamento precoce foi uma estratégia que pode ter cumprido algum papel quando dos primórdios da revolução industrial, em que as inadequações profissionais ocorriam, mas em passo muito mais lento que nos dias de hoje. Um modelo de previdência social compatível com a realidade da sociedade de risco demanda forte investimento em readaptação profissional e educação, permitindo a permanência no mercado de trabalho, e não o afastamento.

---

com enormes custos fiscais para o Estado (*op. cit.*, p. 185). Como lembra o autor, a estratégia citada, que se inseria na ideia do salário diferido, como garantia do pleno emprego, demonstra sua fragilidade no futuro, quando, ao honrar o previsto, o Estado demanda elevada tributação, o que desagrada trabalhadores e empresários, impondo o financiamento do sistema por déficits seguidos, o que tem se mostrado inviável (*op. cit.*, p. 187).

118 Cf. GRAEBNER, William. *A History of Retirement, op. cit.*, pp. 50-1 e 86. Na época, havia uma cultura na qual o empregador era responsável pelo destino de seus empregados, e a solução ideal para superar esses obstáculos foi a aposentadoria. A ideia é que cada um cuidaria "dos seus" – o Estado de seus servidores, as empresa de seus empregados (*op. cit.*, p. 124). Por isso, como conclui o autor, no modelo norte-americano, a aposentadoria é anterior a *social security*, não só do ponto de vista cronológico, mas também pelo fato de a eficiência ter sido o principal motivador da inovação, enquanto as ideias de justiça social e dignidade humana somente viriam com o *Social Security* Act, no bojo do *New Deal* (*op. cit.*, pp. 120-2).

Ademais, como a ordem social brasileira é fundada no primado do trabalho, pode-se dizer que tal linha de ação é mais desejada pela Constituição, sendo fundamento central da ordem social brasileira. Da mesma forma, além de focar em reabilitação e readaptação profissional, o modelo protetivo deve afastar-se da centralidade ainda existente, típica de modelos bismarckianos, no contrato de emprego, haja vista novas modalidades de atividade remunerada, genericamente agregadas no que se convencionou chamar de *mercado informal de trabalho*.

Outro aspecto geralmente apontado como fator de incentivo à aposentadoria precoce seria, no modelo vigente, uma forma de justiça frente aos segurados que iniciaram suas atividades laborais mais cedo. Isso seria de especial importância para trabalhadores mais humildes, os quais, por não possuírem habilitação específica para atividades mais complexas, ingressam muito precocemente no mercado de trabalho, já se tornando segurados desde cedo, ao contrário dos profissionais de nível mais elevado, como médicos, que somente ingressam efetivamente no mercado de trabalho muito mais tarde.[119]

A linha de raciocínio exposta comporta uma série de dificuldades. Em primeiro lugar, não há comprovação empírica que seja verdadeira, pois, ainda que haja início precoce de atividade remunerada para tais pessoas, o fato de sofrerem com revezes do mercado mais frequentemente, além de terem contratos de trabalho mais curtos – quando os possuem – não convence que teriam condições de alcançar 30 ou 35 anos de contribuição antes que profissionais de nível superior que, realmente, demandam maior tempo de educação, mas possuem maior estabilidade no mercado de trabalho.

Em segundo lugar, por uma breve análise do Anuário Estatístico da Previdência Social, percebe-se que os valores médios de aposentadorias por tempo de contribuição são quatro vezes superiores aos concedidos a título de aposentadorias por idade, refletindo a natureza elitista deste benefício, que é preponderantemente concedido a classe de padrão remuneratório mais elevado e mais organizado politicamente.

As aposentadorias por tempo de contribuição representam o dobro do custo das aposentadorias por idade, apesar de a quantidade de aposentadorias por idade ser aproximadamente o dobro dos benefícios por tempo de contribuição. Sem esforço, se nota que a aposentadoria por tempo de contribuição, a qual não demanda qualquer idade mínima,

---
119 Tal posição, no Brasil, é difundida, em especial, pela Fundação ANFIP de Estudos da Seguridade Social. Disponível em <http://www.fundacaoanfip.org.br/>. Acesso em 01/10/2010.

uma vez alcançados 35 anos de contribuição, para homem, ou 30 de contribuição, para mulher, representam um benefício de classes mais abastadas da sociedade brasileira.[120]

Em terceiro lugar, a aposentadoria em um regime previdenciário estatal não é uma forma de poupança, mas sim mecanismo de resguardo em situações de incapacidade real, como doenças, ou presumida, como idade avançada, além de eventos venturosos, como a maternidade. O fato de alguém iniciar suas atividades remuneradas e, por conseguinte, a contribuição mais cedo não necessariamente deveria gerar expectativa de aposentadoria antecipada, até pelo eventual descompasso atuarial de tal situação, pois a percepção de benefício é muito mais custosa que o recolhimento mensal individual.

É certo que a proposta aqui apresentada gerará complexidades, especialmente para trabalhadores que encontram dificuldades de reingresso no mercado de trabalho; fato gravoso para os mais idosos, que devem ser objeto de amparo, mas não por aposentadoria, mas sim por formas de seguro-desemprego eficazes, sem limitação temporal, com encargos que desestimulem os *free-riders* e, também, formas de readaptação profissional. A extinção deste benefício não significa o abandono da proteção social antes da idade fixada em lei.

Há soluções para este eventual descompasso previdenciário, mas a aposentadoria antecipada certamente não é o instrumento mais adequado. Como já dito, a razão histórica que efetivamente motivou a criação de tal benefício se exauriu, cabendo sua revisão urgentemente, sob pena de falência do sistema.

O desenvolvimento exposto, por outro lado, não impõe uma planificação previdenciária, já criticada anteriormente, mas sim permite um modelo viável, que atenda as expectativas de gerações passadas e futuras. Eventual antecipação de aposentadoria poderá existir, mas demandará requisitos mais rigorosos e mesmo comprovação dos encargos sofridos. Essa questão é de especial interesse para a chamada *aposentadoria especial*.

3.9.2. Atividades Insalubres

No modelo brasileiro vigente, os segurados que tenham atividade insalubre, de acordo com o grau de exposição, podem jubilar-se antecipadamente, com

---

120 De acordo com o Anuário Estatístico da Previdência Social, ano de 2009, há 3.879.881 de aposentadorias por tempo de contribuição ativas, contra 7.204.556 de aposentadorias por idade. Estas representam um gasto de R$ 2.927.829.540,00, enquanto as aposentadorias por tempo de contribuição exigem do sistema R$ 4.170.326.509,68. As informações estão disponíveis em <http://www.previdenciasocial.gov.br/conteudoDinamico.php?id=982>. Acesso em 28/12/2010.

15, 20 ou 25 anos de trabalho, de acordo com a situação concreta, como prevê, genericamente, o art. 57 da Lei nº 8.213/1991. Esse é o conceito normativo de aposentadoria especial, inicialmente criado pela Lei nº 3.807/1960.

A prestação antecipada seria justificada pelo acelerado desgaste físico e mental de tais atividades, que poderiam propiciar aposentadorias precoces, como expressamente admite a Constituição, no art. 201, § 1º. O senso comum, ao menos em um primeiro momento, nos diz que tal prerrogativa seria razoável, haja vista a impossibilidade de exercer tais atividades por longos períodos, não só pelas limitações etárias, mas, principalmente, pelo desgaste acumulado.

No entanto, a questão não é tão simples. Admitindo que tais pessoas tenham consciência da insalubridade envolvida em suas atividades e, adicionalmente, tenham ingressado em tais profissões voluntariamente, pode-se argumentar em sentido diverso, em privilégio da responsabilidade individual pelas escolhas profissionais. Em outras palavras, se um obreiro opta por exercer suas atividades em uma mina, deve arcar com tais consequências, não sendo adequado repassar à sociedade o ônus de suas opções profissionais.

Cumpre ressaltar que, como premissa elementar, tais pessoas se engajaram nas atividades insalubres voluntária e conscientemente, como, de fato, tem sido a regra no Brasil. Apesar de a literatura apresentar situações de mineiros que exercem tais atividades como meio forçado de sobrevivência, isso não é a realidade nacional, na qual esses profissionais são responsáveis por equipamentos de elevado custo, com atividade altamente especializada e treinamento constante. A situação do mineiro é somente um exemplo, muito citado no debate nacional.

Sem embargo, ainda que consciente da nocividade de sua atividade, e mesmo reconhecendo a responsabilidade que deve recair sob cada um de nós, quanto a nossas opções profissionais, é certamente perturbador admitir que um mineiro possa trabalhar em situações insalubres, sem qualquer intervenção ou proteção estatal, até a completa degenerescência de sua higidez física e mental, com base unicamente na sua livre-opção de trabalho.

Da mesma forma, é sabido que a opção nem sempre existe. Em diversas localidades do país, em cidades menores, quase toda a população ativa é empregada em determinados setores, como a produção e abate de aves, bovinos e suínos; atividade de elevada repetição em jornadas elevadas, com graves consequências para a saúde do trabalhador. Não raramente, as pessoas são usadas como mero insumo de produção, mantendo o empregador o vínculo empregatício até o instante no qual as doenças ocupacionais começam a se manifestar, transferindo o encargo de manutenção daquela pessoa à sociedade – por meio da previdência ou assistência social – e contratando nova mão de obra, em círculo vicioso e indigno de trabalho.[121]

Sem embargo, mesmo em tais realidades, a aposentadoria precoce não parece ser o mais adequado. Ainda nos dias de hoje, a visão empresarial clássica, muito defendida até pelo movimento sindical, foi no sentido da *monetização dos riscos*, quaisquer que fossem, como uma forma de aquisição da saúde do trabalhador. Os adicionais de insalubridade e periculosidade são exemplos emblemáticos dessa realidade.[122] A aposentadoria especial, em certa medida, fez parte desse movimento, perpetuando a indignidade laborativa no período de retiro.

Não é propósito aqui impor ao próprio trabalhador a responsabilidade pelos seus infortúnios laborais – o que seria contraditório com a própria ideia de previdência social pública e compulsória – mas fixar seu alcance. É consenso que o papel protetivo do Estado não deve excluir qualquer forma de responsabilidade individual, mas o limite é o problema. A exata repartição das responsabilidades entre o modelo previdenciário e o próprio indivíduo sofre com as preferências políticas, ideológicas e os interesses de cada um.[123]

A previdência social compulsória, como é no Brasil e em quase todo o mundo, existe justamente pela necessidade de algum amparo forçado por parte do Estado. Não se poderia, para os trabalhadores em atividades nocivas, admitir teses libertárias, em contradição com a lógica do sistema. No entanto, a aposentadoria precoce é uma opção inadequada.

Explico melhor. É perfeitamente razoável que o Estado possa e mesmo deva restringir a periodicidade da atividade insalubre – como, aliás, já faz desde longa data, com tempo máximo de jornada, intervalos obrigatórios etc. – impondo um tempo máximo pleno em que a pessoa possa exercer tal atividade. A única novidade seria a lei prever um *tempo global*, ao invés

---

[121] Neste sentido, ver o excelente documentário *Carne, Osso*. Direção de Caio Cavechini e Carlos Juliano Barros; roteiro e edição de Caio Cavechini; fotografia de Lucas Barreto; pesquisa de André Campos e Carlos Juliano Barros; produção executiva de Maurício Hashizume. Duração: 65 minutos. Realização: Repórter Brasil, 2011.
[122] Sobre o tema, ver a inédita visão de OLIVEIRA, Paulo Rogério Albuquerque de. *Nexo Técnico Epidemiológico Previdenciário – NTEP e o Fator Acidentário de Prevenção – FAP*: Um Novo Olhar sobre a Saúde do Trabalhador. São Paulo: LTr, 2010.
[123] Cf. VONK, Gijsbert e TOLLENAAR, Albertjan (Eds.). *Social Security as a Public Interest – A Multidisciplinary Inquiry into the Foundations of the Regulatory Welfare State*. Antuérpia: Intersentia, 2010, p. 17.

das limitações de jornada e grau de exposição, como consta da Norma Regulamentadora (NR) nº 15, do Ministério do Trabalho e Emprego.

Ou seja, poderia, por exemplo, a legislação prever que um mineiro somente exerça tal atividade durante 15 anos, ao longo de toda sua vida, mas sem implicar direito à aposentadoria. Caberia ao segurado realocar-se em nova função. Ou, no caso de atividades repetitivas – atual fonte de doenças do trabalho – uma fixação de jornada máxima diária de modo a permitir a atuação profissional pelo tempo necessário à jubilação.

As propostas, sucintamente apresentadas, demandam detalhamentos que escapam à *expertise* e ao tema da obra ora desenvolvida, exigindo opiniões de médicos do trabalho e engenheiros de segurança, mas é certo que pode o Estado impor jornadas diárias e globais que permitam a permanência em atividade por períodos maiores, sem incapacidades e aposentadorias precoces, em prol do sistema previdenciário e, ao mesmo tempo, da dignidade dos trabalhadores.

O regramento proposto parece ainda excessivamente rigoroso, especialmente nos limites globais de atividade nociva, mas de modo a ampará-lo e socializar o custo de sua manutenção – afinal, a sociedade extraiu alguma vantagem de sua atividade – poderia o sistema previdenciário arcar com seguro desemprego mais alongado ou em valores mais vantajosos, ou mesmo processo de readaptação profissional mais abrangente, que poderia ter início até antes do término dos 15 anos de atividade do mineiro. Por exemplo, com 13 anos completos de atividade insalubre, poderia o segurado receber treinamento específico, por conta do sistema previdenciário ou do empregador, a ser definido em lei.

Considero mais adequada a atribuição da responsabilidade da readaptação ao sistema previdenciário, assim como a manutenção do segurado durante esse período, por dois motivos. Em primeiro lugar, ao se transferir tal ônus ao empregador, muito provavelmente – e de acordo com a elasticidade de demanda – irá este repassar o ônus ao preço de seu produto ou serviço, o que acaba por onerar, de qualquer forma, a sociedade. Em segundo lugar, transferir tal encargo ao sistema reduz eventuais prejuízos dos trabalhadores com maior tempo de atividade insalubre, pois os empregadores, do contrário, não contratariam tais pessoas.

Adicionalmente, como argumento oposto à aposentadoria especial, há o fato de outras profissões não permitirem o exercício prolongado, não necessariamente por insalubridade, mas por características inerentes às suas atividades, como as pessoas envolvidas em atividades circenses, dança, atletas profissionais etc. Para estes, também existem a limitação e o benefício para a sociedade, e nem por isso somos chamados à conta para a manutenção de eventuais aposentadorias precoces.

Como opção alternativa há, ainda, a aposentadoria parcial,[124] com pagamento de valor proporcional ao trabalhado, aliado ao financiamento de reabilitação profissional após tempo máximo de atividade nociva. Supera-se o nivelamento indesejado a todo e qualquer obreiro, mas respeita-se o equilíbrio do sistema e algum grau de responsabilidade pelas escolhas individuais.

Enfim, a previsão normativa da aposentadoria especial, ao menos nos moldes atuais, não protege o trabalhador, pois pode o mesmo continuar exercendo atividades insalubres por quanto tempo desejar (desde que não se aposente), além de constituir instrumento de iniquidades, ao não abranger várias outras atividades que não permitem exercício prolongado, seja por restrições de mercado ou lesões derivadas da atividade, que não geram incapacidade plena.

3.9.3. Distinção de Gênero na Previdência Social

3.9.3.1. Igualdade de Tratamento entre Homens e Mulheres

Talvez um dos temas de maior controvérsia no âmbito previdenciário, no Brasil e no mundo, seja a equiparação dos requisitos de elegibilidade de benefícios entre homens e mulheres, especialmente no que diz respeito a aposentadorias. A preocupação com as mulheres não é insubsistente, pois, em reformas previdenciárias, as mudanças tendem a prejudicar, em maior grau, justamente este gênero, já que as mulheres, em regra, vivem mais, recebem menos e são mais dependentes de benefícios previdenciários que os homens.[125] No entanto, talvez a aposentadoria precoce não seja o melhor caminho.

De modo geral, aponta-se a aposentadoria antecipada das mulheres como instrumento de compensação pelas desigualdades sociais entre gênero ainda existentes, além de a mulher sofrer maiores encargos ao longo de sua vida, especialmente na atualidade, quando muitas, não raramente, além de preservar os encargos clássicos de gestão familiar e educação dos filhos, ingressam no mercado de trabalho viabilizando o sustento familiar.[126]

---

124 Sobre esta hipótese, ver GANDÍA, Juan López. *Jubilación Parcial*. Albacete: Editorial Bomarzo, 2004, p. 10.
125 Cf. LITTLE, Bruce. *Fixing the Future*, op. cit., p. 180.
126 A questão da *dupla jornada* feminina é somente o fundamento mais conhecido para a aposentadoria antecipada, mas ainda há diversos outros, como: as mulheres, em geral, casarem-se com homens mais velhos, justificando o retiro precoce de modo a acompanhar o cônjuge na inatividade, apoio no cuidado de netos e familiares, que seria reduzido com maior tempo de trabalho feminino etc.

No entanto, como a prestação previdenciária visa a atender a determinado risco e, no caso da aposentadoria por idade, o risco coberto é a idade avançada, em razão de presunção de incapacidade, não haveria razão para a antecipação de benefício para mulheres, pois vivem, em média, oito anos a mais que homens. A jornada real de trabalho maior, para tal fim, seria irrelevante, podendo, no entanto, justificar outras formas de compensação social, que não aposentadorias precoces.

Para melhor buscar uma solução para o tema, é interessante perquirir o tratamento da matéria alhures, especialmente nos Estados Unidos e na Europa, que trazem sistemas antigos de proteção social e, de modo geral, tem tratado o tema com maior maturidade de argumentos.

De toda forma, é fato que muitas mulheres, na atualidade, ingressam no mercado de trabalho não como forma de manifestação de suas autonomias ou reconhecimento de seus direitos, mas, simplesmente, visando robustecer o orçamento familiar maculado pela perda remuneratória do homem, que já não consegue mais sustentar a família. O ingresso cada vez maior de mulheres no mercado de trabalho, em suma, não necessariamente implica redução do preconceito.[127]

3.9.3.2. O Exemplo Norte-Americano

No contexto norte-americano, a questão da igualdade de aposentadoria entre homens e mulheres foi sedimentada com o Civil Rights Act de 1964, o qual, no Título VII, veda tratamento diferenciado de acordo com o sexo. De modo geral, tal limite tem sido admitido para fins de aposentadoria, com base na elaboração legislativa, que buscava proteção abrangente, e aplicação judicial da norma.[128]

Em precedente conhecido da Suprema Corte norte-americana,[129] a diferenciação em desfavor das mulheres, que deveriam contribuir mais

---

127 Cf. ESPING-ANDERSEN, Gøsta. *The Incomplete Revolution...*, op. cit., p. 60.

128 Para os debates legislativos sobre o tema e diversos precedentes judiciais, incluindo regulações administrativas vedando o tratamento diferenciado entre gênero na aposentadoria, já desde 1972, ver KANOFSKY, Gordon R.. *The End of Sex Discrimination in Employer-Operated Pension Plans:* The Challenge of the Manhart Case. *Duke Law Journal*, v. 1979, nº 2, Symposium on Pension and Profit Sharing Plans, pp. 682-708. De toda forma, é incerto se a intenção legislativa original era, também, impedir tratamento diferenciado na aposentadoria. Sobre o tema, ver *Developments in the Law:* Employment Discrimination and Title VII of the Civil Rights Act of 1964. *Havard Law Review*, v. 84, nº 5 (março, 1971), p. 1.173.

129 Manhart v. City of Los Angeles, Dep't of Water & Power. 435 U.S. 702 (1978). No mesmo sentido, há ainda os precedentes de Weinberger v. Wieseqfeid, 9S S. Ct: 1225 (1975) e CaliJuno v. Gokerb, 97 S. Ct. 1011 (1977). Sobre uma breve exposição do tema, ver <http://www.socialsecurity.gov/policy/docs/ssb/v47n4/v47n4p13.pdf>.

em razão da maior expectativa de vida, foi declarada inconstitucional, por gerar violação ao preceito de tratamento igual a todos.

Entendeu a Corte que a distinção em desfavor das mulheres violava a seção 703(a)(1) do Civil Rights Act de 1964. Apesar de o tema concreto tratar da diferenciação de gênero em um plano de previdência complementar, o precedente teve enorme impacto, sendo adotado como referência por diversas agências norte-americanas, eliminando qualquer tipo de distinção de gênero, especialmente em matéria previdenciária. A Equal Employment Opportunity Commission, por exemplo, ao interpretar a seção 703(a)(1) do Civil Rights Act de 1964, concluiu que a vedação de tratamento diferenciado entre sexos não seria somente restrita ao empregador, como expressamente previsto, mas a qualquer indivíduo.[130]

Em razão dos precedentes da Corte e a necessidade de reforma do sistema, as emendas de 1983 suprimiram praticamente todas as distinções de sexo existentes no Social Security Act.[131] No entanto, com o tratamento idêntico entre homens e mulheres, tanto para fins contributivos quanto para fixação de requisitos de elegibilidade dos benefícios, não haveria, ao revés, um privilégio das mulheres em detrimento dos homens? A ideia impressiona, pois, como vivem, em média, menos, e contribuem de forma idêntica às longevas mulheres, os homens, em verdade, estariam subsidiando o benefício do sexo feminino.

No entanto, a ideia é enganosa. Dentro de uma sociedade que busca a igualdade, distinções concretas somente podem justificar-se na medida em que produzam ganho coletivo, devendo aspectos secundários permanecerem inalterados, especialmente quando o atributo geral não necessariamente corresponde a uma qualidade individual.

A expectativa de vida superior das mulheres é aferida por médias. Ou seja, pode-se afirmar, com alguma base estatística hipotética, que calvos vivam mais que míopes, negros sobrevivam melhor que brancos, anões vivam menos que canhotos etc. Toda sorte de comparação pode ser feita, algumas, anedotas à parte, com fundamento empírico, mas nem por isso anões poderão aposentar-se antes de canhotos calvos ou altos e magros. Como decidido pela Suprema Corte norte-americana em *Manhart v. City of Los Angeles*, as características de determinada classe ou gênero podem não ser de um determinado indivíduo.[132]

---

130 Sobre o tema, ver KIMBALL, Spencer L. Reverse Sex Discrimination: Manhart. *American Bar Foundation Research Journal*, Blackwell Publishing, v. 4, nº 1, 1979, pp. 83-139.
131 Sobre a reforma de 1983, ver <http://www.ssa.gov/history/1983amend2.html>.
132 BERNSTEIN, Merton C. and WILLIAMS, Lois G.. Sex Discrimination in Pensions: Manhart's Holding v. Manhart's Dictum. *Columbia Law Review*, v. 78, nº 6, 1978, pp. 1241-1247. Como afirmou a Corte, *actuarial*

Dados matemáticos sempre podem ser utilizados para estabelecer preconceitos. Caso venha-se a identificar que negros vivem mais que brancos, poderia o sistema previdenciário estabelecer idades diferenciadas para ambos? Se a igualdade é a virtude soberana da sociedade, as distinções devem ser restritíssimas, e avaliações médias de expectativa de vida, gerando distinções entre pessoas iguais, não devem ser algo relevante.

3.9.3.3. O Tema na Europa

De maneira geral, pode-se dizer que os países europeus possuem diferentes soluções para a questão, ora igualando as idades de aposentadoria, ora apresentado reduções para as mulheres.[133] No entanto, o tema é, também, envolto em dúvidas, pois a distinção de idades entre homens e mulheres, para fins de aposentadoria, pode ser vista como uma violação à isonomia, prevista na Carta de Direitos Humanos da União Europeia.[134]

De modo geral, o tratamento diferenciado entre homens e mulheres, para a Corte Europeia de Justiça, é grandemente limitado a aspectos biológicos, em especial, a maternidade. De modo geral, tratamentos diferenciados para fins de aposentadoria não têm sido admitidos, embora haja exceções.[135] A Corte já estendeu a validade do *equal treatment* até para relações de previdência complementar.[136]

A questão foi recentemente abordada em Opinião do Advogado Geral da Corte Europeia de Justiça, no Case C236/2009, *Association Belge des Consommateurs Test-Achats* ASBL e outros, no qual a Corte Constitucional Belga apresentou questionamento sobre a validade da Diretiva nº 2004/113/EC, a qual, ao dispor sobre a igualdade ente homens e mulheres,

---

studies could unquestionably identify differences in life expectancy based on race or national origin, as well as sex. Sobre o tema, ver também o decidido em *Arizona Governing Committee for Tax Deferred Annuity and Deferred Compensation Plans v. Norris*, 51 U.S.L.W. 5243 (julho, 1983).

133 Para uma visão abrangente sobre as diferenças entre gênero e idades, ver <http://www.socialsecurity.gov/policy/docs/progdesc/ssptw/index.html>. Acesso em 14/10/2010.

134 Texto integral disponível em <http://www.europarl.europa.eu/charter/pdf/text_en.pdf>. Acesso em 14/10/2010. Os artigos 21 e 23 proíbem qualquer discriminação entre homens e mulheres, demandando igual tratamento em qualquer área. *Equality between men and women must be ensured in all areas, including employment, work and pay* (art. 23).

135 Além do já exposto *supra*, ver PAGER, Sean. Strictness vs. Discretion: The European Court of Justice's Variable Vision of Gender Equality. *The American Journal of Comparative Law*, American Society of Comparative Law, v. 51, nº 3, 2003, p. 568.

136 O caso envolvia um empregado de uma seguradora britânica – Douglas Barber – que foi afastado de suas atividades, recebendo benefício proporcional ao seu tempo de trabalho, mas com complementação de aposentadoria diferida até 62 anos, ao contrário de uma mulher na mesma empresa e em situação análoga, que recebeu o benefício pleno desde a demissão. Sobre o tema, com o desenvolvimento da decisão da Corte Europeia, ver FITZPATRICK, Barry. Equality in Occupational Pension – The New Frontiers after Barber Source. *The Modern Law Review*, Blackwell Publishing, v. 54, nº 2, 1991.

permite tratamento diferenciado para fins de aposentadoria, quando justificado atuarialmente (art. 5.2).[137]

A dúvida, apresentada à Advocacia Geral da Corte Europeia, foi sobre a validade da deliberação do Parlamento europeu, pois a distinção, além de incongruente com os ideais da própria Diretiva nº 2004/113/EC, violaria, à primeira vista, as previsões normativas de igual tratamento da União Europeia.

De acordo com a ideia desenvolvida no Caso C236/2009, a possibilidade de tratamento diferenciado, prevista no art. 5.2 da Diretiva nº 2004/113/EC, somente seria uma forma de validação para aqueles países que ainda previam idades diversas entre homens e mulheres, até pelo fato de o mesmo artigo prever uma necessária adequação a partir de 2008. Aqueles que já previam idades iguais não poderiam retroceder no tema.[138] Entendimento mais abrangente seria inválido, haja vista a impossibilidade do Parlamento europeu de contrariar direitos fundamentais reconhecidos pela União Europeia.[139] República Tcheca, Reino Unido e Alemanha, mais recentemente, têm adotado novos regramentos legais que preveem o fim da antecipação da aposentadoria das mulheres.[140]

Segundo a mesma consulta, a Corte Europeia, ainda que brevemente, no caso *Neath and Coloroll Pension Trustees*, estabeleceu a necessidade de igual contribuição para todos os empregados, sejam homens ou mulheres.[141] Por outro lado, a Corte Europeia já se manifestou, anteriormente, pela

---

137 O texto completo da Diretiva, em especial o art. 5.2, está disponível em <http://eur-lex.europa.eu/LexUriServ/LexUriServ.do?uri=OJ:L:2004:373:0037:0043:EN:PDF>. Acesso em 15/10/2010. O Tribunal de Justiça é a autoridade judiciária da União Europeia e vela, em colaboração com os órgãos jurisdicionais dos Estados-Membros, pela aplicação e a interpretação uniformes do direito da União. O Tribunal, com sede em Luxemburgo, é composto por três jurisdições: o Tribunal de Justiça, o Tribunal Geral (criado em 1988) e o Tribunal da Função Pública (criado em 2004). O Tribunal de Justiça é composto por 27 juízes e oito advogados-gerais. Os advogados-gerais assistem o Tribunal. Cabe-lhes apresentar publicamente, com toda a imparcialidade e independência, pareceres jurídicos. Sobre a organização da Corte, ver <http://curia.europa.eu/jcms/jcms/Jo2_7024/>. Acesso em 15/10/2010.

138 O texto da Opinião está em <http://curia.europa.eu/jurisp/cgi-bin/form.pl?lang=en&newform=newform&Submit=Submit&alljur=alljur&jurcdj=jurcdj&jurtpi=jurtpi&jurtfp=jurtfp&alldocrec=alldocrec&docj=docj&docor=docor&docop=docop&docav=docav&docsom=docsom&docinf=docinf&alldocnorec=alldocnorec&docnoj=docnoj&docnoor=docnoor&radtypeord=on&typeord=ALL&docnodecision=docnodecision&allcommjo=allcommjo&affint=affint&affclose=affclose&numaff=&ddatefs=&mdatefs=&ydatefs=&ddatefe=&mdatefe=&ydatefe=&nomusuel=&domaine=&mots=+gender+differences+in+pension+benefits&resmax=100>. Acesso em 16/10/2010.

139 *The European Union legislature may not authorize Member States to take measures which would infringe the fundamental rights of the European Union and it is for the Court of Justice to examine that* (op. cit., loc.cit.).

140 Cf. LHERNOULD, Jean-Philippe et al. *Study of Gender Dimension and Discrimination in Social Protection – Final Report, Part A.* Comissão Europeia, junho de 2010.

141 "(...) *in both Neath and Coloroll Pension Trustees that the contributions paid by the employees into occupational pensions schemes, which were covered by Article 119(1) of the EEC Treaty, had to be the same for all employees, male and female, because they are an element of their pay, Neath (paragraph 31, second sentence) and Coloroll Pension Trustees (paragraph 80, second sentence)*" [op. cit., loc. cit.].

possibilidade de fixação de aposentadorias diferenciadas de acordo com o gênero, em contrariedade aos precedentes anteriormente citados.[142] De toda forma, a maioria dos países europeus já adota idades iguais ou está em processo de mudança. Basicamente, somente mantém a distinção, mesmo para o futuro, Bulgária, Itália e Polônia.[143]

Na Europa, o nivelamento das idades tem como fundamento, além da evidente questão da isonomia, o fato de a redução da idade para mulheres ser contraproducente, não só pelo estigma gerado, mas também pela eventual redução do benefício, de acordo com as regras do sistema, além de perda de outros direitos sociais existentes, em razão do afastamento do mercado.[144]

Ou seja, ainda que sejam encontradas previsões diferenciadas entre gênero, a tendência europeia, como se percebe, é pelo nivelamento das idades, em privilégio do tratamento igual entre sexos. Isso, naturalmente, não significa ignorar a situação inferior das mulheres na realidade protetiva, mas, ao invés de reduzir-se a idade de jubilação, a saída mais adequada parece ser amparar as atividades em que as mulheres tendem a ser maioria, como o trabalho parcial, em razão da prole, ou a atividade doméstica.

3.9.3.4. América Latina

De modo geral, os países da América Latina comportam, em sua maioria, uma redução de cinco anos na aposentadoria das mulheres, como tentativa de compensação pelas suas atividades domésticas e de criação dos filhos, embora com resultado, em regra, perverso, pois, assim como na Europa, implica menor tempo de contribuição que, aliada à maior expectativa de vida, traz benefícios de valores reduzidos, o que eventualmente gera outros mecanismos de compensação, como tábuas de mortalidade sem distinção de sexo,[145] que são insuficientes.

As mulheres compõem clientela menos protegida, com percentuais de cobertura inferiores aos homens em todos os países, com exceção do Uruguai, em que ocorre o contrário.[146] Assim como discutido no debate europeu, a

---

142 Case C-377/96 De Vriendt [1998] ECR I-2105.
143 Cf. LHERNOULD, Jean-Philippe *et al. Study of Gender Dimension and Discrimination in Social Protection – Final Report, Part A, op. cit.*, p. 37.
144 Cf. LHERNOULD, Jean-Philippe *et al. Study of Gender Dimension and Discrimination in Social Protection – Final Report, Part A, op. cit.*, pp. 37-8.
145 Sobre o tema, ver BERTRANOU, Fabio e ARENAS DE MESA, Alberto (org.). *Proteccíon Social y Género en Argentina, Brasil y Chile.* Santiago: OIT, 2003.
146 MESA-LAGO, Carmelo. *Reassembling Social Security, op. cit.*, p. 51.

saída não é a aposentadoria antecipada de mulheres, mas sim instrumentos que permitam, em primeiro lugar, a permanência feminina no mercado de trabalho, mesmo com os encargos da prole ou, alternativamente, a cobertura universal que atenda a atividades não remuneradas.

No entanto, é forçoso reconhecer que o tema ainda é escassamente desenvolvido, havendo, tanto no Brasil quanto no resto do continente, apreciações superficiais sobre a matéria, ao contrário dos debates europeu e norte-americano.

3.9.3.5. Idades Diferenciadas – Uma Revisão Necessária

Em resumo, dentro do apresentado, percebe-se que o tema, por natural, ainda comporta alguma controvérsia. Mesmo em âmbito europeu, com um grau de maturidade do assunto elevado, algumas divergências perduram, com efeitos em precedentes divergentes da Corte Europeia.

A aposentadoria antecipada das mulheres, talvez, pudesse ser admitida se, concretamente, houvesse comprovação dos encargos da maternidade, como, por exemplo, prevê o modelo de transição da República Tcheca.[147] Em verdade, se fosse criado tal premissa, o modelo previdenciário poderia antecipar a aposentação tanto para homens quanto para mulheres, superando a questão do sexo e privilegiando aqueles que, efetivamente, investiram tempo na educação e cuidados da prole.[148]

Ou seja, apesar da idade antecipada, para fins de aposentadoria, não encontrar fundamento em uma análise estritamente protetiva, voltada a riscos sociais, nada impede que, dentro de uma deliberação democrática, se estabeleça que a sociedade deva patrocinar tal benesse aos que assumem relevante encargo. No entanto, como se disse, tal vantagem não deveria ser restrita ao sexo feminino.

É certo mesmo que, de um ponto de vista estritamente atuarial, poderiam, também, as regras de aposentadoria prever benefícios inferiores a mulheres, em razão da maior vida média frente aos homens,

---

147 Sobre as reformas na República Tcheca, ver STEINHILBER, Silke. *Gender and Post-socialist Welfare States in Central Eastern Europe: Family Policy Reforms in Poland and the Czech Republic Compared.* Political Science Department, Graduate Faculty, New School University, New York, 2005. Disponível em <http://www.unrisd.org/80256B3C005BCCF9/%28httpAuxPages%29/A43028C3E5D35E6BC1257013004DE188/$file/dsteinhil.pdf>. Acesso em 17/01/2011.

148 Cf. STEINHILBER, Silke. *The Gender Implications of Pension Reforms. General Remarks and Evidence from Selected Countries.* Prepared for the UNRISD report Gender Equality: Striving for Justice in an Unequal World. Disponível em <http://www.unrisd.org/80256B3C005BCCF9/httpNetITFramePDF?ReadForm&parentunid=52DBB0B27C54635CC12570350048ED4E&parentdoctype=paper&netitpath=80256B3C005BCCF9/%28httpAuxPages%29/52DBB0B27C54635CC12570350048ED4E/$file/steinhil.pdf>. Acesso em 18/01/2011.

pois o nivelamento entre homens e mulheres, indiretamente, significa uma transferência de renda entre sexos, podendo mesmo produzir maior descontentamento entre homens e mulheres do que a adoção de tábuas de mortalidade diferenciadas.[149] No entanto, afastadas as questões puramente técnicas, o eventual ônus financeiro deve ser assumido como um encargo da igualdade, pois o tratamento igual entre sexos pode, eventualmente, trazer ônus maior para um gênero em detrimento de outro, como o fardo maior das mulheres no cuidado da família.

Também não é raro afirmar-se que, como já se disse, com a maior correlação entre contribuição e benefício dos sistemas de seguro social, as mulheres, pela aposentadoria antecipada, arcariam, em verdade, com maior perda de rendimentos, haja vista o menor tempo de cotização frente ao elevado prazo de percepção de benefício.[150] No entanto, tal ponto é de fácil resolução, pois caberia ao sistema normativo vigente estabelecer mecanismos de financiamento adequados, nos quais a sociedade, uma vez aceita a benesse, seria responsável pelo subsídio feminino. Este não é o maior problema, pois é resolvido por um adequado financiamento – a maior questão é a ampliação da facilidade aos que tenham encargos familiares efetivos, independente do sexo.

Adicionalmente, como demonstrado em avaliações empíricas e, de certa forma, até intuitivamente, muito do trabalho doméstico, certamente no caso brasileiro, é feito por mulheres aposentadas, que auxiliam na gestão domésticas de netos e demais familiares.[151] O adiamento da aposentadoria da mulher poderia ter impacto negativo sobre essa realidade. Pode-se, daí, ter um afastamento ainda maior das mulheres do mercado de trabalho, pela ausência de apoio para a gestão familiar. Uma saída, como já defendido, é a ampliação dos serviços da previdência social.

Por fim, no momento em que as fronteiras entre gêneros se tornam mais fluidas, incluindo as possibilidades técnicas e jurídicas de mudança de sexo, o tema se torna de difícil resolução, caindo por terra os principais argumentos a seu favor, podendo a lei igualar as idades de aposentadoria, até como forma de segurança jurídica.

---

149 Para uma análise atuarial da desvantagens das tábuas de vida sem distinção de sexo e uma crítica ao tratamento igualitário para fins de aposentadoria entre homens e mulheres, ver MCCARTHY, David D. e TURNER, John A. Risk Classification and Sex Discrimination in Pension Plans. American Risk and Insurance Association, *The Journal of Risk and Insurance*, v. 60, nº 1 (mar., 1993), pp. 85-104.

150 Cf. Fultz, E. e S. Steinhilber. *2003. The Gender Dimensions of Social Security Reforms in Central and Eastern Europe*". In: *E. Fultz, M. Ruck and S. Steinhilber (eds.). The Gender Dimensions of Social Security Reforms in Central and Eastern Europe. Case Studies of the Czech Republic, Hungary and Poland*. ILO. Subregional Office for Central and Eastern Europe, Budapest, p. 35.

151 Cf. Organização Internacional do Trabalho (OIT). *Extending Social Security to All – A Guide Through Challenges and Options*. Social Security Department. Geneva: OIT, 2010, p. 10.

3.9.4. Trabalhadores Rurais

Os trabalhadores rurais sempre foram um caso à parte na previdência social brasileira. Inicialmente, nos regimes de Caixas de Aposentadorias, somente os obreiros urbanos foram protegidos. Até 1963, os trabalhadores rurais ficavam ao desabrigo, apenas contando com o amparo familiar e a assistência voluntária de terceiros. Somente no ano citado é que surge o Fundo de Assistência e Previdência do Trabalhador Rural (FAPTR), posteriormente rebatizado e ampliado com o FUNRURAL, em 1969.

O modelo previdenciário rural recém-criado mostrou-se insuficiente, a ponto de surgir um complemento assistencial, o PRORURAL, em 1971. Com a Constituição de 1988, a divisão entre previdência urbana e rural perde sua sustentação normativa, o que é consagrado com o advento das Leis n°s 8.212/1991 e 8.213/1991, que abordam, conjuntamente, trabalhadores urbanos e rurais. A ampliação de cobertura para área rural teve papel fundamental na redução da pobreza neste segmento da sociedade.[152]

No entanto, as distinções ainda existem. De início, a própria Constituição, no atual art. 201, § 7º, prevê a possibilidade de aposentadoria por idade reduzida, em cinco anos, para trabalhadores rurais. No art. 195, § 8º, da Lei Maior, há, também, possibilidade de tratamento diferenciado, incluindo no custeio, para o pequeno produtor rural, em regime de economia familiar, figura designada pela legislação como *segurado especial*.

Até o advento da legislação posterior à Constituição de 1988, os trabalhadores rurais possuíam tratamento próximo do assistencial. A contribuição rural existe desde a criação do FUNRURAL, mas sempre foi muito aquém do atuarialmente necessário a um plano de custeio balanceado.

A sistemática de custeio diferenciada, especialmente para empregadores rurais, ainda persiste na Lei nº 8.212/1991, justificável, pragmaticamente, pela sazonalidade da atividade e, normativamente, pelo princípio constitucional da equidade no custeio (art. 194, parágrafo único, inc. V). Apesar do FUNRURAL ter sido extinto em 1977, com a criação do (Sistema Nacional de Previdência e Assistência Social) (SINPAS) ainda hoje os profissionais, incluindo Tribunais, referem-se às contribuições rurais como cotizações para o FUNRURAL.[153]

---

[152] Sobre o tema, ver SCHWARZER, Helmut. *Impactos Socioeconômicos do Sistema de Aposentadorias Rurais no Brasil – Evidencias Empíricas de um Estudo de Caso no Estado do Pará*. Texto para discussão n. 729, Rio de Janeiro, IPEA, 2000.

[153] Para uma evolução histórica completa da previdência rural, ver BRUMER, Anita. *Previdência Social rural e Gênero. Sociologias*, Porto Alegre, ano 4, nº 7, jan./jun. 2002, pp. 50-81.

Atualmente, a legislação tenta, à exceção do segurado especial, inserir os demais trabalhadores rurais na sistemática padrão de custeio, com previsão de contribuição mensal e incidência sobre o salário-de-contribuição. Por natural, o sistema rural não teria como migrar para um modelo contributivo da noite para o dia, ao menos não sem provocar forte exclusão social. Por isso, a Lei nº 8.213/1991, no art. 143, previra uma transição, em até 15 anos, para a obtenção de determinados benefícios, em especial, a aposentadoria por idade, bastante demonstrar a atividade rural.

O preceito citado foi alterado em sequência, pelas Leis nº^{os} 9.032/1995 e 9.063/1995, e, por meio da Lei nº 11.718/2008, o prazo foi novamente prorrogado, haja vista a realidade ainda precária da área rural, tanto em termos de proteção quanto de contribuição, que é ainda muito aquém do necessário. A intenção da nova legislação é, também, permitir uma transição melhor para o regime contributivo.[154]

Em verdade, o principal problema será submeter trabalhadores rurais a um modelo tipicamente bismarckiano de proteção social, com premissas atuariais severas que busquem o equilíbrio. A atividade rural, tanto no Brasil quanto no mundo, demanda tratamento diferenciado, até pelo elevado grau de vulnerabilidade social que representa, agregando, em termos mundiais, três quartos de todos os pobres existentes, além de representar uma das atividades profissionais mais perigosas existentes, com estimativas de mortes que ultrapassam, no mundo, 170 mil pessoas.[155]

Modelos de proteção social que demandem financiamento constante são inadequados para a área rural, na qual a remuneração é vinculada à produção, a qual, por sua vez, em geral, é bastante variável, devido à sazonalidade da atividade. Ademais, como a atividade é realizada em estrita vinculação com atividades domésticas, o trabalhador rural tem vulnerabilidade agravada, haja vista sofrer, com maior gravidade, das desventuras que venham atingir sua atividade produtiva, como enchentes e secas, que afetarão, com igual gravidade, sua família e seu bem-estar.[156]

A situação concreta de trabalhadores rurais é forte argumento para o modelo anteriormente proposto de previdência social, com primeiro pilar

---

154 O tema, no aspecto normativo, é melhor desenvolvido no meu *Curso de Direito Previdenciário*. 16ª ed. Niterói: Impetus, 2011.

155 Cf. Organização Internacional do Trabalho (OIT). *Extending Social Security to All, op. cit.*, p. 8. Sobre o tema ver, também, Organização Internacional do Trabalho (OIT). *Conclusions on Promoting Rural Employment for Poverty Reduction*. International Labour Conference. Geneva: OIT, 2008.

156 Cf. *International Fund for Agricultural Development* (IFAD). *Rural Poverty Report 2001: The Challenge of Ending Rural Poverty*. O texto completo, em diferentes idiomas, está disponível em <http://www.ifad.org/poverty/index.htm>. Acesso em 10/01/2011.

de proteção universal, financiado por toda a sociedade. É não é razoável esperar, especialmente na realidade brasileira, que trabalhadores rurais consigam se submeter aos preceitos do seguro social, e os constantes adiamentos legais são um retrato desta impossibilidade.

Apesar da relevância, o tratamento diferenciado não é a regra na América Latina, somente contando com cobertura efetiva e dirigida aos rurículas no Brasil, Equador e México, embora os dois últimos tenham reduzido sua efetividade nos últimos anos.[157]

O modelo universalista proposto tem o condão de erradicar, de uma vez, as distinções ainda existentes entre rurais e urbanos, de modo a amparar qualquer pessoa, independente de moradia e atividade profissional, com valor minimamente digno de existência, capaz de atender necessidades básicas, e de acordo com o financeiramente sustentável.

3.9.5. Aposentadoria Parcial, Abono de Permanência em Serviço e *Bridge Employment*

À medida que homens e mulheres têm permanecido mais tempo no mercado de trabalho, seja por restrições financeiras ou mesmo por endurecimento das regras previdenciárias, alguma forma de aposentadoria parcial pode cumprir papel relevante,[158] como forma de adaptação para a inatividade e, adicionalmente, como forma de melhor adequar a natural restrição física da idade avançada.

O tema da aposentadoria parcial é já desenvolvido, por exemplo, na União Europeia, por meio da Recomendação nº 82/857/CEE, de 10/12/1982, com diretrizes que orientam os Estados membros a buscar uma transição adequada para a inatividade, permitindo, dentro do possível, formas de aposentadoria parcial, incluindo programas de preparação para aposentadoria plena.[159]

---

157 Cf. MESA-LAGO, Carmelo. *Reassembling Social Security*, op. cit., p. 54.
158 Cf. HERMES, Sharon Lynn. *Essays on Elderly Labor Force Participation, Pension Structure, And Partial Retirement*. Disponível em <http://etd.nd.edu/ETD-db/theses/available/etd-07022004-113435/unrestricted/HermesSL072004.pdf>. Acesso em 10/05/2010.
159 O texto central da Recomendação é o seguinte: O Conselho das Comunidades Europeias (...) *recomenda aos Estados-Membros: A. Que se inspirem nos seguintes princípios com vista a realizar progressivamente a reforma flexível no quadro dos diversos sistemas de reforma, tendo em conta, nomeadamente, a autonomia dos parceiros sociais: 1. A fim de permitir que a passagem à reforma seja voluntária, é conveniente flexibilizar as regras relativas à idade normal que confere direito a uma pensão de velhice. Para este efeito: – o trabalhador assalariado deve, a partir de uma idade determinada e, se necessário, até uma idade limite, ter o direito de escolher livremente a idade a partir da qual pode beneficiar da sua pensão de reforma – não sendo possível, e na medida em que o sistema preveja uma idade determinada para a concessão da pensão, deve ser reconhecida ao trabalhador assalariado a faculdade de, durante um período determinado, pedir antecipadamente a sua pensão, ou, pelo contrário, deferi-la para além da idade prescrita. As reduções nos montantes da pensão pedida antecipadamente*

Em verdade, a aposentadoria parcial em muito se aproxima da ideia do abono de permanência, que é, em geral, uma prestação pecuniária visando estimular a pessoa a continuar em atividade, sem qualquer redução de jornada ou atribuição. A aposentadoria parcial, por sua vez, mostra-se superior, pois em geral implica alguma redução de jornada, com pagamento parcial do benefício, mas ainda em atividade, em adaptação à inatividade.[160]

A aposentadoria parcial, na prática, teria o efeito de desestimular o afastamento completo das atividades, já que a pessoa, parcialmente aposentada, teria condições de usufruir melhor de seu tempo livre, estabelecer contato adequado com a família e desempenhar o lazer na medida necessária, sem romper laços com a atividade profissional na qual ainda tenha interesse e, também, propiciando remuneração mais elevada do que a jubilação completa, haja vista o incremento de gasto – pelo maior tempo livre – com menor remuneração mensal.

Tanto no Brasil quanto alhures, é comum que pessoas já jubiladas permaneçam ou voltem ao mercado de trabalho, por diversos motivos. Todavia, na realidade nacional, não existem mecanismos de adequação à inatividade, faltando estímulo formal para o afastamento parcial.

O que mais se encontra na realidade nacional são pessoas, já jubiladas, que optam por permanecer em atividade, sem necessariamente reduzir sua carga de trabalho, o que depende, basicamente, da profissão exercida e das opções individuais do aposentado. Sabe-se que a permanência em atividade ou o retorno a esta não possui causa única, podendo ser motivada desde dificuldades financeiras, busca de afirmação na terceira

---

não devem ser de molde a falsear o exercício desta faculdade – por outro lado, a flexibilização da idade que confere direito a uma pensão de velhice pode resultar igualmente de um sistema que reconheça o direito a uma pensão de antiguidade, após um determinado número de anos de seguro ou de atividade profissional. 2. As medidas mencionadas no ponto 1 não devem obstar às possibilidades atuais ou futuras de os trabalhadores assalariados obterem uma redução progressiva da duração de trabalho durante os últimos anos que precedem a sua reforma. 3. As medidas que se destinem, através de incentivos financeiros, a obter a reforma antecipada dos trabalhadores idosos, introduzidas com caráter temporário e em virtude de circunstâncias econômicas excepcionais, não devem ser encaradas como fazendo parte de um sistema de reforma flexível. 4. Os trabalhadores assalariados beneficiários de uma pensão de velhice não podem ser exluídos de qualquer tipo de atividade remunerada. 5. Devem ser aplicados, durante os anos que precedem o fim da vida profissional, programas de preparação para a reforma, com a participação dos organismos representativos das entidades patronais, dos trabalhadores assalariados e de outros organismos interessados. B. Que, numa primeira fase, durante os dois próximos anos, procedam a um exame dos seus sistemas de reforma com base nestes princípios e, ainda, que examinem se é realizável a generalização da possibilidade de reforma progressiva, tendo em vista facilitar a transição da atividade a tempo inteiro para a reforma. Texto integral disponível em <http://eur-lex.europa.eu/LexUriServ/LexUriServ.do?uri=CELEX:31982H0857:PT:HTML>. Acesso em 11/11/2009.

160 Sobre a aposentadoria parcial, ver também GANDÍA, Juan López. *Jubilación Parcial. Op. cit.*. Na Espanha, há previsão expressa desta possibilidade nos arts. 165 e 166 da Lei Geral de Seguridade Social, assim como a hipótese de aposentadoria flexível, para os já aposentados que decidem retornar à atividade (*op. cit.*, p. 18).

idade, questões de índole profissional ou como supressão de insatisfações familiares, além de combinações de hipóteses. O tema da motivação é, por natural, complexo.[161]

As idades e tempos de permanência em atividade são variáveis, não havendo dados precisos sobre a questão no Brasil. De toda forma, especialmente pela possibilidade de nosso sistema ainda permitir aposentadorias antecipadas, por tempo de contribuição, é certo que o retorno ao mercado de trabalho é bastante comum, seja pela higidez física e mental do trabalhador, seja pela necessidade econômica. Interessante notar, no entanto, que mesmo em tais situações há resultados favoráveis para a saúde do aposentado.

Qualquer forma de atividade remunerada após a aposentadoria, seja parcial ou completa, é reconhecida, na literatura estrangeira, como *bridge employment*.[162] Embora haja base empírica que corrobore a importância dessas atividades como forma de preservação da saúde física e mental da pessoa,[163] e consequente incremento à dignidade humana, cabe ao Estado estimular, em alguma medida, não a permanência pura e simples em atividade, mas alguma forma de retiro parcial, de modo a estimular novas vocações e aptidões da pessoa.

A aposentadoria parcial permite extraordinária ferramenta de atuação ao adiar a jubilação plena, tanto em benefício do sistema quanto instrumento de dignidade dos participantes, que podem permanecer, com carga reduzida, em suas atividades, se assim desejarem.

A atividade parcial é instrumento digno de tratamento para tais pessoas, que enfrentam o natural vazio de suas vidas quando instantaneamente afastadas de suas atividades. Ainda que o imediato rompimento do trabalho seja, frequentemente, desejado, são corriqueiros os comentários de arrependimento.

---

161 Para a pesquisa do tema nos Estados Unidos, ver CAHILL, Kevin E.; GIANDREA, Michael D. & QUINN, Joseph F. *Are Traditional Retirements a Thing of the Past? New Evidence on Retirement Patterns and Bridge Jobs*. U.S. Department of Labor, Bureau of Labor Statistics. Working Paper 384, 2005. Para uma avaliação da mesma questão no Canadá, ver HÉBERT, Benoît-Paul e LUONG, May, *Bridge Employment*. Disponível em <http://www.statcan.gc.ca/pub/75-001-x/2008111/pdf/10719-eng.pdf>. Acesso em 14/10/2010. Neste país, o emprego após a aposentadoria atinge em torno de 9% dos aposentados (*op. cit., loc. cit.*).

162 Cf. RUHM, Christopher J. Bridge Jobs and Partial Retirement. University of Chicago Press, *Journal of Labor Economics*, v. 8, nº 4 (oct., 1990), pp. 482-501.

163 Cf. ZHAN, Yujie; WANG, Mo; LIU, Songqi & SHULTZ, Kenneth S. Bridge Employment and Retirees' Health: A Longitudinal Investigation. American Psychological Association, *Journal of Occupational Health Psychology*, 2009, v. 14, nº 4, p. 385. Entretanto, é importante notar que os efeitos mais significativos na preservação da saúde, tomam lugar no *bridge employment* na mesma atividade já desempenhada pelo trabalhador, haja vista, ao que parece, o maior desgaste gerado por uma nova atividade profissional (*op. cit., loc. cit.*).

Trabalhadores mais idosos, embora possam ter perda de eficiência, a depender da atividade exercida, possuem, em geral, atributos que podem compensar as limitações físicas, como a influência positiva sobre os mais jovens e o ensino de determinadas técnicas de produção. A experiência profissional e de vida tende, no dia a dia laboral, a *amansar* os espíritos mais jovens.

O engajamento em atividades remuneradas após a aposentadoria tem sido objeto de estudos científicos, especialmente no aspecto saúde, com demonstração de melhoria de qualidade de vida, e a atividade profissional atuando como verdadeira barreira imunológica frente a diversas patologias, especialmente pelo fato de a pessoa manter-se física e mentalmente ativa.[164] É certo que tal aspecto subjetivo é dependente da mundividência de cada pessoa, não sendo incomum aqueles que, ao migrar para a inatividade, ainda que sem qualquer transição, não possuam remorso ou qualquer tipo de depressão – muito pelo contrário – usufruindo do ócio remunerado com a alegria do dever cumprido. Não será papel do Estado impor a permanência indeterminada no mercado de trabalho ou exigir trabalho voluntário destas pessoas. A opção digna é abrir as possibilidades.

A aposentadoria deve ser tratada, em regra, como uma transição, dotada de afastamento gradual do mercado de trabalho, o que permite melhor adequação da pessoa a sua nova realidade, em respeito ao tratamento digno devido a cada trabalhador, que não deve ser afastado de suas atividades de pronto, como uma máquina que se torna obsoleta.

3.9.6. Idade Mínima para Aposentadoria

A aposentadoria ordinária, assim chamada pela Lei Eloy Chaves, existe no Brasil desde a criação da previdência social em 1923, quando se encontrava condicionada ao limite mínimo de 50 anos de idade. Extinta em 1940, foi restabelecida em 1948 e mantida pela Lei nº 3.807/1960, já então com limite mínimo de 55 anos de idade. Esse requisito foi, no entanto, cancelado em 1962. Em paralelo, há a aposentadoria por idade.

A idade mínima para servidores públicos foi inserida pela Emenda Constitucional nº 20/1998, a qual, na proposta respectiva, previa a mesma limitação no RGPS. Desafortunadamente, durante a votação do tema, em destaque em separado, na Câmara dos Deputados, não logrou aprovação para o RGPS, em razão da ausência de um único voto.

---

164 Cf. CARLSON, Michelle C. *et. al.* Evidence for Neurocognitive Plasticity in At-Risk Older Adults: The Experience Corps Program. *Journal of Gerontology:* Medical Sciences, 2009, v. 64, nº 12, pp. 1.275-1.282.

Após o problema estabelecido, o Poder Executivo federal deparou-se com a enorme dificuldade de como lidar com a derrota da idade mínima da aposentadoria por tempo de contribuição, até em razão de ter sido o principal ponto da reforma previdenciária de 1998. Quando tal mudança foi rejeitada, houve preocupação de esvaziamento da reforma, que perdera sua principal inovação.

Em sequência, em tentativa desesperada de salvar o principal objetivo da reforma de 1998, o governo federal defendeu interpretação da nova redação do art. 201, § 7º da Constituição, que poderia ser qualificada como uma das mais esdrúxulas da história do Direito brasileiro, ao afirmar que o ponto e vírgula que separa os dois incisos teriam a função aditiva, importando requisitos cumulativos para a obtenção do benefício.

Na prática, acabava por fundir as aposentadorias por idade e por tempo de contribuição em benefício único, o que vulnerava não só o Direito, mas também o bom-senso, a evolução legislativa do tema e mesmo a realidade nacional, na qual obreiros mais humildes dificilmente conseguem demonstrar longos períodos de contribuição, o que acabaria, na prática, por excluir a pretensão de parcela substancial da população em aposentar-se algum dia.

O equívoco durou pouco tempo, e foi logo reparado. Mas, no ano seguinte, em novembro de 1999, a Lei nº 9.876 criou a figura do *fator previdenciário*, aplicado unicamente no RGPS (já que no RPPS o limite de idade fora aprovado pela EC nº 20/1998), o qual acaba por funcionar como um instrumento de desincentivo à aposentadoria precoce, pois traz redução no benefício para aqueles que se jubilam antes dos 60 anos. Não se trata de limite de idade, como, aliás, reconheceu o STF, na ADI 2.110/DF, mas claramente produz restrição financeira para os que optam pelo retiro antecipado.

Sem embargo, é importante reconhecer que limites de idade podem contar com previsão em lei, pois não é função da Constituição estabelecer tais detalhes do funcionamento do sistema previdenciário, em especial pela necessidade perene de adequações a novas premissas atuariais, como variações de expectativa de vida. A matéria deve ser aberta ao trabalho do legislador ordinário, o qual fixará os requisitos mais prontamente dentro das mudanças do perfil da sociedade e, também, adequar a obtenção dos benefícios de acordo com as receitas disponíveis.

Aliada à idade, o modelo brasileiro terá de repensar, para a concessão de benefício pelo segundo pilar, em incremento do tempo contributivo, pois a atual aposentadoria por idade tem, no mundo e mesmo na América Latina, um dos menores períodos de exigência.[165]

Mesmo nos Estados Unidos e praticamente em todos os países da Europa, há idades mínimas elevadas para fins de aposentadoria, que raramente se situam em faixa inferior a 65 anos.[166] No momento em que a expectativa de vida do brasileiro tende a alcançar padrões elevados, alguma adequação é necessária.

Pelo já exposto, o incremento do requisito etário, para fins de aposentadoria, não deve implicar ausência de proteção, cabendo novas formas de cobertura, como aprimoramento de seguro-desemprego, formas de aposentadoria parcial, com idade reduzida, que permita empregabilidade melhor para idosos, e mesmo readaptação profissional.

3.9.7. Novas Relações Sociais – Concubinato, Uniões Homoafetivas etc.

A previdência social, como instrumento de segurança frente às adversidades da vida, além de contar com prestações em favor do desenvolvimento da família, atende aos grandes males que afligem a pessoa humana, como idade avançada, doença, invalidez e, também, morte.

A cada necessidade social prevista, o sistema protetivo conta com, ao menos, uma prestação previdenciária adequada. No caso da morte, há o pensionamento dos dependentes, assim como, na prisão, benefício assemelhado, conhecido como auxílio-reclusão. Ambos são previstos na Lei nº 8.213/1991, a partir dos arts. 74 e 80, respectivamente.

Tomando lugar o evento determinante – o risco coberto – há a concessão do benefício. No caso dos últimos listados, os beneficiários são compostos pelas pessoas que dependem (prisão) ou dependiam (morte) economicamente do segurado. A dependência econômica é o principal elemento caracterizador da condição jurídica de dependente previdenciário, pois a finalidade da proteção social, tanto para segurados quanto para dependentes, é a manutenção de patamar mínimo de bem-estar, capaz de assegurar a vida digna.

O modelo previdenciário brasileiro, até pelas suas raízes do seguro social, adota previsão exaustiva de pessoas que podem enquadrar-se como dependentes econômicos do segurado. Ou seja, em privilégio ao equilíbrio

---
165 Cf. MESA-LAGO, Carmelo. *Reassembling Social Security*, op. cit., p. 71.
166 Para uma panorâmica das idades mínimas de aposentadoria ao redor do mundo, ver ampla relação da *U.S. Social Security Administration*, disponível em <http://www.socialsecurity.gov/policy/docs/ssb/v64n4/v64n4p16.html>. Acesso em 10/02/2011.

financeiro e atuarial do sistema (cf. art. 201, *caput*, Constituição), a Lei nº 8.213/1991, art. 16, limita a pretensão de dependentes, pois somente os lá relacionados podem demandar prestações no caso de óbito ou prisão do segurado.

No RGPS, os dependentes são divididos em três classes, compostas da seguinte forma: I – o cônjuge, a companheira, o companheiro e o filho não emancipado, de qualquer condição, menor de 21 anos ou inválido; II – os pais; III – o irmão não emancipado, de qualquer condição, menor de 21 anos ou inválido (art. 16, Lei nº 8.213/1991).

A existência de um dependente de hierarquia superior exclui o direito dos dependentes inferiores. Isto é, se o segurado falece, deixando uma viúva e sua mãe, a pensão por morte será exclusiva da viúva. Após o falecimento de dependente superior, o benefício não se transfere para os dependentes inferiores, só para os de mesma hierarquia. Assim, se, no mesmo exemplo anterior, a viúva vem a falecer, a mãe continuará não recebendo a pensão, que deixa de existir.

Os dependentes da classe I têm dependência econômica presumida, exceto o menor tutelado e o enteado, que, assim como os demais (classes II e III), devem comprovar a dependência econômica para receberem o benefício previdenciário.[167] O tema específico deste texto é a classe I, conhecida como preferencial, pelo fato de preponderar sobre as demais. Dentro da referida classe, há a figura do cônjuge ou companheiro(a).

Na classe I, a lei reconhece tanto o casamento quanto a união estável, como não poderia ser diferente. Da mesma forma, tanto os homens quanto as mulheres podem figurar como dependentes do segurado, diferentemente da legislação pretérita, que demandava a incapacidade como requisito para o homem ser dependente de sua esposa. Apesar da atual lei previdenciária somente ter sido publicada em 1991, desde 05/10/1988 os homens têm igualdade de direitos para fins de pensão por morte, sob pena de negar eficácia ao texto constitucional.

Sobre o cônjuge, não há dúvidas quanto à existência do direito, mas o mesmo não se pode falar da companheira(o). A Lei nº 8.213/1991 apresenta indício de solução, ao estabelecer, no art. 16, § 3º, que *considera-se companheira ou companheiro a pessoa que, sem ser casada, mantém união estável com o segurado ou com a segurada, de acordo com o § 3º do art. 226 da Constituição Federal.*

---

[167] Para maiores detalhes sobre os dependentes do RGPS, ver o meu *Curso de Direito Previdenciário*, 16ª ed. Niterói: Impetus, 2011.

Ou seja, pela análise específica do dispositivo, há como concluir-se que o legislador ordinário privilegiou a visão estrita de união estável, adotada pelo Constituinte, que, apesar de conservadora, é prevista na Constituição. O aludido dispositivo constitucional prega que *para efeito da proteção do Estado, é reconhecida a união estável entre o homem e a mulher como entidade familiar, devendo a lei facilitar sua conversão em casamento*. Havendo impeditivo ao casamento, *contrario sensu*, não haveria união estável. Essa é a interpretação dada pela Lei nº 8.213/1991.

Em razão da previsão constitucional, há dúvidas de todo tipo quanto à possibilidade de concubinas terem direito a pensão por morte ou auxílio-reclusão. Ou seja, pessoas com impedimento a casamento poderiam postular prestações previdenciárias à semelhança de uma união estável, muitas vezes em concorrência com parceiros legítimos? Para responder adequadamente essa pergunta, deve-se, primeiro, perguntar como aplicar o direito previdenciário.

Os manuais, assim como disciplinas próximas, reconhecem, em sua maioria, a autonomia didática deste ramo do Direito, haja vista a particularidade de algumas normas e mesmo sua aplicação. A hermenêutica jurídica não é segmentada por ramo do direito, mas algumas especificidades podem ser encontradas, até pelas particularidades das relações regidas e pelos fins visados pelas normas.

É certo que a divisão do direito em ramos, no passado, serviu de pretexto para defender-se toda sorte de diferenciação de um determinado segmento jurídico frente aos demais, sob o manto de aparentes especificidades em sua aplicação, o que não existia na maioria dos casos. O direito tributário, no Brasil, foi um exemplo clássico desta patologia hermenêutica.[168]

No entanto, não se pode, agora, incorrer no erro oposto, que é ignorar um dos postulados hermenêuticos mais elementares – o direito cria suas próprias realidades. Não se desvinculando do mundo real, sob pena de ineficácia social, mas justamente para a ele adequar-se, buscando melhor instrumento de justiça e, por consequência, de pacificação social.

Novamente exemplificando por meio de aspectos tributários, é comum que o legislador ordinário estabeleça certas presunções e mesmo ficções que possam viabilizar ou facilitar a aplicação da lei, como uma norma que estabelece algum momento determinado como real ingresso, no Brasil, de mercadoria estrangeira, para fins de incidência de imposto de importação.

---

[168] Sobre o tema, ver BECKER, Alfredo Augusto. *Teoria Geral do Direito Tributário*. São Paulo: Lejus, 1999.

Ninguém, seriamente, afirmará que a previsão, em lei tributária, de um aspecto temporal de incidência tributária, para fins de importação, terá de ser reproduzido para todo e qualquer ramo do direito. Não se exclui aqui eventual analogia, mas a vinculação automática da lei tributária a qualquer negócio jurídico relacionado à importação seria falar mais do que a lei disse.

Mesmo que tais realidades construídas emanem da Constituição, demandam também interpretação adequada, sob pena de ignorar as particularidades de outros princípios constitucionais, que possuem valores diferentes e, não raramente, mais elevados frente àqueles que justificaram a previsão normativa definidora.

O problema atual do direito previdenciário é, basicamente, de interpretação. Suas regras legais são, quase sempre, aplicadas e interpretadas mediante conjugação e, mesmo, submissão a outros ramos do direito, como se o ramo jurídico da proteção social fosse mero apêndice normativo. Assim, por exemplo, funciona na matéria exacional, na qual decisões sobre incidência ou não incidência de contribuições previdenciárias quase nunca levam em consideração os reflexos no cálculo do benefício do segurado, ou, na parte protetiva, ao interpretar o rol de dependentes do RGPS, como se a união estável devesse se submeter a uma visão estritamente – e unicamente – civilista do tema.

O direito previdenciário possui, como componente elementar na aplicação de suas normas, o aspecto que denomino *teleológico-pragmático*. *Teleológico*, pois o fim visado pelo seguro social é a proteção de segurados e dependentes, o que quer dizer que as contribuições vertidas ao sistema, assim como um seguro, visam tutelar, além do próprio segurado, pessoas que dele dependiam economicamente, independente de convenções morais sobre como deve ser uma família.

É certo que a lei pode restringir tal rol, visando o equilíbrio financeiro e atuarial, mas não impor determinada visão dominante de como a vida deve ser vivida. Se a pessoa filiada ao regime previdenciário se engaja em relações homoafetivas ou concubinárias, não é papel do Estado, como mero gestor do sistema, impor, indiretamente, sanções pelas condutas que escapam à moral dominante, negando um benefício a um dependente econômico do segurado.

Pragmático, já que, para a concessão da prestação, pouco importa se o liame afetivo foi validado pelos instrumentos jurídicos ou religiosos à disposição da sociedade. O que basta é a comprovação da vida em comum, o *animus* em formar uma sociedade conjugal. A previdência social visa a assegurar benefícios que, além de bem-estar mínimo, garantem a própria vida, e tal salvaguarda não deve subsumir-se a formalidades jurídicas, especialmente no Brasil, em que pessoas mais humildes nem sempre atendem a tais questões.

É também pelo aspecto pragmático que o direito previdenciário trata, de modo igual, o cônjuge divorciado, separado judicialmente ou mesmo separado de fato. A ideia é simples: se não mais vivem juntos, a presunção de dependência econômica é perdida, somente cabendo benefício se comprovada. O mesmo deve valer para a vida em comum, pouco importando o estado civil do segurado ou mesmo sua opção sexual.

Se a isonomia é o valor fundante do Estado social; se a partir dela foram criados os direitos sociais e a busca da liberdade real; se é qualificada como a *virtude soberana*, deve ser observada em matéria protetiva, cabendo ao Judiciário superar a visão não somente anacrônica, mas mal situada, impondo a abordagem tipicamente civilista na seara previdenciária. As particularidades do direito previdenciário, sempre reconhecidas na esfera teórica, mas raramente aplicadas na prática, impõem uma interpretação peculiar, visando aspectos finalísticos e pragmáticos.

Apesar do exposto, o tema é ainda tormentoso, pois, de acordo com o art. 226, § 3º, da Constituição, o reconhecimento para a união estável seria necessariamente visando ao casamento. Se há impedimento ao matrimônio, o raciocínio, *a contrario sensu*, seria pela impossibilidade de união estável de segurado ainda casado.

No entanto, a interpretação é por demais abrangente. O fato de uma união entre pessoas de mesmo sexo, por exemplo, também não se subsumir ao disposto no art. 226, § 3º, da Constituição, não tem impedido seu reconhecimento, não para fins de casamento, pois não é do que se trata aqui, mas sim para prestações previdenciárias.

A ideia é que o dispositivo aludido, em confronto com outros preceitos constitucionais de maior relevo, traz necessária restrição interpretativa, admitindo que a facilidade constitucional para a união estável, a ser adotada em todos os segmentos do direito, é aquela entre homens e mulheres e, também, voltada ao casamento. No entanto, isso não impede, ao menos para fins estritamente previdenciários, que se reconheça o direito ao pensionamento para relações homoafetivas ou concubinárias.

Ainda que a Lei nº 8.213/1991 faça, expressamente, remissão à Constituição, qualquer estudante iniciante do Curso de Direito tem conhecimento que cabe a lei ser interpretada de acordo com a Constituição, e não o contrário. A Constituição brasileira tem, dentre seus objetivos, *promover o bem de todos, sem preconceitos de origem, raça, sexo, cor, idade e quaisquer outras formas de discriminação* (art. 3º, inc. IV). Da mesma forma, o direito à vida é assegurado (art. 5º, *caput*), o que, com bastante tranquilidade, não se limita à vida física, mas uma a vida digna, ou seja, na qual a pessoa possa exercitar seus projetos de vida e, também, engajar-se em relações afetivas que maximizem seu bem-estar.

Seria, no mínimo, absurda a tentativa de ampliar a visão dominante de família da sociedade para todos os fins, ainda que retirando validade dos direitos à vida e à liberdade, além de incentivar preconceito a pessoas que se engajam em tais relações. A interpretação proposta, mediante adequada ponderação, tem a vantagem de reconhecer a eficácia normativa do art. 226, § 3º, da Constituição, mas restringi-lo às hipóteses de facilidade à conversão de casamento. Nas demais, pode-se prevalecer a cultura dominante, no qual as sociedades conjugais devem ser entre homens e mulheres e monogâmicas, mas nunca para todo e qualquer fim, especialmente no aspecto previdenciário.

É certo que o direito não pode e não deve afastar-se, por completo, de aspectos culturais, os quais, inevitavelmente, regem, em alguma medida, a vida em sociedade. Um ideal abstrato de liberdade não pode ser subsumido a toda e qualquer sociedade, pois cada uma apresenta valores e histórias diversas, que devem ser sopesadas pelo Direito. Ainda que alguns setores da sociedade brasileira vejam com naturalidade as relações poligâmicas, a moral dominante é a monogâmica. O Direito não recusa isso, mas ignorar a existência da poligamia e, pior, excluir prestações previdenciárias a tais situações, é injusto e mesmo inconstitucional.

Na seara protetiva, uma companheira ou companheiro é pessoa que possui *animus* de convivência com o segurado, em vida comum e formando sociedade afetiva, por afinidade de espírito e busca da plena realização. Se são impedidos, por lei, de contrair núpcias, é tema de total desimportância no meio previdenciário. Nunca é demais lembrar a possibilidade de criar da lei conceitos próprios para fins previdenciários – como a figura do *equiparado a filho* – ou mesmo adaptar alguns já existentes, como o(a) de companheiro(a).

Não há qualquer normatização legal de equiparados a filho fora do direito previdenciário e, por isso, não há problema concreto na aplicação de tal norma. Por tal motivo, tenho dito, *de lege ferenda*, que muito melhor seria a lei previdenciária prever, ao invés do signo companheira(o), a figura do *equiparado a cônjuge*. Com isso, magicamente, a dificuldade hoje criada, em grande parte, por preconceito e perfeccionismo ético de como deve ser a vida privada, deixaria de existir.

O melhor, sem dúvida, seria a terminologia diferenciada. Mas, como essa ainda não existe, cabe a adequação interpretativa do signo companheira(o), no aspecto previdenciário, reconhecendo as especificidades deste ramo protetivo. Como conclusão natural, o art. 16, § 3º da Lei nº 8.213/1991 deve ser reconhecido como inconstitucional, ainda que o impedimento ao casamento seja restrito ao dependente, e não ao segurado.

Se determinado segurado, de modo flagrantemente imoral, ou mesmo ilegal, tenha relação não eventual com mais de uma pessoa, ainda que indevidamente casado (bigamia), não há razão plausível para, em caso de morte do segurado, prejudicar as pessoas com as quais se mantinha a relação continuada. Se, por exemplo, o segurado falecido engajou-se em união estável paralela, com duas pessoas diferentes e simultaneamente, quem terá direito ao benefício? Se os Tribunais não pretendem estabelecer alguma espécie de corrida previdenciária, é necessário admitir a divisão de benefícios em hipóteses de vida em comum, pouco importando o rótulo jurídico dado.

Administrativamente, o tema nunca apresentou problemas, tendo o INSS, tradicionalmente, em situações de concubinato, dividido a pensão por morte ou auxílio-reclusão com a esposa, desde que ainda houvesse vida em comum, comprovada mediante ampla defesa das partes e contraditório.

Já no Judiciário, a questão tem se mostrado controvertida, especialmente nos últimos anos. A Corte Constitucional também, ao se deparar com um servidor falecido com esposa e concubina, determinou que a pensão seria devida exclusivamente à esposa, alegando que concubinato não se iguala à união estável e, portanto, restaria à margem da Constituição. Entendeu o Tribunal que, enquanto a união estável tem a pretensão de tornar-se casamento, o concubinato visa exatamente a pôr fim ao mesmo.[169]

Da mesma forma, o STJ negou pretensão de ex-cônjuge que havia voltado a viver com o segurado, formando sociedade de fato, pelo fato deste se encontrar em união estável com terceira pessoa.[170] Tais visões ignoram o aspecto protetivo da previdência social, que não se importa com os aspectos formais da união entre duas pessoas, mas sim com o desamparo econômico quando da morte de uma delas.

Piorando a situação, o Decreto nº 6.384/2008, dando nova redação ao art. 16, § 6º, do Regulamento da Previdência Social (RPS), aprovado pelo Decreto nº 3.048/1999, passa a rezar que *considera-se união estável aquela configurada na convivência pública, contínua e duradoura entre o homem e a mulher, estabelecida com intenção de constituição de família, observado o*

---
[169] RE 397.762/BA.
[170] REsp 1.157.273-RN, Rel.ª Min.ª Nancy Andrigui, 18/05/2010.

§ 1º do art. 1.723 do Código Civil. A remissão ao Código Civil dá a impressão de uma tentativa do Poder Executivo em buscar a visão tipicamente civilista da união estável ao direito previdenciário, o que seria evidente absurdo devido ao temperamento necessário das normas sociais, especialmente quando tratam da garantia do mínimo existencial.

Em precedente mais recente do STF, desta vez tratando de pensionistas do RGPS, a Corte manteve seu entendimento, ao afirmar que, *apesar de o Código Civil versar a união estável como núcleo familiar, excepciona a proteção do Estado quando existente impedimento para o casamento relativamente aos integrantes da união, sendo que, se um deles é casado, esse estado civil apenas deixa de ser óbice quando verificada a separação de fato*.[171] Data maxima venia, a jurisprudência que começa a se formar é gravemente equivocada e vem estimulando, como se vê pela alteração do RPS, mudança no entendimento administrativo, o qual, até então, admitia a divisão entre esposa e concubina.

Tais precedentes são particularmente conflitantes com a recente decisão, por unanimidade, em favor das uniões homoafetivas, as quais, também, não se subsumem a uma interpretação estritamente literal do conceito de família na Constituição.[172] Sem embargo, em respeito à intimidade e à vida privada de cada um, a questão foi superada. Com isso, resta ainda mais flagrante o preconceito frente a relações concubinárias.

Para fins estritamente previdenciários, pouco importa se a união estável visa ao casamento e o concubinato não; irrelevante para o sistema se a pessoa agiu de boa ou má-fé na nova união, mas sim o singelo fato de que uma nova sociedade familiar foi formada, ainda que oficiosamente, e não pode a lei pretender desconstituir os fatos, sob pena de ineficácia social.

Ainda que, por exemplo, não se tratasse de concubinato, mas se a união não fosse notória, devido ao pudor das partes envolvidas, estaria também o companheiro sobrevivente condenado ao desamparo, por não atender a concepção clássica da publicidade da união estável? Certamente não. A proteção social não se subsume a uma concepção ideal de vida e família; não visa impor projetos de vida ou condutas dentro da moral dominante; da mesma forma, não se trata de chancelar uniões heterodoxas ou contrárias à moral dominante, mas sim assegurar os meios mínimos de vida aos segurados e seus dependentes econômicos.

Não é, também, benesse estatal ou caridade alheia, mas forma de seguro social atuarialmente financiado para atender a tais situações, como o concubinato, sempre admitidas, que não podem ficar ao largo do sistema por

---

171 RE 590.779/ES, Rel. Min. Marco Aurélio, julgado em 10/02/2009.
172 ADI 4.277 e ADPF 132, Rel. Min. Ayres Britto, julgadas em 04/05/2011.

contrariar a moralidade dominante da sociedade e mesmo do direito privado sobre o que deve ser uma família. Admitir, em tais casos, a prevalência de um conceito de família e união estável, ainda que previsto na Constituição, em detrimento do direito à vida e à previdência social (igualmente previstos na Constituição), é chegar a um resultado inadequado de ponderação, afastando aspectos mais relevantes do bem-estar social em favor de uma moralidade dominante.

A aplicação correta do direito previdenciário não implica, como possa parecer, uma necessária ampliação dos beneficiários, mas sim uma adequação à sua finalidade protetiva, afastada de qualquer tipo de perfeccionismo ético. Sem dúvida isso pode gerar ampliações de prestações, como foi a aceitação da união homoafetiva, mas há restrições, como a negativa de benefício para cônjuge separado de fato, salvo se comprovada a dependência econômica, pois, se não mais vivem juntos, a premissa protetiva é que não há mais dependência, pouco importando a que título foi feita a separação. Não se trata de alargar ou reduzir benefícios, mas somente aplicá-los de acordo com os ideais de bem-estar e justiça social, previstos na Constituição de 1988.

3.9.8. Crianças e Adolescentes

O debate previdenciário, nos últimos anos, tem sido excessivamente centralizado em idosos, como formadores de clientela preferencial da previdência social. A afirmativa é, a princípio, intuitiva, pois a cobertura de idade avançada, apesar de não ter sido o risco social primeiro e, acredito, nem mesmo o mais relevante, tem sido a prioridade do legislador ordinário nacional. No entanto, a atenção a crianças é necessária e igualmente relevante, pois, afinal, crianças e idosos estão entre os grupos mais vulneráveis da sociedade.[173]

De toda forma, caso fosse necessária alguma priorização entre os dois segmentos, é certo que crianças deveriam possuir a preferência. Como afirmado anteriormente, a idade avançada, ainda que objeto necessário de proteção social, não configura o risco mais importante, haja vista a previsibilidade do evento determinante – pode-se, com facilidade, apontar o dia e hora em que ocorrerá; a data de aniversário da idade mínima necessária ou o tempo de contribuição exigido é pura questão de aritmética.

Já as necessidades sociais que afligem crianças são mais gravosas e com maior potencial ofensivo, pois a criança, sozinha, dificilmente teria

---

173 Cf. Organização Internacional do Trabalho (OIT). *Extending Social Security to All*, op. cit., p. 09.

condições de produzir garantia frente a tais infortúnios. A idade avançada, por ser previsível, permite, hipoteticamente, a formação de reservas ou, mesmo, a prole elevada como forma de garantia de subsistência futura.

Evidentemente, não se quer com isso findar a aposentadoria por idade em favor de proteção plena de crianças e adolescentes, ou algo semelhante, mas somente explicitar, com alguma facilidade, tratar-se de risco social importante, mas não o mais relevante em um modelo de proteção social. Caso, por hipótese, fosse necessário criar-se modelo minimalista de previdência social – que não é adequado ao previsto na Constituição brasileira – a preferência seria pela proteção de menores, além de invalidez e doença, e não aposentadorias por idade ou tempo de contribuição.

Com isso, tem-se em mente um único objetivo – firmar a excessiva importância dada, especialmente pelo Congresso Nacional, a idosos, em detrimento de crianças e adolescentes. Novamente, não se pretende aqui dizer que os idosos foram sempre privilegiados pelo sistema previdenciário brasileiro. Longe disso. Mas é certo que há, até pela participação política da classe, uma preferência de proteção. Crianças não elegem deputados e senadores. O gasto público deve atentar a crianças e adolescentes também em razão da prioridade absoluta dada a eles, no Brasil, como prevê o art. 227 da Constituição.

Além da dignidade inerente a cada pessoa, incluindo crianças e adolescentes, e a especial característica de ser humano em formação, as crianças devem ser também tratadas como bem coletivo, capazes de produzir elevado ganho de produtividade visando sustentar sociedade cada vez mais envelhecida.[174] De nada adianta fixar garantias legais de pagamento futuro se as gerações que irão financiar tal dispêndio não forem devidamente atendidas.

Mesmo quando há alguma ação concreta em favor de crianças e adolescentes, a miopia governamental toma lugar, com erro de prioridades e fixação inadequada de ações. Tanto no Brasil quanto no mundo, há uma inversão no gasto com crianças e adolescentes, com prioridade para etapas finais da formação em detrimento dos anos iniciais. O melhor investimento em educação é na fase de zero a seis anos, produzindo excelentes resultados com pouco gasto, com redução exponencial daí em diante.[175]

A questão é tão grave no Brasil a ponto de, não raramente, pessoas opinarem pela impertinência de tal debate no âmbito previdenciário – ora, qual a relação da previdência social com crianças e adolescentes?

---

174 ESPING-ANDERSEN, Gøsta. *The Incomplete Revolution...*, p. 114.
175 ESPING-ANDERSEN, Gøsta. *The Incomplete Revolution...*, p. 141.

Toda. A visão tradicional no Brasil limita a ação previdenciária a idosos e incapazes, além da morte, mas ignora a cobertura de menores.

Tal fato somente poderá ser solucionado, de forma satisfatória, em modelo universal de cobertura, que não restrinja sua proteção a menores dependentes de segurados e, fundamentalmente, amplie suas ações para serviços, os quais, em grande parte, devem ser direcionados à formação plena de crianças e adolescentes.

Cabe reconhecer que a benesse para alguns, em regra, implicará prejuízo de outros, cabendo estabelecer um ponto de equilíbrio que permita um financiamento adequado e o grau de proteção cabível à realidade brasileira. A previdência social não é só uma forma de assegurar nível mínimo de bem-estar em situações de necessidade social, mas também instrumento de repartição de recursos escassos em uma sociedade. Na dúvida, a preferência será, sempre, de crianças e adolescentes, como prevê a Constituição.

3.9.9. Taxação de Inativos Como Forma de Equilíbrio – Viabilidade

Uma das formas de manter os sistemas tradicionais de previdência social minimamente equilibrado é a taxação de benefícios, como ocorre no caso de servidores aposentados, acima de determinado patamar remuneratório. A discussão não é novidade, já tendo sido proposta no governo Reagan, o qual tentou, sem sucesso, produzir projeto de reforma que adotasse, nos Estados Unidos, modelo previdenciário análogo ao chileno, que acabou afastado.[176]

Um dos motivos para a proposta natimorta da reforma norte-americana foi a questão do duplo encargo financeiro na migração de um regime de repartição para outro de capitalização, pois a geração atual teria de capitalizar recursos para suas aposentadorias além de, indiretamente, arcar com tributos necessários à manutenção de gerações passadas.[177]

No Brasil, a contribuição de servidores inativos também não era uma novidade, já sendo encontrada em alguns Entes Federativos. Ganhou projeção nacional com a primeira reforma previdenciária, Emenda Constitucional nº 20/1998, a qual, ao trazer nova redação ao art. 195, inc. II, vedou, expressamente, a contribuição de inativos do Regime Geral

---

[176] A contribuição de inativos foi prevista no Social Security Reform Act de 1983. Principais mudanças da reforma podem ser consultadas em < http://www.ssa.gov/history/1983amend.html>. Acesso em 19/10/2010.
[177] Cf. FELDSTEIN, Martin. *Rethinking Social Insurance*, op. cit., p. 12. O autor hoje discorda da tese, achando que a migração é possível, haja vista a possibilidade de mudança parcial (*op. cit.*, *loc. cit.*).

de Previdência Social, permitindo interpretar-se, a *contrario sensu*, que os servidores inativos poderiam sofrer o encargo.

No entanto, a cotização acabou por ser rechaçada pelo STF, sob argumento de aplicação analógica do RGPS, especialmente pela previsão geral do art. 40, § 12, da Constituição, que permite, na hipótese de lacuna, a aplicação das regras do RGPS aos regimes próprios de previdência social. Com isso, a Lei nº 9.783/1999, que previa a cobrança de inativos em âmbito federal, foi considerada inconstitucional.[178]

Em verdade, a Corte, já naquele momento, deixou clara a possibilidade de reingresso da tributação de inativos, pois a considerou inválida, na citada ação, somente após a EC nº 20/1998, em razão da nova redação do art. 195, inc. II.

O assunto, adormecido por alguns anos, voltou à ordem do dia em 2003, e foi aprovado pela Emenda Constitucional nº 41, inserindo expressamente a contribuição no art. 40 da Constituição. Com a mudança, a aplicação analógica do RGPS deixa de ser cabível, assim como alegações de isonomia, pois a taxação somente tomaria lugar em valores superiores ao limite máximo do RGPS. Nestes novos termos, a exação foi validada pela Corte Constitucional.[179]

Basicamente, a taxação foi validada pela ideia de solidariedade. O fundamento é confusamente apresentado, pois, em modelos bismarckianos, como o vigente, a solidariedade é do grupo, e os jubilados não fariam mais parte do segmento a ser protegido. É certo que a dimensão pode ser ampliada – como é inclusive defendido aqui – mas a previsão alargada de uma solidariedade, com finalidade unicamente fiscal, é, no mínimo, duvidosa.

De toda forma, não seria produtivo rediscutir o assunto. No entanto, é interessante adotar o precedente para expor como modelos de seguro social, somente na aparência, possuem garantia maior de correspectividade entre custeio e benefício. Criticam-se os modelos universalistas devido ao pagamento nivelado e, no segundo pilar aqui proposto, uma possível variação de acordo com os interesses governamentais. Ora, isso já ocorre, e se não há confiança nos Poderes Instituídos, não será um ou outro regime previdenciário que resolverá o problema.

---

178 ADI nº 2.010/DF, Rel. Min. Celso de Mello, julgado em 13/06/2002.
179 ADI nº 3.105/DF, Rel.ª Min.ª Ellen Gracie, julgado em 18/08/2004 e ADI nº 3.128/DF, Rel.ª Min.ª Ellen Gracie, julgado em 18/08/2004. Somente nas decisões citadas foi declarada inconstitucional parte do art. 4º da EC nº 41/2003, que previa tributação mais acentuada aos que já se encontram em benefício ou com direito adquirido até 31/12/2003.

Não se deve optar por um modelo protetivo visando, preponderantemente, sua aparente blindagem frente a intervenções indevidas e desvios de receita. Isso pode acontecer a qualquer um deles, pouco importando a organização abstrata de cada um. Para assegurar a aplicação adequada de receitas, faz-se necessária a melhor seleção do Legislativo nacional e, mais no curto prazo, prever mecanismos de regulação que permitam o acompanhamento da gestão do sistema.

A taxação dos inativos, aqui apresentada, somente surge como exemplo da importância de modelos protetivos abrangentes e simples, aliados a controles efetivos, que permitam assegurar a aplicação de receitas necessárias dentro do grupo de despesas estatais e em respeito a premissas financeiras e atuariais.

3.9.10. Correção dos Benefícios

Reajustes de benefícios são, continuamente, um dos temas de grande divergência e fomentador de lides previdenciárias de todo tipo. Boa parte do problema é originário do desrespeito do legislador ordinário ao estabelecer critérios inadequados de reposição do poder de compra do benefício.

É certo que algum tipo de reajuste deve existir, até por previsão constitucional (art. 201, § 4º), mas não há consenso na dogmática sobre o critério a ser utilizado, passando desde vinculações ao crescimento do Produto Interno Bruto (PIB) a incrementos de acordo com índices oficiais de inflação.

A previsão de reajuste de acordo com o PIB teria a vantagem de também transferir à população aposentada as benesses do crescimento econômico, de forma a dar maior isonomia na distribuição de receitas. No entanto, há aspectos complexos envolvidos, desde elementos de mérito, haja vista, em regra, a ausência de participação no resultado, até dificuldades de tratamento no caso de resultados negativos, com perda de bem-estar geral, pois não há consenso se deveriam também ser repassados a inativos.

A vinculação ao PIB, para fins de correção de benefícios previdenciários, chegou a ser incluída em lei, em razão da MP nº 475/2009, que previu, para 2011, o reajuste dos benefícios com aumento real, além do INPC, acrescido de 50% do crescimento do PIB nacional. Todavia, quando da conversão da MP nº 475/2009 na Lei nº 12.254/2010, a vinculação com o PIB deixou de existir, muito embora, na prática, venha sendo apresentada como instrumento de correção anual.

A correção inflacionária é prevista na Constituição devendo esta, ao menos, ser observada, como se vê, atualmente, no art. 201, § 4º. Apesar da previsão normativa, o tema não é simples, pois opções de consumo de aposentados e pensionistas não são iguais aos demais, principalmente pelos gastos particulares deste segmento, como medicamentos. A adoção, para correção de aposentadorias e pensões, de índices gerais de inflação, como o INPC ou IGP-DI, tem, em geral, produzido alguma perda de poder de compra para inativos.

O tema é pouco desenvolvido no Brasil, mas há pesquisas que demonstram, nos últimos anos, uma elevada perda de poder aquisitivo de inativos devido à inabilidade estatal em adotar índice inflacionário que corresponda à realidade destas pessoas. Nos últimos anos, a parcela da sociedade mais atingida pela inflação foram, justamente, os idosos.[180] Atualmente, já existe, inclusive, índice de inflação voltado para famílias compostas por idosos, embora não exclusivamente, o que seria ideal para fins de correção de aposentadorias.[181]

A afirmativa parece indevida, pois os índices oficiais teriam o condão de repor as perdas inflacionárias. No entanto, a clientela previdenciária, especialmente quanto a idosos, possui particularidades bem diferentes do resto da sociedade.

Parte da confusão decorre, também, do aumento de gasto dos idosos no Brasil, pois, devido às limitações da saúde pública no Brasil, o percentual dos rendimentos vinculados a ela tem aumento exponencial, especialmente se comparado com gastos anteriores, na juventude, em que a saúde, em regra, demanda pouco investimento.

A sensação de perda de bem-estar, enfim, não decorre somente de índices de correção inadequados, mas igualmente da ausência do Estado na efetiva prestação de um serviço público abrangente, eficaz e digno de saúde, capaz de permitir a idosos que não maculem suas receitas com tratamentos e consultas particulares.

De toda forma, além da necessidade de serviços mais abrangentes que assegurem a dignidade de idosos, há também base científica capaz de identificar, com melhores resultados, as perdas inflacionárias sofridas pela clientela de idosos, incluindo aposentados e pensionistas, bastando

---

180 Cf. NERI, Marcelo et al. Inflação e os Idosos Brasileiros. In: Os Novos Idosos Brasileiros, op. cit., p. 571.
181 O índice é o IGP-3i, voltado à terceira idade, publicado pela Fundação Getulio Vargas (FGV). A metodologia de cálculo está disponível em <http://www.portallibre.fgv.br>. Acesso em 05/05/2010.

vontade política para que a legislação vigente adote índice mais adequado, em respeito à Constituição e a dignidade de tais pessoas.

Sem embargo, só a adequação do índice não é suficiente, cabendo reformas estruturais que permitam, dentro do possível, que a elevação dos gastos com saúde não corroam os rendimentos de aposentados e pensionistas. Para tanto, um sistema universal de saúde eficaz e novas formas de serviços, dentro da previdência social, que atendam a idosos, são necessidades.

CAPÍTULO 4
FINANCIAMENTO – ASCENSÃO E QUEDA DAS CONTRIBUIÇÕES SOCIAIS

4.1. A PARAFISCALIDADE

Na conhecida e multicitada evolução do Estado liberal para Estado social, especialmente na segunda metade do século XIX, a questão do financiamento ganha contornos próprios. A ideia tradicional de que o Estado somente deveria assegurar a liberdade formal torna-se insubsistente, sob o alegado paradoxo do liberalismo, o qual, ao postular a liberdade, acaba por cerceá-la, ao não assegurar meios indispensáveis de vida.[1]

Admitida a necessidade de maior ação estatal, patrocinando direitos sociais e condições mínimas de vida, a demanda por maiores fontes de custeio torna-se tema premente, e os parcos recursos já existentes possuíam, como se pode prever, destinações consolidadas.[2]

Neste ambiente surge a ideia da *parafiscalidade*, cujo sentido etimológico é evidente, como fonte de receita para as atividades então conhecidas como *paraestatais*, assim consideradas, especialmente, as ações na área social, que escapavam aos encargos clássicos do Estado moderno. Não sem razão afirma-se que tal forma de financiamento teve, como manifestação mais importante, a seguridade social.[3] Por este motivo, o tema aqui desenvolvido

---

1 Por todos, ver FERNANDES, Simone Lemos. *Contribuições Neocorporativas na Constituição e nas Leis*. Belo Horizonte: Delrey, 2005, p. 31. No entanto, importa notar que tais visões implicam acepção restritiva e, em alguma medida, equivocada do liberalismo, pois a preservação do mínimo existencial, especialmente no Brasil, foi inicialmente fundamentada por premissas liberais. Sobre o tema, ver TORRES, Ricardo Lobo. *Curso de Direito Tributário e Financeiro*. 11ª ed. Rio: Renovar, 2004, p. 67.

2 No jargão econômico – e com certo tom de ironia – é comum afirmar-se que *a receita faz a despesa*, ou seja, uma vez apresentado o ingresso, somente com muita dificuldade poderia o Estado abrir mão daqueles recursos. Sobre um exercício concreto de tentativa de redução de gastos estatais no Brasil – e sua consequente dificuldade concreta – ver GIAMBIAGI, Fabio e TAFNER, Paulo. *Demografia – A Ameaça Invisível. Op. cit.*, pp. 175 e seguintes.

3 Cf. FONROUGE, Carlos M. Giuliani. *Derecho Financiero*, v. II, 2ª ed. Buenos Aires: Palmas, 1970, p. 1.021.

tratará, especificamente, de contribuições sociais, muito embora se saiba que o fenômeno da parafiscalidade não se limita a elas.

A discussão não é nova, sendo o financiamento da proteção social um dos principais problemas a serem administrados por Bismarck, como visto quando da criação do seguro social alemão, haja vista o descontentamento de segmentos conservadores que não admitiam maiores gastos por conta do limitado orçamento público.

No entanto, mesmo na gênese do financiamento de um dos modelos mais conhecidos e pioneiros de previdência social, o tema não logrou consenso, pois o próprio Bismarck se posicionara contra o sistema de financiamento aprovado, não vendo problema em socializar o custeio, por toda a sociedade e por meio de impostos – no caso, por meio de taxação e monopólio estatal do tabaco – haja vista o interesse geral na proteção social.[4]

A criação de exações próprias para o financiamento da proteção social teria duas justificativas elementares, que são usualmente apresentadas. Uma, de ordem valorativa, seria não impor sobre toda a sociedade o encargo financeiro que somente visa ao benefício de alguns, justificando a imposição financeira somente sobre o grupo que se beneficia do modelo existente. É um financiamento baseado na solidariedade de grupo, ao invés da solidariedade de todo corpo social.

Outra justificativa, de ordem pragmática, seria superar os descontentamentos gerados por aumentos de tributos tradicionais, mostrando à sociedade que a nova exação teria fundamento específico e arrecadação vinculada a determinado fim, sem possibilidade de desvio para ações tradicionais do Estado.

Ambos os fundamentos apresentados, em certa medida, são corretos. Mas o fato de tais afirmativas serem verdadeiras não traduz, como se possa parecer, a necessidade de uma nova exação, pois o mesmo fim poderia ser alcançado por meio de impostos e taxas, com pequenas adequações legislativas, especialmente na atualidade.[5] Esta é a principal ideia aqui a ser desenvolvida.

---

4 Cf. HENNOCK, E. P. *The Origin of the Welfare State in England and Germany, 1850-1914 – Social Policies Compared.* Cambridge: Cambridge Press, 2007, pp. 185 e seguintes. Interessante notar, pela avaliação histórica do modelo de proteção alemão, que a referência ao modelo bismarckiano de previdência social, em verdade, tinha pouca relação com as expectativas pessoais de Bismarck de como deveria ser a proteção social.

5 Como bem resume BUYS DE BARROS, A. B., *a parafiscalidade é um expediente político do Estado intervencionista transformado em técnica financeira* (Um Ensaio Sobre a Parafiscalidade. Rio de Janeiro: José Konfino, 1956, p. 100).

A pretensa natureza específica das contribuições sociais se torna ainda mais complexa, no Brasil, com a Constituição de 1988, pois as ações sociais, antes *paraestatais*, há muito deixaram de ser atípicas ou estranhas aos demais encargos públicos, transmutadas em normas jurídicas sindicáveis por meio do processo legislativo ou mesmo judicial, muito embora, em desenvolvimento incompleto da técnica protetiva, ainda mantém, na parte do financiamento, o engodo das contribuições sociais.

4.2. ORIGENS DA PARAFISCALIDADE

Como é comum em pesquisas históricas, não existem certezas do marco exato da parafiscalidade, especialmente pela variação terminológica envolvida. Não são, todavia, raras as menções a imposições semelhantes desde o Império Romano,[6] enquanto outros a coloquem como figuras análogas às contribuições especiais do passado,[7] ou mesmo ambas as situações.[8]

O fato é que a imposição fiscal, visando fins particulares ou interesses específicos, seja pelo financiamento de uma guerra ou mesmo o atendimento de alguma calamidade, trazendo a receita necessária e propiciando convencimento para o pagamento, não é algo novo e nem foi criação do Estado social.

Ainda que os primórdios da parafiscalidade tenham assento desde a Antiguidade, é bastante razoável afirmar que tal expediente se robustece com o incremento das ações estatais, as quais, inexoravelmente, trazem a necessidade de maior financiamento.[9] O crescimento estatal, com a consequente demanda por financiamento, permitiu o desenvolvimento de técnicas preexistentes de custeio, e a parafiscalidade veio bem a calhar.

Outro aspecto que trouxe alguma elevação da técnica foi a sua adoção por regimes autoritários, que viam no modelo um instrumento de burla nas

---

6 Cf. BUYS DE BARROS, A. B. *Um Ensaio Sobre a Parafiscalidade*. Op. cit., p. 39.

7 Neste sentido, ver A. NASCIMENTO, Theodoro. *Preços, Taxas e Parafiscalidade – Tratado de Direito Tributário Brasileiro* (Coord. Aliomar Baleeiro). Rio de Janeiro: Forense, 1977, p. 397. Para tal autor, a parafiscalidade teria origem nos impostos especiais, *voltados a incidir sobre grupo que obtinha vantagem estatal em grau superior aos demais cidadãos, até mesmo pelo fato de determinada ação estatal somente interessar a determinado grupo, como a regulação de profissões e determinadas atividades econômicas* (*op. cit.*, pp. 400-1). Haveria, em suma, verdadeira sinonímia entre impostos especiais e contribuições (*op. cit.*, pp. 405).

8 Cf. FARIA, Sylvio Santos. *Aspectos da Parafiscalidade*. Salvador: Progresso, 1955, pp. 25 e 103.

9 De acordo com FERNANDES, Simone Lemos, as contribuições especiais teriam nascido com o Estado liberal, e não social, pois taxas e impostos, na origem, eram cobrados com fundamento na vantagem geral (impostos) ou pessoal (taxas). Para grupos restritos de beneficiados, novas formas deveriam surgir, e em tal contexto aparecem as contribuições. No entanto, a evolução teria sido tímida, pela estrutura e ações limitadas do Estado liberal. Por isso, conclui que as contribuições teriam surgido já na Idade Média (*op. cit.*, pp. 33 e seguintes).

tradicionais garantias dos contribuintes, que, por meio da parafiscalidade, sob argumento da imediata necessidade de custeio de ações relevantes para a vida humana, poderiam ser cobradas sem as limitações ao poder de tributar estatal estabelecidas na Constituição.

Essa é a principal razão da forte acolhida, na segunda metade do século XX, da parafiscalidade em regimes autoritários, especialmente durante o fascismo italiano e na França de Vichy.[10] No caso brasileiro não foi diferente, tendo a parafiscalidade grande desenvolvimento com a Era Vargas,[11] bastando lembrar que a partir de 1933 começaram a ser criados no Brasil os Institutos de Aposentadorias e Pensões, os quais, pela primeira vez, concentravam no poder central a gestão e, especialmente, as receitas da previdência social brasileira.[12]

Sem embargo, isso não implica afirmar que a parafiscalidade seja uma criação da ditadura e de regimes totalitários, pois é certo que havia desenvolvimento elevado da técnica já nos regimes liberais do século XIX, embora tenha existido forte aumento com Mussolini.[13]

Teve também forte acolhida com a descrição pormenorizada feita na França, inicialmente com o inventário Schumann, adotando a divisão de Laferrière, o qual falava de *receitas para orçamentárias*, que seriam arrecadadas pelo próprio Estado e aplicadas nos fins específicos norteadores de sua cobrança, e parafiscais propriamente ditas, arrecadas por entes paraestatais.[14]

No entanto, foi também na França, tema do Inventário Petsch, com ampliação do leque de contribuições e mesmo a exagerada inclusão de

---

10 Cf. BUYS DE BARROS, A. B.. *Op. cit.*, p. 51. Esse foi um dos motivos que propiciou forte discussão sobre a parafiscalidade na França no pós-guerra. Sobre o tema, ver FARIA, Sylvio Santos, *op. cit.*, p. 35, GONTIJO, Paulo Cezar. *A Parafiscalidade*. Rio de Janeiro: Instituto Brasileiro de Direito Financeiro, 1958, p. 12, e GUIMARÃES, Ylves J. de Miranda. *A Situação Atual da Parafiscalidade no Direito Tributário*. São Paulo: José Bushatsky, 1977, pp. 22-3.

11 Cf. MAIA, J. Motta. *A Parafiscalidade na Constituição de 1967*. Rio de Janeiro: Instituto do Açúcar e do Álcool, 1968, p. 08.

12 Apesar da previdência social, no Brasil, tem como marco reconhecido o Decreto-Legislativo nº 4.682, de 24/01/1923, a administração e gestão dos recursos, no modelo deste ato, conhecido como Lei Eloy Chaves, ficava por conta das Caixas de Aposentadorias e Pensões, que não possuíam qualquer vínculo com a Administração Pública. Sobre o tema, ver o meu *Curso de Direito Previdenciário*, 15ª ed. Niterói: Impetus, 2010.

13 Sobre o tema, ver MORSELLI, Emanuelle. *Parafiscalidade e Seu Controle*. Rio de Janeiro: Instituto Brasileiro de Direito Financeiro, 1954, p. 23.

14 O conteúdo do Inventário Schumann, que traz o nome do ministro francês responsável por sua elaboração, já conta com grande detalhamento na literatura nacional, não merecendo aqui maiores aprofundamentos. Sobre o tema, ver BUYS DE BARROS, A. B. *Op. cit.*, pp. 58 e seguintes, e FARIA, Sylvio Santos, *op. cit.*, pp. 55 e seguintes.

contribuições sobre indenizações, em 1948 que, verdadeiramente, já havia surgido em textos anteriores, como o Relatório Jacquier, em 1933.[15]

Emanuelle Morselli é reconhecido como um dos primeiros doutrinadores a tentar apresentar alguma sustentação dogmática da parafiscalidade, expondo uma pretensa distinção entre o tributo com finalidade eminentemente política, como os impostos, e outros com fins sociais e econômicos, como as contribuições sociais (que ele chamava de *impostos parafiscais*).

Como afirmava Morselli, a parafiscalidade relaciona-se aos deveres especiais *atinentes aos fins econômicos ou sociais – que, por sua vez, dizem respeito a determinadas categorias profissionais etc. – garantidas ou reconhecidas pelo Estado como organismos institucionais.*[16] Para Morselli, há a divisão das necessidades públicas em fundamentais (finalidades do Estado) e complementares (finalidades econômicas ou sociais).[17] Não discorda de grande semelhança com as formas clássicas de tributação, mas entende que as contribuições não têm fim político, e sim social ou econômico.[18]

Em certa medida, a parafiscalidade também foi apresentada como forma de justificar a nova forma interventiva do Estado, em tentativa de preservar, ainda que parcialmente, o paradigma da ação estatal neutra, ao lado de um novo viés redistributivo e com pretensões de correção das falhas do modelo capitalista.[19] Pode-se dizer que, ao menos em parte, a criação da parafiscalidade foi uma tentativa de preservar as ingenuidades do modelo

---

15 Cf. FARIA, Sylvio Santos, *op. cit.*, pp. 20 e 33. Como reconheceu Morselli expressamente, sua teoria sobre a parafiscalidade teve grande influência do Relatório Jacquier (*Parafiscalidade e seu Controle, op. cit., loc. cit.*).

16 MORSELLI, Emanuele. *Curso de Ciência das Finanças Públicas – Introdução e Princípios Gerais* (tradução de Elza Meschick), 5ª ed. Rio de Janeiro: Edições Financeiras S.A., 1959, p. 17. *A regra é o princípio do interesse ou do benefício da categoria econômica ou social a que o fim particular se refere* (*op. cit.*, p. 17).

17 Em suas palavras, *a teoria da parafiscalidade baseia-se na distinção das necessidades públicas em fundamentais e complementares. As primeiras correspondem às finalidades do Estado, de natureza essencialmente política (defesa externa e interna, justiça etc.). As segundas correspondem às finalidades sociais e econômicas, as quais, sobretudo recentemente, assumiram grandes proporções e novas determinações financeiras. Trata-se principalmente de necessidades de grupos profissionais econômicos e de grupos sociais* (*Parafiscalidade e Seu Controle, op. cit.*, p. 24).

18 Cf. FARIA, Sylvio Santos, *op. cit.*, p. 44. No Brasil, a doutrina adotou, eventualmente, distinção similar, tendo as contribuições a finalidade de financiar necessidades públicas *suplementares*, enquanto os impostos seriam fontes das necessidades *fundamentais*. Sobre o tema, ver GUIMARÃES, Ylves J. de Miranda. *A Situação Atual da Parafiscalidade no Direito Tributário, op. cit.*, pp. 21-2.

19 Cf. BUYS DE BARROS, A. B.. *Um Ensaio Sobre a Parafiscalidade*. Rio de Janeiro: José Konfino, 1956, pp. 15 a 20. Como afirma, (...) *a fiscalidade, através de seus meios clássicos de atuação, não pode exercer em toda plenitude aquelas funções que lhe são inerentes, donde valer-se o Estado da parafiscalidade como meio coadjutor, técnico e eficaz, para a consecução de seus fins financeiros, econômicos e sociais* (*op. cit.*, p. 20).

até então vigente; estimular a sociedade ao pagamento e, não raramente, burlar as restrições legais e constitucionais à imposição tributária.[20]

Foi, enfim, uma tentativa de adaptação da ciência das finanças públicas às novas realidades políticas, econômicas e sociais, um reflexo da evolução do Estado liberal para social, com o consequente aumento do gasto público; uma necessidade de novos caminhos para financiamento, com menor reação dos contribuintes, *esquecidos dos benefícios resultantes das imposições que lhe são cobradas.*[21] Pelo seu histórico, não é difícil verificar seu expediente preponderantemente político, como forma de estímulo social à cotização forçada. A saga do tema, no Brasil, não foi diferente.

4.3. SÍNTESE DA EVOLUÇÃO DO TEMA NO BRASIL

No Direito brasileiro, as contribuições surgem, em âmbito constitucional, com a Carta de 1934 (art. 121, *h*).[22] A Constituição de 1937 as previa, mais restritivamente, nos arts. 130 e 138,[23] assim como em 1946, no art. 157, inc. XVI.[24] Sem embargo, há quem veja já na Constituição de 1824 a primeira previsão, ainda que implícita, ao dispor, no art. 15, inc. X, da atribuição da assembleia geral, para fixar anualmente as despesas públicas e repartir a

---

20 Um reflexo ainda remanescente desta concepção é o fato de a Constituição de 1988 admitir que as contribuições sociais escapem à incidência da regra da anterioridade, conforme art.195, § 6º do texto constitucional. Sobre a questão da burla às limitações ao poder de tributar e ao orçamento, ver GUIMARÃES, Ylves J. de Miranda, *op. cit.*, p. 06.

21 Cf. FARIA Sylvio Santos, *op. cit.*, pp. 08 e 20.

22 *"Art. 121. A lei promoverá o amparo da produção e estabelecerá as condições do trabalho, na cidade e nos campos, tendo em vista a proteção social do trabalhador e os interesses econômicos do País.*

§ 1º *A legislação do trabalho observará os seguintes preceitos, além de outros que colimem melhorar as condições do trabalhador:*

(...)

h) assistência médica e sanitária ao trabalhador e à gestante, assegurando a esta descanso antes e depois do parto, sem prejuízo do salário e do emprego, e instituição de previdência, mediante contribuição igual da União, do empregador e do empregado, a favor da velhice, da invalidez, da maternidade e nos casos de acidentes de trabalho ou de morte; (...)"

23 *"Art. 130. O ensino primário é obrigatório e gratuito. A gratuidade, porém, não exclui o dever de solidariedade dos menos para com os mais necessitados; assim, por ocasião da matrícula, será exigida aos que não alegarem, ou notoriamente não puderem alegar escassez de recursos, uma contribuição módica e mensal para a caixa escolar."*

"Art. 138. A associação profissional ou sindical é livre. Somente, porém, o sindicato regularmente reconhecido pelo Estado tem o direito de representação legal dos que participarem da categoria de produção para que foi constituído, e de defender-lhes os direitos perante o Estado e as outras associações profissionais, estipular contratos coletivos de trabalho obrigatórios para todos os seus associados, impor-lhes contribuições e exercer em relação a eles funções delegadas de Poder Público."

24 *"Art. 157. A legislação do trabalho e a da previdência social obedecerão nos seguintes preceitos, além de outros que visem a melhoria da condição dos trabalhadores:*

(...)

XVI – previdência, mediante contribuição da União, do empregador e do empregado, em favor da maternidade e contra as consequências da doença, da velhice, da invalidez e da morte;"

contribuição direta, a qual, na legislação, tomava lugar com a contribuição para montepios.[25]

Já na Constituição de 1967, as contribuições foram expressamente inseridas por mero receio, com o Código Tributário Nacional – então denominado Sistema Tributário Nacional – e especialmente com a EC nº 18/1965, da possível impossibilidade de cobrança por falta de amparo normativo, inviabilizando entidades paraestatais.[26] Com a EC nº 01/1969 manteve-se a previsão de contribuições previdenciárias no texto, além de diversas previsões sobre a possibilidade de contribuições especiais, sendo o texto constitucional que, até então, mais fez referência a tais exações.

Adotada a EC nº 01/1969, com sua ampla previsão e fixação explícita das contribuições sociais, começa a ser formar o entendimento das contribuições como espécie autônoma de tributo, consagrando a teoria tripartite de Rubens Gomes de Souza, com impostos, taxas e contribuições, que, até então, era minoritária, além de explicitar, por fim, a natureza tributária das contribuições.[27]

Com Emenda nº 08/1977, alarga-se a previsão da competência da União para instituir contribuições, que além dos encargos da previdência social e de intervenção no domínio econômico, passa a incluir, pela primeira vez, o interesse de categorias profissionais.[28] A mesma Emenda

---

25 Cf. MACHADO, Brandão, São Tributos as Contribuição Sociais? In: *Direito Tributário Atual*, v. 7/8, São Paulo: Resenha Tributária, 1987-88, p. 1.845.

26 *"Art 157. A ordem econômica tem por fim realizar a justiça social, com base nos seguintes princípios:*
(...)
§ 9º Para atender à intervenção no domínio econômico, de que trata o parágrafo anterior, poderá a União instituir contribuições destinadas ao custeio dos respectivos serviços e encargos, na forma que a lei estabelecer."
"Art 158. A Constituição assegura aos trabalhadores os seguintes direitos, além de outros que, nos termos da lei, visem à melhoria, de sua condição social:
(...)
XVI – previdência social, mediante contribuição da União, do empregador e do empregado, para seguro-desemprego, proteção da maternidade e, nos casos de doença, velhice, invalidez e morte; (...)."
Sobre a evolução histórica do tema, na Constituição de 1967, ver MAIA, J. Motta, *op. cit.*, pp. 11 a 13. Como afirma o autor, após a edição do CTN, houve forte divergência sobre a possibilidade de cobrança das contribuições especiais, que durante algum tempo, para alguns, eram enquadradas como taxas, na forma do art. 79, inc. II do CTN (*op. cit.*, p. 14).

27 Cf. Simone Lemos Fernandes, *op. cit.*, pp. 140-1 e 169.

28 *"Art. 21. Compete à União instituir imposto sobre:*
(...)
§ 2º A União pode instituir:
I – contribuições, observada a faculdade prevista no item I deste artigo, tendo em vista intervenção no domínio econômico ou o interesse de categorias profissionais e para atender diretamente a parte da União no custeio dos encargos da previdência social (Redação dada pela Emenda Constitucional nº 8, de 1977)."
"Art. 43. Cabe ao Congresso Nacional, com a sanção do Presidente da República, dispor sobre todas as matérias de competência da União, especialmente:
(...)
X – Contribuições sociais para custear os encargos previstos nos artigos 165, itens II, V, XIII, XVI e XIX, 166, § 1º, 175, § 4º e 178. (Incluído pela Emenda Constitucional nº 8/1977)163. São facultados

retirou as contribuições sociais do capítulo constitucional referente ao Sistema Tributário Nacional, como tentativa de transmutar sua natureza jurídica, que acabou por prevalecer no STF, em flagrante privilégio do aspecto geográfico da previsão normativa constitucional. A mudança teve como intuito preservar o prazo decadencial de 30 anos das contribuições previdenciárias, as quais, reconhecida a natureza tributária, deveriam adequar-se ao lustro previsto no CTN.[29]

Na Constituição de 1988, a divisão das contribuições especiais, como definido no art. 149, traz forte semelhança com a previsão da Carta de 1969, com ampliação das contribuições sociais, que não são limitadas ao financiamento da previdência social, como previsto no texto de 1969. A divisão proposta pelo constituinte de 1988 em muito se aproxima dos modelos propostos por Merigot e, no Brasil, por Buys de Barros.[30]

Quanto à qualificação das contribuições como tributos, o Judiciário brasileiro teve idas e vindas, pois a opinião dominante na doutrina, até 1977, era a de que as contribuições possuíam natureza tributária, estando integradas no Sistema Tributário Nacional. O Supremo Tribunal Federal, no julgamento do Recurso Extraordinário 78.291-SP, de 04/06/1974, Rel. Min. Aliomar Baleeiro, reconheceu a natureza tributária das contribuições.

---

a intervenção no domínio econômico e o monopólio de determinada indústria ou atividade, mediante lei federal, quando indispensável por motivo de segurança nacional ou para organizar setor que não possa ser desenvolvido com eficácia no regime de competição e de liberdade de iniciativa, assegurados os direitos e garantias individuais.

Parágrafo único. Para atender a intervenção de que trata este artigo, a União poderá instituir contribuições destinadas ao custeio dos respectivos serviços e encargos, na forma que a lei estabelecer."

"Art. 165. A Constituição assegura aos trabalhadores os seguintes direitos, além de outros que, nos termos da lei, visem à melhoria de sua condição social:

(...)

XVI - previdência social nos casos de doença, velhice, invalidez e morte, seguro-desemprego, seguro contra acidentes do trabalho e proteção da maternidade, mediante contribuição da União, do empregador e do empregado;"

"Art. 166. É livre a associação profissional ou sindical; a sua constituição, a representação legal nas convenções coletivas de trabalho e o exercício de funções delegadas de poder público serão regulados em lei.

§ 1º Entre as funções delegadas a que se refere este artigo, compreende-se a de arrecadar, na forma da lei, contribuições para custeio da atividade dos órgãos sindicais e profissionais e para a execução de programas de interesse das categorias por eles representados."

"Art. 178. As empresas comerciais, industriais e agrícolas são obrigadas a manter o ensino primário gratuito de seus empregados e o ensino dos filhos destes, entre os sete e os quatorze anos, ou a concorrer para aquele fim, mediante a contribuição do salário-educação, na forma que a lei estabelecer."

29 Neste sentido, ver FERNANDES, Simone Lemos, *op. cit.*, pp. 162 a 164. Atualmente, como se verá, as contribuições têm sua natureza tributária reconhecida pelo STF, e o prazo decadencial das contribuições previdenciárias é de cinco anos, como previsto no CTN e expresso pela súmula vinculante nº 08 da Corte Constitucional. Em verdade, cumpre observar que muito do interesse despertado nos tributaristas brasileiros, quanto à natureza jurídica das contribuições previdenciárias, foi justamente devido a essa questão. Sobre tal indagação, ver MARTINEZ, Wladimir Novaes. *Curso de Direito Previdenciário*, 3ª ed. São Paulo: LTr, 2010, p. 207.

30 Sobre o tema, ver BUYS DE BARROS, A. B., *op. cit.*, p. 64.

Com a superveniência da Emenda Constitucional nº 8, de 14/04/1977, entendeu o STF que as contribuições sociais, referidas no art. 43, inc. X, da Constituição, deixaram de ser tributos, especialmente por estarem situadas em capítulo diverso daquele relativo ao sistema tributário, como definido no RE nº 86.595-BA, Rel. Min. Xavier de Albuquerque, julgado em 17/05/1978.[31]

Posteriormente, com o advento da Constituição de 1988, pelo fato das contribuições especiais terem previsão dentro do Sistema Tributário Nacional (art. 149, da CF/1988) e, mais importante, serem submetidas, em grande parte, ao regime jurídico tributário, entendeu-se que as mesmas teriam readquirido a natureza de tributo (RE nº 146.733-SP, RE nº 148.754-RJ, entre outros).[32]

Essa ampliação do fenômeno da parafiscalidade impôs desafio à doutrina da época, a qual, tanto no Brasil quanto alhures, trouxe produção elevada sobre o tema, na busca de um deslinde adequado para a natureza das contribuições especiais. O debate, como antecipado, cinge-se a (in)existência de uma natureza jurídica diversa das contribuições, tanto pela finalidade quanto pelos fundamentos.[33] No entanto, a proposta aqui estabelecida é ir além, expondo a (des)necessidade das contribuições sociais na atualidade.

---

31 Nas palavras do Min. Moreira Alves, em voto no precedente citado: (...) *Por isso mesmo, e para retirar delas* [as contribuições] *o caráter de tributo, a Emenda Constitucional nº 8/1977 alterou a redação desse inciso* [art. 21, § 1º, inc. I], *substituindo a expressão 'e o interesse da previdência social' por 'e para atender diretamente à parte da União no custeio dos encargos da previdência social', tendo a par disso, e com o mesmo objetivo, acrescentado um inciso – o x – ao art. 43 da Emenda nº 1/1969.* (...) *Portanto, de 1966 a 1977 (do Decreto-lei 27 à Emenda Constitucional nº 8), contribuições como a devida ao FUNRURAL tinham natureza tributária. Deixaram de tê-la a partir da Emenda nº 8.*

32 Interessante notar que o próprio Morselli tinha reservas quanto à classificação das contribuições previdenciárias como tributos. Para ele, o seguro social, na acepção pura, implicaria mera retribuição pelos riscos cobertos, não tendo as contribuições sociais natureza tributária, por não existir redistribuição entre o grupo (*Parafiscalidade e Seu Controle, op. cit.*, p. 27). Todavia, reconhece que tal enquadramento poderia mudar com as formas mais solidárias de seguro social (*op. cit., loc. cit.*). Chega a afirmar que, uma vez ampliada a proteção social para toda a sociedade, sai-se da parafiscalidade para a fiscalidade (*op. cit., loc. cit.*).

33 O tema não é restrito ao debate nacional, estando presente alhures. Na Espanha, por exemplo, as contribuições são frequentemente apresentadas como *prestações patrimoniais de caráter público;* mais amplas que tributos, com fundamento em precedentes do Tribunal Constitucional espanhol, como a sentença 182 de 28/10/1997. Sobre o debate da natureza jurídica das contribuições sociais na Espanha, com as divergências doutrinárias sobre a matéria, ver CAVALLÉ, Angel Urquizu. La Financiación del Sistema Público de Seguridad Social en Espana. In: COELHO, Sacha Calmon Navarro (org.). *Contribuições para Seguridade Social.* São Paulo: Quartier Latin, 2007, pp. 118 a 125. Já na Argentina, há consenso sobre a natureza tributária das contribuições, mas sem unicidade de pensamento quanto a sua natureza específica (cf. PÉREZ, Daniel G. El financiamiento de La Seguridad Social em La Republica Argentina. In: *Contribuições para Seguridade Social, op. cit.*, p. 208). Em Portugal, a posição dominante é a que contribuições sociais nada mais são do que impostos, mesmo os incidentes sobre a folha de salários (cf. NABAIS, José Casalta. O Financiamento da Segurança Social em Portugal. In: *Contribuições para Seguridade Social, op. cit.*, p. 577). Na França, há mesmo quem entenda que a natureza jurídica da exação variará de acordo com a regulamentação do Poder Executivo, haja vista as particularidades do modelo, com ampla delegação normativa (cf. FERNANDES, Simone Lemos, *op. cit.*, pp. 54 a 58).

4.4. SOLIDARIEDADE DE GRUPO E CONTRIBUIÇÕES SOCIAIS

O fundamento ético-jurídico da parafiscalidade, especialmente das contribuições sociais, seria a solidariedade de grupo, a qual restringe o agir cooperativo a determinadas pessoas, pertencentes a uma mesma comunidade ou grupo de pessoas identificável, ao contrário da solidariedade social, a qual abarca toda a sociedade.

No primeiro caso, a preferência, em matéria de financiamento de ações estatais, seria o arcabouço das parafiscalidade, instrumentada pelas contribuições especiais, evitando encargo sobre toda a coletividade em matéria de interesse restrito a determinadas categorias. No âmbito da seguridade social, em especial no seguro social, as contribuições sociais seriam o instrumento adequado. Já os temas fundados na solidariedade social abrangentes, como saúde pública, seriam financiados por toda a sociedade, preferencialmente por impostos.[34]

A solidariedade de grupo seria fundada na ideia de fraternidade, que traz sentimento de pertencimento e afetividade para com o próximo, no sentido literal de proximidade, seja por vínculo de sangue, familiar ou mesmo de localidade. Pode ser interpretada como a *solidariedade dos antigos*, enquanto a *solidariedade dos modernos*, mais abrangente, é fundada em preceitos normativos, frente a pessoas que não são próximas, mas dividem o mesmo projeto cooperativo de um Estado social.[35]

Todavia, o que não é abordado com frequência é, em certa medida, a ingenuidade de tal premissa. A crença de que tais exações seriam reais encargos dos interessados não encontra respaldo empírico, pois a tendência, de acordo com a elasticidade da demanda, é sempre repassar tal encargo para toda a sociedade.

Com o pretexto de não diluir os encargos de um grupo por toda a sociedade, o que acaba por se formar é um sistema flagrantemente desigual, pois as contribuições exigidas dos protegidos são, frequentemente, repassadas aos demais, de modo que todos, em uma sociedade de consumo, acabam por arcar com o financiamento de um seguro social para poucos.

---

34 Neste sentido, afirma TORRES, Ricardo Lobo que *no regime da CF 88, a solidariedade do grupo é o princípio da justiça que fundamenta as contribuições sociais de natureza previdenciária incidentes sobre a folha de salários, embora não o seja relativamente às que recaem sobre o faturamento e o lucro* (Existe um Princípio Estrutural da Solidariedade?. Op. cit., p. 201).

35 Sobre o tema da solidariedade dos antigos e dos modernos, com seus efeitos na tributação, ver NABAIS, José Casalta. Solidariedade Social, Cidadania e Direito Fiscal. In: *Solidariedade Social e Tributação. Op. cit.*, pp. 113 e seguintes.

Esse ponto é particularmente presente, no Brasil, quanto às contribuições previdenciárias sobre a folha de salários.

De acordo com Ricardo Lobo Torres, o princípio estruturante da solidariedade foi adotado pelo Supremo Tribunal Federal como legitimador dos tributos anômalos criados pelo Poder Constituinte, como pretensas contribuições sem vinculação a determinados grupos, tendo como exemplos a COFINS e a contribuição social sobre o lucro líquido, além da CPMF, criada posteriormente. Reconhece também que a anomalia teria pouca importância no cenário nacional, por ter sido, em regra, obra do Poder Constituinte, admitindo, todavia, que as referidas contribuições seriam verdadeiros impostos de escopo, haja vista a ausência de referibilidade de grupo. Em suas palavras, a solidariedade de grupo não mais funciona como fundamento para diversas contribuições atuais, tendo especial impacto a imposição sobre servidores inativos, criada pela EC nº 41/2003, que foi fundada, na visão do STF, em um princípio estrutural da solidariedade.[36]

Ou seja, a dogmática que sempre tentou fundamentar a natureza diversa das contribuições frente a impostos sofre as desventuras da realidade jurídica, na qual as espécies se confundem e, não obstante a possível construção teórica da distinção de natureza jurídica entre contribuições e impostos, a realidade não aponta para tal fim. Na seara protetiva, em particular, a distinção perde cada vez mais espaço, não somente pela obra do Constituinte de 1988.

Em primeiro lugar, um modelo protetivo adequado deve ser verdadeiramente universal, o que impõe a exação típica para tanto, que são os impostos. Em segundo lugar, uma tentativa de tributação preferencial de empresas, em razão de algum resquício de solidariedade de grupo, haja vista a clientela preferencial de modelos bismarckianos, gera uma solidariedade às avessas, em razão da repercussão econômica.[37] E, por último, as contribuições sociais, especialmente na realidade nacional, não mais possuem atributos distintivos, especialmente no que diz respeito à individualização do grupo beneficiado.

A solidariedade de grupo, para fins de financiamento da previdência social, é uma falácia, traduzindo mero mecanismo de preservação de privilégios, ocultando a solidariedade invertida do modelo atual, no

---

36 Cf. TORRES, Ricardo Lobo. *Existe um Princípio Estrutural da Solidariedade? Op. cit.*, pp. 201-5.

37 Levado ao extremo, o tema da repercussão econômica poderia, então, concluir pela impossibilidade de qualquer adequação à capacidade contributiva, haja vista o repasse ao consumidor final. No entanto, assim não deve ser interpretada a questão. Além da ferramenta clássica da seletividade, a crítica à repercussão econômica de tributos ganha mais força nas incidências na cadeia produtiva, como as contribuições sociais, as quais, tradicionalmente, compõem o cálculo de preços de produtos e serviços, ao contrário de tributos sobre o patrimônio e tributação de pessoas físicas.

qual poucos são beneficiados pela contribuição, direta e indireta, de muitos. A tentativa de impor o ônus financeiro do Estado frente a grupos identificáveis de beneficiários pode ser viabilizada quando se tratam de pessoas físicas – com exemplo das taxas – mas, frente a empresas, a complexidade das relações econômicas impõe a simplificação, sob pena de ampliar as desvantagens.

A solidariedade social, como solidariedade dos modernos, impõe a ajuda necessária a terceiros mesmo sem qualquer expectativa de eventual contraprestação. Ainda que alguns modelos previdenciários, como o brasileiro, tenham a pretensão da universalidade de cobertura e atendimento, tal objetivo colide com um modelo bismarckiano de previdência social, pois a possibilidade de ingresso, demandando contribuição específica do segurado, na prática, exclui grande parte dos trabalhadores autônomos, especialmente aqueles com forte restrição financeira, e mesmo os mais abastados, que não sofrem, na prática, ingresso compulsório, pois suas contribuições, em regra, não são retidas na fonte.

A solidariedade de grupo, fundamento dos antigos sistemas de seguro social, perde espaço na sociedade de risco, especialmente em razão da ambivalência, já que o interesse de alguns é, em verdade, interesse de todos, especialmente pelos efeitos possíveis. Intuitivamente, o raciocínio seria o contrário, com a primazia da responsabilidade do grupo protegido, sem socializar os custos. Sem embargo, parte da proposta aqui desenvolvida origina-se, justamente, da premissa das limitações dos grupos em lidar com riscos mais gravosos, nos quais, em geral, é sempre a sociedade que é chamada à conta.

Para riscos calculáveis, o grupo interessado, não raramente, defende o seu autopatrocínio, visando, especialmente, a exclusão de pessoas estranhas e desvinculadas do seu círculo social. Isso é particularmente visível em classes mais abastadas. No entanto, quando tudo vai mal, há o discurso da solidariedade social, de forma a evitar a ruptura de grupos poderosos, os quais, uma vez aniquilados pelo infortúnio, poderiam gerar efeitos perversos por toda a coletividade. A sociedade não usufrui, mas é lembrada nos momentos de maior gravidade. Daí o fundamento para um sistema tributário prioritariamente fundado em impostos, subjugando as atuais contribuições, de modo a socializar os encargos da manutenção de um sistema protetivo para todos.

Por fim, cumpre observar que a seguridade social brasileira, nos subsistemas de saúde e assistência social, dificilmente poderiam se subsumir a ideia de solidariedade de grupo, haja vista a proteção irrestrita de toda a sociedade do primeiro e, quanto ao segundo, a cobertura assistencial independente de contribuição, mantida pelos demais membros da sociedade. É hora de a previdência social juntar-se aos demais.

No entanto, como o financiamento para estes subsistemas não é autônomo frente à previdência social (o contrário não é verdade – art. 167, inc. XI, CF/1988), e as contribuições sociais não previdenciárias podem, também, ser utilizadas na manutenção do sistema previdenciário, mas ao mesmo tempo arrecadas de toda a sociedade, fica inviabilizada qualquer tentativa racional de segregá-las de acordo com a pretensa clientela beneficiada. Nos moldes vigentes, as contribuições sociais não observam a referibilidade do grupo, com possível exceção das previdenciárias, as quais, mesmo assim, sofrem o fenômeno da repercussão econômica.

Ao menos quanto ao financiamento da seguridade social brasileira, a solidariedade de grupo não é fundamento aceitável para a existência de contribuições sociais, ao menos como exações conceitualmente diversas dos impostos. O tema sobre a natureza jurídica específica de tais exações é melhor desenvolvido adiante.

4.5. NATUREZA ESPECÍFICA DAS CONTRIBUIÇÕES SOCIAIS – UM TEMA NECESSÁRIO

O debate sobre a natureza jurídica das contribuições sociais, incluindo sua eventual adequação às espécies tradicionais de tributo, não é novo, apesar de a jurisprudência do STF ser forte no sentido de apontá-las como espécies autônomas, inconfundíveis com impostos, taxas e contribuições de melhoria. Mais recentemente, a doutrina tem mesmo tentando afastar tais indagações, rotulando-as como desnecessárias.[38]

Na concepção dominante na Corte Constitucional pátria, a natureza das contribuições como prestações pecuniárias compulsórias, previstas no bojo do sistema tributário nacional e, mais importante, submetidas ao regime jurídico tributário, haja vista a remissão do art. 149 da Constituição ao preceito do art. 146, inc. III, impõe a conclusão da natureza tributária, na forma de espécie autônoma.[39]

A busca pelo enquadramento dogmático das contribuições sociais, não obstante a subsunção, em grande parte, destas exações ao regime jurídico tributário, ainda se impõe, seja para externar sua inadequação científica,

---
38 Neste sentido, ver a clássica obra de GRECO, Marco Aurélio. *Contribuições – Uma Figura Sui Generis*. São Paulo: Dialética, 2000.
39 Ver, entre outros, RREE 178.144, 158.208, 197.790, 317.920.

como figuras desnecessárias e insubsistentes na sociedade de risco, seja para propiciar uma reforma tributária no Brasil que as exclua, na maior medida do possível, com a eleição de impostos como principal instrumento de financiamento, diluindo o ônus tributário por toda a sociedade.

A mudança proposta exclui a solidariedade às avessas do sistema previdenciário vigente, simplificando a gestão, com clara redução de custos, otimizando a legislação e estimulando o crescimento econômico. Tudo isso somente será alcançado com o debate mais amplo das contribuições sociais, incluindo a desnecessária criação de uma pretensa natureza jurídica diversa.

4.5.1. Contribuições Sociais como Taxas

Apesar do tema da natureza jurídica específica das contribuições especiais ser, em geral, muito relacionado a impostos, eventual enquadramento como taxas já foi e ainda é apreciado pela doutrina, devido a uma aparente natureza contraprestacional das contribuições sociais.[40]

A ideia principal, enfim, é a referibilidade entre o sujeito passivo e a prestação estatal específica, pois, afinal, não seria acertada a identificação da contribuição especial, em particular as sociais, em razão unicamente de sua destinação. Melhor seria qualificá-la de acordo com sua hipótese de incidência. A contribuição para determinado segmento da doutrina seria, então, *uma situação estatal direta, imediatamente referida ao sujeito passivo*.[41]

A conclusão necessária de tal acepção é que, em especial, as contribuições previdenciárias dos segurados em geral seriam verdadeiras taxas, pois haveria, em tese, referibilidade da contribuição com a contraprestação estatal.[42]

A ideia adjacente seria também baseada na sociedade de risco, de modo a impor o ônus sobre aqueles que se beneficiam das vantagens. Assim, o *Estado dos impostos* é substituído pelo *Estado das taxas*, evitando-se

---

40 Como exposto de início, a proposta do texto é abordar, unicamente, as contribuições sociais.
41 Cf. GUIMARÃES, Ylves J. de Miranda, *op. cit.*, p. 65. Como afirma este autor, *assim, norma que tendo por hipótese de incidência uma atuação estatal – não representativa de acordo de vontade como a intervenção no domínio econômico, o interesse da previdência social ou de categoria profissional – instauradora uma relação jurídica entre uma pessoa pública ou privada de fins públicos, dando a esta o direito de exigir do contribuinte uma prestação em dinheiro – com a característica daquela atuação só dizer respeito indireta e mediatamente ao mesmo contribuinte, terá a natureza jurídica de contribuição* (*op. cit.*, p. 84).
42 Cf. ATALIBA, Geraldo, op. cit., e GUIMARÃES, Ylves J. de Miranda, *op. cit.*, pp. 110-1.

socializar as despesas para ganhos restritos a determinados grupos.⁴³ Por isso as contribuições deveriam observar a referibilidade de grupo e aplicação da receita ao fim específico, explicitando a maior importância da referibilidade de grupo, capaz, em tese, de assegurar com maior eficácia tal amarração de receita.⁴⁴

No entanto, seria possível atender ambos os desideratos? Impor o ônus sobre o grupo beneficiado é compreensível e, em regra, desejável, mas de difícil concretização, como já visto, especialmente pelos efeitos da repercussão econômica, que permite, com facilidade – e de acordo com a elasticidade de demanda – repassar tais valores ao consumidor final.⁴⁵ De outra monta, acreditar que o grupo beneficiado possa fiscalizar a destinação de receitas em seu benefício não possui confirmação empírica no Brasil, como no tema das contribuições previdenciárias, que sofrem todo tipo de renúncia legal, em desfavor do sistema, sem reclamações do grupo protegido, com raras exceções.⁴⁶

A tese teria especial importância para a contribuição previdenciária dos segurados da previdência social, pois tal cotização poderia, *a priori*, ser qualificada como taxa, assumindo tal roupagem pela relação com a prestação posteriormente paga ao segurado, por exemplo, uma aposentadoria. Tal correlação seria especialmente verdadeira em regimes de seguro social, como o brasileiro, no qual o valor do benefício, em regra, tem correlação com as contribuições vertidas, ao contrário dos sistemas com pilar universal e prestação igual a todos.

Todavia, a aparente semelhança das contribuições sociais, em especial a previdenciária, com as taxas, não subsiste frente à maior reflexão. A referibilidade da contribuição com o benefício, quando existe, não é direta, nem mesmo necessária, pois há situações em que o benefício não tem relação direta, devido a especificidades do cálculo, como o período básico de cálculo da renda mensal, aplicações de índices atuariais, como o fator previdenciário, a variação da renda mensal de acordo com a espécie do benefício etc.

---

43 Cf. TORRES, Ricardo Lobo. *Tratado de Direito Constitucional Financeiro e Tributário*, v. II – Valores e Princípios Constitucionais Tributários. Rio de Janeiro: Renovar, 2005, p. 375.
44 Cf. RIBEIRO, Ricardo Lodi. As Contribuições Parafiscais e a Validação Constitucional das Espécies Tributárias. *RDDT*, 174, pp. 114 a 116.
45 MESA-LAGO, Carmelo. *Reassembling Social Security*, op. cit., p. 11. p. cit., Brasil y Chile. Santiago: OIT, 2003.
46 Dentre elas, merece menção a atividade da Associação Nacional de Auditores Fiscais da Receita Federal do Brasil (ANFIP), a qual, desde longa data, aponta o desvio de receitas da seguridade social. Sobre o tema, com dados atualizados, ver *Análise da Seguridade Social 2009*, disponível em <http://www.anfip.org.br/publicacoes/livros/includes/livros/arqs-pdfs/analise2009.pdf>. Acesso em 05/10/2010.

Ademais, ainda que houvesse, em todas as situações, uma estrita vinculação da prestação com o efetivo recolhimento da contribuição previdenciária, não faria sentido a natureza jurídica de a exação previdenciária ser transmutada sempre que mudanças de regras do sistema, como o cálculo de renda mensal, implicassem algum afastamento da correlação individual custeio *versus* benefício.

Dessa forma, não é incomum nem mesmo inovador que as contribuições especiais, incluindo as previdenciárias, venham a ser apresentadas como figuras diversas das taxas pelo fato de terem enfoque coletivo, e não individual.[47] Ainda que exista certo exagero ao não reconhecer o aspecto preponderantemente individual das prestações, sob pretexto da solidariedade do grupo, é certo que a correspectividade entre custeio e benefício é variante, não podendo ser assumida como presente em toda e qualquer prestação previdenciária.

Da mesma forma, é comum afirmar-se, em particular, que a contribuição previdenciária difere de taxa, pois beneficiário pode não ser o mesmo que contribui, como o dependente.[48] A ideia da contribuição como taxa seria o especial vínculo que reúne grupo identificável de pessoas, e não necessariamente a vantagem específica recebida pelo grupo.[49]

Também caberia argumentar que a contraprestação é, afinal, familiar, e não individual, mas, ainda assim, a correlação é tênue, pois o valor da pensão por morte pode possuir pouca ou nenhuma vinculação com o que se pagou ao longo da vida, mesmo em modelos de seguro social.

Enfim, a possível vantagem obtida pelo segurado e seus dependentes – que pode sequer existir, quando, por exemplo, do óbito após anos de contribuição sem aposentadoria ou qualquer dependente qualificável pela lei – é vinculada com a contribuição de modo contingente, a depender das premissas legislativas estabelecidas, além do grau de solidariedade do sistema, que frequentemente varia mesmo de uma prestação para outra, como a previsão que exige prazos de carência inferiores para benefícios de risco, como doença e invalidez.

A situação se torna ainda mais indefensável quando o sistema protetivo tem pretensões de universalidade, como o brasileiro, dificultando sobremaneira um *especial vínculo* que venha reunir um grupo identificável

---

47 Cf. A. NASCIMENTO, Theodoro, *op. cit.*, p. 403.
48 Cf. A. NASCIMENTO, Theodoro, *op. cit.*, pp. 424-5.
49 Como expõe FARIA, Sylvio Santos, (...) *o característico da parafiscalidade não é o benefício direto a ser recebido obrigatoriamente do contribuinte, o que muito a aproximaria da taxa, mas a incidência de um tributo sobre indivíduos ligados por um vínculo social ou econômico, e o emprego das arrecadações em benefício deles* (*op. cit.*, p. 43).

de pessoas. Tal vinculação eventual da exação com a prestação estatal, em verdade, se subsume muito melhor à ideia de imposto do que taxa, afastando qualquer pretensão de submissão a esta espécie tributária.

4.5.2. Contribuições Sociais como Tributos Autônomos

Posição atualmente dominante na doutrina e jurisprudência brasileiras aponta as contribuições especiais, incluindo as sociais, como espécies autônomas de tributos, inconfundíveis com impostos ou taxas. A tese não é nova, pois, para Rubens Gomes de Souza, haveria distinção ontológica entre as contribuições e os demais tributos.[50]

Em verdade, já em 1887, dentro da sistemática moderna de tributação, havia identificação das contribuições como exações visando interesse de determinados grupos, não sendo idênticos aos impostos convencionais e nem às taxas.[51] Como afirmava Geraldo Ataliba,[52] se a referibilidade entre os aspectos material e pessoal for direta, temos taxa, se indireta, teremos contribuição, haja vista ter como objeto, no caso previdenciário, a cobertura do risco.

Como dizia Morselli, haveria uma *capacidade contributiva geral* a ser aferida para fins de cobrança de impostos e, para as exações parafiscais, uma *capacidade contributiva especial*, que seria aferida frente a determinado grupo, com o fim de atender necessidades públicas particulares.[53] A ideia da solidariedade de grupo como fundamento de contribuições e os impostos, por sua vez, com base na solidariedade social já era apresentada, ainda que de modo incipiente,[54] cabendo aqui as mesmas críticas já lançadas anteriormente.

---

50 Nas palavras do autor, (...) *sempre sustentei, inclusive no meu projeto de 53, que a contribuição era gênero, tanto quanto o imposto e a taxa, e consignei isto num artigo, que foi violentamente criticado pela Comissão, que trabalhou sobre meu anteprojeto. O artigo dizia com toda simplicidade, o seguinte: "contribuições são todos os tributos, que não sejam impostos nem taxas* (Comentários ao Código Tributário Nacional, São Paulo, *Revista dos Tribunais*, 1975, p. 55). Para uma visão geral da doutrina brasileira sobre o tema, ver MARTINEZ, Wladimir Novaes. *Curso de Direito Previdenciário*, 3ª ed., São Paulo: LTr, 2010, pp. 206 e seguintes, e RIBEIRO, Ricardo Lodi. *As Contribuições Parafiscais e a Validação Constitucional das Espécies Tributárias*, op. cit.

51 Cf. FARIA, Sylvio Santos, *op. cit.*, p. 28.

52 *Hipótese de Incidência Tributária*. 5ª ed. São Paulo: Malheiros Editores, 1999, pp. 109 e seguintes. Quando se trata de taxa, há direta conexão (referibilidade) entre a atuação e o obrigado; a hipótese de incidência da taxa é só a atuação. Para a contribuição, a conexão entre atuação e obrigado é indireta, se faz mediante a circunstância específica da valorização, que medeia entre ambos, como fato necessário (*op. cit., loc. cit.*).

53 *Parafiscalidade e Seu Controle*, op. cit., p. 25.

54 *Parafiscalidade e Seu Controle*, op. cit., pp. 25-6. Também afirmava que o efeito redistributivo da parafiscalidade seria mais limitado que a fiscalidade, pelo escopo de incidência e ação mais restrito (*op. cit.*, p. 43).

De forma semelhante, há quem aponte para a existência de contribuições especiais típicas ou atípicas, de acordo com a vinculação da hipótese de incidência a determinada pessoa, grupo beneficiado pela ação estatal, ou seja, de acordo com o nexo causal entre a atividade e a sujeição passiva. Daí, quanto maior a referibilidade, menor a incidência da capacidade contributiva, pois a gradação da contribuição seria de acordo com os benefícios concedidos aos sujeitos passivos, como o caso da previdência social.[55]

O tema, no entanto, sempre foi envolto em controvérsias, tendo a doutrina brasileira, durante muito tempo, questionado severamente a existência autônoma das contribuições, apresentado-as, em geral, verdadeiros impostos de escopo. Como arauto de tal visão, no Brasil, com forte influência mesmo no exterior, Aliomar Baleeiro, ao definir a parafiscalidade, a apresentava como um *neologismo afortunado*,[56] simples rótulo para uma prática já existente por décadas – entidades públicas que demandam cotizações compulsórias de seus integrantes, à margem do poder tributário estatal.

A tese de Baleeiro teve forte acolhida na doutrina nacional e, em grande medida, possuía sintonia com a doutrina estrangeira, que sempre fora reticente com a parafiscalidade.[57] No caso brasileiro, o assunto foi pacificado pelas recorrentes decisões citadas do STF qualificando as

---

55 Sobre o tema, ver FERNANDES, Simone Lemos, *op. cit.*, pp. 196 a 199. Em suas palavras, *a capacidade contributiva não é critério informador das contribuições especiais típicas, cujo nascimento originou-se da necessidade especial de um grupo de pessoas cujo ônus não poderia ser transferido a toda a coletividade*. No entanto, tal afirmativa ignora a existência da solidariedade de grupo, o que impõe algum tipo de gradação da contribuição dentre o universo de pessoas atendidas. Da mesma forma trata de uma espécie de *infiltração* da solidariedade no direito tributário, a qual teria tomado lugar com as contribuições, o que não se suporta, pois sociedade sempre foi projeto cooperativo que, em alguma medida, impunha a participação solidária no financiamento de atividades de interesse comum. Somente acepção muito estreita da solidariedade poderia compor tese diversa. Quanto a contribuição previdenciária, insere a autora a cota patronal como contribuição atípica – ignorando a vantagem gerada aos empregadores – e a cota dos segurados como típica – ignorando que podem não obter vantagem alguma no futuro ou mesmo atingir pessoas diversas, como dependentes (*op. cit.*, pp. 199 e 204).

56 BALEEIRO, Aliomar. *Uma Introdução à Ciência das Finanças*. 12ª ed. Rio de Janeiro: Forense. 1978, p. 282. Resumidamente, a contribuição parafiscal possuía, como características básicas, *a) delegação do poder fiscal do Estado a um órgão oficial ou semi oficial autônomo; b) destinação especial ou "afetação" dessas receitas aos fins específicos cometidos ao órgão oficial ou semioficial investido daquela delegação; c) exclusão dessas receitas delegadas no orçamento geral (seriam, então "para-orçamentárias", para-budgetaires, segundo LAFERRIÈRE); d) consequentemente, subtração de tais receitas à fiscalização do Tribunal de Contas ou órgão de controle da execução orçamentária* (*op. cit.*, p. 284).

57 Como sintetizou bem GUIMARÃES, Ylves J. de Miranda, *em conclusão; como vocábulo, a parafiscalidade nada mais significa no nosso direito tributário. Da terminologia técnica que deve ser servir, na trajetória científica que o impulsiona no presente e o balizará no futuro, sempre voltada para o norte do rigor e da precisão, aquele étimo pode ser riscado, por inútil e vazio de conteúdo pragmático* (*op. cit.*, p. 134). Para um apanhado da doutrina estrangeira sobre o tema, com a opinião de autores clássicos afirmando a coincidência de natureza das contribuições com impostos, ver FONROUGE, Carlos M. Giuliani, *op. cit.*, pp. 1.024 e seguintes.

contribuições como tributos, mas dotadas de natureza diversa frente às demais imposições tributárias.

A discussão sobre sua natureza, hoje, embora possa parecer de escasso interesse prático, pode permitir identificar contribuições com real natureza de impostos, além de guiar eventuais reformas do sistema tributário nacional, que possui larga previsão de contribuições especiais, servindo de instrumento complicador do modelo e, não raramente, vulnerando o pacto federativo, haja vista a exclusão de tais receitas dos critérios de rateio previstos na Constituição.

Ademais, não é nova na doutrina a aceitação dos impostos como instrumento de necessidades especiais, voltados a grupos restritos, sem necessariamente desnaturar a exação.[58] A ideia da solidariedade do grupo, restringindo o custeio ao grupo beneficiado, por si só precária, em nada impede a utilização de impostos.

A própria Constituição de 1988 prevê, no art. 195, que a seguridade social será financiada, de forma direta e indireta, por toda a sociedade. A universalidade do custeio, com um modelo de seguro social, financiado por contribuições, é um claro anacronismo do Constituinte originário, reproduzindo a *metamorfose incompleta* da Constituição de 1988, que pretendeu criar uma proteção universal, mas fundamentada em um modelo de seguro social financiado por contribuições, na expectativa de preenchimento das lacunas protetivas pela tímida assistência social.

As poucas situações concretas, estritamente limitadas a alguns grupos, fora do interesse da coletividade, podem, a partir da ideia de solidariedade de grupo, subsidiar a criação de associações voluntárias, com cotizações privadas, como clubes e entidades de bairro, mas fora do escopo de ação estatal. A tentativa do Estado em gerir interesses restritos a determinados grupos, sem repercussão social – o que poderia fundamentar uma verdadeira contribuição especial – não tem amparo em um Estado Democrático de Direito.[59]

Caso haja interesse global em determinada ação estatal, o imposto terá função preponderantemente fiscal, buscando assegurar a solidariedade social necessária ao preceito legal ou constitucional. Caso haja matéria de interesse restrito a determinado grupo, mas com impacto global que

---

58 A. NASCIMENTO, Theodoro, *op. cit.*, p. 403.
59 Como reconhece TORRES, Ricardo Lobo, o princípio estrutural da solidariedade, com fundamento na obra de J.J. Canotilho, pode vir a substituir a solidariedade de grupo, criando impostos afetados, com destinação especial, como a contribuição dos inativos (*Existe um Princípio Estrutural da Solidariedade?, op. cit.*, pp. 203-4). Sobre o princípio estruturante da solidariedade, ver José CANOTILHO, Joaquim Gomes. *Direito Constitucional e Teoria da Constituição. Op. cit.*, p. 1.173.

justifique a regulação estatal, eventual tributação poderia, também, ser feita por impostos, ainda que a finalidade, no caso, seja preponderantemente extrafiscal. Não há motivo para criar-se nova figura exacional, como as contribuições especiais, subsidiada em uma pretensa solidariedade de grupo.[60]

A eventual benesse a determinados grupos ou certos fins não implicaria, necessariamente, a inaptidão dos instrumentos existentes – impostos ou taxas, mas sua conformação legislativa para tais objetivos. Não sem razão afirmaria Jean Guy Merigot que as contribuições seriam verdadeiros impostos, não obstante a parafiscalidade externar certa medida de intervencionismo estatal, visando determinados fins, com frequente delegação da capacidade tributária ativa.[61]

No caso brasileiro, a doutrina majoritariamente acabou por admitir a natureza tributária das contribuições, e a reconhecer como espécie autônoma, reafirmando a doutrina de Rubens Gomes de Souza, admitindo que a hipótese de incidência não seria mais o único critério identificador da natureza jurídica específica do tributo, mitigando a aplicação do art. 4º do CTN.[62]

A destinação tornar-se-ia verdadeiro marco distintivo das contribuições, assumindo, para esta espécie, importância maior que a própria hipótese de incidência, pois as contribuições, em geral, acabam por adotar fato gerador de impostos, já que não possuem pressuposto de incidência próprio.[63] De modo a assegurar tal atributo, a vinculação da receita, visando produzir efeitos concretos, deve constar não somente da lei instituidora, mas também da lei orçamentária, capaz de produzir o liame necessário da receita com sua despesa específica.[64]

---

60 Ainda que o tema aqui desenvolvido tenha especial enfoque no financiamento da seguridade social, é interessante notar que, em grande parte, as críticas ora apresentadas podem, também, subsidiar enfrentamentos quanto às demais contribuições especiais, sejam de categoria profissional ou intervenção econômica. No entanto, não serão aqui tratadas.

61 Em suas palavras, a parafiscalidade *é uma técnica que, em regime de intervencionismo econômico e social, visa a criar e utilizar receitas de aplicação específica, extra orçamentárias, percebidas sob autoridade, à conta de órgãos de economia dirigida, de organização profissional ou de previdência social, seja pelos órgãos beneficiários diretamente ou seja pelas repartições fiscais do Estado* (Elementos de uma Teoria da Parafiscalidade (tradução de Guilherme A. dos Anjos). In: *Revista de Direito Administrativo*, v. 33:55, 1953, p. 62).

62 Como arauto deste tese, com ampla repercussão na doutrina nacional, ver GRECO, Marco Aurélio. *Contribuições, op. cit.*

63 Neste sentido, RIBEIRO, Ricardo Lodi. As Contribuições Parafiscais e a Validação Constitucional das Espécies Tributárias. *RDDT*, 174, p. 116.

64 Cf. RIBEIRO, Ricardo Lodi. As Contribuições Parafiscais e a Validação Constitucional das Espécies Tributárias. *Op. cit.*, p. 118.

A questão da necessária vinculação da receita já foi admitida pelo STF, ao afirmar a impossibilidade de desvirtuar a destinação, na lei orçamentária, por meio de crédito suplementar, a receita de contribuições para ações estranhas ao seu fundamento instituidor.[65] No entanto, há outras maneiras de se evitar o gasto, como o expediente corriqueiro de, simplesmente, não aplicar os recursos previstos, de forma, por exemplo, a assegurar *superavit* primário.

Marco Aurélio Greco, na busca de um deslinde adequado sobre as contribuições, afirma que as contribuições sociais, em sentido amplo, não se submetem aos mesmos critérios de validade dos tributos em geral, os quais devem possuir uma conformação entre o pressuposto de fato adotado em sua hipótese de incidência e a distribuição constitucionalmente prevista.[66] Qualquer tributo que extrapole a competência do ente federativo que o criou será inconstitucional.

Entretanto, a Constituição não vincula a validade dos tributos em geral a qualquer destinação específica. Mesmo as taxas, as quais são, também, decorrentes de serviço público (art. 145, inc. II, da CF/1988), não possuem destinação obrigatória de sua arrecadação. Já no que se refere às contribuições, em especial as securitárias, a Constituição determina a sua utilização para o financiamento da seguridade social (art. 195, *caput*, CF/1988), de modo que sua destinação passa a ser requisito de validade da própria exação.

De fato, como afirma o aludido autor, a análise de eventual validade (ou mesmo natureza jurídica) de determinada exação pode ir além da mera conformação de fato gerador e alíquotas, que são, em geral, elementos viabilizadores da arrecadação (devendo ser observadas quando previstas na Constituição),[67] mas atribuir uma espécie de *validade causal* às contribuições sociais é impraticável.

Ainda que ao predeterminar uma destinação às contribuições sociais, o Constituinte de 1988 tenha adotado uma racionalidade de fins, *típica do Estado Social (de cunho interventivo e que prestigia os valores sociais como a igualdade e a solidariedade)*,[68] a destinação nem sempre será aferível, haja vista a inexistência de vinculação plena, com receitas unificadas, por meio de renúncias fiscais para fins diversos, compensações tributárias entre espécies diferentes, alocações de receitas em atividades mistas etc.

---

65 ADI nº 2.925-DF, Rel.ª Min.ª Ellen Grace.
66 *Contribuições, op. cit.*, p. 147.
67 *Op. cit., loc. cit.*
68 *Op. cit.*, p. 44.

Ademais, é por certo inviável que o Judiciário seja capaz de verificar todos os meandros do orçamento público, que pode ser adequado, com destreza, pelos especialistas na área e desvirtuar, em grande medida, as receitas de tributos que, pelo consenso vigente, tem como fundamento de validade a destinação de suas receitas.

É hora de superar-se a visão ingênua das contribuições como capazes de, normativamente, vincular a receita a determinado fim e, afinal, reconhecer a anacrônica figuração das contribuições em sistema tributário que deve patrocinar condições dignas de vida a todos os cidadãos. Não se pode alcançar a liberdade do querer com a desconfiança da sociedade frente à inaptidão das escolhas orçamentárias – devemos assegurar as receitas para que, ao confeccionar o orçamento, o legislador ordinário possa prever o que deve ser direcionado aos serviços públicos universais e tradicionais e a parte destinada a proteção social universal, como saúde. O Estado pós-social será financiado por impostos.

4.5.3. Contribuições Sociais como Impostos – O Futuro

Como dito, as contribuições seriam ontologicamente diversas dos impostos, haja vista possuírem finalidade específica, custeando determinada ação estatal ou vantagens que seriam especialmente benéficas para grupo determinável de pessoas. Já os impostos, por definição, somente poderiam atender a toda a coletividade, em universo difuso de pessoas.

Para Morselli, como visto, contribuição difere de imposto por financiar necessidades complementares (sociais e econômicas, e não políticas), não ser fundamentado na capacidade contributiva (mas no especial benefício gerado para determinado grupo) e, nos impostos, não haver contraprestação cabível, ao contrário da parafiscalidade.

Ou seja, pela acepção tradicional, as contribuições especiais se afastariam dos impostos por ausência de generalidade, pois a incidência seria voltada para determinado grupo que obter vantagem específica do Estado.[69] A ideia central seria a dos impostos como instrumentos de financiamento dos fins gerais do Estado, enquanto a parafiscalidade visa ao interesse de grupos.

Nesta concepção, a validade da exação paraestatal estaria condicionada à sua vinculação a determinada entidade, que exerceria a atribuição arrecadatória e fiscalizatória, evitando-se possíveis desvios pelo Estado. Inicialmente, não havia sequer a obediência a outros requisitos obrigatórios

---

69 Cf. GUIMARÃES, Ylves J. de Miranda, *op. cit.*, p. 63.

para os tributos, como a legalidade e anterioridade – o importante seria a manutenção da atividade paraestatal desempenhada pela entidade, autonomamente.

A distinção seria fundada pelo fato de a parafiscalidade não só se limitar a abordagem puramente financeira, mas também ser dotada de forte componente jurídico, na medida em que as contribuições parafiscais não só seriam dirigidas pela capacidade contributiva, como um *imposto de escopo*, mas também instrumento de justiça social.

Sem embargo, seria o benefício particular de determinada ação estatal e o consequente financiamento direcionado, como exposto, um requisito necessário e suficiente para atribuir-se uma natureza diversa à exação? Creio que não. Não há limitador legislativo ou mesmo forte consenso doutrinário sobre a impossibilidade de imposição fiscal, ainda que por impostos, voltada a determinados segmentos, assim como não há, dogmaticamente, uma vedação peremptória à vinculação de receita dos impostos.

Ademais, pode-se afirmar que, dentro do contexto atual, tendo a capacidade contributiva sido, novamente, alçada à Constituição brasileira, aliada à reaproximação da ética com o direito, o fundamento dos impostos é verdadeiramente encontrado na solidariedade social, por meio da qual todo o corpo social deve, respeitados alguns limites, como a vedação do confisco, compor financeiramente as reservas adequadas para concretizar os objetivos constitucionais, democraticamente estabelecidos. Ou seja, a capacidade contributiva não é mais fundada em critérios contraprestacionais – o que poderia justificar até tributações regressivas – mas sim no ônus derivado do projeto cooperativo de uma sociedade que busca o bem comum.

Da mesma forma, nada impede que impostos sejam, também, instrumentos de justiça social. O fato de a cultura financeira do século XIX ter criado a figura da neutralidade tributária como instrumento de receita com grau de interferência mínimo nos mercados se mostrou ingênuo, cabendo, em verdade, a superação de tal visão, e não a adoção de contribuições como algo *diferente*.

É certo que a vinculação da receita é algo contrário à ciência das finanças, por impedir a eleição adequada das prioridades do gasto público, assim como, no Brasil, contar com impedimento constitucional expresso, embora com ressalvas (art. 167, inc. IV).[70] No entanto, daí a vislumbrar-se a necessidade de nova espécie tributária, é passo longo demais.

---

70 Importa notar que a ideia de não afetação dos impostos é desenvolvida *a posteriori*, com a criação do Estado moderno, pois, em suas origens, o imposto era criado pelo monarca visando ao custeio de temas específicos. Sobre tal evolução, ver FERNANDES, Simone Lemos, *op. cit.*, pp. 25 e seguintes.

A similitude das exações – contribuições sociais e impostos – tem se mostrado mesmo em modelos estrangeiros de previdência social, ainda que bismarckianos, como a própria Alemanha, que acaba por mesclar, na atualidade, fontes de financiamento que agregam contribuições e impostos, alguns até denominados *ambientais*, por terem incidência voltada a onerar empresas responsáveis por emissões de gases, mas com finalidade estritamente arrecadatória, para manutenção do sistema protetivo.[71] O financiamento combinado de impostos e contribuições expõe a transição atual, com fim previsível das contribuições sociais.

4.6. PARAFISCALIDADE *VERSUS* EXTRAFISCALIDADE

O tema proposto faceia questão também relevante das finanças e, em particular, do direito tributário, que é a *extrafiscalidade*. Usualmente apresentada como qualidade de tributos cuja função precípua não seja arrecadatória, parece excluir, à primeira vista, a imposição parafiscal, já que esta, de forma preponderante, tem fins claramente arrecadatórios, especialmente na seara protetiva, visando custear as ações em previdência social, assistência social e saúde.[72]

No entanto, não é de todo incomum encontrar-se menções à parafiscalidade como forma de extrafiscalidade, especialmente pelo viés interventivo que subjaz tal imposição. A parafiscalidade seria, na transição do liberal para o social, uma primeira ferramenta da extrafiscalidade; um instrumento para mudanças as estruturas vigentes na sociedade.[73]

A extrafiscalidade, no caso, seria denotada pela ação estatal inovadora, afastando-se da tradicional omissão pública.[74] O sentido equívoco da extrafiscalidade poderia, também, retratar os encargos positivos assumidos pelo Estado, de modo que a parafiscalidade não seria sequer limitada a contribuições.[75]

---

71 Para uma visão do modelo de financiamento alemão atual, com a criação de diversos tributos adicionais para suprir os gastos do sistema – incluindo impostos – ver REINHARD, Joachim. Funding Social Security in Germany. In: *Contribuições para Seguridade Social, op. cit.*, pp. 552 e seguintes.

72 Daí MORSELLI, expressamente, afastar a extrafiscalidade da parafiscalidade (*Parafiscalidade e seu Controle, op. cit.*, p. 42).

73 Cf. FERNANDES, Simone Lemos, *op. cit.*, pp. 31-2. Esta autora, embora reconheça as variações na doutrina nacional sobre o tema, posiciona-se pela estrita distinção da parafiscalidade e da extrafiscalidade, muito embora pareça admitir a parafiscalidade como forma de extrafiscalidade direta, sem estimular condutas, mas patrocinando reduções das desigualdades sociais (*op. cit.*, pp. 233 e 236-7).

74 Neste sentido, ver BUYS DE BARROS, A. B., *op. cit.*, p. 67. Como afirma, *a parafiscalidade tem o mesmo aspecto teleológico da extrafiscalidade, apenas uma divergindo da outra em matéria de técnica financeira* (*op. cit.*, p. 102).

75 Cf. MAIA, J. Motta, *op. cit.*, p. 11.

No entanto, como já visto, a noção da parafiscalidade como financiamento de atividades *estranhas*, paralelas ou suplementares do Estado, não encontra guarida no Estado social e muito menos na Constituição de 1988. A Lei Maior, ao prever contribuições sociais, não parece ter a intenção de transmutar sua natureza jurídica, mas simplesmente ressaltar sua finalidade de preservar o sistema de seguridade social.

Na acepção atual, a parafiscalidade não poderia ser subsumida à extrafiscalidade, haja vista o viés claramente arrecadatório, visando não atividades estranhas ao Estado, mas sim novos encargos a ele estabelecidos. Parte da confusão reside na dificuldade em apresentar, concretamente, argumentos convincentes e definitivos de uma natureza diferenciada das contribuições sociais, o que acaba por repercutir no tema da extrafiscalidade.

Em verdade, assim como impostos, as contribuições sociais podem, também, possuir viés fiscal ou extrafiscal, ou mesmo ambos, como é a regra dos impostos. A finalidade arrecadatória das contribuições sociais não impede que venham, por opção legislativa ou mesmo constituinte, a estimular determinadas ações, de interesse da coletividade. Ao se admitir a igualdade ontológica de contribuições e impostos, o tema da extrafiscalidade torna-se desimportante.

4.7. PARAFISCALIDADE, ORÇAMENTO E SUJEIÇÃO ATIVA

A parafiscalidade, ao expor uma pretensa necessidade de contabilização em separado, acaba por ser vista como violadora de princípios do direito financeiro, em especial os da universalidade das receitas, unidade orçamentária e não afetação das receitas. No Brasil, a situação não seria tão grave, pois as contribuições acabaram, em geral, previstas em orçamento, por mandamento constitucional, e doutrina já desde longa data admite diferentes *anexos* dentro da mesma lei orçamentária.[76]

No entanto, a crítica seria interessante pelo fato de externar uma aparente superação da unicidade orçamentária, cabendo ao Poder Público definir gastos públicos em outros instrumentos, necessariamente desvinculados do orçamento, mas sem descontrole fiscal. A ideia de receitas extra-orçamentárias não implica o gasto livre de qualquer previsão normativa.

---

[76] Cf. FARIA, Sylvio Santos. *Aspectos da Parafiscalidade*. Salvador: Progresso, 1955, pp. 72-3. Sobre a evolução das contribuições sociais no Brasil, desde suas origens até a Constituição de de 1946, ver GONTIJO, Paulo Cezar. *A Parafiscalidade*. Rio de Janeiro: Instituto Brasileiro de Direito Financeiro, 1958, pp. 23 a 49.

Para Morselli, o principio da unidade do orçamento seria substituído pelo princípio da unidade das finanças públicas.[77]

Sem embargo, pelo já exposto, a questão das receitas parafiscais como algo fora do orçamento, além de não encontrar fundamento normativo no Brasil, tecnicamente não se mantém, pois o Estado moderno, com suas novas atribuições, não tem motivo algum para excluir algumas receitas e respectivos gastos fora do plano orçamentário. É possível que se façam orçamentos diferentes, como ocorre no Brasil, não por necessidade estritamente normativa, mas por mera facilidade técnica de aplicação e controle das despesas.

A necessária previsão, em orçamento, do gasto público, seja em que área for, é uma das mais importantes conquistas do Estado democrático de direito, cabendo sua validação pelo parlamento e controles interno e externo, com possibilidade de acompanhamento pela população. O tema, enfim, não comporta maiores variantes na atualidade – todas as receitas e despesas devem possuir previsão orçamentária, seja qual for sua natureza.

Outro aspecto interessante, com liame ao aspecto orçamentário, diz respeito à sujeição ativa das contribuições sociais. Pelas ideias tradicionais da parafiscalidade, ela consistiria também em um mecanismo para garantir a destinação de determinados tributos não a entes políticos, mas a outras entidades (não territoriais) que atuassem em prol de determinada categoria, devendo esta cotizar em razão da especial vantagem obtida.

Ou seja, além de eventual exclusão orçamentária dos valores, de modo a não se confundir as receitas, haveria a necessidade de entidade autônoma responsável pelos valores. É uma abordagem puramente financeira da cobrança.[78]

No entanto, não é razoável nem mesmo adequado, em um regime democrático, apontar receitas como fora do orçamento, que pode ser desmembrado de modo a melhor identificar determinadas receitas e despesas. Como reconhecia o próprio Morselli, a delegação da capacidade tributária ativa seria um atributo contingente, e não necessário da parafiscalidade.[79]

O tema nunca foi pacífico, mesmo na escola francesa, a qual, apesar de sempre possuir forte consenso sobre a ausência de distinção estrutural entre contribuições parafiscais e os impostos em geral – com a conhecida

---

77 *Parafiscalidade e seu Controle*, op. cit., p. 43.
78 Este era também o pensamento de MICHELI, Gian Antonio. *Corso di Diritto Tributário*. Torino: UTEH, 1970, p. 97
79 MORSELLI, Emanuele. *Parafiscalidade e seu Controle*, op. cit., p. 24.

concordância de Laferrière e Merigót – nunca havia alcançado consenso sobre a necessidade de delegação da capacidade tributária ativa.[80]

No caso brasileiro, na atualidade, em nenhum momento a Carta de 1988 prevê a necessidade de entes descentralizados atuando na arrecadação e fiscalização de contribuições, mas somente que se atenda a afetação de suas receitas. Neste sentido já tem afirmado o STF (ADC nº 01, Rel. Min. Moreira Alves, *DJ* 16/06/1995).

Qualquer instituto jurídico, como a parafiscalidade, ao ser desenvolvido frente ao direito positivo de um país, deve necessariamente ser cotejado com o texto constitucional, procedendo-se a devida filtragem. Não obstante a atribuição da competência arrecadatória a entes descentralizados possa ser defendida, dogmaticamente, como característica necessária da parafiscalidade, o mesmo não pode se dizer frente ao direito positivo vigente, já que não há amparo constitucional a este limitador conceitual.

É interessante como alguns seguem a lógica do direito positivo para justificar a extensão do regime tributário às exações parafiscais, mas voltam-se a conceitos dogmáticos para defender a necessidade de arrecadação e fiscalização por entes autônomos.

Até mesmo o projeto de lei que prevê a unificação expressa da necessidade de garantir-se a destinação dos recursos, em especial da seguridade social. Naturalmente, é previsão desnecessária, pois a destinação já é garantida constitucionalmente, embora tenha seu valor didático.

É verdade que a contribuição parafiscal surge, historicamente, como subproduto dos novos encargos estatais, aliada à uma pretensa inaptidão estatal para executá-la diretamente, delegando atribuições a outras entidades que gerariam os recursos cabíveis. Todavia, não é razoável que uma simples medida de gestão seja capaz de alterar a natureza jurídica da exação. Caso o Estado, ao mudar sua estratégia, resolvesse assumir, diretamente, todas as novas atividades do Estado social, tornar-se-iam as contribuições sociais em impostos? A organização administrativa do agir estatal também não tem o condão de transmutar a natureza jurídica de um tributo.

4.8. A QUESTÃO DAS CONTRIBUIÇÕES PREVIDENCIÁRIAS

As contribuições previdenciárias, seja pela sua precedência genética, seja para maior vinculação entre a contribuição e o respectivo benefício, sempre produziram maiores dificuldades quanto ao seu enquadramento,

---
80 Cf. FARIA, Sylvio Santos, *op. cit.*, pp. 40-1.

especialmente por contar com situações que escapam à dogmática clássica dos tributos, como a possibilidade de segurados facultativos, o que sempre produziu embaraços de toda ordem.

No Brasil e alhures, uma tese muito apresentada, e até hoje muito apreciada por parte minoritária da doutrina e segmento de trabalhadores, é a teoria da contribuição previdenciária como salário socialmente diferido. A ideia é simples: assim como o Fundo de Garantia por Tempo de Serviço, apesar da natureza compulsória, não traduzir receita pública derivada,[81] mas mero salário diferido, que é pago ao trabalhador, pelo seu trabalho, mas em momento futuro, nas hipóteses previstas em lei, a contribuição previdenciária funcionaria de modo análogo, mas, por não existir correlação precisa entre custeio e benefício e, mais importante, em razão do financiamento adotar a técnica da repartição simples, haveria um diferimento entre gerações, cabendo o pagamento pela geração ativa para a percepção pelos inativos.[82]

Sem embargo, apesar da teoria do salário diferido, com suas variações, ter tido algum papel relevante, especialmente ao externar as particularidades da previdência social e, também, como forma de estímulo ao ingresso no sistema, especialmente para trabalhadores autônomos, o seu tempo já passou. Hoje, as contribuições previdenciárias atuam como mais um instrumento complicador no sistema tributário nacional, além de gerador de desigualdades.

Como já apresentado, tais contribuições, sob o pretexto de não solidarizar a despesa para o benefício de alguns, não produzem o resultado esperado, assegurando modelo de previdência restrito, mas financiado por toda a sociedade. A insatisfação com o fim das contribuições previdenciárias, pela maioria dos especialistas da área, justifica-se pelo razoável receio de desvios de receita e aviltamento de prestações já concedidas e a conceder. No entanto, o financiamento vigente nunca foi capaz, na prática, de garantir um modelo isento de riscos. Muito pelo contrário, sempre que quis, o Poder Executivo conseguiu inserir as mudanças que julgava cabíveis.[83]

Ainda que as contribuições previdenciárias, é verdade, tenham inadequações gritantes com o regime jurídico dos impostos, que vão desde

---

[81] Sobre a ausência da natureza tributária do FGTS, ver RE 100.249/SP, Rel. Min. Oscar Correa, julgado em 02/12/1987; RE 115.979/SP, Rel. Min. Sydney Sanches, julgado em 19/04/1988 e ADI 2.556/DF, Rel. Min. Moreira Alves, julgado em 09/10/2002.

[82] Como arauto da teoria do salário socialmente diferido no Brasil, ver MARTINEZ, Wladimir Novaes. *Curso de Direito Previdenciário*, 3ª ed, *op. cit.*, pp. 206 e seguintes.

[83] Os desvios de receita da seguridade social para outros fins ocorrem em toda a América Latina. Sobre o tema, ver MESA-LAGO, Carmelo. *Reassembling Social Security*, *op. cit.*, p. 16.

questões elementares de compulsoriedade até temas mais complexos como a decadência e prescrição das contribuições – matéria insatisfatoriamente resolvida desde a criação da previdência brasileira – é hora de avançarmos para regime fundado em premissas de solidariedade social e proteção universal, o que só pode ser produzido por meio de impostos.

É certo que a tese aqui exposta, propugnando o fim das contribuições previdenciárias, parte da premissa da mudança do regime de seguro social, assumindo, em seu lugar, modelo universalista, subdividido em três pilares de atuação, mas sem distinção de atividade profissional e assegurando, em pilar inicial, proteção igual e universal.

Caso a opção legislativa futura seja pela permanência do modelo bismarckiano de previdência social, como hoje, o financiamento por meio de contribuições seria uma opção aceitável, em paralelo ao financiamento dos demais segmentos da seguridade social, que deveriam migrar para os impostos, haja vista a universalidade inerente a estes programas, que demandam maior participação de todos, ao menos no financiamento.

4.9. A REFORMA TRIBUTÁRIA EM ANDAMENTO – PEC Nº 233/2008

A Reforma Tributária proposta pela PEC nº 233/08 propõe, em linhas gerais, a unificação de algumas contribuições sociais, como o PIS (Programa de Integração Social), COFINS (Contribuição para o Financiamento da Seguridade Social), Salário-Educação e CIDE (Contribuição de Intervenção no Domínio Econômico) em um único imposto: o IVA-F (Imposto sobre Valor Agregado Federal). Posteriormente, a CIDE foi excluída da unificação.[84]

A Reforma também prevê a incorporação da CSLL (Contribuição Social sobre o Lucro Líquido) ao IRPJ (Imposto de Renda – Pessoa Jurídica), até pela forte semelhança de incidência de ambos. A Seguridade Social e a Educação passariam a contar, ao invés de tributos específicos, com determinados percentuais do total arrecadado pelos impostos IVA-F, Imposto de Renda e Imposto sobre Produtos Industrializados.

O modelo é mais tímido que o aqui proposto, pois preserva algumas contribuições sociais, como as previdenciárias, mas, ainda assim, sofre fortes críticas de vários setores. Basicamente, alega-se que tal reforma iria privilegiar o combate ao déficit fiscal em detrimento das ações sociais, pois com a mudança dos tributos atuais, o atributo da vinculação da

---

[84] Para uma descrição completa da proposta e das variações, incluindo substitutivos e avaliações técnicas, ver <http://www.reformatributaria.org.br/>. Acesso em 20/11/2010.

receita deixaria de existir, dependendo então tais ações da boa vontade do legislador ordinário, ao fixar o orçamento anual. Da mesma forma, alega-se que tal reforma poderia agravar a desigualdade brasileira, com redução do investimento social e mesmo com tributações regressivas, privilegiando setores mais abastados da sociedade.

Entendo que os argumentos são insubsistentes. É certo que a área social, incluindo a seguridade, pode ser vulnerada, mas isso não é novidade, pois a pretensa vinculação de receitas das contribuições sociais é, hoje, uma falácia. O Poder Executivo, diuturnamente, reverte tais receitas para fins diversos, incluindo a preservação de superávits primários, e, salvo alguns setores especializados, não há manifestações ou indignações públicas sobre os desvios. A maioria da população sequer entende tal diferença, em um cipoal normativo que mais atrapalha do que ajuda.

Como já dito anteriormente, as contribuições sociais e a parafiscalidade em geral, perderam sua função, seja pela ultrapassada concepção de ações sociais como paraestatais, seja pelo fracasso concreto na garantia de aplicação de receitas. Temos, no Brasil, um modelo complexo de tributação que não traz resultado algum, salvo desperdício, sonegação e desigualdade, pois os mais protegidos e melhor assessorados sempre conseguem produzir planejamentos tributários mais eficazes.

A questão também envolve uma desconfiança generalizada frente ao legislador ordinário. Como este pode destinar receitas insuficientes para a proteção social, tenta-se, por meio de vinculação de receita, impor uma vontade ao responsável pelo orçamento público.

Os riscos envolvidos no engessamento da receita e despesa no orçamento são bem conhecidos, e não é sem razão que os impostos, por definição, são tributos não vinculados; independem de contraprestação específica, justamente para permitir melhor alocação de recursos, de acordo com as necessidades concretas em determinado tempo e espaço.

No entanto, as contribuições, com receita vinculada, não produziram a confiança necessária nas escolhas legislativas, cabendo a solução não por meio de vinculação de receita, mas sim por melhor escolha da sociedade na composição do parlamento e, necessariamente, *accountability* não somente do gasto, mas das prioridades fixadas em orçamento.

As entidades e profissionais que tanto criticam e se opõe a tais reformas, devem, ao revés, estimular mecanismos de avaliação das prioridades de gasto, com ampla publicidade e ferramentas de controle efetivo do orçamento público, de modo que as verbas direcionadas, por exemplo, à seguridade social, sejam lá aplicadas efetivamente.

As mudanças aqui propostas não têm a pretensão de assegurar todos os fundamentos para uma reforma tributária abrangente, com soluções para sonegação, nivelamento adequado da carga tributária, justiça fiscal etc. Tal finalidade justificaria, por si só, uma tese apartada. O fim aqui proposto é, dentro de um modelo adequado de previdência social, com universalidade de cobertura e atendimento, assegurar um financiamento universal, simples e sem privilégios, como ocorre hoje.

Ainda que as propostas de reforma hoje existentes, em especial a PEC nº 233/2008, sejam passíveis de crítica por eventuais inadequações quanto ao combate de guerra e simplificação, a redução das contribuições é uma necessidade, visando um modelo de proteção social que atenda a todos o ideal da vida digna.

No aspecto que nos diz respeito, da previdência social, a reforma hoje tramitando no Congresso Nacional merece crítica devido à timidez de unificação das contribuições, excluindo as previdenciárias, pois, por coerência com o modelo proposto de cobertura universal, o ideal, como já dito, seria um financiamento por meio de impostos.

Em suma, os receios de má aplicação de recursos, tanto quanto aos seus fins quanto na distribuição, são corretos e mesmo, no Brasil, preocupantes. No entanto, a parafiscalidade não é solução para o problema. Muito pelo contrário, tem se mostrado como agravante, ao criar sistema complexo e impenetrável para a maioria dos mortais. Mesmo profissionais especializados em tributos não conseguem dominar todas as nuances e variáveis existentes, criando ambiente inexpugnável a trabalhadores e empresários em geral.

4.10. O FIM DAS CONTRIBUIÇÕES SOCIAIS

A parafiscalidade, em análise concreta de suas pretensas particularidades, em nada difere dos tributos clássicos existentes, expressando, em maior medida, a falta de preparo para admitir e aplicar as novas atribuições do Estado.[85] As contribuições sociais não possuem um atributo sequer que não possa ser atingido ou reproduzido por impostos.

A parafiscalidade, como tentativa de apresentar nova forma de tributação, inconfundível com impostos ou taxas, acaba por contrariar a

---

85 Como afirma FARIA, Sylvio Santos, em feliz sentença, expõe que estamos, ainda, *no período dos dois pesos e duas medidas, ora aplicando valores clássicos para resolver problemas novos, ora empregando princípios revolucionários para regular assuntos pacíficos e plenamente resolvidos, ora proclamando como novidade fenômenos tradicionais apresentados sob aspecto diverso do comum* (op. cit., p. 13).

lógica, a ciência, e todo o conhecimento existente.⁸⁶ Produz neologismo sem função na tentativa de apresentar nova exação que, para atingir seus fins, seria mais palatável ao sujeito passivo, o qual, em sua ignorância, entendia os impostos como mera expropriação de seu patrimônio, sem vislumbrar qualquer vantagem, olvidando os serviços públicos mais elementares que tem a sua disposição, como se magicamente postos a sua frente.

A sociedade de risco demanda financiamento que promova formas de proteção social eficazes, o que implica dizer que a previdência social, ao menos nos ramos públicos e obrigatórios, deve afastar-se da proteção restrita a grupos, agregando toda a sociedade, em projeto cooperativo de cobertura, permitindo custeio abrangente, por meio de impostos, mais sólido e adequável a variações econômicas e populacionais.

Ademais, no tempo em que a previdência social brasileira busca integração no estrangeiro e, de modo mais ousado, a criação de um regime multilateral do Mercosul, um modelo de financiamento simples, capaz de patrocinar proteção efetiva e reconhecer, com maior celeridade, prestações devidas, seria muito bem-vindo.⁸⁷

---

86 Sobre a dura crítica à tese de Morselli, classificada como simplista e equivocada, ver LAUFENBURGER, Henry. *Théorie Économique et Psychologique dês Finances Publiques*. Tomo I. Paris: Sirey, 1956, pp. 134 e 135.

87 Neste ponto, merece menção o Código Europeu de Segurança Social, que traz o paradigma europeu de cobertura previdenciária multilateral, visando criar sistemas previdenciários compatíveis e em grau protetivo superior ao previsto na Convenção OIT nº 102. De acordo com o art. 70 do aludido Código, *o custo das prestações atribuídas em cumprimento do presente Código e as despesas de administração dessas prestações devem ser financiadas coletivamente por meio de contribuições ou de impostos, ou por ambos, segundo modalidades que evitem que as pessoas com fracos recursos tenham de suportar um encargo muito pesado e que tenham em conta a situação econômica da Parte Contratante e das categorias de pessoas protegidas*. O texto completo está disponível em <http://www.gddc.pt/siii/docs/dec35-1983.pdf>. Acesso em 28/09/2010.

Capítulo 5
A gestão da previdência social – ação e regulação estatal

5.1. UM CONCEITO INCÔMODO

O debate afeito à ação regulatória estatal é avolumado com pré-compreensões equivocadas sobre a matéria, as quais atribuem à regulação o tradicional rótulo de neoliberal ou instrumento de domínio dos mercados. Tais pretensos argumentos são aglutinados à retórica de palanque, produzindo um resultado conhecido: a natural má vontade frente ao modelo regulador, mesmo que não se tenha muita certeza do que se trata.

A regulação, na forma como se apresenta, não pretende impor uma preferência mercadológica de atuação ou mesmo modelos privados de previdência social. A ressalva é necessária, pois muito frequentemente, quando o assunto é exposto, especialmente em temas relacionados a sistemas protetivos, há toda sorte de ideias preconcebidas, como se fosse a regulação um eufemismo para políticas neoliberais.

A contenda não é exclusividade nacional, assim como as imprecisões conceituais das mais diversas. Para se ter uma ideia da disparidade de rótulos, no contexto norte-americano, os defensores da gestão regulatória estatal são frequentemente taxados de antiliberais, contrários à liberdade de mercado, enquanto, por aqui, recebem o rótulo de neoliberais.[1]

Esta diferença de enfoque justifica-se pela realidade que propiciou o surgimento da ação regulatória no Brasil e nos Estados Unidos. Neste, a ação regulatória foi uma resposta ao excessivo afastamento do Estado

---
1 Não obstante a tradicional confusão entre liberalismo político e econômico, é sempre bom lembrar as palavras de WILSON, James Q., ao afirmar que liberalismo significa muitas coisas agora, mas significava, inicialmente, um compromisso com a liberdade e, devidamente entendida, ainda se refere a isso (*The Politics of Regulation*. New York: Basic Books, 1980, p. vii).

frente à economia, com a primazia quase absoluta da liberdade de mercado, enquanto no Brasil, a teoria regulatória veio como instrumento de desestatização.[2]

Ainda há razoável intransigência no Brasil frente ao modelo regulador, especialmente pela experiência negativa do regime militar, que excluía a população de quaisquer decisões mais relevantes, sob pretexto da tecnicidade do tema, na *tríplice aliança entre tecnocratas, elites locais e multinacionais*.[3] O afastamento das decisões relevantes dos representantes democraticamente eleitos, especialmente em um país com passado ditatorial recente, não é, com razão, facilmente aceito.

Independente de equívocos e críticas, há bons argumentos tanto a favor quanto contra a gestão regulatória, e a experiência nacional e internacional é repleta de exemplos de sucessos e fracassos. O intuito aqui é expor uma breve justificativa em favor da regulação estatal e, ao final, concluir que a gestão regulatória do Estado é mais vantajosa do que prejudicial, especialmente na seara previdenciária. Afinal, não se pode olvidar a importância fundamental da atual burocracia estatal na formação do *Welfare State*.[4]

5.2. DO ESTADO INTERVENTOR PARA O ESTADO REGULADOR

Como foi amplamente debatido, o Estado do bem-estar social teve importante papel como instrumento de garantia da dignidade humana, especialmente após a revolução industrial. Não obstante, é forçoso reconhecer a necessidade de reforma do modelo, o qual provou-se perdulário e descompromissado com a sustentabilidade financeira. As adequações, especialmente no plano de benefícios e custeio, já foram anteriormente abordadas, restando, no último capítulo, a necessidade de tratar da gestão administrativa da proteção social.

Não é intenção expor um modelo libertariano de proteção social, até pelas premissas apresentadas nos capítulos anteriores, mas é certo que o Estado, além de gerir os dois primeiros pilares da proteção social sugerida,

---

2 Cf. ARAGÃO, Alexandre Santos de. *Agências Reguladoras e a Evolução do Direito Administrativo Econômico*. Rio: Forense, 2006, p. 227. Ver também BINENBOJM Gustavo. Agências Reguladoras Independentes e Democracia no Brasil. In: *Agências Reguladoras e Democracia*. Rio de Janeiro: Lumen Juris, 2006, pp. 89 e seguintes. Para uma visão da evolução norte-americana, ver SUNSTEIN Cass. *After the Rights Revolution – Reconceiving the Regulatory State*. London: Harvard Press, 1990.

3 Cf. MATTOS, Paulo Todescan Lessa. *O Novo Estado Regulador no Brasil: Eficiência e Legitimidade*. São Paulo: Singular, 2006, p. 116. Para uma evolução histórica do modelo regulador, ver pp. 69 e seguintes.

4 Neste sentido, ver ESPING-ANDERSEN, Gøsta. *The Three Worlds of Welfare Capitalism. Op. cit.*, p. 13.

deve, simultaneamente, ser capaz de regular seu funcionamento e, quanto ao terceiro pilar – a previdência complementar – produzir, na medida adequada, parâmetros de investimento e gestão dos recursos garantidores.

O ideário da regulação, ao menos como aqui apresentado, não implica privatização, mas tão somente permitir a gestão previdenciária – pública ou privada – de forma preponderantemente técnica, afastada das influências políticas e das ações descompromissadas com aspectos financeiros.

O aprimoramento do *Welfare State* abre caminho para uma nova formatação, que não dispensa as conquistas sociais, mas as readaptam aos limites orçamentários existentes, especialmente em um contexto globalizado e competitivo. Neste cenário, a ação regulatória permite manter a ação social, especialmente em matéria previdenciária, dentro de um contexto de limitação orçamentária.[5]

A proposta tem sua relevância no modelo de previdência social sugerido, pois o Estado poderá, ainda que parcialmente, utilizar-se de financiamento na modalidade de capitalização, o que, ao lado da parcimônia necessária no gasto dos recursos gerais, impõe também algum controle externo das atividades desempenhadas pela entidade gestora do sistema. A proposta da regulação, nos pilares iniciais do modelo, não é a substituição da gestão pública pela privada, mas sim o incremento de sua segurança, com autonomia de funcionamento da entidade e órgãos de controle, os quais irão fiscalizar e normatizar o setor, o que, em boa medida, já corresponde à realidade da previdência complementar atual.

A delegação de determinadas ações a um corpo especializado e técnico, mantendo-se a coerência e independência decisória, excluindo determinadas matérias da volúpia das maiorias de ocasião, tem encontrado guarida na doutrina especializada.[6] A maior especialização de determinadas matérias – como previdência social – demanda conhecimento pormenorizado do sistema econômico, o que não é a regra no Poder Legislativo.[7]

---

5 Para uma exposição mais detalhada desta evolução, ver o meu *A Previdência Social como Direito Fundamental*, In: SOUZA NETO, Cláudio Pereira de & SARMENTO, Daniel (orgs). *Direitos Sociais: Fundamentos, Judicialização e Direitos Específicos*. Rio de Janeiro: Lumen Juris, 2008. Sobre a regulação no Estado pós-moderno, ver BARROSO, Luís Roberto. Agências Reguladoras. Constituição, Transformações do Estado e Legitimidade Democrática. In: *Agências Reguladoras e Democracia* (Org.: Gustavo Binenbojm). Rio de Janeiro: Lumen Juris, 2006. p. 60.

6 Cf. LA SPINTA, Antonio e MAJONE, Giandomenico. *Lo Stato Regolatore*. Bolonha: Il Mulino. 2000, p. 168, *apud* ARAGÃO, Alexandre dos Santos, *Agências...*, p. 207. No Brasil, ver também BINENBOJM, Gustavo. *Uma Teoria do Direito Administrativo, op. cit.*

7 Neste sentido, ver VILLELA SOUTO, Marcos Juruena. In: GUERRA, Sérgio (org.). *Extensão do Poder Normativo das Agências Reguladoras. Temas de Direito Regulatório*. Rio de Janeiro: Freitas Bastos, 2004, p. 250. BREYER, Stephen, afirma que a visão tradicional de legitimidade democrática, como obediência aos ditames exclusivos da lei, ruiu com o New Deal, haja vista a maior intervenção estatal em diversas áreas, muitas de conteúdo extremamente técnico. Neste contexto, a legitimidade restaria

A atuação regulatória do Estado atende, com maior perfeição, ao novo perfil do Direito Público, que tem sofrido as mais diversas transformações. A variedade de normas previdenciárias e a complexidade dos requisitos, ainda que sejam objeto de reformas e simplificações, sempre demandarão pessoal especializado para a administração e controle, restando os mecanismos tradicionais de gestão incapazes de produzir tanto segurança quanto eficiência.[8]

Neste novo aparato gerencial, supera-se a visão piramidal tradicional de gestão, substituída por uma gestão policêntrica, que dificilmente se adequaria aos sistemas tradicionais de direção. Ao mesmo tempo em que se reconhece maior autonomia aos participantes da Administração Pública, faz-se necessário um controle mais efetivo, especialmente realizado pelo Poder Executivo, o qual possui a atribuição típica de gestão no modelo republicano. O modelo regulatório busca conciliar atuação eficiente com a supervisão efetiva, ao contrário do modelo burocrático centralizado de outrora, que conjugava ineficiência com ausência de governança.

Ao contrário do que possa parecer, a gestão policêntrica não é novidade no Brasil, pois foi devidamente normatizada pelo Decreto-Lei nº 200, de 25/02/1967. Já naquela época a impossibilidade de uma gestão total, centralizada, do agir estatal mostrou-se manifesta. Por certo, a concepção do aludido diploma fora, também, visando a ação direta do Estado na prestação de serviços públicos e mesmo em atividades econômicas, embora criasse a conhecida *Administração Indireta*. Hoje, o papel da administração policêntrica é menos afeito à execução estatal, mas sim à normatização e controle de seu desenvolvimento, salvo na área social, na qual o ator estatal é preponderante.

---

mais no acerto científico das decisões regulatórias do que na lei como vontade geral. Todavia, reconhece que a confiança popular foi drasticamente reduzida a partir de 1970, especialmente pelos exemplos da captura, e daí também defender uma maior participação popular na formulação dos marcos regulatórios (*Regulation and its Reform*. Cambridge: Harvard. 1982, p. 351). O tema da legitimidade democrática será melhor desenvolvido adiante.

8 Como expõe ARAGÃO, Alexandre Santos. *Agências Reguladoras e a Evolução do Direito Administrativo Econômico*. 2ª ed. Rio de Janeiro: Forense. 2006, *(...) a pluralização de fontes normativas, não mais titularizadas apenas pelo Poder Legislativo; a descentralização do aparato estatal através de criação de entes ou órgãos autônomos, dotados de independência frente aos tradicionais Poderes do Estado; e a relativização do modelo hierárquico e vertical de Administração Pública, com a emergência de mecanismos gerenciais e finalísticos de organização, ou seja, instrumentos de administração autônoma gerencial, como as agências executivas, organizações sociais, organizações da sociedade civil de interesse público, contratos de gestão, acordos de programa etc.* (*op. cit.*, p. 08). Mais adiante, afirma o autor que uma verdadeira agência reguladora se qualifica pela impossibilidade de exoneração *ad nutum* dos seus dirigentes, a organização, colegiada, a formação técnica, competências regulatórias e a impossibilidade de recursos hierárquicos impróprios; sendo que apenas a conjugação destes elementos resultará na conceituação de uma entidade como agência reguladora independente (*op. cit.*, p. 10).

Em um contexto de escassez, é insustentável que o Estado dirija recursos para atividades econômicas que podem muito bem manter-se com a iniciativa privada, liberando receita para atividades socialmente mais relevantes – é o caso da previdência complementar. Todavia, isto não significa deixar o serviço ou atividade submetida aos ditames privados, mas atuar na regulação que corrija eventuais falhas de mercado.

A maior importância do Executivo é justificável nesta concepção de Estado contemporâneo, já que a primazia do Legislativo era um atributo típico do Estado liberal-burguês, mais comprometido com a liberdade individual e a propriedade. Sem embargo, isso não significa a restrição à participação popular, que será fixada por outros meios, estimulando a democracia deliberativa, seja por meio de audiências públicas, consultas populares ou mesmo formação de colegiados visando o controle da ação governamental. Afinal, o Estado Democrático de Direito faz com que a *regulação estatal desça do pedestal*, tornando-se mais humana.[9] Todavia, como se verá, isso não implicará, necessariamente, a adoção de modelos colegiados de gestão e direção, os quais, frequentemente, formam fóruns de manutenção de privilégios e construção de agendas particularistas e, naturalmente, também não exclui a participação do Legislativo na fixação de diretrizes nacionais.

Enfim, a regulação, ao contrário do que afirma a retórica de palanque nacional, não implica a delegação da atividade estatal para agentes privados ou a adoção de teorias neoliberais, mas sim o reconhecimento que o agir estatal deve, preponderantemente, guiar-se por normas de conduta fixadas pelo Legislativo e Executivo visando corrigir ou atenuar falhas existentes. Tal sistema, como se verá, poderá ou não adotar entidades autônomas, como agências reguladoras, para seu desenvolvimento – este aspecto não é o principal.

Diante de tais linhas, já se pode afirmar que a atividade regulatória não implica o retorno ao Estado mínimo, descompromissado com as garantias sociais e as imperfeições do mercado, nem necessariamente com a ausência de participação ativa na atividade produtiva.

Todavia, se há tamanha inabilidade estatal na gestão da coisa pública, ainda haveria espaço para o Estado além das suas funções típicas? Não estaria o mercado – e, por conseguinte, a previdência e seus recursos – melhor regulado pela sua *mão invisível*?

---

9 Cf ARAGÃO, Alexandre dos Santos. *Agências*..., p. 113. Todavia, como se verá, tais colegiados não devem possuir competência decisória, especialmente em matéria previdenciária. O tema da legitimidade democrática é melhor desenvolvido adiante.

5.3. POR QUE REGULAR?

Admitida a impossibilidade de o Estado assumir, sozinho, o encargo do bem-estar social, há quem defenda a posição extrema, de ordem libertária, com o desenvolvimento da vida digna com base em mecanismos de mercado.[10] Ou seja, em países que adotam a liberdade de mercado, como o Brasil, há real motivo para a ação regulatória do Estado? Os eventuais conflitos não seriam melhor resolvidos pelo mercado?

Em tal acepção, a melhor regulação seria aquela feita pelos próprios interessados na prestação do serviço – em matéria previdenciária, pelos segurados e dependentes que tem mais a ganhar com um sistema eficiente e probo. Sem embargo, trata-se de visão certamente ingênua, pois ignora, entre outros problemas, a grande probabilidade de domínio por alguns grupos, que priorizarão seus interesses pessoais em detrimento da maximização da proteção social.

Os argumentos contrários ao Estado mínimo e em favor da ação regulatória são fundados em três premissas. Primeiro, o Estado mínimo, prevendo direitos elementares à liberdade e propriedade, traz diversas consequências necessárias na fixação de poderes, direitos e mesmo a riqueza. Sua concepção não é neutra. A pretensão de ser *mínimo* é claramente errônea, pois *a omissão já é uma opção*, trazendo suas consequências. O argumento da limitação estatal como garantia de funcionamento de um *sistema puro* é, claramente, oblíqua.[11] Como afirma Joseph Stiglitz, *o mercado neoliberal fundamentalista*, como chama, *foi sempre uma doutrina política a serviço de certos interesses. Nunca recebeu o apoio da teoria econômica. Nem, agora fica claro, recebeu o endosso da experiência histórica.*[12]

Em segundo lugar, condutas compulsórias impostas pela ação regulatória do Estado resolvem situações que demandam coordenação coletiva, as quais dificilmente seriam estabelecidas naturalmente. A proteção ao meio ambiente é um exemplo típico – para uma pessoa que tenha sua vista prejudicada por uma árvore junto a sua janela, a derrubada da árvore seria uma opção racional. Daí a ação regulatória impondo a obediência

---

10   Como arauto deste ponto de vista, ver NOZICK, Robert. *Anarchy, State and Utopia*. New York: Basic Books, 1974.
11   Cf. SUNSTEIN, Cass R.. *After the Rights, op. cit.*, p. 45. Da mesma forma, aponta ARAGÃO, Alexandre Santos que, *se por um lado, o mercado é decorrência natural e espontânea do dinamismo social, por outro, é uma criação jurídica,* vez que apenas pode se desenvolver caso existam os veículos e as garantias jurídicas necessárias (*Agências...*, p. 21).
12   O Fim do Neoliberalismo?, *O Globo*, 16/06/2008, p. 07. A afirmativa mostra-se especialmente verdadeira com a atual crise dos mercados em razão da inadimplência das eufemisticamente chamadas apólices *sub-prime* do mercado imobiliário norte-americano, que demandou forte intervenção estatal.

a critérios de preservação do meio ambiente, em prol da coletividade e mesmo de gerações futuras.[13]

Tal condição é também encontrada em matéria previdenciária, na qual a miopia individual impõe o ingresso coercitivo no sistema, haja vista a prioridade da maioria pelo consumo presente em detrimento do consumo futuro. Pode não parecer, mas há aqui um exemplo de ação regulatória estatal.[14]

Em terceiro lugar, as opções individuais nem sempre devem ser respeitadas. Isso é de especial importância nas situações em que as pessoas têm um conhecimento imperfeito sobre determinado assunto – como um alimento altamente cancerígeno que deve ser afastado do consumo – ou mesmo por condutas que sejam claramente injustas, contrárias ao regime democrático ou mesmo atentatórias a direitos fundamentais.

A regulação não é uma espécie de apropriação da função legislativa, pois é feita nos estritos limites da lei, que delega determinadas matérias ao Executivo, já que este é dotado de *expertise* sobre a matéria.[15] O possível déficit democrático pode e deve ser suprido pela regulação mínima do legislador,[16] evitando delegações excessivas,[17] assim como pela possibilidade de participação popular (inclusive dos interessados), na formulação das políticas concretas regulatórias (e não necessariamente na gestão). Afinal, quanto maior o número de interessados, menor a chance de captura.[18]

---

13 Cf. SUNSTEIN, Cass R. After the Rights, op. cit. p. 45. Como afirma o autor "*ironically, coercion is necessary to allow people to achive what they want*" (*op. cit., loc. cit.*).

14 SUNSTEIN, Cass também define a miopia como *a refusal – because the short-term costs exceed the short-term benefits – to engage in activity having long-term benefits that dwarf long-term costs* (After the Rights., op. cit., p. 65). Sobre a miopia aplicada ao contexto previdenciário, ver THOMPSON, Lawrence. *Mais Velha e Mais Sábia – A Economia das Aposentadorias Públicas*. Washington, DC: Instituto Urbano, 1998.

15 Como afirma BINENBOJM, Gustavo, "com efeito, naqueles campos em que, por sua alta complexidade técnica e dinâmica específica, falecem parâmetros objetivos para uma atuação segura do Poder Judiciário, a intensidade do controle deverá ser tendencialmente menor. Nestes casos, a *expertise* e a experiência dos órgãos e entidades da Administração em determinada matéria poderão ser decisivas na definição da espessura do controle. Há ainda situações em que, pelas circunstâncias específicas de sua configuração, a decisão final deve estar preferencialmente a cargo do Poder Executivo, seja pelo seu lastro (direto ou mediato) de legitimação democrática, seja em deferência à legitimação alcançada após um procedimento amplo e efetivo de participação dos administrados na decisão" (*Uma Teoria do Direito Administrativo..., op. cit.*, p. 41). Todavia, como lembra este autor, isso certamente não implica uma *deslegalização*, colocando o ente regulador fora do Estado de direito (*Agências Reguladoras Independentes..., op. cit.*, p. 98). O tema será melhor desenvolvido adiante.

16 É inevitável que o legislador venha fazer alguma análise de custo *versus* benefício, dentro de uma ponderação, de modo a definir o quanto se deve disciplinar em lei e o quanto delegar em matéria regulatória. Neste sentido, ver JURUENA, Marcos (*op. cit.*, p. 252). Neste contexto, BREYER, Stephen afirma que a eficiência e a equidade frequentemente conflitam quando da definição regulatória (*op. cit.*, p. 346).

17 Como critica SUNSTEIN, Cass, algumas questões demandam uma opção política que não devem e nem podem ser substituídas por critérios tecnocráticos (*After the Rights...*, p. 97).

18 O tema da captura é melhor desenvolvido adiante.

A ação regulatória também permite superar pré-compreensões equivocadas sobre os mais diversos temas. Isso pode parecer uma restrição à liberdade individual, mas é fato incontroverso que o ser humano, especialmente nos dias atuais, é confrontado com tamanha gama de informações a ponto de estabelecer *atalhos mentais* como forma de acelerar suas opções e conduzir sua vida. Há uma necessidade humana de atribuir valores, a qual, devido à escassez de tempo e informação, acaba por criar a rotina de *rotular pessoas e situações*.[19]

Quando tal aferição prévia é feita muito extensamente, pode chegar mesmo a comprometer a racionalidade do agente, que não identificará questões óbvias a sua frente.[20] Em matéria previdenciária tal reserva é especialmente visível, haja vista o conhecimento imperfeito ou mesmo ignorado por grande parte da população (é fato notório que a maioria da população brasileira desconhece, por exemplo, a natureza contributiva da previdência social e sua desvinculação do serviço público de saúde).

Daí também a importância da apresentação, junto à sociedade, por parte do gestor previdenciário, dos preceitos vigentes e eventuais mudanças normativas. A partir do momento em que a população tenha um conhecimento adequado do sistema previdenciário, poderá a ação estatal ser mitigada. A importância do agir regulatório é diretamente proporcional à ignorância da população sobre determinada matéria. As pessoas fazem escolhas diferentes dentro das mesmas opções, a depender de como sejam apresentadas.[21]

Opções pretensamente mais racionais somente podem ser obtidas por pessoas mais *experimentadas* na matéria objeto de análise. As experiências de laboratório, ao medir as opções racionais das pessoas, frequentemente tendem a produzir resultados oblíquos, pois colocam pessoas ordinárias em situações extraordinárias, em contextos fora de suas realidades.[22]

---

19 Cf. BRAFMAN, Ori & BRAFMAN, Rom. *Sway – The Irresistible Pull of Irrational Behavior*. New York: Doubleday, 2008, p. 50.
20 Cf. BRAFMAN, Ori & BRAFMAN, Rom. *Op. cit.*, p. 51. Afirmam os autores que, ao atribuirmos qualidades distintas a situações idênticas, acabamos por aceitar distinções que, em verdade, não existem. Da mesma forma, tendemos a acreditar e adotar como premissas informações arbitrárias, sem confirmação, como meio de atalho (p. 92), o que também gera uma conhecida tendência de ignorar dados que contradizem nosso diagnóstico inicial (p. 94). Ironicamente, os autores afirmam que Shakespeare estava errado, pois uma rosa, com outro nome, tem sim um odor distinto... (*op. cit.*, p. 57).
21 Cf. HARFORD, Tim. *The Logic of Life – The Rational Economics of an Irractional World*. New York: Random House, 2008, p. 15.
22 Cf. HARFORD, Tim. *Op. cit.*, p. 17. Sobre este interessante aspecto, o autor justifica, com razoável sucesso, os resultados infrutíferos com pessoas comuns em atípicos exemplos envolvendo escolhas visando a maximização do ganho, mediante aplicação da teoria dos jogos. Quando a sistemática é aplicada junto a pessoas *experimentadas* no assunto, os resultados são bastante previsíveis. Todavia, critica a sistemática da teoria dos jogos, pois frequentemente parte da premissa de que os agentes são dotados de intelecto superior, mas ser racional não significa ser brilhante (*op. cit.*, p. 20). Daí a teoria dos jogos ser, com

Por isso ações irracionais podem surgir quando pessoas são colocadas em situações desconhecidas,[23] como a opção por um fundo previdenciário. Quanto mais informação, maior a racionalidade de ação, mas isso só ocorre nas situações em que nos motivamos a estudar,[24] o que certamente não é a regra quanto a questões previdenciárias, pelo descrédito do sistema público, em conjunto com a sistemática alteração normativa, com regras de difícil compreensão, e a gama cada vez maior de planos de previdência complementar, com sistematização também complexa.

Talvez com um maior grau de educação previdenciária, possa a ação regulatória previdenciária ser reduzida a um mínimo, mas dificilmente deixará de existir, pois, ainda que o conhecimento geral seja aumentado, as opções existentes crescem tanto quanto ou mais rápido.

Cada vez mais cedo temos de fazer escolhas ao longo da vida, arcando com as consequências – boas ou ruins – de nossas preferências. Todavia, em uma sociedade cada vez mais complexa e com cada vez mais opções colocadas à nossa frente, uma ajuda – estatal ou não – na escolha da opção mais adequada é, sem dúvida, razoável.[25]

Por mais estudioso e atento que esteja às alterações da sociedade (pós) moderna, é impossível que um indivíduo domine todas as opções existentes. Algumas são de risco mínimo (como a escolha de marca de refrigerante), outras, de grande relevância (como formar uma reserva financeira para a manutenção na velhice). O ideal é que tenhamos o respeito às opções de cada um, mesmo que consideradas inferiores, mas haja algum estímulo para aquelas que, na concepção formada em um ambiente democrático, sejam adequadas. A assimetria do conhecimento já possui efeitos negativos conhecidos até na saúde individual.[26]

Não se deve entender a afirmativa anterior como se algum ente, estatal ou não, tivesse um ônus de escolher a opção mais correta, em contrariedade ao ideal republicano de liberdade para os projetos de vida individuais, mas tal encargo estatal surgiria nas hipóteses em que uma escolha se faz necessária e o agente propagador destas opções pode (e deve) indicar,

---

frequência, insuficiente, pois ignora outros aspectos de ordem até psicológica que influem na ação humana (op. cit., p. 30), além de limitar sua análise, frequentemente, a uma lógica binária igualmente inapropriada (op. cit., p. 38). Conclui, com razão, que a teoria dos jogos é altamente falível quando o oponente é inferior tecnicamente (op. cit., p. 40).

23 Cf. HARFORD, Tim. Op. cit., loc. cit.
24 Cf. HARFORD, Tim. Op. cit, p. 28.
25 Neste sentido, ver THALER, Richard H. & SUNSTEIN, Cass R. Nudge – Improving Decisions About Health, Wealth and Happiness. Michigan: Yale Press, 2008. Daí a razão de uma ajuda, ou um "empurrãozinho" (nudge) para que possamos seguir um melhor caminho, especialmente devido ao déficit de informação que permeia a sociedade atual.
26 Cf. POWERS, Madison e FADEN, Ruth. Op. cit., pp. 108 a 110.

dentro de critérios claros, qual caminho entende mais razoável. Devemos ter em mente que não existe *design* totalmente neutro.²⁷

No aspecto estritamente previdenciário, a regulação também possui fundamentos adicionais, pois a ampla gama de interesses políticos, econômicos e de classe, em geral, tendem a comprometer a racionalidade atuarial do sistema, impedindo adequações necessárias e criando ambiente político desfavorável a reformas. Neste sentido, há uma regulação do próprio Estado por meio de órgão regulador.

Por fim, ainda que a ação humana fosse sempre racional, a regulação ainda far-se-ia necessária, pois a racionalidade da conduta não significa, necessariamente, que o resultado seja algo venturoso. Como se sabe, até criminosos atuam com racionalidade, ampliando ou refreando sua conduta delituosa de acordo com a (in)certeza da punição. Como aponta Tim Harford, um *mundo racional não é necessariamente bonito*.²⁸

5.4. REGULAÇÃO PREVIDENCIÁRIA
5.4.1. Compatibilidade com o Estado Democrático de Direito

Além do já exposto, é também acertado afirmar que a origem da regulação não foi fundada somente em motivos nobres, mas há um reconhecimento da doutrina especializada que esta frequentemente surge como meio de isolar os centros de decisão, imunizando-os frente às novas maiorias. Há mesmo análises estatísticas que comprovam que o insulamento da gestão é quatro vezes maior quando um grupo político fraco está no poder.²⁹

Ou seja, a regulação pode envolver uma autolimitação no curto prazo para o grupo governante, mas seria um preço a ser pago pela limitação de longo prazo dos grupos políticos contrários;³⁰ uma forma de impor determinadas premissas a grupos políticos antagônicos, que não poderiam desfazer as ações concretizadas.

---

27 Cf. THALER, Richard H. & SUNSTEIN, Cass R.. *Op. cit.*, p. 03. Os autores defendem aqui a criação de um *paternalismo libertário*, o qual, não obstante a aparente contradição terminológica, seja capaz de respeitar as opções individuais, ainda que claramente prejudiciais (*e.g.* fumar), mas, ao mesmo tempo, proporcionar todos os meios para que a escolha mais adequada seja eleita (*e.g.* propaganda contra o fumo). Por óbvio, a eleição do que seria a opção mais adequada nem sempre será fácil, mas deve-se reconhecer que a argumentação é pertinente em diversos casos, como na previdência social, situação na qual o paternalismo prepondera sobre o libertário, impondo mesmo uma restrição ao direito individual da pessoa em não se filiar ao sistema, com norma cogente de ingresso compulsório a partir da atividade remunerada.

28 *Op. cit.*, p. 29. Como lembra o autor (em sintonia com Cass Sunstein), o vício pode ser qualificado como racional, pois os viciados calculam que o prazer pode ser superior à dor (*op. cit.*, p. 53).

29 Cf. GILARDI, Fabrizio. *Delegation in the Regulatory State – Independent Regulatory Agencies in Western Europe*. Cheltenham: Edward Elgar, 2008, p. 48.

30 Cf. GILARDI, Fabrizio. *Op. cit.*, p. 125.

Em tal contexto, muito frequente na realidade atual, a regulação traz um potencial conflito com a democracia. Sem embargo, a ausência de instrumentos regulatórios não incrementa, necessariamente, a democracia, pois grupos de poder adotam instrumentos dos mais variados para a perpetuação no poder e controle das minorias contrárias.

A expectativa do insulamento da gestão, inclusive no âmbito político, também possuía a proposta de imunização frente aos interesses corporativistas. Como afirma Paulo Todescan, a defesa da criação das agências reguladoras esteve essencialmente fundada na *crença de que o insulamento burocrático e especializado das agências em face da prática política no plano do Poder Legislativo seria essencial para garantir a regulação mais eficiente de setores da economia norte-americana.*[31]

Em grande medida, o afastamento de determinados centros de decisão possui o condão de assegurar racionalidade mínima e celeridade necessária a determinadas decisões, seja na seara econômica ou social. Sem dúvida o instrumento regulatório não é perfeito – como a própria democracia – mas cumpre algum papel de garantia das regras do jogo.

Tal estabilidade da gestão é particularmente desejável quanto há quantitativo elevado de pessoas e entidades com poder de veto, legal ou fático (*veto players*) no processo, os quais, na impossibilidade do consenso, tornam mais complexo o modelo clássico gerencial do Estado, com impasses dos mais variados e lentidão em matérias que exijam ação breve, como a readequação de regimes previdenciários desequilibrados.

Esta última realidade é especialmente pertinente ao caso brasileiro, haja vista a diversidade exagerada de partidos políticos que impõe a obrigação do governante em elaborar complexas coalizações, as quais demandam tempo, dinheiro e raramente alcançam o resultado adequado.[32] Em alguma medida, a regulação dotada de autonomia pode ser vista como o reconhecimento da precariedade do sistema político vigente.

No caso particular da regulação social, o tema também se apresenta com real gravidade, pois, além do aspecto político, há a luta de segmentos da sociedade em preservar vantagens e direitos variados, ainda que em prejuízo de terceiros. O embate é tipicamente observado na previdência

---

31 P. 85.

32 Os *veto players* são definidos como atores cuja concordância é necessária para mudar o estado atual. Podem ser oriundos das instituições estatais, como a Corte Constitucional, o Parlamento, ou mesmo os eleitores. Sem embargo, a doutrina especializada não chegou a um consenso sobre a possível utilidade de muitos *veto players* no processo político, especialmente quando confrontando a questão dos bancos centrais. Sobre o tema, ver GILARDI, Fabrizio. *Op. cit.*, pp. 50 e 125.

social brasileira, na qual idosos e servidores públicos formam obstinados grupos de *veto players*, impondo obstáculos a mudanças e prejudicando classes sub-representadas, como crianças e adolescentes, ainda que estes possuam prioridade absoluta na Constituição de 1988.

É importante, todavia, ressaltar que a existência de *veto players* é algo inerente e mesmo desejável no regime democrático, especialmente pelo seu potencial racionalizador do debate e, portanto, não se critica sua existência, mas somente a amplitude exagerada, que pode anular os centros de decisão no regime democrático, em especial, o Poder Legislativo. A divergência é, tão somente, pelo grau da influência de determinadas classes em detrimento de outras.

No entanto, mesmo em realidades como a nacional, a regulação exagerada pode chegar a um impasse, especialmente quando pretende anular novas perspectivas da sociedade. O equilíbrio é necessário, pois as eventuais falhas do regime democrático não podem significar a criação de uma *democracia de fachada*, na qual as decisões efetivamente relevantes são afastadas daqueles democraticamente eleitos, que restariam limitados a um papel meramente figurativo, enquanto a gestão ficaria a cargo da *inteligentzia* estatal.

Neste aspecto, tem relevância o movimento da *new left*, que ataca o insulamento das agências, em defesa do ideal de participação pública,[33] que tem um papel dúplice de grande relevância: funciona como mecanismo anticaptura, trazendo à público as decisões tomadas e os beneficiados por elas, além de democratizar a regulação, compatibilizando-a ao regime do Estado Democrático de Direito.

Mesmo em tais circunstâncias, não se deve optar pelo erro dialético de uma *desregulação*, mas sim em uma *nova regulação*, com eventual redução da centralização das decisões nas agências, abrindo maior margem de ação ao Executivo e mesmo no controle pelos cidadãos, mediante participação pública e revisão judicial.

Ademais, além de evitar o insulamento exagerado, o modelo regulatório, de forma a preservar a democracia, impõe a necessidade de fundamentação clara, precisa e abrangente das decisões das agências ou entidades independentes, como forma de legitimar sua atuação,[34] impondo pesado ônus argumentativo quando forem tomadas decisões contrárias as expectativas da maioria da população. Todavia, alcançar o equilíbrio entre

---

33   Cf. MATTOS, Paulo Todescan Lessa. *Op. cit.*, p. 89.
34   Cf. MAJONE, Giandomenico, *op. cit.*, pp. 77-8. Aponta o autor a eficiência também como um critério legitimador da delegação (p. 80).

a autonomia da gestão regulatória e a responsabilização das entidades é ainda um desafio.[35]

A previdência social não fica alheia a este debate. Muito embora o debate nacional, em matéria regulatória, tenha se limitado a questões relativas a direito do consumidor e serviços públicos típicos, é questão de tempo o matiz regulatório subjugar a proteção social.

5.4.2. Afinidade do Modelo Regulatório com o Sistema Previdenciário – Legitimação Democrática e Limites à Delegação Legislativa

As falhas de mercado podem justificar a ação regulatória, mas o que dizer da matéria previdenciária? Deve-se, inicialmente, reconhecer o *status* de *serviço público social* da previdência, ao lado da saúde e assistência social.[36] A gestão estatal do sistema básico, que é compulsório, expõe sua relevância pública e demanda não só a ação estatal concreta, mas também forte regulação no setor, incluindo a previdência complementar.

Aqui a ação estatal é também justificada pela necessária garantia dos direitos sociais. Por exemplo, uma empresa poderia oferecer maiores salários para aqueles que se submetessem ao trabalho sem cobertura previdenciária – certamente muitos aceitariam, especialmente os mais jovens e os com dificuldade de ingresso no mercado. Daí a necessidade de certas garantias serem inalienáveis.[37]

---

35 Cf. SCOTT, Colin. Responsabilização no Estado Regulador. In: *Regulação Econômica e Democracia – O Debate Europeu*. Paulo Todescan L. Mattos (coord.), Diogo R. Coutinho, Jean Paul Cabral Veiga da Rocha, Mariana Mota Prado, Rafael Oliveira (org. e trad.). São Paulo: Singular, 2006, p. 87. Como aponta o autor, *o controle implica o envolvimento* ex ante *em uma decisão e a responsabilização diz respeito unicamente à supervisão* ex post. No entanto, como critica o autor, a possibilidade de responsabilização posterior, por óbvio, implica um controle prévio indireto, sendo daí institutos interdependentes. Defende daí a ideia de um controle *lato sensu* (pp. 88 e seguintes). Em matéria de valores sociais, prevê a possibilidade de responsabilização junto a Tribunais e revisão das decisões por processos de reclamação, na visão de responsividade ascendente e horizontal, respectivamente. Em matéria previdenciária, além dos Tribunais (responsabilização ascendente), há a ouvidoria do INSS e o Conselho de Recursos da Previdência Social (CRPS) (responsabilização horizontal). Este último tem papel legitimador relevante, pois é dotado de composição paritária, com representantes não só de governo, mas também de empresas e trabalhadores. O ideal é a responsabilização nas três dimensões – legislativa, judiciária e administrativa, ampliando a *accountability*. A interdependência e a redundância de controles tendem a trazer maior eficácia e mesmo apontar eventual captura.

36 É sabido que o conceito de serviço público é dos mais controvertidos, mas é razoável que tais atividades, especialmente frente à Constituição brasileira, a qual expressamente prevê um *serviço público de saúde* (art. 196), sejam assim enquadradas. Sobre o tema, ver JUSTEN FILHO, Marçal. *Curso de Direito Administrativo*. Rio de Janeiro: Saraiva, 2005, p. 499 e ARAGÃO, Alexandre dos Santos. *Direito dos Serviços Públicos*. Rio de Janeiro: Forense. 2007, pp. 181 e seguintes.

37 Cf. SUNSTEIN, Cass R.. *After the Rights...*, p. 55. Como afirma o autor, *because of the collective action problem, regulatory statutes must make the relevant rights inalienable. If workers are left free to trade these rights, the collective action problem will materialize. Labor markets create a prisoner's dilemma that is soluble only through governmental action* (*op. cit.*, *loc. cit.*).

Embora haja razoável consenso sobre a necessidade do controle estatal da previdência,[38] não há harmonia quanto à abertura para a gestão descentralizada, com participação dos interessados. Por exemplo, para Bruno Palier, a gestão previdenciária deve manter-se preponderantemente estatal, mas sem ingerência de entidades de classe, pois o sistema de proteção social no qual o Estado controla diretamente os dispositivos sociais, como no Reino Unido, seria mais eficaz na redução de custos.[39] O autor citado faz uma crítica ao sistema francês, no qual os sindicatos sempre tiveram voz ativa e participação direta no gerenciamento do sistema protetivo, situação que se mostrou desastrosa, especialmente pela irresponsabilidade fiscal, haja vista a ausência de uma entidade ou pessoa responsabilizável.[40] Exemplo claro de captura.

A experiência do sistema francês expõe o potencial resultado desastroso de uma gestão paritária em larga escala, mas é certo que alguma ação colegiada deva ser admitida no gerenciamento do regime protetivo, especialmente no sistema pátrio, o qual, tradicionalmente, sempre foi estanque às reivindicações de entidades não participantes do núcleo estratégico do governo. Ademais, a gestão democrática e descentralizada é preceito constitucional (art. 194, parágrafo único, inc. VII), podendo mesmo ser qualificado como direito fundamental.[41] Como também já foi dito, a participação popular é o melhor meio de suprir o déficit democrático do modelo regulatório, além de reconhecer a jusfundamentalidade do direito à participação.[42]

No arquétipo construído pela Constituição, todavia, deve-se atentar que a participação de trabalhadores, empregadores e aposentados não deve limitar-se a audiências públicas e elaborações de sugestões e estudos, à semelhança de um *amicus curiae administrativo*, mas sim como participante

---

38 Embora exista um modelo previdenciário totalmente privado no Chile, isso não exclui a regulação estatal no seu controle e, ademais, é um modelo isolado no mundo, à exceção do Cazaquistão. Neste sentido, ver MESA-LAGO, Carmelo. *Reassembling Social Security, op. cit.*, p. 28.

39 Cf. PALIER, Bruno. *Gouverner la Sécurité Sociale – Les Reformes du Système Français de Protection Sociale Depuis 1945.* Paris: PUF, 2005, p. 381.

40 Cf. PALIER, Bruno. *Op. cit.*, pp. 379 a 381. O mesmo autor aponta a gestão paritária, na maioria das vezes, como mera fachada para desenvolvimento de projetos políticos, defendendo expressamente uma ação regulatória unificada pelo Estado (*op. cit.*, p. 385). No mesmo sentido, apontando a necessidade de gestão unificada, ver SUNSTEIN, Cass, *After the Rights...*, p. 379.

41 Cf. ARAGÃO, Alexandre dos Santos. A Legitimação Democrática das Agências Reguladoras. In: *Agências Reguladoras e Democracia, op. cit.*, p. 11. Sobre o tema, em matéria securitária, ver BALERA, Wagner. *Sistema de Seguridade Social.* São Paulo: LTR, 2000.

42 Sobre o direito à participação como dotado de jusfundamentalidade, atuando como terceiro grupo, em conjunto com o aspecto prestacional e de defesa, ver SARLET, Ingo Wolfgang. *A Eficácia dos Direitos Fundamentais, op. cit.*, p. 164. Para o autor, o direito à prestação não se limita a prestações materiais, mas também é dever de proteção de posições jurídicas e mesmo participação na organização e procedimento (*op. cit.*, p. 187).

efetivo. Resta a dúvida de como compatibilizar este mandamento constitucional com a possível captura do regime por grupos particulares, como aconteceu na França e é uma realidade no sistema nacional.

A participação popular deve ser respeitada, mas sua maior efetividade estará no âmbito de controle, fiscalização e criação de estratégias gerais, e não necessariamente no gerenciamento. Neste contexto, a deliberação democrática é respeitada, especialmente pelo seu efeito racionalizador, além de impor o dever da fundamentação necessária das decisões regulatórias.

Por isso a ação regulatória na previdência social não implicará a expulsão das entidades de classe do cenário político, mas tão somente a fixação do seu efetivo papel, que é, além de orientar e sugerir melhorias no sistema, efetuar o controle finalístico do sistema e mesmo eventual poder de veto em algumas situações previstas em lei, mas sem poder de gestão efetivo, evitando-se assim a captura do sistema por partidos políticos e entidades compromissados com uma agenda política particularista.

Daí a necessidade de ação regulatória estatal, com a clarificação das responsabilidades.[43] No entanto, ressalte-se, há de se reconhecer o exagero na exclusão sistemática da participação popular das esferas de poder, sobretudo pelos argumentos apocalípticos de que esta é, frequentemente, irracional, notadamente no que diz respeito ao aumento de tributos e restrição de direitos. Ao assumir a consciente posição de responsável pela decisão e consciencioso de seus efeitos, a responsabilidade impõe uma adequação de conduta, que ainda justifica e dá fé à ação democrática.[44] ao menos no que diz respeito à fixação de diretrizes e escolhas fundamentais dentro de uma realidade de escassez orçamentária. Deve o sistema brasileiro buscar o equilíbrio ideal.

A ressalva é importante, pois a regulação social, incluindo a previdenciária, já sofre com um excesso de centralização dos centros de decisão, nos quais a participação é restrita a tecnocratas que, muito embora sejam dotados, no caso brasileiro, de reconhecida capacidade técnica, não possuem condições de observar todas as peculiaridades envolvidas e atender interesses legítimos de minorias que, não raramente, são deixadas de lado, gerando, inclusive, uma sobrecarga de demandas judiciais.

---

43 Cf. PALIER, Bruno. *Op. cit.*, p. 388. O autor aponta que na França houve um consenso da atribuição decisória do Estado, descartando os sindicatos do centro de decisões (*op. cit.*, p. 395). Como reconhece, a limitação da lei francesa ao poder das Caixas Previdenciárias tem íntima relação com a ideia de ação regulatória. Se um dos berços do Estado Social tem assumido esta realidade, por que não o Brasil? (*op. cit.*, p. 398).

44 Como bem afirma SUNSTEIN, Cass, *the choices people make as political participants are different from those they make as consumers* (*After the Rights...*, p. 57).

Acredito que, para propiciar maior estabilidade a uma eventual reforma regulatória, o Brasil deverá seguir a estratégia da reforma francesa, não necessariamente no conteúdo, mas no seu andamento, a qual deu preferência a alterações constitucionais. Na reforma francesa de 1996, algumas questões relevantes foram constitucionalizadas, e dificilmente seriam aceitas dentro de qualquer outro meio normativo. Tal reforma evidenciou o maior poder estatal na regulação previdenciária, estabelecendo a expressa necessidade de custeio prévio ao benefício.

É certo que esta obra traçou crítica à elevada constitucionalização formal do direito previdenciário brasileiro e, aqui, ao se defender inserções constitucionais, parece haver contradição de ideias. No entanto, a mesma é aparente, pois a ideia nunca foi extirpar o tema da Constituição, mas somente inserir o que é relevante e necessário como forma de vinculação das maiorias de ocasião, como a necessidade de equilíbrio do sistema e novas premissas gerais de organização e funcionamento, incluindo um arcabouço de modelo regulatório.

A gestão exclusivamente paritária da previdência social apresenta também uma feição também anacrônica, seja devido à amplitude cada vez maior do mercado informal (que demandaria novos representantes, nem sempre identificáveis), além do custeio mais amplo necessário a esta nova visão do sistema, pois não há somente empregados cobertos, o que revela a limitação da contribuição sobre folha de salários.[45] Neste contexto, os sindicatos não seriam os únicos com direto de representar os interessados, carecendo de legitimidade, pois os empregados representam somente parte – cada vez menor – da clientela.[46]

A participação popular e o respeito às competências privativas do Legislador é particularmente relevante na definição das estratégias gerais, as quais determinam certas opções necessárias, como, por exemplo, em matéria previdenciária, a adoção de um modelo predominantemente bismarckiano ou beveridgiano. No entanto, no estabelecimento e controle das especificidades do modelo genericamente tipificado[47] em lei, caberia a

---

45 Daí PALIER, Bruno defender um alargamento da base contributiva, dando preferência cada vez maior aos impostos, com a consequente falibilidade da ideia de benefício previdenciário como salário diferido, caminho que foi efetivamente trilhado na França desde 1995 (*op. cit.*, p. 386).

46 Embora o PNAD de 2009 tenha apresentado um aumento da mão de obra formal, o índice nacional de formalização do trabalho fica pouco acima da metade. As entidades de classe tradicionais representam, portanto, metade dos trabalhadores brasileiros. Ver dados em http://www.ibge.gov.br/home/estatistica/populacao/trabalhoerendimento/pnad2009/default.shtm.

47 Aqui a menção ao *tipo legal* é feita em sua correta acepção, isto é, aqueles que, na acepção de LARENZ, Karl, *contém uma pauta de valoração que carece de preenchimento e que só na sua aplicação ao caso particular pode ser plenamente concretizada. (...) Por isso, a jurisprudência é tanto no domínio prático (o da "aplicação do direito") quanto no domínio teórico (o da "dogmática"), um pensamento em grande*

alguma entidade dotada de autonomia as ações de conformação concreta, a partir das opções legislativas que foram feitas, especialmente quando impliquem em restrições de direitos.

Por exemplo, no caso previdenciário, a Constituição expressamente prevê a necessidade de o modelo previdenciário buscar o equilíbrio financeiro e atuarial, além de atender outros quesitos (art. 201). Contudo, o legislador poderá conformar os ditames constitucionais dentro de diversos modelos possíveis, com maior ou menor vinculação aos paradigmas existentes. Tal opção necessariamente recai sobre o legislador, mas isso certamente não exclui a possibilidade (ou mesmo necessidade) de delegar ao Executivo a fixação de detalhes diversos, ou até mesmo requisitos de elegibilidade do benefício, com base em conceitos indeterminados ou cláusulas abertas.[48]

É certo, também, que tal procedimento não pode tornar-se instrumento de burla ao regime democrático. Sabe-se que, na atualidade nacional, muitos projetos de lei e medidas provisórias têm, como origem, o Poder Executivo, o qual, frequentemente, adota conceitos indeterminados dos mais diversos, em uma legislação amiúde ininteligível, que é aprovada na íntegra, delegando ao mesmo Executivo a fixação de diretrizes específicas para a efetividade dos ditames legais.[49] Há aí um sistema mais elaborado de fraude à legalidade, o qual, ao invés de contrariar frontalmente a lei, sob pretexto de complexidade técnica, dá uma aparência de legitimidade ao procedimento, estabelecendo um *by-pass* legislativo.

Enfim, não se pode aceitar cegamente as delegações legislativas, pois estas somente serão válidas, em primeiro lugar, se o legislador fez a opção

---

medida orientado a valores (*Metodologia da Ciência do Direito*. Tradução de José Lamego. 3ª ed. Lisboa: FC Gulbekian, p. 299). A passagem é interessante já que também evidencia a tradicional confusão feita no Brasil entre *tipo* e *conceito*, em razão da má tradução da expressão germânica *tatbestand*. Para maiores detalhes, ver TORRES, Ricardo Lobo. In: *Curso de Direito Financeiro e Tributário, op. cit*, p. 108 e RIBEIRO, Ricardo Lodi. *Justiça, Interpretação e Elisão Tributária*. Rio de Janeiro: Lumen Juris, 2003, p. 32. Da mesma forma, reconhecendo o equívoco da expressão, ver DERZI, Misabel de Abreu Machado. *Direito Tributário, Direito Penal e Tipo*. São Paulo: RT, 1988, p. 56.

48 É neste sentido que se deve entender a afirmativa de SUNSTEIN, Cass, ao defender maior flexibilidade na regulamentação legal de matérias de elevado conteúdo técnico, mas não ao ponto de delegar ao Executivo as opções fundamentais que caberiam àquele, especialmente dentro dos *trade-offs* típicos da proteção social (*After the Rights...*, pp. 90 e 97). Cita o autor o exemplo da fixação da altura de chaminés em determinada localidade, o que implica um *trade-off* entre o bem-estar dos moradores das redondezas (demandando uma chaminé mais alta) frente aos interesses das cidades vizinhas, em razão, entre outros eventos, de chuva ácida (demandando uma chaminé menor). A escolha deve ser feita pelo legislador, não da altura da chaminé, mas da prioridade a ser dada (*op.cit.*, p. 97).

49 Esta crítica é especialmente desenvolvida por GARCÍA DE ENTERRÍA, Eduardo, ao tratar das leis dos ônibus, citando o exemplo de uma lei tributária na Espanha que foi aprovada contendo, em seu texto, parte da exposição informal de motivos, deixando à evidência que ninguém mais leu o texto após sua apresentação ao Parlamento (*Justicia y Seguridad Jurídica en un Mundo de Leyes Desbocadas*. Madrid: Civitas, 2000, p. 77).

cabível, sob pena de usurpação da atribuição constitucional do legislador ordinário. Deve existir um crivo de razoabilidade, pois a delegação adequada é aquela que, além de envolver aspectos técnicos complexos, é derivada de uma opção necessária do legislador. A relação de custo *versus* benefício deve ser perquirida inicialmente na atividade legislativa; não deve o parlamento omitir-se pelo receio de eventual ônus político, assim como o jurista não pode omitir-se a tais questões com o receio de ser taxado de utilitarista.

Não se pode ignorar que ponderar custos e benefícios é um atributo humano, derivado de sua racionalidade.[50] Não é razoável ou factível ignorar esta questão na avaliação de políticas públicas. Ademais, quando das escolhas públicas, sabe-se que as pessoas frequentemente adaptam suas condutas de acordo com a normatização vigente, de modo que o possível prejuízo seja amenizado pela adequação de comportamento do *status quo* legislativo. Pessoas racionais respondem a incentivos, muito embora o que eventualmente complica a análise é que o custo, repetidas vezes, não envolve somente dinheiro.[51]

A delegação ao Poder Executivo não alcança opções fundamentais, especialmente sobre quem deve arcar com o ônus inevitável das escolhas necessárias, que, por mais que visem o bem-estar, a redução das desigualdades e o respeito à dignidade da pessoa humana, inexoravelmente produzirão perdedores. A adoção do critério do ótimo de Pareto também é limitada, pois, ainda que ninguém fique em situação pior, nada impede que uma política social fidedigna a este conceito econômico amplie a desigualdade social. Ademais, há razoável consenso na impossibilidade de aplicação prática do ótimo de Pareto em políticas sociais, pois dificilmente alguém não ficaria em situação pior frente a situações de grande desigualdade. Os critérios de eficiência devem ser observados, não por juízos utilitaristas, mas como instrumento de garantia da maior dignidade possível, necessariamente integrados a critérios redistributivos.[52] Tais opções devem ficar a cargo do legislador, não só pela sua competência constitucionalmente prevista, mas pelo seu potencial racionalizador, dentro do contexto deliberativo que deve informar sua ação.

---

50 Neste sentido, ver HARFORD, Tim. *The Logic of Life, op. cit.*, p. 08.
51 Cf. HARFORD, Tim, *op. cit.*, p. 10. Como afirma o autor, pessoas racionais respondem a incentivos – quando se torna mais custoso (não só do ponto de vista monetário) alguma ação, buscamos outras opções (*op. cit.*, p. 09).
52 Como reconhecem os economistas, uma ação que vise à melhoria da população, ainda que parcial, sem prejudicar o resto, dentro da concepção do ótimo de Pareto, dificilmente conseguiria ser aplicada em matéria de bem-estar. Neste sentido, ver BROADWAY, Robin W. & BRUCE, Neil. *Welfare Economics*. Oxford: Blackwell, 1984, pp. 03-04.

5.5. FALHAS DE REGULAÇÃO – EFEITOS NO CONTROLE PREVIDENCIÁRIO

Muito embora, com base nas afirmações já delineadas, a ação regulatória previdenciária seja defensável, é importante reconhecer a existência de falhas no sistema, que não são desconhecidas da literatura especializada.

Sobre as críticas à regulação, cabe menção ao texto clássico de George J. Stigler.[53] Para ele, a regulação acaba por criar uma superestrutura estatal de dominação por determinadas categorias ou agentes econômicos em detrimento do interesse geral, que culminou com a conhecida *teoria da captura*.[54] Muito embora as críticas sejam contundentes e mesmo frequentemente verdadeiras, a experiência nos mostra, como aponta James Q. Wilson, que, apesar do risco de captura, a opção restante – redução do Estado e abertura para a regulação de mercado – acaba por submeter-se aos mesmos problemas e gerar os mesmos problemas.[55]

Não obstante o eventual exagero da teoria da captura, como efeito impeditivo de qualquer ação regulatória exitosa, é fato que essa patologia é frequente até mesmo em matéria de direitos sociais. Exemplo clássico é a regra de aposentadoria por tempo de contribuição no Brasil, benefício típico de classes mais abastadas, já que raramente é concedido a trabalhadores mais humildes, especialmente pela dificuldade destes de comprovar e mesmo atingir o tempo de 35 anos de contribuição para homem ou 30 anos para mulheres. Com isso, há flagrante *solidariedade às avessas* no sistema vigente, pois aqueles com maior poder econômico e intelectual aposentam-se ao redor dos 50 anos, enquanto os trabalhadores mais humildes, somente a partir dos 60.[56]

---

[53] The Theory of Economic Regulation. *The Bell Journal of Economics and Management Science*, v. 2, nº 1, 1971, pp. 3-21. Sobre a crítica à regulação, também merece destaque EPSTEIN, Richard A., ao afirmar que não há aparato estatal de grande escala que possa produzir decisões inteligentes (*Overdose – How Excessive Government Regulation Stifles Pharmaceutical Innovation*. New Haven: Yale Press, 2008, p. 239).

[54] A teoria foi posteriormente desenvolvida por Sam Peltzman, o qual conclui, com a concordância posterior de STIGLER, que a ação regulatória não necessariamente atenderá um único interesse econômico (Towards a More General Theory of Regulation. In: G. J. Stigler (Ed.). *Chicago Studies in Political Economy*, Chicago, Il: Chicago University Press, 1976, pp. 234-66).

[55] *Op. cit.*, pp. 9 e 10. Da mesma forma apontando lacunas na teoria da captura, ver POSNER, Richard. In: *Teorias da Regulação Econômica*. In: *Regulação Econômica e Democracia*. São Paulo: Editora 34, 2004, pp. 59 a 74.

[56] Esta falha poderia ter sido corrigida com a aprovação do limite de idade mínimo para fins de aposentadoria, que constava da Proposta de Emenda a Constituição que deu origem à EC nº 20/98, mas foi rejeitado em plenário. A criação do fator previdenciário foi um *remendo legislativo*. Para maiores detalhes, ver o meu *Curso de Direito Previdenciário*, 14ª ed. Niterói: Impetus, 2009. Sobre o tema, ver também TAVARES, Marcelo Leonardo. *Previdência e Assistência Social – Legitimação e Fundamentação Constitucional*. Rio de Janeiro: Lumen Juris, 2003.

Enfim, sem muito esforço, pode-se afirmar que a troca da mão invisível do mercado pela *mão visível do governo*[57] não se mostrou suficiente. Parte do problema foi exatamente conceber a regulação como uma panaceia social, o que trouxe fundamento para as críticas às teorias regulatórias e a mudança de foco das falhas do mercado para as falhas de regulação.[58]

Ou seja, muito embora a regulação tenha sua função na garantia da autonomia individual e do bem-estar, é fato que há falhas. Nestas, o custo da regulação é muitas vezes superior ao benefício obtido. O maior problema se apresenta nas hipóteses de falha em que o resultado da regulação é exatamente aquilo que ela pretendia evitar.[59]

Todavia, não será sempre fácil identificar uma falha de regulação, pois o que para alguns pode refletir uma conduta equivocada, para outros será uma regulação bem-sucedida. Uma regulação que se transforma em instrumento de transferência de riqueza para entes privados, sem qualquer atributo redistributivo ou de eficiência econômica, já pode, por definição, ser considerado um fracasso.[60]

Muitas vezes o problema é originário de uma má avaliação da situação ou informação inadequada. Isso é especialmente visível em legislações que atendem situações particulares com grande clamor popular, ou naquelas que demandam grande aparato técnico, como o cálculo atuarial, mas desconsiderado pelo legislador.

Outra questão aqui envolvida é a falta de flexibilidade da legislação regulatória, que frequentemente impõe padrões de conduta uniformes, sem levar em consideração diversas particularidades. Daí a especial importância do tema na legislação previdenciária, pois há diversas questões específicas que devem permanecer abertas à regulamentação administrativa (ninguém, por exemplo, esperaria que o legislador definisse, precisamente, como calcular o abono anual referente ao salário-maternidade da trabalhadora avulsa que tenha se afastado por acidente do trabalho durante o ano).

Muitas vezes a regulamentação falha por não ter relação adequada com outras normatizações regulamentadoras sobre o mesmo tema. O resultado

---

57 A expressão é de REICH, Norbert. A Crise Regulatória: Ela Existe e Pode Ser Resolvida? In: *Regulação Econômica e Democracia – O Debate Europeu*. Paulo Todescan L. Mattos (coord. e trad.), Diogo R. Coutinho, Jean Paul Cabral Veiga da Rocha, Mariana Mota Prado, Rafael Oliveira (orgs.). São Paulo: Singular, 2006, p. 19.
58 Cf. REICH, Norbert. *op. cit.*, p. 18.
59 Cf. SUNSTEIN, Cass. *After the Rights...*, p. 74.
60 Cf. SUNSTEIN, Cass. *After the Rights...*, p. 85.

é a inconsistência e incoerência da normatização.⁶¹ O caos legislativo em matéria previdenciária bem se enquadra nesta hipótese. Talvez devesse o legislador ou mesmo a Administração cogitar em ressuscitar as conhecidas consolidações legislativas em matéria previdenciária, racionalizando o conhecimento previdenciário, que acaba, nos dias de hoje, restrito a um pequeno grupo de operadores que trabalham com a matéria diariamente.

Ademais, devido a mudanças de circunstâncias relevantes para a regulação, a normatização torna-se anacrônica e não mais produz os efeitos desejados.⁶² Isso é de especial importância também em matéria previdenciária quando as premissas atuariais mudam, como o aumento de expectativa de vida, sem trazer a necessária adequação legislativa. Pessoalmente, acredito que limite de idade e demais critérios de aposentadoria deveriam ficar a cargo do ente regulador, que teria sobre si, naturalmente, um elevado ônus argumentativo de comprovar, atuarialmente, a necessidade de modificações.

A delegação de tais temas ao órgão regulador, ainda que impressione, não traz maiores dificuldades, pois o legislador ordinário, em caso de grave discordância frente ao previsto, sempre poderá alterar a normatização vigente e superar as escolhas desproporcionais que, porventura, sejam estabelecidas pelo Executivo. Caso sejam adequadas, apesar de gravosas, devem ser observadas, podendo o Legislador esquivar-se do ônus eleitoral de tais modificações, oferecendo o órgão regulador em *holocausto*.

Por fim, o desenvolvimento insuficiente das normas de regulação é também uma falha clássica, especialmente pela burocracia que frustra os interessados. Temos como exemplo, em matéria previdenciária, o art. 96 da Lei nº 8.212/1991, que prevê a necessidade do Poder Executivo enviar ao Congresso Nacional, anualmente, acompanhando a Proposta Orçamentária da Seguridade Social, projeções atuariais relativas à Seguridade Social, abrangendo um horizonte temporal de, no mínimo, 20 anos, considerando hipóteses alternativas quanto às variáveis demográficas, econômicas e institucionais relevantes. Exemplo típico de ficção previdenciária.

A má fixação das normas regulatórias é também muitas vezes derivada das facções que dominam o setor e tem ingerência no órgão competente. Tal falha seria particularmente preocupante em matéria previdenciária, e daí a restrição (e não exclusão) da atuação das entidades de classe, como visto. Com a participação das entidades de classe em âmbito estratégico e

---
61 Cf. SUNSTEIN, Cass. *After the Rights*..., p. 90.
62 Cf. SUNSTEIN, Cass. *After the Rights*..., p. 91.

de controle, e não na gestão direta, evita-se o mal da atuação particularista e propicia-se estímulo para controle efetivo do sistema.

Uma última falha de regulação preocupante no contexto previdenciário seria o possível auto interesse de burocratas que, frequentemente, visam mais garantir seu poder do que a efetividade da regulação. Embora a formação técnica do pessoal do ente regulador seja um ponto forte, isolando politicamente suas ações, pode-se ter um efeito perverso, que é a supervalorização de sua atividade, como que impondo à sociedade um custo maior devido a uma pretensa responsabilidade exagerada em suas ações.[63]

A solução apontada para tais falhas não seria a privatização, especialmente dos regimes básicos de previdência social, a qual tem se mostrado, empiricamente, ineficaz[64] quanto a sua pretensa imunidade política. Ademais, já foram apresentadas opções de adequação, como participação dos interessados no controle das decisões e a necessidade de fundamentação completa das decisões e diretrizes do sistema.

5.6. MODELO DE REGULAÇÃO

5.6.1. Por Que Entidades Autônomas?

Frequentemente, o domínio de certos assuntos, dotados de alto grau de complexidade técnica, é atribuído a entidades autônomas sob pretexto da Administração Direta não possuir pessoal capacitado para a normatização específica da matéria. No entanto, a *expertise* não justifica, por si só, a delegação de determinadas atividades a agências ou órgãos autônomos, pois técnicos dotados de capacidade específica na matéria regulada são facilmente encontrados na estrutura clássica do Estado. Trata-se, então de um argumento válido, mas fraco.[65]

Um motivo forte para a autonomia das entidades reguladoras é a necessidade de o governante obter: *credibilidade*, seja junto ao público interno ou externo, alcançando a confiança necessária para o desenvolvimento de atividades diversas. Alie-se a esta questão a necessidade da *certeza da ação estatal*, permitindo aos agentes anteciparem a conduta do governo em determinadas situações, trazendo reflexos importantes, por exemplo,

---

[63] No caso particular deste efeito na regulação da saúde e segurança profissional, ver KELMAN, Steven. *Occupational Safety and Health Administration. The Politics Of Regulation.* New York: Basic Books, 1980. James Q. Wilson (org.), p. 251.

[64] MESA-LAGO, Carmelo. *Reassembling Social Security, op. cit.*, p. 144.

[65] Cf. GILARDI, Fabrizio. *Delegation in the Regulatory State – Independent Regulatory Agencies in Western Europe.* Cheltenham: Edward Elgar, 2008, p. 30.

na política monetária. Isso é de especial importância na regulação da atividade econômica, pois a gestão estatal, quando identificada como fraca, suscetível a suportes financeiros a empresas em dificuldades, poderá estimular a conduta irresponsável de agentes econômicos, na expectativa do auxílio estatal, trazendo, por exemplo, impacto inflacionário.[66]

No âmbito previdenciário, a credibilidade e a certeza de ação tomariam lugar nas adequações necessárias nos planos de benefício e custeio, particularmente em razão de novas premissas atuariais, como aumento de expectativa de vida.

Em geral, a regulação é apontada como mais relevante no viés econômico, especialmente em questões como funcionamento adequado dos mercados e ambiente favorável ao investimento, e por isso a regulação social, especialmente na Europa, é bem mais restrita se comparada com a regulação da atividade econômica.[67]

Isso não implica afirmar, como poder-se-ia concluir prematuramente, pela inadequação do modelo regulatório na concessão de direitos sociais, pois mesmo neste sistema a credibilidade se faz necessária, pois o aumento irrazoável e inesperado com gastos sociais produzirá, por certo, aumento da carga tributária, que, em última instância, trará impacto negativo sobre os agentes econômicos. A regulação dos direitos sociais tem sido bem acompanhada pelos investidores.

O financiamento de direitos sociais, assim como o gasto estatal em geral, implica, necessariamente, a fixação de recursos escassos em determinadas ações e, portanto, tanto o detalhamento das prioridades, genericamente fixadas pelo Legislativo, quanto o controle do gasto, impõem a presença regulatória.

De certa forma, mesmo a regulação econômica, em última instância, também possui, como fundamento, melhor alocação de recursos escassos e, mediatamente, a vida digna, pois a formação de monopólios e eventuais aportes estatais para reequilíbrio de mercados também, inevitavelmente, produzem externalidades negativas no bem-estar de uma sociedade.

Ademais, a maior complexidade e extensão da regulação econômica frente à social tem motivações históricas, pois algum controle de agentes econômicos já se mostrava necessária em algumas acepções do Estado

---

66 Cf. GILARDI, Fabrizio. *Op. cit.*, pp. 38 e seguintes. Como expõe este autor, em sintonia com as obras sobre o tema da regulação, as pessoas reguladas são dotados de racionalidade, adequando-se à regulação e, muitas vezes, anulando seus efeitos (*op. cit, loc .cit.*).
67 Cf. GILARDI, Fabrizio. *Op. cit.*, pp. 58 a 60.

Liberal, em época na qual os direitos sociais ainda começavam sua jornada de nascimento e consagração.

5.6.2. Agências Reguladoras ou Órgãos Autônomos?

Este item demonstra com real crueza o amadorismo do debate sobre a função regulatória no Brasil. A maioria das críticas exaradas nos meios de comunicação sobre o papel regulador do Estado no Brasil é, geralmente, voltada ao papel das agências reguladoras, como opção inadequada, inoperante e insubsistente de atuação.

No entanto, este é o ponto de menor importância. Tanto no Brasil quanto no exterior, forma-se um razoável consenso no sentido da irrelevância da construção formal do ente regulador e da necessidade de efetiva autonomia para seu funcionamento, livre das ingerências político-partidárias que, no caso brasileiro, tem seu conhecido efeito perverso.[68]

Como aponta Alexandre dos Santos Aragão, ao criticar a visão clássica das entidades reguladoras, a *mera criação de pessoa jurídica da Administração Indireta, sem que possua um grau razoável de efetiva autonomia para desenvolver suas atribuições, não tornará o seu desempenho mais ágil e eficiente.*[69] Em resumo, pouco importa se há uma agência, uma autarquia ou mesmo um órgão público – o relevante é sua efetiva autonomia regulatória, assegurada por robusto aparato legal, autonomia de seus gestores e corpo técnico competente, imunizado às ingerências político-partidárias, implementando a credibilidade e segurança necessárias.

A preferência por agências independentes frente a órgãos dotados de autonomia tem sido fundada na melhor aceitação daquelas pelos agentes econômicos, que a identificam como dotada de real autonomia. Daí afirmar-se que, para regulação de direitos sociais, como visto anteriormente, a adoção do modelo de agências não é tão relevante.[70]

---

68 Para se ter uma ideia, no Brasil, de todas as diretorias disponíveis em agências reguladoras, somente 15% delas são ocupadas por profissionais sem indicação partidária (*Revista Veja*, edição 2.078, ano 41, nº 37, p. 57, set./2008). Sobre a necessidade de uma mudança do suporte político das agências reguladoras, ver STIGLER, George. A Teoria da Regulação Econômica. In: *Regulação Econômica e Democracia – O Debate Norte-Americano*. MATTOS, Paulo Todescan L. (coord.), *op. cit.*, p. 42.

69 *Agências...*, *op. cit.*, p. 212. Daí, afirma o autor, a necessidade que seja conferida real autonomia, independente da configuração como pessoa jurídica (*op. cit., loc. cit.*).

70 Cf. GILARDI, Fabrizio, *op. cit.*, p. 04. De acordo com a pesquisa empreendida por este autor, a regulação social é dotada de menor independência em todos os 17 países europeus pesquisados: Áustria, Bélgica, Dinamarca, Finlândia, França, Alemanha, Grécia, Irlanda, Itália, Luxemburgo, Países Baixos, Noruega, Portugal, Espanha, Suíça, Suécia e Reino Unido (*op. cit.*, pp. 58-59). No modelo norte-americano, a opção foi pela vinculação à Administração Direta, com a Employee Benefits Security Administration (EBSA), com estrutura e funcionamento disponível em <http://www.dol.gov/ebsa/>. Acesso em 10/02/2011, enquanto, no resseguro da previdência complementar, a opção foi pela criação de uma agência, a Pension Benefit Guaranty Corporation (PBCG), em 1974. Sobre seu funcionamento, ver <http://www.pbgc.gov/>. Acesso em 05/03/2011.

A regulação é importante para os direitos sociais, sendo mesmo avaliada por agentes econômicos, como já observado, mas não tão considerada como a atividade econômica.

A crítica nacional ao sistema regulatório é bastante merecida, pois, não obstante algum razoável sucesso, como no setor de telecomunicações, a criação de agências reguladoras acabou por servir de moeda de troca no jogo político, sem real interesse na melhoria da atividade, abrindo-se todas as brechas possíveis para as falhas de regulação. O exemplo da aviação civil no Brasil foi emblemático.

Ademais, há quem entenda que a centralização pode não ser uma boa solução, especialmente pelo fato de remover poderes daqueles que estão mais perto dos problemas e, então, teoricamente mais capacitados para resolvê-los.[71] No entanto, nem sempre quem está mais próximo tem mais condições de criar a solução, especialmente quando contaminado pelas pré-compreensões existentes. É senso comum que a gestão, muitas vezes, demanda um novo olhar sob velhos problemas. Ainda, a visão global, frequentemente, só é alcançada por aqueles que se situam fora do universo dos regulados.

Em matéria de direitos sociais, o argumento é ainda mais frágil, pois as partes envolvidas dificilmente têm condições de visualizar todas as questões e interesses envolvidos, acabando por adotar posições que privilegiem seus interesses individuais. Como prevê Olson, a regulação social pressupõe *um Estado de bem-estar social tentando maximizar a alocação de recursos, prevenindo externalidades e com instrumentais coalizações empreendedoras que articulam interesses difusos.*[72] Esta temática foi já desenvolvida anteriormente.

No entanto, é razoável afirmar que alguma ação social deve ficar à cargo da Administração Direta, fora das entidades autônomas, especialmente quando se trata de alguma ação de fins eminentemente redistributivos, objeto de políticas mais gerais que dificilmente poderiam apresentar melhor rendimento por meio de um agente regulador. É caso, no Brasil, da assistência social, como a prevê o art. 203 da Constituição.

Os modelos de redistribuição de renda devem permanecer sob a supervisão e concretização dos dirigentes políticos, e não agências.[73] As agências justificam-se quando se tem a necessidade de conhecimento

---

71 Cf. REICH, Norbert, *op. cit.*, p. 38
72 *Apud* REICH, Norbert, *op. cit.*, p. 25.
73 Cf. MAJONE, Giandomenico, *op. cit.*, p. 68.

específico e credibilidade política.⁷⁴ Por isso a assistência social poderia permanecer a cargo de ministérios do governo, enquanto a previdência social poderia, facilmente, ter sua ação regulada por uma agência ou entidade independente.⁷⁵

Acredito que, no caso previdenciário, a delegação a órgão autônomo é especialmente relevante pela enorme quantidade de *veto players* existente, pois as classes mais politicamente ativas são justamente as que têm mais a perder com as reformas necessárias, e muitos interessados na reforma previdenciária não têm voz no Parlamento brasileiro.

Essa questão já foi abordada anteriormente, em especial no capítulo 3, pois os modelos de previdência social, não raramente, tendem a privilegiar idosos, haja vista a maior representatividade daqueles frente a jovens e, especialmente, crianças. As reformas de 1998 e 2003 foram pífias, e não haverá outro caminho senão a constitucionalização de normas genéricas e garantias básicas, somente, com disciplina legislativa das opções do sistema, tanto no custeio quanto no benefício e, por fim, atribuir ao regulador a fixação das premissas concretas, atuarialmente viáveis e reavaliadas periodicamente.

5.7. A REGULAÇÃO PREVIDENCIÁRIA – UM CAMINHO GRADUAL

Assim como as reformas previdenciárias devidamente praticadas com sucesso no Europa,⁷⁶ a fixação de marcos regulatórios será mais eficiente se feita de modo gradual, passo a passo.⁷⁷ A previdência social tem grande estima junto à população, de modo que mudanças bruscas na regulamentação normativa, abrindo margem para nova normatização, elaborada por ente ou órgão autônomo, em geral mais gravosa (em razão da permissividade do regime vigente), certamente trará alguma reprovabilidade social.

---

74 Cf. MAJONE, Giandomenico, *op. cit.*, p. 68

75 Em geral, países com cobertura universal possuem um ministério que centraliza a responsabilidade pela política social, incluindo a criação de agências. Sobre o tema, ver MESA-LAGO, Carmelo. *Reassembling Social Security, op. cit.*, pp. 14 e 15. Pelo consenso da OIT, é importante que, independente da forma adotada de gestão, haja transparência, custos administrativos reduzidos e ativa participação dos interessados, incluindo gestão paritária. Sobre o tema, ver Organização Internacional do Trabalho (OIT). *Social Security: A New Consensus*. 89th International Labor Conference. OIT: Genebra, 2001.

76 Como bem apontado por BONOLI, Giuliano e PALIER, Bruno, as reformas previdenciárias na Alemanha, Itália e França somente foram bem-sucedidas após a mplementação gradual das mesmas e da conscientização da população (*Comparing Old-Age Insurance Reforms, op. cit.*, pp. 25 a 32).

77 Cf. BREYER, Stephen. *Regulation and its Reform. Op. cit.*, p. 341.

Da mesma forma, é necessária a seleção de pessoal adequado para a tarefa, pois esta é uma etapa necessária para a resolução de qualquer problema institucional.[78] Ou seja, a seleção de pessoal especializado, mediante concurso público, é um caminho natural e necessário para o adequado funcionamento deste sistema regulador. Ao contrário do que possa parecer, um sistema de seleção mediante concurso pode ser tão eficaz quanto as tradicionais entrevistas e seleções de currículos empreendidas pelas empresas privadas.[79]

Enfim, uma realização gradual, a partir de uma reforma constitucional, mediante esclarecimento da população, com a consequente criação de órgão ou entidade autônoma em matéria previdenciária, parece o caminho a ser trilhado no Brasil, como já tem ocorrido na previdência complementar, com a criação da Superintendência Nacional de Previdência Complementar (PREVIC).[80]

Apesar de o Brasil já ter enfrentado duas reformas constitucionais em matéria previdenciária – EC nº 20/1998 e EC nº 41/2003,[81] o texto vigente ainda é, em muitas partes, exageradamente descritivo, apontado até mesmo como forma de calcular gratificações natalinas de aposentados e pensionistas (art. 201, § 6º). Mesmo a Constituição de Portugal, na sua redação original, apontada como exemplo de constituição dirigente, não adentrava tão detalhadamente na matéria previdenciária.[82] O tema já foi, inclusive, exaustivamente abordado no capítulo 2.

---

78   Cf. BREYER, Stephen. *Op. cit.*, p. 342. Defende o autor a necessidade de uma revisão no sistema norte-americano de seleção de servidores, buscando pessoal mais qualificado e permanente, à semelhança do que ocorre no Reino Unido e na França. Todavia, reconhece que isso somente inicia a solução dos problemas regulatórios (*op. cit., loc. cit.*).

79   Cf. BRAFMAN, Ori & BRAFMAN, Rom, *op. cit*, p. 87.

80   De forma geral, a complexidade dos modelos de previdência complementar contemporâneos, especialmente pela migração em massa dos planos de benefício definido para contribuição definida, tem produzido grave desconhecimento da clientela protegida, a qual, não raramente, sequer tem condições de afirmar a qual plano está vinculada. Sobre o tema, incluindo dados empíricos, ver GUSTMAN, Alan L., STEINMEIER, Thomas L., TABATABAI, Nahid. *Pensions in the Health and Retirement Study*. Cambridge: Harvard, 2010, pp. 148 e seguintes. No aspecto particular do modelo norte-americano, além do Employee Retirement Income Security Act (ERISA), de 1974, há o Pension Proctection Act de 2006, disponível em <http://www.dol.gov/ebsa/pensionreform.html>. Acesso em 10/03/2011.

81   A EC nº 47/2005 foi um mero complemento da reforma de 2003, sendo daí chamada de "PEC Paralela".

82   O art. 63 da Constituição Portuguesa, que trata da *segurança social e solidariedade*, o qual não sofreu qualquer alteração desde sua promulgação, diz, sinteticamente: "Todos têm direito à segurança social. Incumbe ao Estado organizar, coordenar e subsidiar um sistema de segurança social unificado e descentralizado, com a participação das associações sindicais, de outras organizações representativas dos trabalhadores e de associações representativas dos demais beneficiários. O sistema de segurança social protege os cidadãos na doença, velhice, invalidez, viuvez e orfandade, bem como no desemprego e em todas as outras situações de falta ou diminuição de meios de subsistência ou de capacidade para o trabalho. Todo o tempo de trabalho contribui, nos termos da lei, para o cálculo das pensões de velhice e invalidez, independentemente do sector de actividade em que tiver sido prestado. O Estado apoia e fiscaliza, nos termos da lei, a actividade e o funcionamento das instituições particulares de solidariedade social e de outras de reconhecido interesse público sem carácter lucrativo, com vista à prossecução de

Como já se disse, não é proposta desta obra apregoar a restrição de direitos sociais – o que pode eventualmente ocorrer – mas sim a previsão de garantias mínimas na Constituição e regras gerais na lei regulamentadora, permitindo ao ente regulador autonomia necessária visando a preservação do equilíbrio financeiro e atuarial do sistema, por meio de *ajustes finos* periódicos quando das mudanças das premissas atuariais vigentes.

A falta de disposição ou mesmo impossibilidade de negociação com o Legislativo, *veto player* tradicional em reformas previdenciárias, tem levado ao clientelismo. Não é sem razão que a doutrina tem apontado a via eleitoral como incapaz, por si só, de realizar as reformas necessárias e institucionalizar mudanças no aparato estatal.[83]

5.8. LEVANDO A PREVIDÊNCIA SOCIAL A SÉRIO

Como afirmado de início, no modelo proposto, não há a intenção de privatizar sistema previdenciário, nem a sua completa estatização. Mas sim a manutenção, ao menos, de um sistema básico público, como garantia à vida digna, dentro de parâmetros financeiros e atuariais viáveis, com o setor privado voluntário dentro destes mesmos parâmetros técnicos de viabilidade. Contudo, todos submetidos a um mesmo órgão ou ente regulador autônomo, composto de corpo técnico competente, capaz de averiguar a manutenção dos critérios financeiros e atuariais, alheio à influencia político-partidária, que contamina a gestão previdenciária atual.

Se o sistema político vigente fosse plenamente racional, com mecanismos de *check and balances* dentro de um contexto deliberativo, buscando o consenso, em prol da coletividade, a regulação seria, de fato, desnecessária, por tornar-se redundante, já que as instituições iriam encarregar-se de garantir a credibilidade e certeza necessárias ao funcionamento adequado do Estado.[84] No entanto, esta não é, nem de perto, a realidade nacional. Não se pretende aqui adentrar aos clássicos debates sobre o otimismo ou pessimismo antropológico frente à ação humana na organização da vida em sociedade, mas sim buscar o melhor sistema de regulação na realidade previdenciária brasileira. Neste, não há dúvidas que um órgão autônomo faz-se necessário.

---

objectivos de solidariedade social consignados, nomeadamente, neste artigo, na alínea b) do nº 2 do art. 67º, no art. 69º, na alínea e) do nº 1 do art. 70º e nos art. 71º e 72º."

83 Cf. MATTOS, Paulo Todescan Lessa. *O Novo Estado Regulador no Brasil:* Eficiência e Legitimidade. São Paulo: Singular, 2006, pp. 130 e 131.

84 Cf. GILARDI, Fabrizio. *Op. cit.*, p. 51.

A orientação estatal é necessária em matéria previdenciária, não cabendo somente partir-se da premissa que as pessoas guiarão sua conduta pelas opções mais lucrativas.[85] Este é também um papel fundamental da regulação. Enfim, a regulação, no Estado pós-social, será o meio termo, garantindo os mecanismos básicos de proteção herdados do Estado do bem-estar social, excluindo os exageros, mas sem um retrocesso equivocado ao Estado neoliberal.

A entidade ou órgão autônomo em matéria previdenciária deverá ser competente para estabelecer toda a regulação na matéria, abrangendo, portanto, o regime geral, os regimes próprios e a previdência complementar aberta e fechada. Aliás, neste contexto de reforma, será cabível discutir-se a unificação dos regimes básicos de previdência social, solapando a arcaica segregação ainda existente.

A anacrônica subdivisão da previdência básica brasileira ente o Regime Geral o os Regimes de Servidores Públicos compromete a sustentabilidade do modelo e não imuniza o sistema quanto a ingerências políticas, descompromissadas com premissas atuariais e financeiras. A unificação dos regimes é, neste contexto, um caminho natural e também necessário.

Somente neste contexto poderá o Brasil discutir adequadamente as questões previdenciárias, que colocam seriamente em risco a manutenção dos sistemas bismarckianos ao redor do mundo. Na conjuntura atual, tudo que se vê oriundo do legislador são propostas demagógicas de aumentos descompromissadas com o equilíbrio financeiro e atuarial e projetos de alteração legal com o único propósito de constranger o atual governo, antigo opositor de reformas previdenciárias.

Enfim, a regulação estatal, com a orientação necessária a escolhas adequadas é a melhor maneira de garantir ao indivíduo uma vida digna, e o único caminho de levar a previdência social a sério.

5.9. CONCLUSÃO

Como dito no início do texto, a proposta foi ousada – traçar, ainda que em linhas gerais, um novo modelo de previdência social no Brasil. Ainda que muito falte a ser dito em vários aspectos, algumas conclusões são possíveis, ao menos, como ponto de partida para um modelo adequado.

É certo que uma obra com tamanha abrangência, inexoravelmente, permite diversos flancos inexplorados, mas a tentativa aqui desenvolvida teve, como

---

85 Como também afirmam BRAFMAN, Ori & BRAFMAN, Rom, dinheiro nem sempre é motivação suficiente para a conduta humana, havendo razoável dissenso sobre sua eficácia (*op. cit.*, p. 135).

linha condutora, unir os aspectos mais difundidos e, simultaneamente, mal desenvolvidos do debate previdenciário nacional.

O texto parte de temas abstratos, como a justiça social e a solidariedade e, gradualmente, alcança graus de concretude, examinando a jusfundamentalidade dos direitos sociais, a reforma do modelo vigente no Brasil e, por último, novos paradigmas de gestão. A justiça social, como fundamento e meta dos sistemas protetivos, a natureza dos direitos sociais, o financiamento e o papel do Estado em seu patrocínio e regulação, sem muita divergência, são tópicos necessários para um conteúdo mínimo de um modelo previdenciário.

Tais temas, não raramente, são apresentados de forma apartada e assistemática, sem a interdependência que lhes é inerente. Talvez o maior mérito da presente obra seja não só o aprofundamento de cada um, mas também a exposição do liame existente, coligando aspectos filosóficos da proteção social às dificuldades inerentes da sociedade contemporânea.

Uma das principais conclusões é a identificação de que, no contexto da sociedade de risco, ultrapassadas as premissas da sociedade industrial, novas formas de proteção social devem surgir, e o modelo de seguro social não é a melhor opção. A relação de emprego não mais deve ser o paradigma da previdência social, tanto pelas novas formas de trabalho quanto pelo prejuízo causado a mulheres e crianças, tradicionalmente afastados da cobertura dos modelos bismarckianos.

A previdência social brasileira baseia-se em modelos ultrapassados e adota, ainda que com temperamentos, o seguro social, o qual, por definição, tem como escopo de proteção preferencial a mão de obra assalariada. As tentativas de ampliação do mercado formal têm algum efeito, mas nunca serão capazes de inserir todos os trabalhadores. Ao invés de tentar-se ampliar a cobertura por meio da ingênua esperança da formalização plena da mão de obra, é necessário que se construa sistema que ultrapasse tais paradigmas, com cobertura verdadeiramente universal.

Como ponto de partida, no capítulo 1, há uma discussão obrigatória e necessária sobre a justiça social, objetivo da Ordem Social da Constituição de 1988. O tema, apesar de complexo, carecia de algum adensamento, frente às abordagens simplórias e panfletárias que tomam lugar na rotina nacional. Para tanto, após o cotejo das teorias mais conhecidas e sua evolução na modernidade, propõe-se modelo complexo capaz de subsidiar a rede de proteção social necessária no Brasil.

A justiça social desejada não é unidimensional. Além do evidente critério da necessidade, as dimensões da equidade e do mérito individual devem ser conjugadas. Ou seja, a previdência social não só deverá limitar-se ao mínimo existencial, mas também patrocinar prestações complementares de acordo com o patamar de renda das pessoas visando assegurar algum grau de bem-estar e, por fim, um incremento ainda maior para aqueles que, conscientemente, optarem pelo consumo futuro, abrindo mão de parte de suas rendas em prol de vantagens futuras.

Ou seja, adota-se, na presente obra, uma proposta de justiça social em sentido amplo, na qual, em suas dimensões, esteja incluída a ideia do bem-estar, não se limitando ao senso comum da redistribuição de renda e garantia de patamar mínimo de sobrevivência.

O liame da justiça social, na sua tridimensionalidade e sua consequente jusfundamentalidade, toma lugar no capítulo 2, no qual a teoria das garantias institucionais permite robustecer o sistema previdenciário, visando ampla cobertura e atendimento, mas sem descurar de eventuais adequações do modelo, que podem e devem tomar lugar. A jusfundamentalidade não implica imutabilidade. A exposição dos direitos sociais, ainda no capítulo 2, pretendeu expor, ao mesmo tempo, sua jusfundamentalidade frente à Constituição de 1988, a ausência de distinções estruturais frente aos direitos clássicos de liberdade, mas, simultaneamente, a possibilidade de restrições e adequações, especialmente em contextos de escassez.

No capítulo 3, visando concretizar as três dimensões de justiça social, nada mais adequado que um modelo de três pilares de previdência social, o qual é apresentado sob novos fundamentos e com proposta mais consistente frente aos padrões até então existentes. O primeiro pilar, compulsório, público e universal, garantirá, após o atendimento a requisitos mínimos, como idade, uma remuneração básica em patamar idêntico, de forma a atender o mínimo existencial.

O segundo pilar, também público e compulsório, visará à complementação, de acordo com a renda de cada pessoa, com o objetivo de garantir nível de bem-estar minimamente comparável ao existente antes da aposentadoria, respeitadas, em alguma medida, as diferenças individuais. A isonomia material também é meta do modelo previdenciário proposto. O terceiro pilar, de ingresso voluntário e organizado de forma privada, será a previdência complementar, a atender aos que, por vontade própria, desejarem investir em uma velhice melhor, em detrimento do bem-estar atual.

O modelo de três pilares, na forma proposta, tem o condão de não só atender um ideal tridimensional da justiça social, mas também assegurar, com maior eficácia, a jusfundamentalidade da previdência social, como garantia institucional, na perene busca da vida digna, e em melhor perspectiva frente aos objetivos gerais da Constituição de 1988.

De forma a preservar o equilíbrio dos modelos públicos de previdência, os quais ainda manterão, *a priori*, o financiamento por repartição simples, ações estatais devem tomar lugar como forma de reequilibrar os regimes, especialmente em um contexto de envelhecimento populacional e redução da natalidade. Para tanto, algumas revisões se fazem necessárias, como o fim da aposentadoria por tempo de contribuição e a readequação da aposentadoria especial, além da equiparação de idades entre homens e mulheres. Adicionalmente, de forma a permitir um incremento de natalidade, o sistema deve criar novos serviços, especialmente voltados para uma clientela esquecida da previdência social, que são as crianças. Creches e pré-escolas devem ser fornecidas ou subsidiadas, de modo a estimular a retomada de dois filhos por mulher, estabilizando o envelhecimento e evitando a redução populacional, assim como permitindo o reingresso célere das mulheres no mercado de trabalho, reduzindo o impacto negativo em seus benefícios.

A forte defesa de ações frente a crianças e adolescentes e eventuais críticas à priorização do sistema frente a idosos não implica, em momento algum, produzir uma imprópria conclusão de que tal classe seja formada por privilegiados, usurpadores de recursos escassos – o que seria não somente injusto como equivocado – mas expor a necessidade desta difícil ponderação, que sempre deverá ser realizada na alocação de receitas estatais, incluindo previdenciárias.

Quanto ao financiamento, já no capítulo 4, tanto o primeiro quanto o segundo pilares serão, preferencial e preponderantemente, financiados por repartição simples, pela facilidade de gestão dos recursos, menores custos administrativos e maior segurança, a qual é gravemente restringida em modelos capitalizados, em razão da meta de maior eficiência.

Sem embargo, a adoção de modelos mistos pode, também, ser uma opção, com parcela capitalizada, especialmente no segundo pilar, como forma de acomodação das flutuações de receita do modelo de repartição. Aqui, o espaço para a deliberação democrática é maior. Já a previdência complementar, poderá, de forma preponderante, adotar regimes capitalizados, haja vista sua função adjetiva e, por isso, comportar maior abertura ao risco.

O financiamento do novo modelo previdenciário deve adotar, como forma de exação, os impostos. O primeiro pilar será custeado por impostos cobrados de empresas, dentre as opções previstas na Constituição, enquanto o segundo pilar será arcado pelos próprios interessados, como adicional de imposto de renda, o qual poderá substituir a atual contribuição previdenciária. A nova forma, além de superar os resquícios da parafiscalidade, terá duplo efeito positivo, simplificando o sistema tributário nacional e gerando desestímulo à evasão fiscal da tributação sobre a renda, pois trará impacto negativo no complemento compulsório da aposentadoria.

Naturalmente, o adiamento da aposentadoria demanda formas de compensação previdenciária, seja pelo redimensionamento do seguro-desemprego ou, especialmente, formas robustecidas de readaptação profissional, que permitam a permanência em atividade e atendam a Constituição, que, afinal, expõe o primado do trabalho como fundamento da ordem social.

Por fim, no capítulo 5, visando a que o sistema proposto funcione adequadamente, a regulação estatal deve evoluir, permitindo a estruturação de órgãos ou entidades verdadeiramente autônomas, de forma a elidir, dentro do possível, eventuais capturas, estimular a fiscalização e controle dos interessados e, no modelo financeiro proposto, acompanhar o gasto previdenciário.

Apesar da forte repulsa nacional frente aos modelos regulatórios, estes, desde que adequadamente empregados, com o envolvimento dos interessados, sem permitir a captura de grupos interessados e reduzindo, em medida adequada, a interferência de *veto players*, poderá permitir gestão equilibrada do sistema, incluindo alterações pontuais em razão de variantes demográficas, que dificilmente poderiam ocorrer dentro do processo legislativo, ao menos na realidade atual.

Em suma, o desenvolvimento apresentou o encadeamento das principais questões envolvendo o debate previdenciário no Brasil, a começar por seus fundamentos abstratos para, daí, reconhecer a jusfundamentalidade da previdência social na Constituição de 1988, como instrumento garantidor da vida digna e, na sequência, buscar a melhor organização, tanto em termos de cobertura quanto financiamento, que possa assegurar tal desiderato na maior medida do possível.

Não houve intenção de traçar-se, *a priori*, valores ideais de pagamento ou prestações indexadas, pois um dos pontos albergados pelo texto é, justamente, a necessidade de deliberação democrática sobre a extensão da cobertura e o nível de gasto adequado. Após algum desenvolvimento sobre o custo para a sociedade de qualquer modelo protetivo, aliado ao problemático e abrangente tema da justiça entre gerações, não é adequado, nem mesmo desejável, que se estabeleça, mediante premissas puramente abstratas, o quando a sociedade deva arcar para com crianças, jovens e idosos.

Cada país tem suas realidades e limitações, cabendo aos governantes, legisladores e juízes, tendo em mente que as benesses para alguns implicam custos para os demais, buscar o equilíbrio ótimo dentro da realidade vigente, a qual não é estática, mas apresenta mudança de toda sorte, como variações de atividade econômica, lucratividade e até quanto ao perfil da população. Daí o capítulo 2 ter, também, se ocupado das possibilidades de mudança do regime previdenciário e a fixação de parâmetros para a atuação judicial.

Todas as mudanças propostas terão oportunidade única de serem realizadas nos próximos anos, haja vista o bônus demográfico a ser usufruído pelo Brasil, com período de tempo formado por população preponderante de jovens adultos, os quais não demandam, em regra, proteção social estatal e financiam o sistema. A menor parcela de crianças, em razão da redução da natalidade, e o ainda reduzido quantitativo de idosos nos traz oportunidade única de reformas sem graves encargos, não devendo ser desperdiçada.

Referências

AGAMBEM, Giorgio. *Estado de Exceção* (tradução de Iraci Poleti). São Paulo: Boitempo Editorial, 2004.

AGUIAR, Roberto Armando Ramos de. *O que é justiça:* uma abordagem dialética. 2ª ed. São Paulo: Alfa-Ômega, 1987.

ALEXY, Robert. *Teoria dos Direitos Fundamentais* (tradução de Virgílio Afonso da Silva). São Paulo: Malheiros Editores, 2008.

AMARAL, Gustavo. *Direito, Escassez e Escolha – Em Busca de Critérios Jurídicos para Lidar com a Escassez de Recursos e as Decisões Estratégicas.* Rio de Janeiro: Renovar, 2000.

ANDERSON, Arthur M. *The History of the Pay-As-You-Go Policy.* The Academy of Political Science, Proceedings of the Academy of Political Science in the City of New York, v. 8, nº 1, National Conference on War Economy (jul., 1918).

ANDRADE, Eli Gurgel. *(Des)Equilíbrio da Previdência Social Brasileira 1945-1997 – Componentes Econômico, Demográfico e Institucional.* Tese de Doutorado, Centro de Desenvolvimento e Planejamento Regional (CEDEPLAR), Faculdade de Ciências Econômicas (FACE)/UFMG, 1999. Disponível em <http://www.cedeplar.ufmg.br/demografia/teses/1999/Eli_Gurgel_Andrade.pdf>. Acesso em 05/01/2011.

ANDRADE, Vieira de. *Os Direitos Fundamentais na Constituição Portuguesa de 1976,* 2ª ed. Coimbra: Almedina, 2001.

AQUINO, São Tomás de. *Summa Theologica. Secunda Secundae Partis.* Disponível em <http://www.newadvent.org/summa/3061.htm#article1>. Acesso em 04/10/2009.

ASSIS, Armando de Oliveira. Em Busca de Uma Concepção Moderna de Risco Social. *Revista de Direito Social* nº 14. São Paulo: Notadez.

ARAGÃO, Alexandre Santos de. *Agências Reguladoras e a Evolução do Direito Administrativo Econômico.* Rio de Janeiro: Forense, 2006.

ARANGO, Rodolfo. *Basic Social Rights, Constitucional justice and Democracy.* Ratio Juris, v. 16, nº 02, jun./2003.

ARAÚJO, Valter Schuenquener de. *O Princípio da Proteção da Confiança – Uma Nova Forma de Tutela do Cidadão Diante do Estado.* Niterói: Impetus, 2009.

ARENAS DE MESA, Alberto e MONTECINOS, Veronica. The Privatization of Social Security and Women's Welfare: Gender Effects of the Chilean Reform. The Latin American Studies Association, *Latin American Research Review*, v. 34, nº 3, 1999.

ARISTÓTELES. *Ética a Nicômaco.* São Paulo: Martin Claret, 2004.

ASSOCIAÇÃO NACIONAL DOS AUDITORES FISCAIS DA RECEITA FEDERAL DO BRASIL (ANFIP). *Seguridade Social e Tributação*, ano XX, nº 105, Brasília, out./dez. de 2010.

ATALIBA, Geraldo. *Hipótese de Incidência Tributária.* 5ª ed. São Paulo: Malheiros Editores, 1999.

ÁVILA, Humberto. *Teoria dos Princípios:* da Definição à Aplicação dos Princípios Jurídicos. 2ª ed. São Paulo: Malheiros Editores, 2003.

BALEEIRO, Aliomar. *Uma Introdução à Ciência das Finanças.* 12ª ed. Rio de Janeiro: Forense. 1978.

BALERA, Wagner. *Sistema de Seguridade Social.* São Paulo: LTr, 2003.

_____. *Noções Preliminares de Direito Previdenciário.* São Paulo: Quartier Latin, 2004.

_____. *Competência Jurisdicional na Previdência Privada.* São Paulo: Quartier Latin, 2008.

BANCO MUNDIAL. *Averting The Old Age Crisis – Policies to Protect the Old and Promote Growth.* Nova York: Banco Mundial, 1994.

BARBOSA, Rui. *A Questão Social e Política no Brasil*, 2ª ed. Rio de Janeiro: Casa de Rui Barbosa, 1998.

BARCELLOS, Ana Paula de. *A Eficácia Jurídica dos Princípios Constitucionais – O Princípio da Dignidade da Pessoa Humana.* Rio de Janeiro: Renovar, 2002.

_____. *Ponderação, Racionalidade e Atividade Jurisdicional.* Rio de Janeiro: Renovar, 2005.

_____. Constitucionalização das Políticas Públicas em Matéria de Direitos Fundamentais: O Controle Político-Social e o Controle Jurídico no Espaço Democrático. *Revista de Direito do Estado*, ano 1, nº 3, 23, jul./set. 2006.

BARR, Nicholas. *Economics of the Welfare State.* 4ª ed. New York: Oxford, 2004.

_____. Reforming Pensions: Myths, Thuths, and Policy Choices. *IMF Working Paper*, WP/00/139, agosto de 2000.

BARROS FILHO, Clóvis e MEUCCI, Artur. *A Vida que Vale a Pena ser Vivida*. São Paulo: Vozes, 2010.

BARROSO, Luís Roberto. Constitucionalidade e Legitimidade da Reforma da Previdência Social (Ascensão e Queda de um Regime de Erros e Privilégios). In: *A Reforma da Previdência Social – Temas Polêmicos e Aspectos Controvertidos*. TAVARES, Marcelo Leonardo. (coord.). Rio de Janeiro: Lumen Juris, 2004.

_____.*Temas de Direito Constitucional*, t. III. Rio de Janeiro: Renovar, 2005.

_____. *O Direito Constitucional e a Efetividade de Suas Normas*. Rio de Janeiro: Renovar, 2006.

_____. *A Reconstrução Democrática do Direito Público no Brasil*. Rio de Janeiro: Renovar, 2007.

_____. Da Falta de Efetividade à Judicialização Excessiva: Direito à Saúde, Fornecimento Gratuito de Medicamentos e Parâmetros para a Atuação Judicial. *Revista Interesse Público*, ano IX, nº 46, 2007.

_____. *Interpretação e Aplicação da Constituição*. 7ª ed. São Paulo: Saraiva, 2009.

BARRY, Brian. *Why Social Justice Matters*. Cambridge: Polity Press, 2008.

BARUSCH, Amanda Smith. *Foundation of Social Policy – Social Justice in Human Perspective*. 3ª ed. Belmont: Brooks/Cole, 2009.

BAUMAN, Zygmunt. *Modernidade e Ambivalência*. Rio de Janeiro: J. Zahar, 1999.

_____. Entrevista ao *Jornal Folha de São Paulo*. Disponível em <http://www1.folha.uol.com.br/fsp/mais/fs1910200305.htm>. Acesso em 10/05/2010.

BAYERTZ, Kurt. *Solidarity*. Dordrecht: Kluwer Academic Publishers, 1999.

BECK, Ulrich. *Risk Society – Towards a New Modernity* (tradução de Mark Ritter). London: SAGE, 2008.

BECK, Ulrich, GIDDENS, Anthony & LASH, Scott. *Modernização Reflexiva – Política, Tradição e Estética na Ordem Social Moderna* (tradução de Magda Lopes). São Paulo: Unesp, 1997.

BECKER, Alfredo Augusto. *Teoria Geral do Direito Tributário*. São Paulo: Lejus, 1999.

BECKER, Charles *et al*. *Social Security Reform in Transition Economies:* Lessons From Kazakhstan. New York: Palmgrave e Macmillan, 2009.

BÉLAND, Daniel. *Social Security – History and Politics from the New Deal to the Privatization Debate*. Lawrence: Uinversity Press of Kansas, 2005.

BELTRÃO, Kaizô Iwakami *et al*. *MAPS:* Uma Versão Amigável do Modelo Demográfico-Atuarial de Projeções e Simulações de Reformas Previdenciárias do IPEA/IBGE. IPEA, texto para discussão nº 774, Rio de Janeiro, dez./2000.

BENGTSSON, Tommy (Editor). *Population Ageing – A Threat to the Welfare State? The Case of Sweden*. Demographic Research Monographs. Max Planck Institute for Demographic Research, Springer, 2010.

BERCOVICI, Gilberto. Carl Schmitt e a Constituição de Weimar: Breves Considerações. *Revista Latino-Americana de Estudos Constitucionais*, Belo Horizonte, v. 2, 2003.

_____. *Constituição e Estado de Exceção Permanente – A Atualidade de Weimar*. São Paulo: Azougue Editorial, 2004.

BERLIN, Isaiah. *Quatro Ensaios sobre a Liberdade*. Brasília: UnB, 1981.

BERNSTEIN, Merton C. and WILLIAMS, Lois G. Sex Discrimination in Pensions: Manhart's Holding v. Manhart's Dictum. *Columbia Law Review*, v. 78, nº 6, 1978.

BERNSTEIN, Peter L. *Desafio aos Deuses – Uma Fascinante História do Risco*. Rio de Janeiro: Campus, 1997.

BERTRANOU, Fabio & ARENAS DE MESA, Alberto (org.). *Proteccíon Social y Género en Argentina, Brasil y Chile*. Santiago: OIT, 2003.

BEVERIDGE, Willian. *O Plano Beveridge* (tradução de Almir de Andrade). Rio de Janeiro: José Olympio, 1943.

BINENBOJM, Gustavo. *Uma Teoria do Direito Administrativo – Direitos Fundamentais, Democracia e Constitucionalização*. Rio de Janeiro: Renovar, 2006.

BISSIO, Roberto. *Por um Novo Contrato Social Global. Dignidade e Direitos – Seguridade Social como Direito Universal*. Observatório da Cidadania, Relatório 2007, nº 11.

BLAKE, David. *Pension Finance*. West Sussex: Wiley&Sons, 2006.

BOBBIO, Norberto. *A Era dos Direitos*. Rio de Janeiro: Campus, 1992.

_____., MATTEUCCI, Nicola & PASQUINO, Gianfranco. *Dicionário de Política*, 5ª ed. São Paulo: UnB, 2004.

BODIN DE MORAES, Maria Celina. A Caminho de um Direito Civil Constitucional. In: *Revista de Direito Civil*, v. 65.

_____. *O Princípio da Solidariedade*. Disponível em <http://www.idcivil.com.br/pdf/biblioteca9.pdf>. Acesso em 01/02/2009.

BONAVIDES, Paulo. *Curso de Direito Constitucional*. 21ª ed. São Paulo: Malheiros, 2007.

BONOLI, Giuliano e PALIER, Bruno. Comparing Old-Age Insurance Reforms. In: *Reforming The Bismarckian Welfare Systems*. Oxford: Blackwell, 2008.

BÖRSCH-SUPAN, Axel & REIL-HELD, Anette. How Much Is Transfer and How Much Is Insurance in a Pay-as-You-Go System? The German Case. Blackwell Publishing, *The Scandinavian Journal of Economics*, v. 103, nº 3, Intergenerational Transfers,Taxes and the Distribution of Wealth (sep, 2001).

BRAFMAN, Ori & BRAFMAN, Rom. *Sway – The Irresistible Pull of Irrational Behavior*. New York: Doubleday, 2008.

BRANDÃO, Rodrigo. Entre a Anarquia e o Estado do Bem-Estar Social: aplicações do libertarianismo à política constitucional. *Revista de Direito do Estado* (RDE), ano 4, nº 14, abr./jun. 2009.

BRASIL. Ministério da Previdência Social. Histórico da Previdência Social. Disponível em <http://www1.previdencia.gov.br/pg_secundarias/previdencia_social_12_04.asp>. Acesso em 10/05/2010.

_____. *Acordos Internacionais de Previdência Social*. 2001. Coleção Previdência Social, v. 14.

_____. *Anuário Estatístico da Previdência Social*, ano de 2009. Disponível em <http://www.previdenciasocial.gov.br/conteudoDinamico.php?id=982>. Acesso em 28/12/2010

_____. IPEA. *Brasil em Desenvolvimento – Estado Planejamento e Políticas Públicas*. v. I. Série Brasil – O Estado de uma Nação. Governo Federal, IPEA, 2009.

BREYER, Stephen. *Regulation and its Reform*. Cambridge: Harvard. 1982.

BRIGHOUSE, Harry. *Justice*. Cambridge: Polity Press, 2008.

BROADWAY, Robin W. & BRUCE, Neil. *Welfare Economics*. Oxford: Blackwell, 1984.

BRUMER, Anita. Previdência Social Rural e Gênero. *Sociologias*, Porto Alegre, ano 4, nº 7, jan./jun. 2002.

BUCHELI, Marisa; FORTALEZA, Alvaro & ROSSI, Ianina. Work Histories and the Access to Contributory Pensions: The Case of Uruguay. 2010, *Journal of Pension Economics and Finance*, v. 9, nº 03, pp. 369-391, Cambridge University Press.

BUYS DE BARROS, A. B. *Um Ensaio Sobre a Parafiscalidade*. Rio de Janeiro: José Konfino, 1956.

CAHILL, Kevin E.; GIANDREA, Michael D. & QUINN, Joseph F. Are Traditional Retirements a Thing of the Past? New Evidence on Retirement Patterns and Bridge Jobs. U.S. Department of Labor, Bureau of Labor Statistics. *Working Paper* 384, 2005.

CALABRESI, Guido e BOBBIT, Philip. *Tragic Choices*. New York: Norton, 1978.

CAMARANO, Ana Amélia (org.) *Os Novos Idosos Brasileiros – Muito Além dos 60?*. Rio de Janeiro: IPEA, 2004.

CANÇADO TRINDADE, Antônio Augusto. *A Proteção Internacional dos Direitos Humanos*. São Paulo: Saraiva, 1992.

CANOTILHO, José Joaquim Gomes. *Direito Constitucional e Teoria da Constituição*. Coimbra: Almedina, 2003.

_____. *Constituição Dirigente e Vinculação do Legislador:* Contributo para a Compreensão das Normas Constitucionais Programáticas. Coimbra: Coimbra Ed, 2001

_____. Metodologia "Fuzzy" e "Camaleões Normativos" na Problemática Actual dos Direitos Econômicos, Sociais e Culturais. In: *Estudos de Direitos Constitucionais*. Coimbra: Coimbra Editora, 2004.

CARLSON, Michelle C. et. al. Evidence for Neurocognitive Plasticity in At-Risk Older Adults: The Experience Corps Program. *Journal of Gerontology: Medical Sciences*, 2009, v. 64, nº 12, 1.275-1.282.

CARVALHO, José Murilo de. *Cidadania no Brasil:* O Longo Caminho. Rio de Janeiro: Civilização Brasileira, 2007.

CHAN, Betty Lilian, SILVA, Fabiana Lopes da & MARTINS, Gilberto de Andrade. *Fundamentos da Previdência Complementar – Da Atuária à Contabilidade*. 2ª ed. São Paulo: Atlas, 2010.

CHEVALLIER, Jacques. *L'Etat Post-Moderne*. Paris: LGDJ, 2003.

CICHON, Michel et al. *Financing Social Protection – Quantitative Methods in Social Protection Series*. Oxford: OIT, 2010.

CLASEN, Jochens (org.). *What Future for Social Security? Debates and Reforms in National and Cross-National Perspective*. Bristol: Policy Press, 2001.

CLÈVE, Clèmerson Merlin. *Anais Seminário Democracia e Justiça*. Porto Alegre, 1999.

COELHO, Sacha Calmon Navarro (org.). *Contribuições para Seguridade Social*. São Paulo: Quartier Latin, 2007.

COHEN, Gerald. *Self-Ownership, Freedom, and Equality*. Cambridge: Cambridge Press, 1995.

CORONADO, Julia Lynn, FULLERTON, Don & GLASS, Thomas. *The Progressivity of Social Security*. National Bureau of Economic Research, Inc., NBER Working Papers: nº 7.520, 2000.

CRETELLA JR, José. *Direito Romano Moderno*. Rio de Janeiro: Forense, 1996.

DEPARTAMENTO DE PSICOLOGIA DA UNIVERSIDADE DE RUTGERS. *Neural Evidence for Inequality-Averse Social Preferences*. Newark, New Jersey. Disponível em <http://www.nature.com/nature/journal/v463/n7284/full/nature08785.html>. Acesso em 25/02/2010.

DERBLI, Felipe. *O Princípio da Proibição de Retrocesso Social na Constituição de 1988*. Rio de Janeiro: Renovar, 2007.

DERZI, Misabel de Abreu Machado. *Direito Tributário, Direito Penal e Tipo*. São Paulo: RT, 1988.

DIAMOND, Peter A. e ORZAG, Peter R. *Saving Social Security – A Balanced Approach*. Washington: Brooking Press, 2005.

DINITTO, Diana M. *Social Welfare – Politics and Public Policy*. 6ª ed. Boston: Pearson, 2007.

DUGUIT, Leon. *Fundamentos do Direito* (tradução de Márcio Pugliesi). São Paulo: Martin Claret, 2009.

DURAND, Paul. *La Política Contemporánea de Seguridad Social*. Madrid: Centro de Publicaciones MTSS, 1991.

DURKHEIM, Émile. *Da Divisão do Trabalho Social* (tradução de Eduardo Brandão). São Paulo: Martins Fontes, 2008.

DWORKIN, Ronald. *A Virtude Soberana – A Teoria e a Prática da Igualdade* (tradução de Jussara Simões). São Paulo: Martins Fontes, 2005.

EBERSTADT, Nicholas e GROTH, Hans. The Russian Federation: Confronting the Special chalenges of Ageing and Social Security in an Era of Demographic Crisis. *International Social Security Review*, v. 63, nos 3-4, jul./dez. 2010.

EPSTEIN, Richard A. *Principles for a Free Society – Reconciling Individual Liberty with the Common Good*. Cambridge: Basic Books, 2002.

_____. *Overdose – How Excessive Government Regulation Stifles Pharmaceutical Innovation*. New Haven: Yale Press, 2008.

ESPING-ANDERSEN, Gøsta. *The Three Worlds of Welfare Capitalism*. New Jersey: Princeton Press, 1998.

_____. *The Incomplete Revolution – Adapting to Women's New Roles*. Cambridge: Polity Press, 2009.

FARIA, Sylvio Santos. *Aspectos da Parafiscalidade*. Salvador: Progresso, 1955.

FEIJÓ COIMBRA, J. R.. *Direito Previdenciário Brasileiro*. Ed. Rio. 1980.

FELDSTEIN, Martin. Rethinking Social Insurance. American Economic Association, *The American Economic Review*, v. 95, nº 1, mar., 2005.

_____. & LIEBMAN, Jeffrey B. (eds). *Distributional aspects of Social Security and Social Security reform*. Chicago: University of Chicago Press, 2002.

FERNANDES, Simone Lemos. *Contribuições Neocorporativas na Constituição e nas Leis*. Belo Horizonte: Del-Rey, 2005.

FIGUEIRA, Adriano Almeida. *Revisão Judicial dos Valores dos Benefícios Previdenciários*. Niterói: Impetus, 2008.

FITZPATRICK, Barry. Equality in Occupational Pension – The New Frontiers after Barber Source. *The Modern Law Review*, Blackwell Publishing, v. 54, nº 2, 1991.

FLEISCHACKER, Samuel. *A Short History of a Distributive Justice*. London: Harvard, 2004.

FONROUGE, Carlos M. Giuliani. *Derecho Financiero*, vol II, 2ª ed. Buenos Aires: Palmas, 1970.

FRANÇA, Álvaro Sólon de, *A Previdência Social e a Economia dos Municípios*. Brasília, DF: ANFIP, 1999.

FRASER, Nancy. From Redistribution to Recognition? Dilemmas of Justice in a "post-Socialist" Age, *New Left Review*, 212, july/august, 1995.

FRIEDMAN, Milton. *Capitalism and Freedom*. Chicago: University of Chicago Press, 1962.

FUNDAÇÃO ANFIP. Disponivel em <http://www.anfip.org.br/publicacoes/livros/includes/livros/arqs-pdfs/analise2009.pdf>. Acesso em 02/01/2011.

GANDÍA, Juan López. *Jubilación Parcial*. Albacete: Editorial Bomarzo, 2004.

GARCÍA, Bonilla e GRUAT, J. V. *Social protection: a life cycle continuum investment for social justice, poverty reduction and development*. Genebra: OIT, 2003.

GARCIA, Jorge Afonso & SIMÕES, Onofre Alves. *Matemática Actuarial, Vida e Pensões*. Coimbra: Almedina, 2010.

GARCÍA DE ENTERRÍA, Eduardo. *Justicia y Seguridad Jurídica en un Mundo de Leyes Desbocadas*. Madrid: Civitas, 2000.

GARGARELLA, Roberto. *As Teorias da Justiça de Rawls – Um Breve Manual de Filosofia Política* (tradução de Alonso Reis Freire). São Paulo: Martins Fontes, 2008.

GENTIL, Denise Lobato. *A Falsa Crise do Sistema de Seguridade Social no Brasil*. Tese (Doutorado em Economia). UFRJ, 2007.

GIAMBIAGI, Fábio. *Reforma da Previdência*, Rio de Janeiro: Campus, 2007.

_____. & TAFNER, Paulo. *Demografia – A Ameaça Invisível*. Rio de Janeiro: Elsevier, 2010.

GILARDI, Fabrizio. *Delegation in the Regulatory State – Independent Regulatory Agencies in Western Europe*. Cheltenham: Edward Elgar, 2008.

GILL, Indermit S., PACKARD, Truman & YERMO, Juan. *Keeping the Promise of Social Security in Latin America*. Washington: Banco Mundial, 2004.

GOMES DE SOUZA, Rubens. Comentários ao Código Tributário Nacional, São Paulo, *Revista dos Tribunais*, 1975.

GONTIJO, Paulo Cezar. *A Parafiscalidade*. Rio de Janeiro: Instituto Brasileiro de Direito Financeiro, 1958.

GOSSERIES, Axel & MEYER, Lukas H. (org.). *Intergenerational Justice*. New York: Oxford, 2009.

GOULD, Carol C. *Rethinking Democracy:* Freedom and Social Cooperation in Politcs, Economy and Society. Cambridge: Cambridge Press, 1988.

GRAEBNER, William. *A History of Retirement – The Meaning and Function of an American Institution*, 1885-1978. New Haven: Yale Press, 1980.

GRAU, Eros Roberto. *A Ordem Econômica na Constituição de 1988*. São Paulo: Malheiros, 2005.

GRECO, Marco Aurélio. *Contribuições – Uma Figura Sui Generis*. São Paulo: Dialética, 2000.

_____. & GODOI, Marciano Seabra de (org.). *Solidariedade Social e Tributação*. São Paulo: Dialética, 2005.

GUASTINI, Riccardo. *La "Constitucionalización" del Ordenamiento Jurídico:* El Caso Italiano, in Neoconstitucionalismo(s), Edición de Miguel Carbonell.

GUERRA, Sérgio (org.). *Extensão do Poder Normativo das Agências Reguladoras. Temas de Direito Regulatório*. Rio de Janeiro: Freitas Bastos, 2004.

GUIMARÃES, Ylves J. de Miranda. *A Situação Atual da Parafiscalidade no Direito Tributário*. São Paulo: José Bushatsky, 1977.

GUILLEMARD. Anne-Marie. *L'age de L'emploi:* les Societés à L'épreuve du Vieillissement. Paris: Armand Colin, 2003.

GUSTMAN, Alan L., STEINMEIER, Thomas L., TABATABAI, Nahid. *Pensions in the Health and Retirement Study*. Cambridge: Harvard, 2010.

HÄBERLE, Peter. *La Garantía Del Contenido Esencial de los Derechos Fundamentales en la Ley Fundamental de Bonn*. Madrid: Dickson, 2003.

HABERMAS, Jürgen. *Direito e Democracia entre Faticidade e Validade* (tradução de Flávio Siebeneichler). Rio de Janeiro: Tempo Brasileiro, 1977. v. 1.

_____. *O Discurso Filosófico da Modernidade*. Lisboa: Dom Quixote, 1990.

_____. *The Inclusion of the Other – Studies in Political Theory* (tradução de Ciaran Cronin). Massachusetts: MIT Press, 1998.

HARFORD, Tim. *The Logic of Life – The Rational Economics of an Irractional World*. New York: *Random House*, 2008.

HARPER, Sarah. The Capacity of Social Security and Health Care Institutions to Adapt to an Ageing World. *Internacional Social Security Review*, v. 63, n°s 3-4, jul./dez. 2010.

HAURIOU, Maurice. *A Teoria da Instituição e da Fundação – Ensaio de Vitalismo Social* (tradução de José Ignácio Coelho Mendes Neto). Porto Alegre: Sérgio Fabris, 2009.

HAUGHTON, Jonathan e KHANDKER, Shahidur R. *Handbook on Poverty and Inequality*. Washington, DC: Banco Mundial, 2009.

HAYEK, Friedrich A.. *The Constitution of Liberty*. Chicago: Chicago Press, 1978

_____. *O Caminho da Servidão*. Rio de Janeiro: Instituto Liberal, 1990.

HÉBERT, Benoît-Paul e LUONG, May, *Bridge Employment*. Disponível em <http://www.statcan.gc.ca/pub/75-001-x/2008111/pdf/10719-eng.pdf>. Acesso em 14/10/2010.

HECHTER, Michael. *Principles of Group Solidarity*. Berkeley: University of California Press, 1988.

HELLER, Peter. Is Asia Prepared for an Ageing Population? *IMF Working Paper*, nº 06/272. Washington, DC, FMI, 2006.

HENNOCK, E. P. *The Origin of the Welfare State in England and Germany, 1850-1914 – Social Policies Compared*. Cambridge: Cambridge Press, 2007.

HEREDERO, Ana Gomes. *Social Security as a Human Right – The Procteion Afforded by the European Convention on human Rights, Council of Europe*, 2007.

HERMES, Sharon Lynn. *Essays on Elderly Labor Force Participation, Pension Structure, And Partial Retirement*. Disponível em <http://etd.nd.edu/ETD-db/theses/available/etd-07022004-113435/unrestricted/HermesSL072004.pdf>. Acesso em 10/05/2010.

HESSE, Konrad. *A Força Normativa da Constituição* (tradução de Gilmar Ferreira Mendes). Porto Alegre: Sérgio Fabris, 1991.

HÖFFE, Otfried. *A Democracia no Mundo de Hoje* (tradução de Tito Lívio Cruz Romão). São Paulo: Martins Fontes, 2005.

HOLMES, Stephen & SUNSTEIN, Cass. *The Cost of Rights – Why Liberty Depends on Taxes*. New York: Norton, 2000.

HUME, David, ver *Essays Moral, Political, Literary*, 1777, disponível em <http://www.dominiopublico.gov.br/download/texto/0059_eBk.pdf>. Acesso em 15/09/2009.

IBRAHIM, Fábio Zambitte. *Curso de Direito Previdenciário*. 16ª ed. Niterói: Impetus, 2011.

_____. *Desaposentação*. 5ª edição. Niterói: Impetus, 2011.

INSTITUTE FOR PUBLIC POLICY RESEARCH. *Commission on Social Justice. The Justice Gap*. London, 1993.

INSTITUTO BRASILEIRO DE GEOGRAFIA E ESTATISTICA (IBGE). *Pesquisa Nacional por Amostra de Domicílios.* Síntese dos Indicadores – 2009. Rio de Janeiro: IBGE, 2010.

INTERNATIONAL FUND FOR AGRICULTURAL DEVELOPMENT (IFAD). *Rural Poverty Report 2001:* The Challenge of Ending Rural Poverty. Disponível em <http://www.ifad.org/poverty/index.htm>. Acesso em 10/01/2011.

JEREMY GUNN, T. Deconstructing Proporportionality in Limitations Analysis. *Emory International Law Review*, v. 19, 2005.

JORDAN, Bill, JAMES, Simon Et Al. *Trapped in poverty? Labour Market Decisions in Low Income Households.* London: Routledge, 1992.

JUSTEN FILHO, Marçal. *Curso de Direito Administrativo.* Rio de Janeiro: Saraiva, 2005.

KANOFSKY, Gordon R. The End of Sex Discrimination in Employer-Operated Pension Plans: The Challenge of the Manhart Case. *Duke Law Journal*, v. 1.979, nº 2, Symposium on Pension and Profit Sharing Plans.

KANT, Immanuel. *Foundations of the Metaphysics of Morals* (tradução de Lewis White Beck). 2ª ed. New Jersey: Pentice Hall, 1997.

KAPUY, Klaus, PIETERS, Danny e ZAGLMAYER, Bernhard. *Social Security Cases in Europe:* The European Court of Human Rights. Antwerpen-Oxford: Intersentia, 2007.

KIMBALL, Spencer L. Reverse Sex Discrimination: Manhart. *American Bar Foundation Research Journal*, Blackwell Publishing, v. 4, nº 1, 1979.

KORPI, Walter. *Contentious Institutions:* An Augmented Rational-Action Analysis of the Origins and Path Dependency of Welfare State Institutions in the Western Countries. Rationality and Society, v. 13 (2), 2001. Disponível em <http://www.sofi.su.se/4-2000.pdf>. Acesso em 11/05/2008.

KRELL, Andreas. *Direitos Sociais e Controle Judicial no Brasil e na Alemanha:* Os (Des)Caminhos de um Direito Constitucional Comparado. Porto Alegre: Sergio Fabris, 2002.

LAFER, Celso. *Comércio, Desarmamento, Direitos Humanos:* Reflexões sobre uma Experiência Diplomática. São Paulo: Paz e Terra, 1999.

LARENZ, Karl. *Metodologia da Ciência do Direito* (tradução de José Lamego). 3ª ed. Lisboa: FC Gulbekian, 1997.

LAUFENBURGER, Henry. *Théorie Économique et Psychologique dês Finances Publiques.* Tomo I. Paris: Sirey, 1956.

LEITE, Celso Barroso. *A Proteção Social no Brasil.* 3ª ed. São Paulo: LTr, 1986.

LEVY, Robert A. & MELLOR, William. *The Dirty Dozen – How Twelve Supreme Court Cases Radically Expanded Government and Eroded Freedom*. Washington: Cato Institute, 2009.

LHERNOULD, Jean-Philippe et al. *Study of Gender Dimension and Discrimination in Social Protection – Final Report, Part A*. Comissao Europeia, Junho de 2010.

LITTLE, Bruce, *Fixing the Future. How Canada's Usually Fractious Governments Worked Together to Rescue the Canada Pension Plan*. Toronto: Rotman, 2008.

LOWENSTEIN, Roger. *While America Aged – How Pensions Debts Ruined General Motors, Stopped NYC subways, Bankrupted San Diego, and Loom as The Next Financial Crisis*. London: Pinguim Press, 2008.

LUHMANN, Niklas. *Risk – A Sociological Theory* (tradução de Rhodes Barrett). London: Aldine Transaction, 2008.

LUPTON, Deborah. *Risk*. New York: Routledge, 2007.

MACHADO, Brandão, *São Tributos as Contribuição Sociais?*. In: *Direito Tributário Atual*, v. 7/8, São Paulo, Resenha Tributária, 1987-88.

MACINTYRE, Alasdair. *Whose Justice? Which Rationality?* London: Duckworth, 1988.

_____. *After Virtue*. Notre Dame Press, 1981.

MALTETZ, Donald J. *Tocqueville on the Society of Liberties*. Disponível em <http://www.jstor.org/pss/1408879>. Acesso em 20/01/2009.

MAIA, J. Motta. *A Parafiscalidade na Constituição de 1967*. Rio de Janeiro: Instituto do Açúcar e do Álcool, 1968.

MARTINEZ, Peces-Barba. Los Derechos Económicos, Sociales y Culturales: su génesis y su concepto. *Revista Derechos e Libertades, del Instituto Bartolomé de las Casas*, ano 3, nº 6, fev. 1998.

_____. *Derechos Sociales y Positivismo Jurídico*. Madrid: Dykinson, 1999.

MARTINEZ, Wladimir Novaes. *Curso de Direito Previdenciário*. 3ª ed. São Paulo: LTr, 2010.

_____. *Princípios de Direito Previdenciário*. 4ª ed. São Paulo: LTr, 2001.

MASON, Andrew; LEE, Ronald e LEE, Sang-Hyop. Population Dynamics: Social Security, Markets, and Families. *Internacional Social Security Review*, v. 63, n°s 3-4, jul./dez. 2010.

MATTOS, Paulo Todescan Lessa. *O Novo Estado Regulador no Brasil:* Eficiência e Legitimidade. São Paulo: Singular, 2006.

MAZAURIC, Claude. *Babeuf et la Conspiration pour l'Égalité*. Paris: Edition Socialies, 1962.

MCCARTHY, David D. e TURNER, John A. Risk Classification and Sex Discrimination in Pension Plans. American Risk and Insurance Association, *The Journal of Risk and Insurance*, v. 60, nº 1 (mar., 1993).

MCDONALD, Peter. *Low Fertility:* Unifying the Theory and the Demography. Disponível em <http://dspace.anu.edu.au/bitstream/1885/41437/2/PAA_Paper_2002.pdf>. Acesso em 02/01/2011.

MELLO, Cláudio Ari. *Democracia Constitucional e Direitos Fundamentais*. Porto Alegre: Livraria do Advogado, 2004.

MERIGOT, Jean Guy. Elementos de uma Teoria da Parafiscalidade (tradução de Guilherme A. dos Anjos). In: *Revista de Direito Administrativo*, v. 33:55, 1953.

MERKEL, Wolfgang. Towards a Renewed Concept of Social Justice. In: *Social Justice in the Global Age* (editado por Olaf Cramme & Patrick Diamond). Cambridge: Polity Press, 2009.

MERRIEN, François-Xavier, PARCHET, Raphael e KERNEN, Antoine. *L'État Social – Une Perspective Internacionale*. Paris: Dalloz, 2005.

MESA-LAGO, Carmelo. *Reassembling Social Security – A Survey of Pensions and Healthcare Reforms in Latin America*. New York: Oxford, 2008.

MICHELI, Gian Antonio. *Corso di Diritto Tributário*. Torino: UTEH, 1970.

MILLER, David. *Principles of Social Justice*. Cambridge: Harvard Press, 2003.

MIRANDA, Jorge, *Manual de Direito Constitucional* – Lisboa: Coimbra, 2000, v. IV.

MIRON, Jeffrey A.. *Libertarianism – From A to Z*. New York: Basic Books, 2010.

MOREIRA, Vital. *Administração Autônoma e Associações Públicas*. Coimbra: Coimbra Editora. 1997.

MORSELLI, Emanuelle. *Parafiscalidade e Seu Controle*. Rio de Janeiro: Instituto Brasileiro de Direito Financeiro, 1954.

_____. *Curso de Ciência das Finanças Públicas – Introdução e Princípios Gerais* (tradução de Elza Meschick), 5ª ed. Rio de Janeiro: Edições Financeiras S.A., 1959.

MURPHY, Liam & NAGEL, Thomas. *O Mito da Propriedade* (tradução de Marcelo Brandão Cipolla). São Paulo: Martins Fontes, 2005.

NABAIS, José Casalta. *A Face Oculta dos Direitos Fundamentais:* Os Deveres e os Custos dos Direitos. Disponível em <https://www.agu.gov.br/publicacoes/Artigos/05042002JoseCasaltaAfaceocultadireitos_01.pdf>. Acesso em 11/10/07.

NASCIMENTO, Theodoro. *Preços, Taxas e Parafiscalidade – Tratado de Direito Tributário Brasileiro* (Coord. Aliomar Baleeiro). Rio de Janeiro: Forense, 1977.

NEVES, Ilídio das. *Direito da Segurança Social – Princípios Fundamentais Numa Análise Prospectiva.* Lisboa: Coimbra Editora, 1996.

NOGUEIRA, Narlon Gutierre. *A Previdência Social nas Constituições ao Redor do Mundo.* Disponível em <http://www.mpas.gov.br/arquivos/office/3_081014-104755-703.pdf>. Acesso em 01/02/2009.

NOGUEIRA, Rio. *A Crise Moral e Financeira da Previdência Social.* São Paulo: Difusão Editorial, 1985.

NOVAIS, Jorge Reis. *As Restrições aos Direitos Fundamentais Não Expressamente Autorizadas pela Constituição.* Coimbra: Coimbra Editora, 2003.

NOZICK, Robert. *Anarchy, State and Utopia.* New York: Basic Books, 1974.

NUSSBAUM, Martha C. *Frontiers of Justice:* Disability, Nationatily, Species Menbership. London: Belknap, 2006.

_____. *Women and Human Development.* Cambridge: University Press, 2000.

OLIVEIRA, Paulo Rogério Albuquerque de. *Nexo Técnico Epidemiológico Previdenciário (NTEP) e o Fator Acidentário de Prevenção (FAP):* Um Novo Olhar sobre a Saúde do Trabalhador. São Paulo: LTr, 2010.

ORGANIZAÇÃO DAS NAÇÕES UNIDAS. *Social Justice in an Open World – The Role of the United Nations.* New York: ONU, 2006.

_____. *World Economic and Social Survey 2007:* Development in an Ageing World. New York: ONU, Department of Economic and Social Affairs, 2007.

_____. *Population and Vital Statistics Report – Statistical Paper Series A*, v. LXII, nº 02, Department of Economic and Social Affairs. Statistics Division. New York: ONU, 2010.

ORGANIZAÇÃO INTERNACIONAL DO TRABALHO. *Social Security:* A New Consensus. 89th International Labor Conference. OIT: Genebra, 2001. Disponível em: <http://www.ilo.org/public/english/protection/secsoc/downloads/353sp1.pdf>. Acesso em 10/09/2008.

_____. *ILO Declaration on Social Justice for a Fair Globalization.* Geneva: OIT, 2008. Disponível em < http://www.ilo.org/wcmsp5/groups/public/@dgreports/@cabinet/documents/publication/wcms_099766.pdf>. Acesso em 10/08/2008.

_____. *Extending Social Security to All – A Guide Through Challenges and Options.* Social Security Department. Geneva: OIT, 2010.

_____. *World Social Security Report 2010/11 – Providing Coverage in Times of Crisis and Beyond.* Geneva: OIT, 2010.

ORSZAG, Peter R. e STIGLITZ, Joseph E. *Un Nuevo Análisis de la Reforma de las Pensiones:* Diez Mitos Sobre los Sistemas de Seguridad Social. Disponível em <http://www.redsegsoc.org.uy/1_Jor_Diez-Mitos.htm>. Acesso em 10/12/2008.

Cf. OSBORNE, David e GAEBLER, Ted. *Reinventando o Governo – Como o Espírito Empreendedor Está Transformando o Setor Público*. 8ª ed. Brasília: Comunicação, 1995.

PAGER, Sean. Strictness vs. Discretion: The European Court of Justice's Variable Vision of Gender Equality. *The American Journal of Comparative Law*, American Society of Comparative Law, v. 51, nº 3, 2003.

PALIER, Bruno. *Gouverner la Sécurité Sociale – Les Reformes du Système Français de Protection Sociale Depuis 1945*. Paris: PUF, 2005.

PASSOS, J. J. Calmon de. A Constitucionalização dos Direitos Sociais. *Revista Diálogo Jurídico*, Salvador, Centro de Atualização Jurídica (CAJ), v. I, nº 6, set. 2001. Disponível em <http://www.direitopublico.com.br>. Acesso em 01/10/2007.

PENSKY, Max. *The Ends of Solidarity – Discourse in Ethics and Politics*. Albany: State University of New York Press, 2008.

PEREIRA, Jane Reis Gonçalves. *Interpretação Constitucional e Direitos Fundamentais:* Uma Contribuição ao Estudo das Restrições aos Direitos Fundamentais na Perspectiva da Teoria dos Princípios. Rio de Janeiro: Renovar, 2006.

PEREIRA SILVA, Mário Ramos. *O Regime dos Direitos Sociais na Constituição Cabo-Verdiana de 1992*. Coimbra: Almedina, 2004.

PÉREZ LUÑO, Antonio-Henrique. *La Seguridad Jurídica*. 2ª ed. Barcelona: Ariel, 1994.

_____. *Los Derechos Fundamentales*. Madrid: Carlos III, 1995.

PERSIANI, Mattia. *Direito da Previdência Social* (tradução de Edson L. M. Bini). 14ª ed., São Paulo: Quartier Latin, 2008.

PESESCHKIAN, Nossrat. *O Mercador e o Papagaio*. São Paulo: Papirus, 1992.

PIERSON, Christopher & CASTLES, Francis G. (org.) *The Welfare State Reader*. 2ª ed. Cambridge: Polity Press, 2006.

PIERSON, Paul. *The New Politics of the Welfare State*. Oxford: Oxford University Press, 2001.

PIOVESAN, Flávia. *Direito ao Desenvolvimento. III Colóquio Internacional de Direitos Humanos*. Disponível em <http://www.conectasur.org/files/direito_caderno%20portugues_%20final.pdf>. Acesso em 25/03/2009.

PISARELLO, Gerardo. *Los Derechos Sociales y sus Garantías – Elementos para una Reconstrucción*. Madrid: Trotta, 2007.

_____., MORALES, Aniza García & DÍAZ, Amaya Olivas. *Los Derechos Sociales como Derechos Justiciables:* Potencialidades y Límites. Albacete: Bomarzo, 2009.

PÓVOAS, Manoel. *Previdência Privada*. 2ª ed. São Paulo: Quartier Latin, 2007.

POWERS, Madison e FADEN, Ruth. *Social Justice – The Moral Fundation of Public Health and Health Policy*. New York: Oxford, 2008.

PULINO, Daniel. *Previdência Complementar – Natureza Jurídico-Constitucional e seu Desenvolvimento pelas Entidades Fechadas*. São Paulo: Conceito, 2011.

QUEIROZ, Cristina. *Direitos Fundamentais Sociais – Funções, Âmbito, Conteúdo, Questões Interpretativas e Problemas de Justiciabilidade*. Lisboa: Coimbra Editora, 2006.

QUIGGIN, John. *The Risk Society – Social Democracy in an Uncertain World*. Disponível em <http://cpd.org.au/sites/cpd/files/u2/JohnQuiggin_The_Risk_Society_CPD_July07.pdf>. Acesso em 14/01/2010.

QUINTANA, Fernando. *La Onu y la Exégesis de los Derechos Humanos – Uma Discusión Teórica de la Noción*. Porto Alegre: Sérgio Fabris/Unigranrio, 1999.

RAWLS, John. *Uma Teoria da Justiça*. São Paulo: Martins Fontes, 2003.

_____. *El Liberalismo Político* (tradução de Antoni Domènech). Barcelona: Crítica, 2006.

REINO UNIDO. *The Pension Service. A Guide to Your Pension Options*. Disponível em <www.thepensionservice.gov.uk>. Acesso em 13/08/05.

RIBEIRO, Ricardo Lodi. *Justiça, Interpretação e Elisão Tributária*. Rio de Janeiro: Lumen Juris, 2003.

_____. *A Segurança Jurídica do Contribuinte – Legalidade, Não-Surpresa e Proteção à Confiança*. Rio de Janeiro: Lumen Juris, 2008.

_____. *Temas de Direito Constitucional Tributário*. Rio de Janeiro: Lumen Juris, 2008.

_____. *As Contribuições Parafiscais e a Validação Constitucional das Espécies Tributárias*. *RDDT*, 174.

RORTY, Richard. *Contigency, Irony and Solidarity*. Cambridge: Cambridge Press, 1989.

ROSANVALLON, Pierre. *A Crise do Estado-Providência*, Goiânia: UnB, 1997.

ROUSSEAU, Jean-Jacques. *Discurso sobre a Origem da Desigualdade entre os Homens*. Disponível em <http://www.dominiopublico.gov.br/download/texto/cv000053.pdf>. Acesso em 12/09/2009.

RUHM, Christopher J. Bridge Jobs and Partial Retirement. University of Chicago Press, *Journal of Labor Economics*, v. 8, nº 4, oct., 1990.

SAMUELSON, Paul A. An Exact Consumption-Loan Model of Interest With or Without the Social Contrivance of Money. *Journal of Political Economy*, v. 66, dez. 1958.

SAMWICK, Andrew A. Is Pension Reform Conducive to Higher Saving? The MIT Press, *The Review of Economics and Statistics*, v. 82, nº 02, mai. 2000.

SANCHÍS, Luis Preito. *Sobre princípios y normas:* problemas del razonamento jurídico. Madrid: Centro de Estudos Constitucionales, 1992.

_____. *La Limitación de Los Derechos Fundamentales y la Norma de Clausura del Sistema de Liberdades. Derechos y Libertades*. Madrid: Debate, ano V, nº 08, jan./jun. 2000.

SANDEL, Michael J. *Justice - What's the Right Thing to Do?* New York: FSG, 2009.

SARLET, Ingo Wolfgang (org.). *Dimensões da Dignidade – Ensaios de Filosofia do Direito e Direito Constitucional*. Porto Alegre: Livraria do Advogado, 2005.

_____. *A Eficácia dos Direitos Fundamentais – Uma Teoria Geral dos Direitos Fundamentais na Perspectiva Constitucional*. 10ª ed. Porto Alegre: Livraria do Advogado, 2009.

SARMENTO, Daniel. *Direitos Fundamentais e Relações Privadas*. Rio de Janeiro: Lumen Juris, 2004.

_____. Ubiquidade Constitucional: Os Dois Lados da Moeda. *Revista de Direito do Estado*, ano 1, 2: 85-86, abr./jun. 2006.

_____. & GALDINO, Flávio (org.) *Direitos Fundamentais:* Estudos em Homenagem ao Professor Ricardo Lobo Torres. Rio de Janeiro: Renovar, 2006.

_____.; IKADA, Daniela & PIOVESAN, Flávia (org.) *Igualdade, Diferença e Direitos Humanos*. Rio de Janeiro: Lumen Juris, 2010.

_____. *Direitos Fundamentais e Relações Privadas*. 2ª ed. Rio de Janeiro: Lumen Juris, 2010.

SCHMITT, Carl. *Teoría de la Constitución* (tradução de Francisco de Ayala). Madrid: Alianza Editorial, 2006.

SCHIER, Paulo Ricardo. *Filtragem Constitucional – Construindo uma Nova Dogmática Jurídica*. Porto Alegre: Sergio Antônio Fabris, 1999.

SCHOTTLAND, Charles I. *Previdência Social e Democracia* (tradução de Maria Heloísa de Souza Reis e Heloisa de Carvalho Tavares). Rio de Janeiro: Edições GRB, 1967.

SCHWABE, Jürgen. *Cinquenta Anos de Jurisprudência do Tribunal Constitucional Alemão* (trad. de Beatriz Hennig). Berlim: Konrad Adenauer, 2005.

SCHWARZER, Helmut. *Impactos Socioeconômicos do Sistema de Aposentadorias Rurais no Brasil – Evidencias Empíricas de um Estudo de Caso no Estado do Pará*. Texto para Discussão nº 729, Rio de Janeiro, IPEA, 2000.

SEN, Amartya. *Commodities and Capabilities*. Amsterdam: North-Holland. 1987.

_____. *Inequality Reexamined*. Oxford: Clarendon Press, 1992.

_____. *Desenvolvimento como Liberdade* (tradução de Laura Teixeira Motta). São Paulo: Cia. das Letras, 2000.

SENGUPTA, Arjun. *O Direito ao Desenvolvimento como um Direito Humano*. Disponível em <http://www.itv.org.br/site/publicacoes/igualdade/direito_desenvolvimento.pdf>. Acesso em 15/10/2007.

SERRA GURGEL, J. B. *Evolução da Previdência Social*. Brasília: FUNPREV, 2006.

SILVA, José Afonso da. *Curso de Direito Constitucional Positivo*. 15ª ed. São Paulo: Malheiros Editores, 1998.

SILVA, Virgílio Afonso da. O Conteúdo Essencial dos Direitos Fundamentais e a Eficácia das Normas Constitucionais. *Revista de Direito do Estado*, ano 1, nº 04, out./dez. 2006. Rio de Janeiro: Renovar.

SMITH, Adam. *Lectures on Jurisprudence*, p. 52. Disponível em <http://www.dominiopublico.gov.br/download/texto/0141-06_eBk.pdf>. Acesso em 10/07/2009.

SOUZA NETO, Cláudio Pereira de. *Jurisdição Constitucional, Democracia e Racionalidade Prática*. Rio de Janeiro: Renovar, 2002.

_____. *A Teoria Constitucional e Democracia Deliberativa – Um Estudo sobre o Papel do Direito na Garantia das Condições para a Cooperação na Deliberação Democrática*. Rio de Janeiro: Renovar, 2006.

_____. *A Constitucionalização do Direito – Fundamentos Teóricos e Aplicações Específicas*. Rio de Janeiro: Lumen Juris, 2007.

_____. *Constitucionalismo Democrático e Governo das Razões*. Rio de Janeiro: Lumen Juris, 2010.

_____. & SARMENTO Daniel (org.) *Direitos Sociais – Fundamentos, Judicialização e Direitos Sociais em Espécie*. Rio de Janeiro: Lumen Juris, 2010.

STANFORD ENCYCLOPEDIA OF PHILOSOPHY. Disponível em <http://plato.stanford.edu/entries/grotius/ >. Acesso em 04/08/2009.

STEINHILBER, Silke. *Gender and Post-socialist Welfare States in Central Eastern Europe: Family Policy Reforms in Poland and the Czech Republic Compared*. Political Science Department, Graduate Faculty, New School University, New York, 2005. Disponível em <http://www.unrisd.org/80256B3C005BCCF9

/%28httpAuxPages%29/A43028C3E5D35E6BC1257013004DE188/$file/dsteinhil.pdf>. Acesso em 17/01/2011.

_____. *The Gender Implications of Pension Reforms. General Remarks and Evidence from Selected Countries.* Prepared for the UNRISD report Gender Equality: Striving for Justice in an Unequal World. Disponível em <http://www.unrisd.org/80256B3C005BCCF9/httpNetITFramePDF?ReadForm&parentunid=52DBB0B27C54635CC12570350048ED4E&parentdoctype=paper&netitpath=80256B3C005BCCF9/%28httpAuxPages%29/52DBB0B2-7C54635CC12570350048ED4E/$file/steinhil.pdf>. Acesso em 18/01/2011.

STIGLER, George J. The Theory of Economic Regulation. *The Bell Journal of Economics and Management Science*, v. 2, nº 1, 1971.

STIGLITZ, Joseph. O Fim do Neoliberalismo? *O Globo*, 16/06/2008, p. 07.

SUNSTEIN, Cass. *After the Rights Revolution – Reconceiving the Regulatory State.* London: Harvard Press, 1990.

_____. *Free Markets and Social Justice.* New York, Oxford, 1997.

_____. *The Second Bill of Rights – FDR'S Unfinished Revolution and Why We Need It More Than Ever.* New York: Basic Books, 2004

SWEDISH SOCIAL INSURANCE AGENCY. *Social Insurance.* Disponível em <http://www.forsakringskassan.se/sprak/eng/engelska.pdf>. Acesso em 05/10/07.

TAVARES, Marcelo Leonardo. *Previdência e Assistência Social – Legitimação e Fundamentação Constitucional.* Rio de Janeiro: Lumen Juris, 2003.

_____. (org.) *A Reforma da Previdência Social – Temas Polêmicos e Aspectos Controvertidos.* Rio de Janeiro: Lumen Juris, 2004.

TAYLOR, A. J. P. *Bismarck – O Homem e o Estadista* (tradução de Miguel Mata). Coimbra: Edições 70, 2009.

TAYLOR-GOOBY, P. *Public Opinion – Ideology ans State Welfare.* London: Routledge And Kegan Paul, 1985.

TEPEDINO, Gustavo. Premissas Metodológicas para a Constitucionalização do Direito Civil. *Revista de Direito de Estado*, 2:41.

THALER, Richard H. & SUNSTEIN, Cass R. *Nudge – Improving Decisions About Health, Wealth and Happiness.* Michigan: Yale Press, 2008.

THOMPSON, Lawrence. *Mais Velha e Mais Sábia – A Economia das Aposentadorias Públicas.* Washington, DC: Ed. do Instituto Urbano, 1998.

TORRES, Ricardo Lobo. Legalidade Tributária e Riscos Sociais. In: *Revista Dialética de Direito Tributário* nº 59, São Paulo, Dialética, 1999.

_____. (org.)*Teoria dos Direitos Fundamentais.* Rio de Janeiro: Renovar, 1999.

_____. (org.). *Legitimação dos Direitos Humanos*. Rio de Janeiro: Renovar. 2002.

_____. A Jusfundamentalidade dos Direitos Sociais. *Revista de Direito da Associação dos Procuradores do Novo Estado do Rio de Janeiro*, v. 12, Rio de Janeiro: Lumen Juris, 2003.

_____. *Tratado de Direito Constitucional Financeiro e Tributário, v. II – Valores e Princípios Constitucionais Tributários*, Rio de Janeiro: Renovar, 2005.

TOWNSEND, Joseph. *A Dissertation on The Poor Laws*, 1786, p. 07. Disponível em <http://www.dominiopublico.gov.br/download/texto/mc000267.pdf>. Acesso em 11/05/2008.

TRATTNER, Walter I. *From Poor Law to Welfare State – A History of Social Welfare in America*. 6ª ed. New York: Free Press, 1989.

VAN PARIJS, Philippe. *La Justice entre Générations*, Disponível em <http://www.uclouvain.be/cps/ucl/doc/etes/documents/PVP.2010.Generations.pdf>. Acesso em 09/11/2010.

VAN VUGT, Joos P. A. & PEET, Jan M. (org.). *Social Security and Solidarity in the European Union – Facts, Evaluations and Perspectives*. New York: Physica Verl, 2000.

VANDERBORGHT, Yannick & VAN PARIJS, Philippe. *Renda Básica de Cidadania:* Fundamentos Éticos e Econômicos (tradução de Maria Beatriz de Medina). Rio de Janeiro: Civilização Brasileira, 2006.

VIEIRA, Hermes Pio. *Eloy Chaves*. Rio de Janeiro: Civilização Brasileira, 1978.

VILHENA, Oscar Vieira. *A Constituição e sua Reserva de Justiça:* Um Ensaio sobre os Limites Materiais ao Poder de Reforma. São Paulo: Malheiros, 1999.

VONK, Gijsbert e TOLLENAAR, Albertjan (Eds.). *Social Security as a Public Interest – A Multidisciplinary Inquiry into the Foundations of the Regulatory Welfare State*. Antuérpia: Intersentia, 2010.

WILSON, James Q. *The Politics of Regulation*. New York: Basic Books, 1980.

ZELINSKY, Edward A. *The Origins of the Ownership Society – How the Defined Contribution Paradigm Changed America*. New York: Oxford, 2007.

ZHAN, Yujie; WANG, Mo; LIU, Songqi & SHULTZ, Kenneth S. Bridge Employment and Retirees' Health: A Longitudinal Investigation. American Psychological Association, *Journal of Occupational Health Psychology*, 2009, v. 14, nº 4.

EDITORA IMPETUS

Rua Alexandre Moura, 51
24210-200 – Gragoatá – Niterói – RJ
Telefax: (21) 2621-7007
www.impetus.com.br

Este livro foi impresso em papel offset 75 gr.